Reise-Taschenbuch

südtirol

Jeannette Goddar
Sylvia Pollex
Cäcilia Wegscheider

Senkrechtstarter

Blau, grün, türkis, goldgelb – in all diesen Farben vermag der Karersee zu schimmern. Er ist nicht nur einer der schönsten der Alpen, weil sich Latemar und Rosengarten in ihm spiegeln, sondern auch wegen des einzigartigen Farbenspiels seiner Wasseroberfläche. Während die Wissenschaft mutmaßt, das liege an seinen verschiedenen Zuflüssen, hat die Südtiroler Mythologie – natürlich! – eine andere Antwort: Der Sage nach warf einst ein Hexenmeister einen Regenbogen nebst Juwelen in den See, erbost, dass eine Wasserjungfrau ihn verschmähte. Ein Bergjuwel ist der See so oder so.

Überflieger

Bio-Revolution
Mals

Hier sind die Schafe voll auf der Höhe
Schnalstal

Herrlich unberührt
Ridnaun

Sterzing
Städtchen der Fugger

Zurück zur Natur
Ulten

Auch ohne Kur charmant
Meran

Was macht denn das Yak im Museum?
Sulden

Aussichtsreich
Tschögglberg

Hauptstadt zwischen Süd und Nord
Bozen

Burg um Burg
Überetsch

Äpfel und Wein

Dolce Vita am See
Kalterer See

Geoparc Bletterbach

Castelfeder
Ziegen in römischen Ruinen

Neumarkt
Dorf mit Lauben

Unterland
Der Sonne entgegen

Südtirol — Berge, Burgen, Seen. Mal eben drüberfliegen, von Nord nach Süd, von West nach Ost, über Gipfel, Almen, Täler, von Alpinem zu Mediterranem.

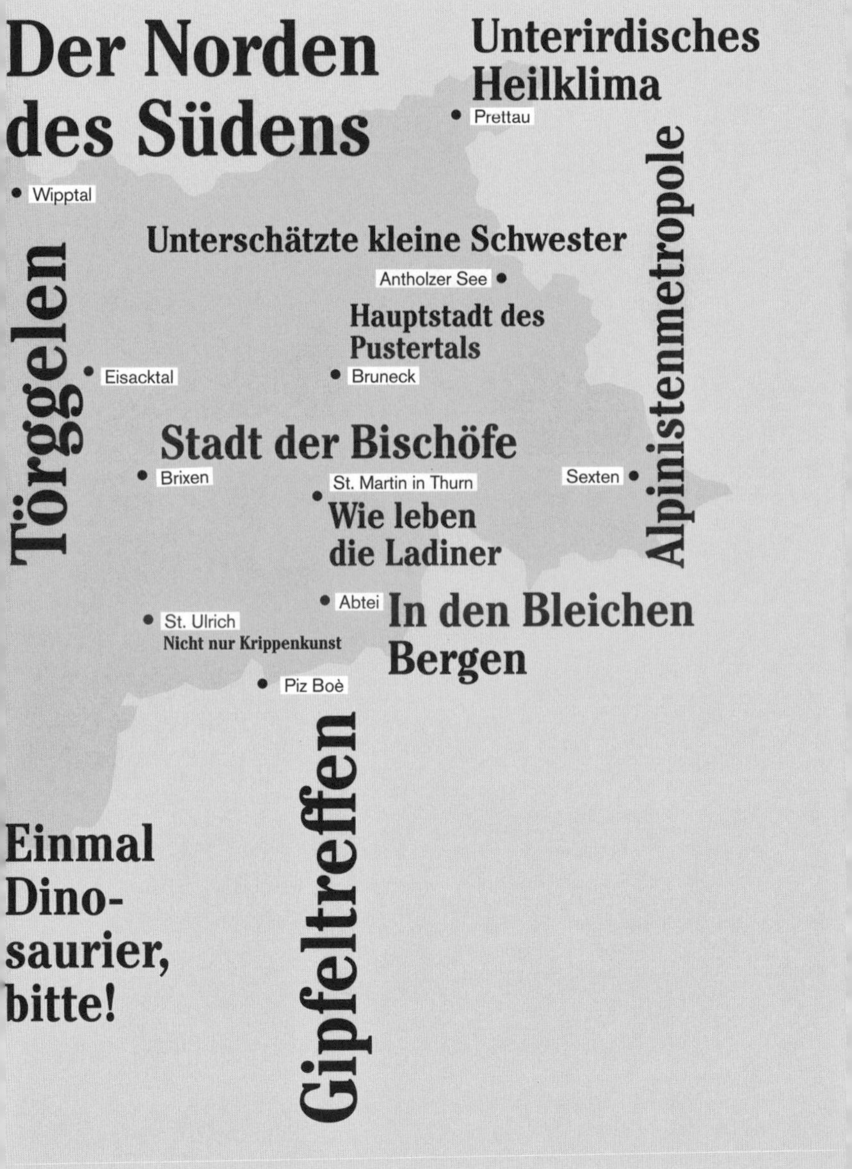

Der Norden des Südens

Wipptal

Törggelen

Eisacktal

Stadt der Bischöfe

Brixen

St. Ulrich
Nicht nur Krippenkunst

Unterirdisches Heilklima

Prettau

Unterschätzte kleine Schwester

Antholzer See

Hauptstadt des Pustertals

Bruneck

St. Martin in Thurn

Wie leben die Ladiner

Abtei

In den Bleichen Bergen

Piz Boè

Alpinistenmetropole

Sexten

Gipfeltreffen

Einmal Dinosaurier, bitte!

Querfeldein

Fundstücke — atemberaubende Gipfel im Norden, kristallklare Seen, Zypressen im Süden, Tiroler Gemütlichkeit und italienische Lebensart – das alles vereint sich in Südtirol.

Apfelland

Südtirol besitzt das größte geschlossene Apfelanbaugebiet Europas, besonders im Frühjahr gleicht das Land einem Blütenmeer. Für ein besonderes Spektakel heißt es früh aufstehen: Wenn Frost die Blüten bedroht, werden die Obstwiesen beregnet und die Apfelanlagen verwandeln sich zu ihrem Schutz für kurze Zeit in eine bizarre Eislandschaft.

Der Berg ruft

Wie gut, dass es einen Herrn gab, der Dolomieu hieß. Der hat das Weltnaturerbe zwar selbst nie gesehen, doch analysierte er das dort vorherrschende Gestein, ihm zu Ehren Dolomit genannt. So kamen die ›Bleichen Berge‹ (Monte Pallidi), wie die Dolomiten noch im 18. Jh. genannt wurden, zu ihrem heutigen Namen. Aber Südtirol hat noch viel mehr: Gletscher am Ortler und in Schnals, schroffe Spitzen im Vinschgau, grüne Berge im Pustertal und sanfte Hügel im Unterland.

Almsommer

Südtirol lebt von seinen Almen. Nicht nur im Sommer haben sie ihren Reiz. Der Herbst auf der Villanderer Alm oder der Frühling auf der Seiser Alm, der größten Europas, begeistern mit ihrer Farbenpracht.

Seen sind in Südtirol Orte, um die Zeit zu vergessen, wären nicht manchmal so viele Menschen da. Fast jeder See hat seine Geschichte. Über den Pragser Wildsee gelangte man ins mythische Fanesreich, den Karersee lassen Edelsteine und die Farben des Regenbogens leuchten. Der versunkene Kirchturm im Reschensee erzählt Prosaischeres, der Anblick ist trotzdem nicht weniger sagenhaft.

Magdalener, Blauburgunder und Co.

Wo nicht Äpfel, dort Reben. In jahrhundertealter Kulturarbeit wurden Sümpfe trockengelegt, Terrassen den Hängen abgerungen und steile Weinberge angelegt. Bozen hat seinen Magdalener, Kaltern seinen Kalterersee, Mazon seinen Blauburgunder und das Eisacktal seine Weißweine: jeder Gegend ihre Lieblinge. Südtirol produziert mittlerweile auf kleinster Anbaufläche Weine von internationaler Größe. Wahre Weinseligkeit aber bedeutet immer noch, auf einem kleinen Weinhof unter einer Pergola ein Glas Vernatsch, Marke Eigenbau, zu trinken, ein Stück Speck und ein Schüttelbrot dazu, so schmeckt Südtirol.

Griasti

… und *Pfiati,* ›Grüß dich‹ und ›Behüt dich‹, so grüßt man sich in Südtirol, wenn man sich kennt. Das ist spätestens beim obligaten Schnapsl nach dem Essen auf der Almhütte, bei der Begegnung am Gipfelkreuz der Fall oder wenn man nur nach dem Weg gefragt hat.

»… und man glaubt wieder einmal an einen Gott«: Wie im Paradies fühlte sich Goethe in Südtirol.

Lauben über Lauben

Südtirols Städte mögen unterschiedlich sein. Einige atmen Tiroler Behäbigkeit, die anderen internationale Quirligkeit. Eines aber haben sie gemeinsam: die zur Straße hin offenen Bogengänge, man nennt sie Lauben, unter denen sich der mittelalterliche Handel abspielte. Geschäftiges Treiben herrscht heute noch, obwohl die historischen Brot- und Fleischbänke modernen Modehausketten gewichen sind. Die Lauben bleiben immer noch definitiv der beste Platz, um die Seele einer Südtiroler Stadt zu erkunden. Lassen Sie sich treiben: von den stillen, aus der Zeit gefallenen Ecken Glurns, den nördlich ernsthafteren Plätzen des Fuggerstädtchens Sterzing bis zu den bunten, temperamentvollen Lauben der Hauptstadt Bozen.

GASTHAUS &

Inhalt

Vor Ort

Wipp- und Eisacktal 14

Nachtleben gesucht? Am Obstmarkt in Bozen findet es sich.

Pustertal und Nebentäler 52

Rund um die Sella in den westlichen Dolomiten 98

Bozen und Umgebung 128

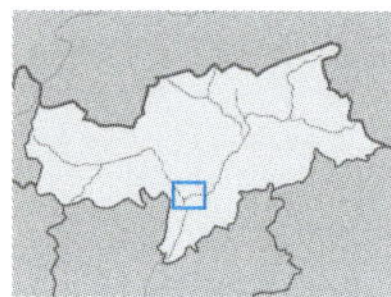

Perfekter Geschmacksmix auf dem Bozner Obstmarkt

Überetsch und Unterland 158

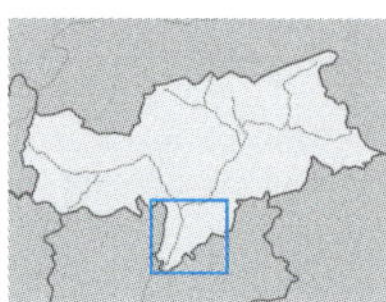

Meran und Umgebung 186

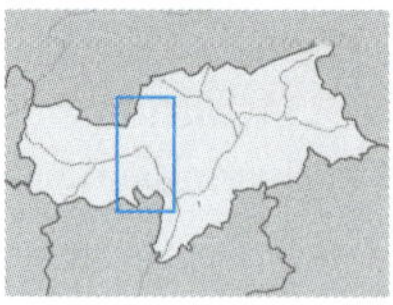

Der Vinschgau 218

Das Kleingedruckte

Das Magazin

Vor

Almen sind idyllisch, bedeuten aber für die Bergbauern auch viel Arbeit, wie hier unterhalb des Königsanger-Gipfels im Eisacktal.

Ort

Wipp- und Eisacktal

Start in die Sonne — Jenseits des Brenner wird es mit jedem Kilometer wärmer und sonniger. Verwunschene Täler, markante Bergspitzen und lebendige Städte, Brixen und Klausen, bestimmen Wipp- und Eisacktal sowie deren Nebentäler.

Seite 26

Von der Fane Alm zum Wilden See

Diese Wanderung führt Sie vom schönsten Bergdorf zum tiefsten See Südtirols und weiter hinein in die Pfunderer Berge. 3000er stehen am Wegesrand, ein murmelndes Bächlein und eine feine Hütte.

Seite 27

Brixen ✪

Im Talkessel von Brixen bereichern sich Kulturen gegenseitig: die nördlich der Alpen und die südlich der Alpen. Auf den sonnigen Berghängen wachsen saftige Trauben, Äpfel und andere Köstlichkeiten.

Gleichmäßig bergab rollen vom Brenner bis Bozen.

Seite 221

Kloster Neustift

Die größte Klosteranlage Tirols besitzt wertvolle Kunstschätze und einen historischen Stiftsgarten, alles zu besichtigen. Auch hervorragende Weine der klösterlichen Kellerei sind hier zu verkosten.

Seite 38

Adolf-Munkel-Weg

Am Fuß der beeindruckenden Geislerspitzen im Villnösstal, da wo Reinhold Messners Kletterkarriere begann, führt vom Parkplatz der Zanser Alm ein malerischer Wanderweg zu ausladenden Almwiesen mit Spitzenaussicht.

Seite 39

Klausen

Das mittelalterliche Städtchen mit engen Gassen, gemütlichen Lokalen, Spazierwegen am Eisack und hinauf zum Kloster Säben verströmt mediterranes Flair.

Seite 46

Villanderer Alm ✪

Latschenkiefern soweit das Auge reicht. Ein Paradies der Stille mit atemberaubenden Ausblicken auf die Dolomiten jenseits des Eisack.

Seite 48

Zur Klausner Hütte

Die sportliche E-Mountainbike-Rundtour führt vom Garner Wetterkreuz über Klausner Hütte und Brugger Schupfe zurück – mit einem Abstecher zur höchstgelegenen Wallfahrtskirche Europas, dem Latzfonser Kreuz.

Seite 51

Ein Körbchen voll Glück

Der Wald duftet nach feuchter Erde und hier und da leuchten orangefarbene Punkte auf dem Boden. Es sind Pfifferlinge, und wenn die Bedingungen gut sind, gibt es sie reichlich. Pilzesammeln macht ähnlich glücklich wie Ostereiersuchen.

Was ist erotisch an einer Kastanie? Und woher hat der Tribulaun seinen Namen? (s. S. 19, 46)

»Das Land hier an der Grenze Italiens ist wunderbar schön und das Klima ist das angenehmste, das sich denken lässt.« Henrik Ibsen, 1876

Auf in die Sonne – vom Brenner nach Bozen

Am Brenner beginnt Italien. Oft ist es hier oben ungemütlich frisch, es regnet oder schneit und der Wind pfeift über den Pass. Doch dann wird es mit jedem Kilometer wärmer. Bei Sterzing öffnet sich das Tal, das bis Franzensfeste noch Wipptal heißt. Die Wolken verziehen sich und das Eisacktal empfängt uns mit seinen malerischen Dörfern, spitzen Kirchtürmen links und rechts des Talkessels und die Sonne scheint auf die terrassierten Weinhänge. Anhalten ist das Gebot der Stunde, z. B. für einen ersten Espresso. Vor allem aber, weil das Eisacktal eine Genussregion ist, die ihresgleichen sucht: Hier reifen Trauben und Äpfel mit ungewöhnlich intensiven Aromen, fallen im Herbst köstliche Esskastanien von uralten Bäumen und werden in den Restaurants und Berghütten mit viel Liebe Gerichte nach alten Rezepten gekocht. Es ist ein Wanderparadies mit ruhigen Tälern, schneesicher für Winterabenteurer, und das Villnösstal führt direkt in die großartige Bergwelt der Dolomiten. Mittendrin liegen die Städte des Eisacktals – Sterzing, Brixen und Klausen. Ehemals Zentren des Bergbaus und religiöser Macht, präsentieren sie sich heute weltoffen und modern. Mit Bedacht wird die alte Kulturlandschaft mit ihren uralten Bauernhöfen erhalten, während man besonders in der Hotelarchitektur experimentierfreudig Altes und Neues kombiniert. Die Menschen leben gern im Tal, das strahlen sie auch aus, wenn man in den Lokalen, den Läden und auf den Märkten der Städte oder in den Bergen mit ihnen zusammentrifft.

O

ORIENTIERUNG

Infos: www.eisacktal.com mit Empfehlungen für Restaurants und Übernachtungen, Sommer- und Winteraktivitäten. Das Eisacktal ist in fünf Tourismusregionen unterteilt: Sterzing und seine Täler, Gitschberg Jochtal, Brixen und Umgebung, das Villnösstal sowie Klausen mit den umliegenden Dörfern. Sie alle haben eigene Websites und Anlaufstellen für Touristen.

Verkehr: Die Brennerautobahn im Tal sorgt dafür, dass alle Orte schnell und gut zu erreichen sind. Da der Nahverkehr in ganz Südtirol vorbildlich ausgebaut ist und die Züge und Busse einen an fast jeden Ort bringen, ist eine Anreise komplett ohne Auto empfehlenswert. www.suedtirolmobil.info (auch als App).

Brenner/ Brennero

G1

Tor nach Südtirol

Wo geht es am einfachsten über die Alpen? Der **Brennerpass** ist mit 1370 m ü. M. der niedrigste und zudem ein sehr bequemer Pass über den Alpenhauptkamm. 66 deutsche Kaiser reisten auf diesem Weg nach Rom, um sich dort vom Papst krönen zu lassen. Seit Jahrhunderten ist er die wichtigste Stelle für die Nord-Süd-Überquerung der Alpen. In der alkalisch-eisenhaltigen Thermalquelle des **Brennerbads** konnten sich Reisende seit 1338 laben und machten den Ort Brenner und das benachbarte Gossensass zu noblen Tourismusorten.

Transalp

Tausende begeisterte Radsportler überqueren alljährlich die Alpen mit dem Fahrrad. Sie kommen weiter östlich vom Zillertal in das Südtiroler Pfitschtal oder weiter westlich über den Jaufenpass oder aber wie die Kaiser über den Brenner. Auf einem gut ausgebauten, weitgehend asphaltierten Radweg abseits des motorisierten Verkehrs geht es ab dem Grenzort **Brenner/Brennero** für 96 km auf einer alten Bahntrasse durch Tunnel und reizvolle Landschaften fast durchweg bergab nach Bozen. Räder können über www.suedtirol-rad.com online gebucht, am Brenner geliehen und in Brixen, Klausen oder Bozen zurückgegeben werden. Mountainbike- und E-Bikefahrern sei der Abstecher ab Brenner auf die Grenzkammrunde der westlichen Talseite über das Sandjöchl und die Sattelbergalm empfohlen.

Immer wieder tun sich beim Wandern schöne Ausblicke auf. Links im Bild thront das Kloster Säben über dem Eisacktal.

M

MÖRDERISCHES SÜDTIROL

Der in Tramin aufgewachsene Journalist **Lenz Koppelstätter** ist ein Geschichtenerzähler par excellence. Normalerweise tut er das für Magazine und meist geht es dabei um das satte, herrliche Leben. Wen wundert's, dass er ab und an Kontraste sucht? In seinen Südtiroler Kriminalromanen beschreibt er die dunklen, rätselhaften und mörderischen Seiten der Menschen. »Nachts am Brenner« spielt im Eisacktal.

Gossensass/ Colle Isarco

G 2

Der Schatz der Habsburger

Tourismusvereine preisen die Abgelegenheit und Ruhe bei **Gossensass,** die frische Luft und den herrlichen Schnee im Winter. Doch so ruhig war es nicht immer. Bereits vor dem 14. Jh. wurden in den Tälern Pflersch und Ridnaun Stollen in die Berge getrieben. Silber, Blei und Zink warteten auf die zeitweise mehr als 10 000 Knappen, die den Abbau unter Kontrolle der Familie Fugger vorantrieben. Über den Hauseingängen eingemauerte **Erzstufen** sind noch heute zu entdecken, das **Berggerichtshaus** und die Knappenkapelle **St. Barbara** erinnern an diese Zeit.

Berühmte Gäste

Für die Überwindung der letzten Steigung zum Brennerpass mussten früher Zugtiere vor die Karren gespannt werden, die Reisenden rasteten derweil in dem Straßendorf. 1867 öffnete die Brenner-Zugstrecke und mit ihr entwickelte sich Gossensass zu einem noblen Luftkurort, berühmtester Gast: der norwegische Schriftsteller Henrik Ibsen. Im **Rathaus** erzählt eine Ausstellung davon. Seit den 1970er-Jahren schwebt mit dem **Viadukt von Gossensass** die Brennerautobahn über dem Ort – also kein Durchgangsverkehr mehr.

Ibsenplatz 2, www.gossensass.org, Mo/Di, Do/ Fr 7.45–12.45, Mi 7.45–12.45, 14.30–17.45, Eintritt frei

Sterzinger Seitentäler

Fünf abwechslungsreiche Seitentäler fächern sich wie Blütenblätter einer schönen Blume in alle Richtungen von Sterzing auf. In den schneereichen Wintern kommen Skiabenteurer voll auf ihre Kosten. Im Sommer dagegen ist es hier ruhig und Naturliebhaber kommen bei ausgedehnten Wanderungen, bei Mountainbike-Touren und im Kletterfels zum Zuge.

Pflerschtal/Val di Fleres F 2

Naturschönheit

Wo ist das schönste Tal im ganzen Land? Das ruhige Seitental von Pflersch, dass bei Gossensass nach Westen abzweigt, hat da gute Chancen. 16 wildromantische Kilometer führen im Grenztal zu Österreich hinein in die Stubaier Alpenwelt. Streusiedlungen wie **Ast, Gattern** oder **Giggelberg** in Außerpflersch prägen das Tal. Die **Steinhöfe** in Innerpflersch wurden bereits im 13. Jh. erwähnt.

Himmel und Hölle erwandern

Der **Tribulaun** thront mit 3097 m über dem Tal, zu seinen Füßen liegt die **Tribulaunhütte,** ein beliebtes Wanderziel.

Von der Furtalm über die Hütte führt eine beeindruckend schöne **Rundwanderung** etwas unterhalb der Weißwandspitze (3016 m) zur Magdeburger Hütte und zurück. Ein schöner **Spaziergang** führt von Stein bei Innerpflersch zum **Wasserfall Hölle.** Bei gutem Wetter steigt Wasserstaub auf und die Hölle raucht. Im Winter lockt das schneesichere Tal mit dem kleinen, feinen **Skigebiet Ladurns.**

Pfitschtal/Val di Vizze G/H 2

Alpines Hochtal

Auf den ausgedehnten Wiesenflächen bei **Pfitsch** erinnern die vielen Holzstadl an die Bedeutung von Landwirtschaft und Viehzucht für die Region. Umrahmt vom Tuxer Kamm im Norden und den Pfunderer Bergen im Süden, reicht das Tal tief in die Zillertaler Alpen hinein. Am Talschluss geht es hinauf zur hochalpinen Kulisse des **Pfitscher Jochs.** Im Winter präsentiert sich das Pfitschtal zuverlässig tief verschneit, mit seinen 25 Loipenkilometern ein Tipp unter Langläufern.

Grenzüberschreitendes Radeln

Die von Mountainbikern und Transalp-Tourern geliebte **Pfitscher Jochstraße** ist ein alter Militärweg, der 1936 vom italienischen Heer in Handarbeit angelegt wurde. Auch sonst sind die Möglichkeiten, sich aktiv zu bewegen, im wahrsten Sinne des Wortes grenzenlos. **Landshuter Höhenweg, Pfunderer Seen** und **Hochfeilerhütte** sind nur einige der lohnenden Ziele.

Ridnauntal/Val Ridanna F 2

Versilberter Schneeberg

Ridnaun ist ein relativ breites Tal, das sich ca. 18 km in die Stubaier Alpen zieht und vor allem vom Tourismus lebt. Das war nicht immer so. Im Talschluss, wo der mächtige **Schneeberg** ein Weiterkommen verhindert, wurden über 800 Jahre lang Silber, Blei und Zink abgebaut. Der Reichtum aus dem Inneren der Berge war der Grundpfeiler für das Entstehen der damaligen Großmacht Österreich. Das **Bergwerk** galt bis zu seiner Schließung 1985 als eine der höchstgelegenen Abbaustätten (2355 m) in Europa. In der hochalpinen Einöde ist die **Knappensiedlung St. Martin** einer der faszinierendsten Orte Südtirols. Bis heute gelangt man nur zu Fuß hinauf. Bei einer zehnstündigen Exkursion, organisiert vom **Landesmuseum Bergbau** (s. S. 20), geht es hinauf, 3,5 km mit der Grubenbahn durch den Berg und 2,5 km zu Fuß zurück durch den Karlstollen.

DER DRESCHSTEIN

Woher kommt der Name dieses Berges? In ferner romanischer Zeit erinnerte der **Tribulaun** die Bewohner an einen Dreschstein, damals *tribulu* genannt. Heute reden die Einheimischen bei seinem Anblick lieber über das Wetter: »Trägt der Tribulaun einen Sabel, wird das Wetter miserabel; trägt er einen Hut, wird das Wetter gut!« Mit Hut und Sabel sind Wolken- und Nebelformationen gemeint, die die Bergspitzen entweder einhüllen oder herausblitzen lassen.

Es glitzert und blinkt

Bei der Entstehung des Pfitschtals kamen tief liegende Schichten nach oben – und seltene Steine. Über 80 Mineralienarten wurden hier gefunden, sogar der wertvolle Beryll. Eine **Mineralienwanderung** (5–6 Std.) führt in deren Welt.
Hotel Hofer, St. Jakob 59, Pfitsch, Sommer Di 9 Uhr, nur mit Anmeldung: T 0472 76 53 25, 10 €, bis 6 Jahre 6 €

Ratschingstal/Val di Racines F2

Eine Klamm aus purem Marmor

Kurz hinter dem Taleingang bei **Stange** durchbricht der Ratschingsbach mit tosenden Kaskaden das Marmorgestein der **Gilfenklamm/Gola di Stanghe.** Die Stelle, an der die Schlucht sich so sehr verengt, dass man vor lauter Wasserlärm sein eigenes Wort nicht mehr versteht, nennen die Einheimischen seit jeher **Die Kirche.** Sie ist der Höhepunkt einer 2,5 km langen Wanderung (tgl. Mai–Nov. 9–17, Juli/Aug. 9–18 Uhr, 7 €, 6–13 Jahre 5 €), die über Stege und Brücken an **Wasserfällen** und steil aufragenden Felswänden vorbeiführt.

Es gurgelt und plätschert

Ab Obertal im Jaufental folgt eine Wanderung auf dem **Alten Almweg Gurgl** dem Rauschen des Wasserfalls durch den Wald, bis das Nass über felsiges Gelände in die Tiefe stürzt. Wo der Bach sanfter wird, erwartet ein Natur-Kneipp-Pfad müde Wandersleut.

Jaufental/Val di Giovo F2/3

Kurvenreiche Abkürzung

Das **Jaufental,** das bei **Gasteig** beginnt, ist sehr ruhig. Der **Jaufenpass** (2099 m) im Talschluss ist seit je ein vielbegangener Weg in das Passeier Tal und weiter zum Meraner Becken. Motorrad- und Fahrradfahrer lieben ihn und im Winter sind seine Hänge ein viel besuchtes Skirevier.

Museen

Silber, Blei und Zink

Landesmuseum Bergbau/Museo Provinciale Miniere: Am Standort Ridnaun des Bergbaumuseums stehen in der ehemaligen Erzaufbereitungsanlage noch die Maschinen aus den 1920er-Jahren, die mit irrsinnigem Lärm das Erz vom Gestein trennten. Ein 250 m langer Schaustollen erzählt eindrücklich von der gefährlichen Arbeit der Knappen unter Tage. Das Museum organisiert neben zahlreichen Bergwerks-Erlebnisführungen auch die zum Bergwerk am Schneeberg (s. S. 19). Weitere Standorte in Steinhaus (s. S. 69) und Prettau (s. S. 72).

Maiern 48, www.bergbaumuseum.it, T 0472 65 63 64, Führungen mit Anmeldung, April–Nov. Di–So 10–18 Uhr, 5 €/2,50 €

Fische in barocker Pracht

Schloss Wolfsthurn in Mareit/Mareta: Ein prächtiges Beispiel barocker Baukunst, die Prunkräume im zweiten Stock sind original erhalten und geben Einblicke in das adelige Leben des 18. und 19. Jh. Außerdem zeigt das Museum eine kulturhistorische Sammlung zur Jagd- und Fischereigeschichte.

Kirchdorf 25, Ratschings/Mareit, www.wolfsthurn.it, Mitte April–Mitte Nov. Di–Sa 10–17, So 13–17 Uhr, 7 €/5,30 €, unter 6 Jahren Eintritt frei

ÜBERFLIEGER

Achtung, Kopf einziehen! Unzählige Zugvögel nehmen im Herbst und Frühjahr den Weg über den Jaufenkamm. Vogelliebhaber dokumentieren den Durchzug von Star, Ringeltaube, Schwalbe, Bergfink, Prachttaucher und vielen anderen.

Schlafen

Tal und Schluss

Feuerstein: Den Zauber des Fünf-Sterne-Familienresorts bestimmt seine

Lage in herrlicher Natur. Auch in Sachen Kulinarik und Wellness bleiben keine Wünsche offen.

Pflersch 185, 39041 Brenner, T 0472 77 01 26, www.feuerstein.info, €€€

Wohlfühlort

Tenne Lodges: Einer der schönsten Hotelpools ganz Südtirols ziert das Fünfsternehotel direkt neben der Talstation Ratschings-Jaufen. Naturmaterialien wie der Pfitscher Silberquarzit und die unzähligen Lärchenschindeln schaffen eine ganz besondere Atmosphäre.

Bichl 51, 39040 Ratschings, T 0472 43 33 00, www.tenne-suedtirol.com, €€€

Tankstelle des Glücks

Biokräuterhof Bote: In der großen, gut ausgestatteten Ferienwohnung von Bernhard Auckenthaler im Pflerschtal sind der Duft nach frischen Kräutern und eine geführte Kräuterwanderung inklusive.

Pflersch 118, T 0472 77 00 28, www.biowipptal.it, €

Essen

Wirtshaus mit Twist

Zum Pfitscher: Im liebevoll restaurierten Erbhof in Ridnaun spüren Gäste die geschichtsträchtige Atmosphäre sofort. Serviert wird Saisonales sowie Lokales mit Kräutern aus dem eigenen Garten. Die hausgemachten Desserts und Kuchen sind ein Traum, der Weinkeller ist eine Schatzkammer.

Braunhofe 2, Ridnaun, T 351 945 96 77, www.zumpfitscher.it, Fr–Di 10–23, warme Küche 12–21 Uhr, €€

Bauernstil

Ungerer Hofschänke: Uriger Bauernhof mit Mittagstisch. Die meisten Zutaten kommen aus den hofeigenen Gärten oder der Käserei und Metzgerei. Vorbestellen ist ratsam.

Schluppes 6, Jaufental, T 0472 76 64 68, www.ungererhof.info, Mitte April–Anf. Jan. Mi–So 11–14 Uhr, €€

Sterzing/ Vipiteno

F2

Vergangenheit

Einst stand hier das römische Kastell Vipitenum, das die Kriegs- und Handelsstraße Via Claudia Augusta über den Brenner sicherte. Die Ebene war ein Rastplatz vor dem Anstieg zum Brennerpass auf der wichtigen Nord-Süd-Handelsroute. Außer einem Meilen- und einem Grabstein sowie der Herleitung des italienischen Namens ist nichts von der römischen Siedlung erhalten. Im Mittelalter war Sterzing bedeutendes Zentrum des Bergbaus, der die Stadt bis zum Niedergang des europäischen Bergbaus im 16./17. Jh. zu einer der wohlhabendsten in Tirol machte.

Schönste Flaniermeile

Heute beeindruckt die 6600-Einwohner-Stadt mit einer herrschaftlichen **Flaniermeile,** die etwas überdimensioniert wirkt. Nördlich des Zwölferturms am Stadtplatz heißt sie Altstadt, südlich Neustadt. Ganz in der Tradition der alten Handelsstadt laden Geschäfte und Cafés zum Einkaufen und Verweilen. An etlichen Fassaden zeigen eingemauerte erzhaltige Gesteinsbrocken an, dass dort Bergwerksbesitzer lebten, wie z. B. die Familie Fugger im Anwesen **Neustadt 24.** Der **Zwölferturm** mit seinen 46 m Höhe ist Sterzings Wahrzeichen und höchstes Gebäude zugleich. In der Vergangenheit warnten die Turmwächter vor herannahenden Feinden und nächtlichen Feuern. Heute erfreut ein Glockenspiel die Bewohner und zur Weihnachtszeit kann der Turm zu bestimmten Zeiten besichtigt werden.

Turm: www.weihnachtsmarkt-sterzing.com/de/programm/besichtigung-des-zwoelferturms.html

Prachtvolle Gotik

Das **Rathaus** wurde 1473 fertiggestellt. Der gotische Ratssaal gilt mit seinem markanten Eckerker, dem Wandgetäfel und der Balkendecke als der schönste in Südtirol. Im Innenhof ist der Mithrasstein zu besichtigen, ein römischer Altarstein aus dem Jahr 200, der in einer Felsenhöhle bei Mauls gefunden wurde.

Neustadt 21, www.sterzing.eu, T 0472 72 37 00, Ratssaal auf Anfrage im Rahmen einer Stadtführung: Mai–Okt. Fr 16 Uhr

Bilderbuch des Mittelalters

Am schönen Stadtplatz steht die 1399 erbaute **Heilig-Geist-Kirche.** Sie zählt zu den besterhaltenen gotischen Kirchen Südtirols und war ursprünglich Teil des mittelalterlichen Spitalkomplexes, der Fuhrleuten, Reisenden und Pilgern Unterkunft bot. Der Innenraum ist mit einem beeindruckenden Freskenzyklus des Meisters Hans von Bruneck aus dem Jahr 1402 versehen.

Stadtplatz, Mo–Sa 8.30–18 Uhr, Eintritt frei

Gewaltige Hallenkirche

Unsere Liebe Frau im Moos scheint völlig überdimensioniert für diesen Ort. Das reiche Bürgertum leistete sich für die Fertigung des Flügelaltars den Ulmer Meister Hans Multscher. Infolge der Barockisierung wurde der Altar 1779 entfernt und seine Bestandteile in alle Winde verstreut. Seine Tafeln schenkte Mussolini während des Zweiten Weltkriegs Hermann Göring. Nach Kriegsende landeten sie in den Uffizien in Florenz, ehe sie 1959 nach Sterzing zurückkehrten und heute gleich nebenan im Multscher Museum (s. u.) zu besichtigen sind. Heute befinden sich am neuen Hochaltar noch fünf zum alten Altar gehörende Figuren.

Museen

Multscher-Altar und mehr

Multscher und Stadtmuseum: Das Deutschhaus, etwas außerhalb der alten Stadtmauern und des heutigen Zentrums, war lange Zeit Sitz des Deutschritterordens. Heute sind hier die eindrucksvollen Überreste des bedeutendsten Tiroler Altars, des spätgotischen Multscher-Altars aus der Kirche Unsere Liebe Frau im Moos, zu sehen. Und das Stadtmuseum zeigt im Deutschhaus u. a. wertvolle Gemälde sowie Informationen zur Geschichte des Ritterordens.

Deutschhausstr. 11, T 0472 76 64 64, April–Okt. Di–Sa 10–13, 14–17 Uhr, 2,50 €, 6–15 Jahre 1,20 €

Schlafen, Essen

Von wegen brav

Hotel Lamm: Ganz nahe am Zwölferturm steht das mittelalterliche Altstadthaus mit schmaler Fassade und den modern ausgebauten Zimmern.

Neustadt 16, T 0472 76 51 27, www.hotellamm.it, €€

Fesch

Steindl's Boutique Hotel: Urban und doch im Grünen mit Rooftop-Wellness-Terrasse und feinem Frühstück. Obwohl eigentlich ein Hotel garni (mit Café/Bar/Lounge), wird manchmal in Evelyn's kitchen abends der Kochlöffel geschwungen – dann kommen feine Südtiroler Spezialitäten auf den Tisch. Ansonsten ist ›Fremdgehen‹ angesagt.

Parkweg 2, T 0472 76 53 58, www.hotelsteindl.it, €€

Beliebt bei Einheimischen wie bei Touristen: Die Flaniermeile diesseits und jenseits des Zwölferturms lockt mit Läden, Lokalen – und kostenloser Abkühlung …

Sterne-Kochkunst

Einhorn: Zu den besten Gourmetrestaurants Südtirols gehört das Restaurant des Hotels Stafler, in dem Küchenchef Peter Girtler den kulinarischen Ton angibt. Zwei Sterne haben natürlich ihren Preis.

Mauls 10, Freienfeld (10 km von Sterzing), T 0472 77 11 36, www.stafler.com, Do–Mo 18.45–19.45 Uhr, €€€

Garten oder Kamin?

Vinzenz – zum feinen Wein: Wie der Name schon verrät, ist das Weinangebot gut und reichlich. Gemütlich sitzt man hier sowohl im Garten als auch vor dem Kamin, kulinarisch wählt man aus der kleinen, feinen Karte etwas aus dem Garten, aus dem Wasser oder von der Weide.

Neustadt 4, T 0472 76 03 42, www.vinzenz.it, Do–Mo 11–24 Uhr, €€

Einkaufen

Frische Gaumenfreuden

Bauernmarkt: Selbst gebackenes Brot, frische Forellen, Käse- und Joghurtspezialitäten, traditioneller Speck, Bioweine, Kräuter, Honig, Eier, hausgemachte Säfte und frisches Gemüse bieten die Wipptaler Bauern auf dem Stadtplatz in Sterzing an. Alt und Jung trifft sich beim Markt auf a Glasl und oan Ratscher. Dienstags gibt es hier einen Wochenmarkt (Sterzlmarkt).

Stadtplatz, April–Okt., **Bauernmarkt:** Freitagvormittag, **Sterzlmarkt:** Dienstagvormittag

Kräuterladen

Kräuterladele in der Alten Apotheke: Zwei Bio-Kräuterhöfe aus dem Pflerschtal verkaufen im passenden Ambiente ihre hochwertigen Produkte.

Neustadt 1, www.biowipptal.it, Mo–Mi, Fr 9–12.30, 15–18.30, Do 9–12.30, Sa 9–12.30, 15–18 Uhr

Bewegen

Wellnessgenuss

Balneum: Das ›Heubadeln‹ hatte im 19. Jh. neben dem aufkommenden Alpinismus eine große touristische Anziehungskraft. Tief durchatmen ist im Heutraum-Ruheraum der Balneum-Saunawelt angesagt, während im Hallen-/Freibad je nach Wetterlage draußen unter Palmen oder drinnen gebadet und geplanscht werden kann.

Karl-Riedmann-Platz 5, www.balneum.bz.it, Zeiten/Preise s. Website

Hoch hinauf

Rosskopf/Monte Cavallo: Die Kabinenbahn am nördlichen Stadtrand erschließt das schöne Wandergebiet an Sterzings Hausberg, attraktive Downhill-Strecken für Mountainbike-Fahrer und im Winter ein kleines Skirevier. An der Bergstation beginnt auch ein wunderschöner, 20 km langer Wanderweg, der **Dolomieu-Weg.** Er führt über sechs Almen und Ladurns bis zur Allriss- und Furtalm ins Pflerschtal, wo Déodat Gratet de Dolomieu (1750–1801) am Fuß des Tribulaun das Dolomit-Gestein entdeckte.

www.rosskopf.com

Schön festhalten …

… muss man sein Paddel im wilden Wasser bei einer **Raftingtour.** Für Anfänger wie für erfahrene Rafter ist die Strecke ab Freienfeld flussabwärts durch die einzigartigen Flussschlingen des Eisack ein echter Abenteuerkick. Touren können von Mai bis September täglich nach Voranmeldung gebucht werden. Weitere Infos auf der Homepage: Sportzone Freienfeld, www.raftingsterzing.it, T 335 137 05 60.

Infos

- **Tourismusgenossenschaft Sterzing Pfitsch Freienfeld:** Stadtplatz 3, T 0472 76 53 25, www.sterzing.com, Mo–Fr 8.30–12.30, 13.30–18, Sa 8.30–12.30 Uhr
- **Verkehr: Regionalzüge** fahren nach Brenner, Brixen, Bozen, Trento und Verona. Der zentrale **Busplatz** liegt am nördlichen Parkplatz. Die Linienbusse fahren durch das Eisacktal sowie in die Sterzinger Seitentäler.

Gitschberg Jochtal

Der markante **Gitschberg/Monte Cuzzo** wacht über die beiden Flüsse Eisack und Rienz, die sich zu seinen Füßen annähern, aber erst in Brixen wirklich vereinen. Im Ski- und Almengebiet am Übergang vom Eisack- ins Pustertal berühren sich auch der Norden mit den hohen, schneebedeckten Bergen und der Süden, der seine warmen Winde von Bozen das Eisacktal hinaufschickt.

Mühlbach/ Rio di Pusteria H3

Das Dorf und die Zollstation

Am schönen Mühlbacher **Dorfplatz,** wo die **Pfarrkirche St. Helena** bedeutende Fresken von Friedrich Pacher aus der Zeit um 1500 präsentiert, stehen die Bürgerhäuser eng beieinander und vermitteln eine fast kleinstädtische Atmosphäre. Seit 1269 als Marktgemeinde vermerkt, galt Mühlbach früher mit der nahe gelegenen Festung **Mühlbacher Klause/Chi-**

usa di Rio di Pusteria als Zollstation. Zur Römerzeit trennte sie die Provinzen Raetia und Noricum, später das Fürstentum Brixen und das zur Grafschaft Görz gehörende Pustertal. Die imposante Festung wurde vorbildlich saniert und ist im Rahmen von Führungen zu besichtigen.
Klause: Pustertaler Str. (SS 49) zwischen Mühlbach und Vintl, https://muehlbacherklause.it, Juni–Okt. Do bei gutem Wetter 9.30–12, 14.30–16.30 Uhr

Spinges/Spinga H3

Tapferes Mädchen

Das ruhige Bauerndorf **Spinges** hat sich viel von seiner bäuerlichen Alltagswelt bewahrt. Wie die Mühlbacher Klause war es Ende des 18. Jh. Schauplatz erbitterter Kämpfe zwischen napoleonischen und österreichischen Truppen. Zur Heldin hochstilisiert wurde Katharina Lanz, das »Mädchen von Spinges«, die sich mit einer Heugabel den Franzosen entgegenstellte. In der kleinen **Pfarrkirche** erinnert ein Glasfenster an die Jeanne d'Arc Tirols.

Meransen/Maranza H3

Auf der Sonnenseite

Meransen ist einer der sonnigsten Orte Europas. Der Ort liegt perfekt auf einer Panoramaterrasse in 1414 m Höhe. Die Zusammenlegung und Verbindung der beiden Skigebiete Gitschberg und Jochtal mit einer Seilbahn hat aus zwei kleinen Skigebieten ein großes gemacht. Nun plant die Region eine erneute Erweiterung am beliebten Wanderberg Kleine Gitsch. Ob das angesichts der vielen Skigebiete in Südtirol und der ambitionierten Klimaschutzziele des Landes Sinn macht, wird viel diskutiert.

Vals/Valles und das Valser Tal/Val di Valles G/H3/4

Das ursprüngliche Almendorf **Vals** liegt im malerischen **Valser Tal,** umrahmt von den imposanten Pfunderer Bergen. Es ist der letzte Ort vor dem Talschluss. Danach geht es hinauf zur **Fane Alm/Malga Fane** (s. Tour S. 26), einem der schönsten Almdörfer Südtirols. Im Mittelalter als Lazarett für Pest- und Cholerakranke gebaut, tummeln sich dort heute Wanderer, Skitourengeher und Mountainbiker – oder es werden Filme gedreht.

Museen

Feinster Lodenstoff

Lodenwelt Museum: Warm und wasserdicht, war der Loden einst das Alltagsgewand der Hirten und Bauern, bevor ihn Fürsten und Kaiser adelten. Die Bozner Kaufmannsfamilie Oberrauch-Zitt hat im Gebäude einer ehemaligen Hosenfabrik dieses Museum mit Laden eingerichtet.
Pustertaler Str. 1, Vintl, www.oberrauch-zitt.com/oberrauch-zitt-welt/museum, Mo–Sa 9–17.30, Juli/Aug. 9–18.30, Aug.–Okt. auch So 10–16.30 Uhr, 5 €, bis 12 Jahre 2 €

Leckerer Käse

Schaukäserei Capriz: Hier kann spielerisch der Weg von der Milch zum Käse nachvollzogen und mit allen Sinnen erlebt werden. Käseverkostung und -verkauf.
Pustertaler Str. 1/B, Vintl, www.capriz.bz, Mo–So 9–19 Uhr, 8 €, 6–12 Jahre 3 €

Schlafen

Spitzen und Kurven

Milla Montis: Eine Mistgabel diente als Inspiration für das architektonisch ausgefallene Hotel in Meransen, dessen innovatives Design sich harmonisch in die Natur

TOUR
Murmeltiere am murmelnden Bach

Wanderung vom schönsten Bergdorf zum tiefsten See Südtirols

Infos

Rundwanderung, 15,5 km, 7 Std., 1140 Höhenmeter Auf- und Abstieg

Start/Ziel: Parkplatz Fane Alm, G 2

Hinweis: Juli–Sept. tgl. 9–17 Uhr Straßensperrung Parkplatz Vals–Parkplatz Fane Alm, Busshuttle steht zur Verfügung; Winter: keine Zufahrt möglich

Im Bergdorf **Fane Alm/Malga Fane** (auch: Fanes) auf 1739 m, das sich vom mittelalterlichen Lazarett für Pestkranke und Cholerapatienten zum schönsten Dorf Südtirols gemausert hat, beginnt unsere Wanderung. Auf der Hochalm weiden im Sommer die Rinder der Valser Bauern. Ihr Käse kann in den drei Gastwirtschaften des Dorfes verkostet werden. Die meisten Holzhütten sind unbewohnt, eine einzige Hütte bietet Unterkunft für vier Personen (s. S. 27). Vom **Parkplatz Fane Alm** sind es ca. 500 m bis zum Almdorf.

Der **Weg Nr. 17** führt zunächst durch eine urige Felsenschlucht, die sogenannte **Schramme,** dann auf einem schmalen Pfad, **Weg Nr. 18,** über die **Labisebenalm** bis zum **Wilden See/Lago Selvaggio** (2532 m). Bevor wir den mit 46 m tiefsten Bergsee Südtirols erreichen, gibt es eine kurze ausgesetzte, aber gut gesicherte Passage. Die Valser erzählen Geschichten von unehrlichen Sennern, die ihre Milch mit Wasser verdünnten und zur Strafe hierher verbannt wurden. Wenn aus der Tiefe des Sees ihr Grollen emporsteigt, ist es höchste Zeit weiterzugehen.

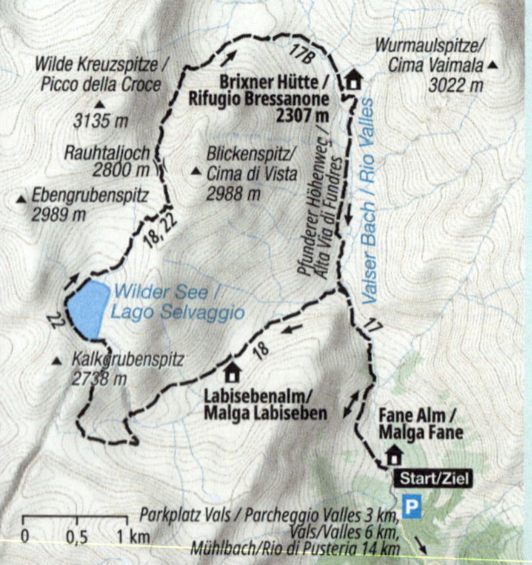

Tief hinein in die romantische Pfunderer Bergwelt führt der Weg weiter zum **Rauhtaljoch,** dem mit 2800 m höchsten Punkt der Tour, wo sich auf der linken Seite die **Wilde Kreuzspitze** erhebt. Immer wieder ist das warnende Rufen der Murmeltiere zu hören. Am entferntesten Punkt der Tour taucht die urige **Brixner Hütte auf,** die seit 2021 von drei urbanen Stadt-Nomaden bewirtschaftet wird. Sie liegt direkt am **Pfunderer Höhenweg,** 40 Personen können hier übernachten. (Juni–Sept.). Auf dem **Weg Nr. 17** entlang des hier oben leise vor sich hin murmelnden **Valser Baches** geht es nach einer verdienten Rast zur Fane Alm zurück.

einfügt. Schlichter, eleganter Luxus in den Zimmern mit edlem Eschenholzboden, mit freistehender Badewanne oder eigener Sauna buchbar. Immer mit Traumblick auf die Südtiroler Bergwelt.

Huberstr. 25, Meransen, T 0472 52 02 78, www.hotel-milla-montis.com, €€€

Logenplatz

Almhütte: Winzig und doch luxuriös ist die Hütte mit nur 16 m² für vier Personen. Da es auf der Fane Alm keine Autos oder weitere Übernachtungsmöglichkeiten gibt, hat man Dorf und Berge fast für sich allein.

Fane Alm, T 0472 54 70 92, www.residence-tauber.it, €€€

Geschmackvoll schlicht

Mountain Lodge Margit: Moderne Ferienwohnungen mitten in Meransen und der nahen Bergwelt.

Aussereckerstr. 15, Meransen, T 0472 62 80 69, www.mountainlodgemargit.com, €€

Essen

Feinschmecker-Essen

Lodenwirt: Mediterrane und Südtiroler Speisen, vegetarische Gerichte und knusprige Holzofen-Pizzas gibt es in diesem Hotel in Vintl, das zum Komplex des Lodenwelt Museums gehört.

Pustertaler Str. 1, Vintl, T 0472 86 70 00, www.lodenwirt.com, €€

Bewegen

Malerisches Alpentälchen

Altfasstal/Valle di Altafossa: Oberhalb von Meransen hat das Tal von einer kinderwagentauglichen Wanderung entlang des Almenkneippwegs über eine anspruchsvolle Rundwanderung für geübte Bergsteiger bis hin zur Besteigung der 2715 m hohen Seefeldspitze viel zu bieten. Bei der Wieserhütte im Talschluss können die hofeigenen Käse verkostet, Mountainbikes für eine Rückfahrt nach Meransen geliehen oder die Wanderstiefel erneut geschnürt werden, denn zu den schönen Seefeldseen ist es von hier nicht mehr weit.

Wieserhütte: T 0472 52 03 50, www.schutzhaus-wieserhuette.com, Mitte Mai–Nov., €

Infos

- **Tourismusgenossenschaft Gitschberg Jochtal:** Katharina-Lanz-Str. 90, Mühlbach, T 0472 88 60 48, www.gitschberg-jochtal.com, Mo–Fr 8–12, 13–17 Uhr.
- **Verkehr:** Mühlbach und Vintl sind mit **Regionalzügen** von/nach Brixen, Bruneck und Innichen erreichbar. **Busse** fahren durch das gesamte Pustertal sowie von/nach Brixen, Rodeneck, ins Jochtal und ins Pfunderer Tal.

Brixen/ Bressanone ✪ H3/4

Dolce vita, aber gründlich!

Wie alle Städte Südtirols profitiert auch **Brixen** von der jüngeren Geschichte, in deren Folge die deutsch-italienische Zweisprachigkeit eine Weltoffenheit zutage fördert, die man dem 20 000-Seelen-Städtchen nicht unbedingt zugetraut hätte. Dolce vita, die italienische Lebensart mit ihrer genussvollen Leichtigkeit des Seins, trifft auf wirtschaftliche Prosperität und Korrektheit aus dem Norden – eingebettet in eine der schönsten Landschaften der Welt und von warmen Südwinden gestreichelt.

Architektonische Moderne

In Brixen empfängt **Brixen Tourism** (s. S. 36) in der Regensburger Allee als architektonischer Leuchtturm die Gäste.

Brixen/Bressanone

Ansehen
1 Stadtbibliothek
2 Dom
3 Pfarrkirche St. Michael
4 Philosophisch-Theologische Hochschule im Priesterseminar
5 Große Lauben/Via Portici
6 Astra
7 Rappanlagen
8 Hofburg/Diözesanmuseum
9 Pharmaziemuseum

Schlafen
1 Hotel Elephant
2 Haller Suites
3 Cusanus-Akademie

Essen
1 BRIX 0.1
2 Dekantei
3 Finsterwirt, Vitis
4 Platzl
5 Gelateria Pradetto

Einkaufen
1 Pur Südtirol
2 Kauri Store
3 WiaNui
4 Bauernmarkt

Bewegen
1 Acquarena
2 Vertikale

Ausgehen
1 Dekadenz

Wie eine Katze windet sich die schwungvolle Architektur um einen alten Baum. Nicht nur hier erfährt das alte Brixen zunehmend eine erfrischende Kontrastierung durch moderne Architektur. So ist ganz in der Nähe mit dem Neubau der **Stadtbibliothek/Biblioteca Civica** 1 (Domplatz 4, www.biblio.bz.it/brixen, Mo–Sa 8.30–18.30 Uhr, Eintritt frei) ein Gebäude entstanden, das sich durch zwei große Lichterker in Richtung Hofburg einerseits und in Richtung Domensemble andererseits in einen klaren Dialog mit der Stadt begibt. Dasselbe Architekturbüro (Carlana Mezzalira Pentimalli) wurde auch mit dem Neubau der traditionsreichen **Musikschule** am nördlichen Ende des Stadtzentrums (Am Priel) beauftragt. Das optisch sehr ansprechende Gebäude fügt sich perfekt in die Fassadenumgebung des Schwimmbads **Acquarena** 1 und der Kletterhalle **Vertikale** 2 ein.

Grüne Oasen
Es duftet betörend von Rosen und Kräutern, wenn man durch eine unscheinbare kleine Gasse vis-à-vis der Touristeninformation in den **Herrengarten** der im 13. Jh. von den Brixner Fürstenbischöfen erbauten **Hofburg**, heute das **Diözesanmuseum** 8 (s. S. 31), schlüpft. Hinter dem imposanten Gebäudekomplex liegt jenseits hoher, alter Mauern ein weiterer Garten verborgen. Der **Hofburggarten** ist nur zu besonderen Anlässen zugänglich, dafür aber mit seinen weinumrankten Laubengängen, den beiden fernöstlich angehauchten Eckpavillons und dem schlichten Gartenhäuschen ein verwunschener Lieblingsort der Brixner.

Das religiöse Herz Brixens
Als sich die Bischöfe vor mehr als 1000 Jahren in der kleinen Siedlung am Zusammenfluss von Rienz und Eisack niederließen, begann die Geschichte der Stadt. Brixen gewann an Bedeutung, als neue Kirchenanlagen errichtet und der Bischofssitz von Säben (s. S. 43) hierher verlegt wurde. Innerhalb schützender Mauern begann die planmäßig angelegte Stadt zu wachsen und mit ihr der Brixner Dom, der mit seinem schönen Vorplatz das heutige Zentrum der Stadt bildet. Der

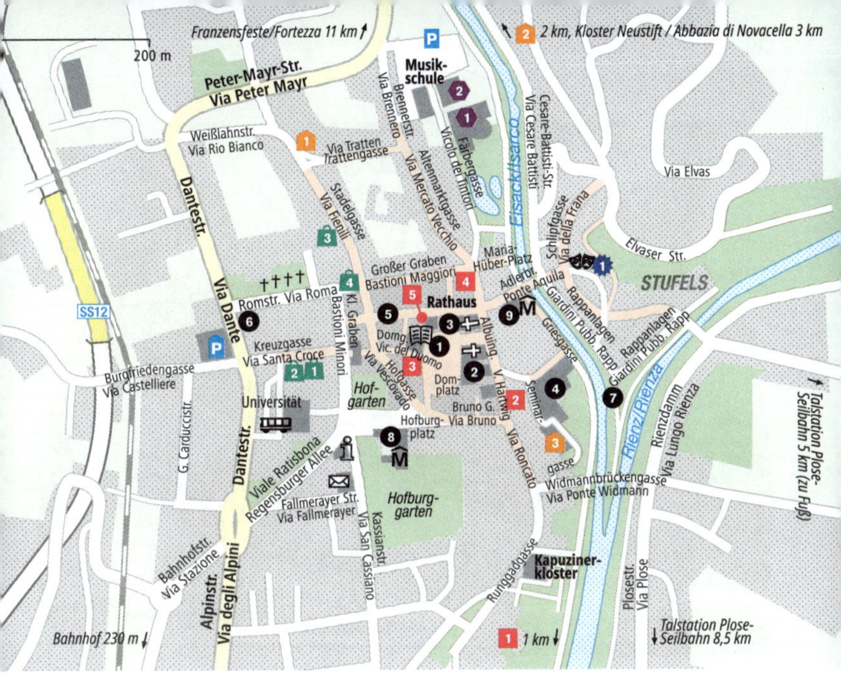

Dombezirk besteht aus mehreren Kirchen und Kapellen, dem Kreuzgang, dem Kapitelhaus und dem Alten Friedhof.

Der **Dom** ❷ selbst ist in seiner heutigen Gestalt ein Neubau aus dem 18. Jh., dessen Inneres, gemalt von Paul Troger, ein Meisterwerk barocker Kunst darstellt. Auch der Hochaltar von Theodor Benedetti aus wertvollem Marmor und andere Kunstschätze machen einen Besuch lohnenswert. Der an den Dom angrenzende romanisch-gotische **Kreuzgang** zählt vor allem wegen seiner Fresken zu den bedeutendsten Kunstdenkmälern Südtirols. Sie stammen aus der Zeit zwischen dem ausgehenden 14. und dem beginnenden 16. Jh. Da sich ihre Gestaltung über zwei Jahrhunderte zog, lässt sich an ihrem Beispiel die Entwicklung der hiesigen spätgotischen Malerei gut nachvollziehen.

Neben dem mächtigen Dom steht die schlichte gotische **Pfarrkirche St. Michael** ❸ (Albuingasse). Symbolträchtig wendet die seit jeher für die einfachen Bürger bestimmte Kirche mit dem Weißen Turm dem Domplatz ihre Rückseite zu.

Seit 2001 ist Brixen Universitätsstadt. Die **Philosophisch-Theologische Hochschule** im **Priesterseminar** ❹ zählt zu den ältesten universitären Einrichtungen Südtirols, darunter auch die beeindruckende **Barockbibliothek** (info@priesterseminar.it), die nur auf Anfrage zu besichtigen ist.

Dom: Hofburgplatz 1, www.bz-bx.net, tgl. April–Okt. 6.30–18, Nov.–März 6.30–11, 15–18, Führungen Ostern–Allerheiligen Mo–Fr 10.30, während des Weihnachtsmarkts Mo–Fr 15, Sa 10.30, 15, So 14 Uhr, Eintritt und Führungen frei

Quirlige Altstadt

An den Domplatz grenzt die Altstadt mit ihren schmalen mittelalterlichen Gassen und den **Großen Lauben/Via Portici** ❺. In jedem der Laubenbögen befand sich einst eine Werkstatt oder ein

Südtirol, da denkt man zuerst an Almhütten, rustikale Gasthöfe und traditionelle, deftige Küche. Doch es gibt auch eine andere Seite, Fusion auf Südtiroler Art wie im Pavillon des BRIX 0.1.

Laden. Heute locken die im Sommer herrlich schattenspendenden Lauben in kleine Geschäfte, gemütliche Cafés und Gasthäuser. Das von den Einheimischen bewusst zur Schau getragene charmant Städtische, gemixt mit einem Stolz auf die gelebten Traditionen, trägt sehr zum Wohlgefühl in der Stadt bei.

Freigeist versus Faschismus

Bescheidenheit ist die Tugend dieses Gebäudes nicht und sollte es auch nie sein. In pompejanischem Rot präsentiert sich das **Astra** ❻, das 1936 als Kultur- und Lernanstalt der faschistischen Jugendorganisation Gioventù Italiana del Littorio (GIL) eröffnet wurde. Die ästhetische Strenge markiert einen Architekturstil, der davon zeugt, dass die italienischen Faschisten stolz auf das nun ihnen gehörende Südtirol waren. Sie schickten ihre besten Architekten und so ist dieses Gebäude bei allem Nichtrespekt gegenüber seinen Auftraggebern ein wahrhaft schönes. 2019 komplett saniert und umgebaut, ist das Astra heute als Kulturzentrum der Stadt Brixen ein besonders freigeistiger Ort. Hier finden Ausstellungen, Konzerte, Performances und Lesungen statt, auch Filme werden gezeigt.

Romstr. 11, www.astrabx.com

Wo alles begann

Jenseits des Eisack, auf der anderen Seite der Adlerbrücke, liegt **Stufels,** der älteste Teil Brixens, ein elegantes Wohnviertel mit hübschen Läden, Künstlerateliers und dem Kleinkunstkeller **Dekadenz** 1 (s. S. 33). Am nahen Zusammenfluss von Eisack und Rienz befindet sich mit den **Rappanlagen/Giardini Pubblici Rapp** ❼ seit 1883 ein gepflegter Park.

Museen

Domschatz von Brixen

8 Diözesanmuseum/Museo Diocesano: Sakrale Kunst von der Romanik bis zur Moderne zeigt das Museum in der **Hofburg.** Außerdem den Domschatz von Brixen, Werke Tiroler Kunstschaffender des 19. Jh., eine Krippensammlung und wechselnde Sonderausstellungen. Vom Glanz alter Zeiten zeugen die Wohnräume der Fürstbischöfe und der Kaisertrakt.

Hofburgplatz 2, www.hofburg.it, Okt.–Mai 10–17, Juni–Sept. 10–18.30 Uhr, 10 €, 6–18 Jahre 5 €, unter 6 Jahren Eintritt frei

Kunst des Heilens

9 Pharmaziemuseum/Museo della Farmacia: Wundersame Dinge hingen hier früher von der Decke: ein Krokodil, der Kopf eines Gürteltiers, ein Teil einer ägyptischen Mumie. Sie sollten die Ehrfurcht der Kunden vor der Kunst des Heilens entfachen und gehören nun zu einer gut aufbereiteten und interessanten Ausstellung.

Adlerbrückengasse 4, www.pharmaziemuseum.it, Juli/Aug. Mo–Fr 14–18, Sa 11–16, sonst Di–Mi 14–18, Sa 11–16, im Advent auch So 11–16 Uhr, 5 €, unter 10 Jahren Eintritt frei

Schlafen

Die Füße hochlegen

1 Hotel Elephant: Es klingt wie ein Märchen, ist aber keins: 1552 residierte im Hotel 14 Tage lang ein Elefant, der als Geschenk des portugiesischen Königs Johann III. an seinen Neffen, Erzherzog Maximilian von Österreich, von Genua nach Wien wandern musste. In Brixen erging es ihm gut – so wie heute den Gästen des feinen Hotels mit dem wunderschönen Garten.

Weißlahnstr. 4, T 0472 83 27 50, www.hotelelephant.com, €€€

Mitten im Weinberg

2 Haller Suites: Auf der Sonnenseite der Stadt, terrassiert in einen Weinberg gebaut, befindet sich das moderne Hotel mit seinen 18 Zimmern samt Aussicht auf Wein, Berge und Brixen. Der Obst- und Gemüsegarten ist Inspiration für Küchenchef Levins fantasiereiche Gänge im **AO-Restaurant** (Mo, Mi–Sa 18.30–21, So 12–14, 18.30–21 Uhr, €€).

Weinbergstr. 68, T 0472 83 46 01, www.byhaller.com, €€

Mit Gottes Segen

3 Cusanus-Akademie: In dem 1960er-Jahre-Bau des Brixner Stararchitekten Othmar Barth geht es um Reduktion und schlichte Klarheit, auch in den hellen, freundlich eingerichteten Zimmern. Schönes Café (Mo–Sa 8–18 Uhr). Frisch saniert, zentral, top!

Seminargasse, 2, T 0472 83 22 04, www.cusanus.bz.it/de/raumvermietung-südtirol/14-0.html, €€

Essen

Augenschmaus

1 BRIX 0.1: Im spektakulären trichterförmigen Pavillon aus Glas, Beton und Stahl isst nicht nur das Auge mit. Rezepte aus aller Welt werden hier gekonnt mit dem Geschmack Südtirols kombiniert.

Fischzuchtpark 17, T 0472 26 83 71, www.brix01.com, Mi–Fr 11.30–23, Sa 9–23, So 9–22 Uhr, €€€

Biervernarrt

2 Dekantei: Wo sich alte Mauern mit moderner Innenarchitektur zu einem stilvollen Ambiente drinnen und draußen mischen, kann auch die Küche Traditionelles neu erfinden. Hier gibt's Bier sogar im Aperitif oder Cocktail.

Hartwiggasse 5, T 0472 67 42 70, www.decantei.it, Mo–So 7.30–23 (warme Küche 12–14, 18.30–21.30) Uhr, €€€

Es werde Licht

3 **Finsterwirt, Vitis:** In einem der ältesten Häuser der Stadt hat der Finsterwirt seit 1870 Tradition. Ausgezeichnete gehobene Küche präsentiert Hubert Ploner für Genussmenschen. Im selben Haus gibt es in der Vinothek **Vitis** erlesene Weine aus aller Welt, Südtirol und speziell dem Eisacktal sowie gutes Essen zum Vor-Ort-Genießen, Probieren und Mitnehmen. Prima auch für einen Aperitif.

Domgasse 3, T 0472 83 53 43; **Finsterwirt:** www.finsterwirt.com, Di–Sa 11.45–14, 18.45–21 Uhr, €€€; **Vitis:** www.vitis.bz, Di–Sa 10–15, 17–24 Uhr, €€

Aperitivo-Kultur par excellence

4 **Platzl:** Der Große Graben in Brixen ist die Flaniermeile der Stadt. Beim Platzl kann man mit einem Sundowner genüsslich in der Sonne sitzen und zuschauen, wie sich Brixen in den Feierabend stürzt und die Nacht hereinbricht.

Großer Graben 5, T 320 970 40 24, auf Facebook, Mo–Do 7–22, Fr–Sa 8–24 Uhr, €€

Bestes Eis

5 **Gelateria Pradetto:** Unverschämt leckeres Eis aus der eigenen Manufaktur. Schon in der langen Schlange zu stehen und zu warten macht glücklich, denn Vorfreude ist bekanntermaßen die schönste.

Große Lauben 1, auf Facebook, Sommer Mo–Sa 11–22, So 14–20 Uhr

Einkaufen

Genuss pur

1 **Pur Südtirol:** Ausschließlich lokale Produkte aus Südtirol kommen hier in die Regale. Die erfolgreiche Marke hat inzwischen fünf Standorte in der Region. Auch das mehrfach ausgezeichnete Shopdesign von Lokalmatador Harry Thaler trägt dazu bei, dass man hier gern einkauft.

Kreuzgasse (Via S. Croce) 11b, www.pursuedtirol.com, Mo–Fr 8.30–18.30, Sa 8.30–14 Uhr

Nachhaltige Mode

2 **Kauri Store:** Hier hängen Jacken und Kleider lokaler und internationaler Marken, stapeln sich elegante Pullis, T-Shirts und Hosen. Qualität und nachhaltige Produktion sind hier die Auswahlkriterien.

Kreuzgasse 13, www.kauristore.com, Mo–Fr 9.30–13, 14–18.30, Sa 9.30–13, 14–18 Uhr

Zero Waste

3 **WiaNui:** Ausgefallen und schön, in jedem Fall individuell, hip und aus Müll gefertigt. Der Upcycling-Concept-Store WiaNui (Südtirolerisch für: wie neu) verkauft gebrauchte Designmöbel, Taschen, Lampen, Schmuck und Bekleidung, denen ein neuer Lebenssinn eingehaucht wurde.

Stadelgasse 7a, www.wianui.eu, Mo–Fr 9.30–12.15, 15.30–18, Sa 09.30–12.15 Uhr

Frisch, lokal, gesund

4 **Bauernmarkt:** Auf dem kleinen Markt verkaufen die Eisacktaler Bauern ihre Produkte.

Hartmannsplatz, Mi, Sa 7.30–13 Uhr

Bewegen

Schwimmen

1 **Acquarena:** Das Hallenbad mit Saunalandschaft und Fitnessstudio ist ganzjährig geöffnet. Von Mai/Juni bis Anfang September kommt das schöne Freibad mit 5-m-Sprungturm hinzu.

Altenmarktgasse 28/b, www.acquarena.com, Zeiten/Preise s. Website

Klettern

2 **Vertikale:** In der Kletterhalle trainieren die Kletterer für ihre Bergabenteuer und lernen Neueinsteiger das 1x1 dieses schönen Sports. Regelmäßig finden internationale Wettkämpfe statt.

Am Priel 9, www.vertikale.it, Mo–Fr 10–22.30, Sa/So 10–20.30 Uhr, Tageskarte 17,40 €, ermäßigt 15,80 €, 14–17 Jahre 13,80 €, 4–13 Jahre 10,30 €

Auf zum Kloster

Zum **Kloster Neustift** (s. S. 221) führt ab der Kleinkunstbühne Dekadenz 1 ein schöner **Wanderweg** durch die Weinberge. Alternativ kann man auch von der Adlerbrücke aus entlang des Eisack laufen.

Nicht nur ein Wintervergnügen

Mit seinem Hausberg, der **Plose** (www.plose.org), hat Brixen eines der schönsten Wintersportgebiete vor der Tür. Auf über 60 km sonnigen Pisten fühlen sich Skifahrer und Snowboarder wie im Paradies, während Rodelfans auf der 9 km langen Rodelbahn Rudirun ins Tal sausen. Aber auch zum Wandern und Mountainbiken ist das Gebiet bestens geeignet; s. S. 35.

Ausgehen

Freigeist versus Faschismus

6 **Astra:** Kulturtreffpunkt,; s. S. 30.

Ambitioniert anspruchsvoll

1 **Dekadenz:** Wer die Stiegen in diesen Keller hinabsteigt, wird nicht enttäuscht werden: Eigene Theaterproduktionen und Gastspiele, Konzerte und Jazzmusik stehen auf dem Programm der ältesten Kleinkunstbühne Südtirols.

Obere Schutzengelgasse 3a, www.dekadenz.it

Feiern

- **Water Light Festival:** Mai, www.brixen.org/waterlight. Der Fluss Eisack ist seit jeher Fluch und Segen für Brixen. Deshalb widmet die Stadt dem Lebenselixier Wasser dieses dreiwöchige Festival, mit künstlerischen Lichtinstallationen.
- **Mountainbike Testival:** 4 Tage Ende Sept., www.mountainbike-testival.de. Der Herbst ist in Südtirol die beste Bikezeit. Im September präsentieren Radfirmen ihre aktuellen Bikemodelle bei geführten Touren und im Brixen Bikepark auf der Plose.
- **Brot- und Strudelmarkt:** letztes Sept.-Wochenende, www.brotmarkt.it. Das bäuerliche Backen hat in Brixen lange Tradition. Auf diesem Markt können Vinschger Paarlen, Schüttelbrot und Südtiroler Apfelstrudel verkostet und einiges über die alte Kunst des Brotbackens gelernt werden.
- **Weihnachtsmarkt:** 1. Dez.–6. Jan. Der Brixner Weihnachtsmarkt am Domplatz zählt zu den ältesten in ganz Italien. Alte Bräuche und Produkte lokaler Anbieter stehen im Fokus. Tolles Weihnachtsfeeling.

Infos

- **Brixen Tourismus:** Regensburger Allee 9, 39042 Brixen, T 0472 27 52 52, www.brixen.org, Mo-Fr 9–17.30, Sa 9–13, 13.30–17 Uhr. U. a. interessante Führungen und Erlebnistouren.
- **Bahn:** Der **Bahnhof** ist nur wenige Gehminuten von der Brixner Altstadt entfernt. Hier halten auch die Fernverkehrszüge nach München und Verona.
- **Bus:** In alle Seitentäler sowie entlang des Eisacktals und nach Bozen bestehen gute Verbindungen ab dem **Busbahnhof** (Dantestr. 4). Die meisten Busse halten auch am Bahnhof.

Rings um Brixen

Natz-Schabs/ Naz-Sciaves H3

Wo im Frühling ein Meer aus weiß-rosa Blüten ein beeindruckendes Landschaftsbild zaubert, leuchten im Herbst die reifen Äpfel. Es ist eine vom milden Klima verwöhnte Ebene mit den fünf beschaulichen Dörfern **Natz, Schabs, Raas, Viums** und **Aicha.** Jedes Jahr um den 1. Mai feiern die Natzer das Königliche Festival, zu dem die Apfelkönigin andere Majestäten wie die Südtiroler Erdbeerkönigin oder die Deutsche Zuckerrübenkönigin zum Blütenball und zum Festumzug einlädt.

Vahrn/Varna H3

Erfrischender Vorort

Von Norden kommend scheint **Vahrn** ein Vorort Brixens, doch das wird der Gemeinde nicht gerecht. Die **Pfarrkirche St. Georg** befindet sich in erhabener Lage am Berghang und wacht über die Ortschaft, eingebettet in eine Landschaft mit Weinreben und Obstgärten. Beliebte Ausflugsziele vor allem im Sommer sind der **Vahrner See** (baden 2023 nicht erlaubt, Bergung von Kriegsmaterialien) und die **Kneippanlage** am Schalderer Bach.

Kloster Neustift/ Abbazia di Novacella H3

Hoch und heilig

Seit seiner Gründung im Jahr 1142 ist das **Kloster Neustift** 3 km nördlich von Brixen ein Zentrum der Lehre, Kunst und Kultur, war aber auch ein Ort der Unterdrückung der Bauern durch den Klerus. Romanisch sind noch die **Engelsburg,** die zweigeschossige Torkapelle am Eingang, und der **Turm der Stiftskirche,** die in ihrem Inneren jedoch im reinsten Rokoko erstrahlt. Spitzbögen und gotische Fresken zeichnen den **Kreuzgang** aus. Barock wiederum ist die Gestaltung des **Wunderbrunnens** im Stiftshof. In einem **Grab** aus dem 15. Jh. liegen vermutlich die sterblichen Überreste des Dichters und Politikers Oswald von Wolkenstein.

Trotz Plünderungen, Kunstraub und Zerstörungen birgt die Anlage des Augustiner Chorherrenstifts einmalige Kunstschätze aus der Zeit zwischen Frühgotik und Barock, die teils im **Stiftsmuseum** präsentiert werden. Im Sommer öffnet der schöne **Stiftsgarten,** der Teil der Klausur ist, auch für Besucher. Im Klosterausschank, dem **Stiftskeller,** können die vorzüglichen Weißweine der Stiftskellerei ebenso wie Säfte oder Kräutertee genossen werden. Dazu kann man sich mit Jausen, Mehlspeisen etc. stärken. Im **Klosterladen** werden die Klosterprodukte verkauft.

Stiftstr. 1, Neustift, Vahrn, T 0472 83 61 89, www.kloster-neustift.it; **Museum:** Mo–Sa 10–17 Uhr (Winter Mi geschlossen), 10 €, 6–17 Jahre 4 €; **Stiftsführung:** nach Anmeldung Mo–Fr 11, 14.30, Sa 11 Uhr, 15 €; **Stiftsgarten:** Sommer Do–Sa zu den Öffnungszeiten, 4/2 €; **Stiftskeller:** T 0472 83 61 89 Mo–Sa 10–18/19 Uhr; **Klosterladen:** Mo–Fr 10–19, Sa 9–18 Uhr

EISACKTALER WEINE

Weiße Rebsorten wie Kerner, Sylvaner, Müller-Thurgau, Grüner Veltiner und Riesling gedeihen im Eisacktal, dem Kreuzpunkt alpiner und mediterraner Vegetation, besonders gut. Der hohe Anteil an Silikaten im Boden verleiht den Weinen ihre charakteristische mineralische Note und das Mikroklima mit den warmen Sonnentagen im Herbst und den dann schon recht kalten Nächten macht die Weine im Geschmack rund und voll.

Lüsner Tal/ Val di Luson H3/4

Aktiv in Lüsen

Noch vor drei Jahrzehnten führte zum Hauptort **Lüsen** keine asphaltierte Straße. Bis heute ist diese Abgeschiedenheit präsent und macht den Charme des kleinen Bergdorfs mit seinen zwei Kirchen und dem hübschen Dorfkern aus. Das **Lüsner Tal** ist mit der Rodenecker-Lüsner Alm zu allen Jahreszeiten ein Mekka für Wanderer und Aktivurlauber.

Rodeneck/Rodengo H3

Helden und Herren

Das Heldenepos von Iwein, einem der zwölf Ritter der Tafelrunde an König Artus' Hof, erzählen die Fresken in der Burg. Geschaffen wohl 1200–30 gelten sie als älteste weltliche Wandmalereien im deutschsprachigen Raum. Die Burg wurde 1140 von den Herren von Rodank erbaut und im 16. Jh. von den Freiherren und späteren Grafen Wolkenstein-Rodenegg zu einem der mächtigsten Schlösser im Land ausgebaut. Das trutzige **Schloss Rodenegg** ist noch heute im Besitz der Nachkommen des Minnesängers Oswald von Wolkenstein.

Vill 1, www.rodenegg.it, nur mit Führung, Sommer Mo–Fr, So 11.30, 14.30, Sa 14.30 Uhr, 8 €, 10–18 Jahre 4 €, 6–10 Jahre 3 €

Franzensfeste/Fortezza H3

Krieg und Frieden

Eisig kalt ist es in der mächtigen Festung **Franzensfeste** eigentlich immer. Beim Abschütteln des unbehaglichen Gefühls an diesem kriegerischen Ort hilft definitiv das moderne grafische Design der Ausstellungsführung in Knallgelb. Die in habsburgischer Zeit 1833–39 errichtete Festung ist seit 2017 das zehnte und jüngste **Landesmuseum** Südtirols. Dieses Werk österreichischer Kriegsarchitektur sollte an der strategisch wichtigen Talenge den 1815 gegründeten Deutschen Bund vor künftigen Angriffen aus Norditalien schützen. Jedoch hatte die Festung ihre strategische Bedeutung zum Zeitpunkt der Eröffnung bereits verloren und hier wurde nie ein Schuss abgegeben. Heute ist die Franzensfeste ein aktiver Kunst- und Erlebnisraum. Eine **Dauerausstellung** informiert über die Geschichte, den Bau und die Architektur der Festung, eine **zweite Ausstellung** über das Projekt Brennerbasistunnel (BBT, s. S. 275). **Wechselnde Ausstellungen** zeitgenössischer Kunst.

Brennerstr., www.festung-franzensfeste.it, www.bbtinfo.eu, März–April, Nov. Di–So 10–16, Mai–Okt. Di–So 10–18 Uhr, 9 €, ermäßigt 7 €, unter 6 Jahren Eintritt frei

Plose H4

Luxus im Wald

Am Brixener Hausberg **Plose** (2562 m), wo die warmen Südwinde aus dem Mittelmeerraum auf die kühlen Luftmassen des Nordens treffen, das Wasser ungewöhnlich rein ist und die Sonne die Nadelwaldhänge verwöhnt, hat sich aus touristischer Sicht viel getan. Wo Menschen Energie tanken, weil auch die Natur gesund und kraftvoll ist, stehen nun vier Luxushotels, die hoffentlich in den gesunden Rhythmus der Natur nicht zu sehr eingreifen: die Türme des Hotels **Forestis** (www.forestis.it) mit den wahrscheinlich schönsten Dachterrassen der gesamten Dolomiten, das Designrefugium **Anders** (www.anders-suites.com) mit seinen sieben Suiten, das **My Arbor** (www.my-arbor.com), das auf Stelzen stehend dem Wald ganz ähnlich sehen mag, und das clever in den Berghang gebaute **Santre** (www.santre.it).

Schlafen

Refugium der Stille

Grubia: Der Hof des ehemaligen Werbefotografen Uli Wiesmeier befindet sich auf

1400 m Höhe, abgelegen am sonnenverwöhnten Kreuznerberg im Lüsnertal. Die einzige Ferienwohnung am Hof heißt Zuflucht. Sie ist 84 m^2 groß und bietet vier Personen Platz. Ein separater Saunabereich (42 m^2) gehört auch dazu. Lärm kommt allein von schmatzenden Rindern, gackernden Hühnern und meckernden Ziegen. Gänzlich abgeschnitten von der Welt sind die Gäste jedoch nicht, TV und Internet sind Teil der Ausstattung, E-Bikes indes nicht erwünscht.

Gruberhof Lüsen, Kreuznerberg 3, Lüsen, T 388 936 36 13, www.gruiba.com, €€€

Bewegen

Der Berg ruft

Die Plose ist ein Eldorado für Wanderer, Mountainbiker und Skifahrer. Am Rand des schönen Dorfes **St. Andrä/ Sant'Andrea** (958 m) befindet sich die Talstation der **Plose-Seilbahn** hinauf zur Bergstation Kreuztal auf 2040 m. Hier beginnt auch der **Dolomiten-Höhenweg 2,** auch: Höhenweg der Sagen und Legenden, der nach 15 Tagesetappen an der Schutzhütte Dal Piaz bei Feltre in der Provinz Belluno (Region Venetien) endet.

Talstation Plose-Seilbahn: 7 km von Brixen, kurz hinter St. Andrä, www.plose.org, Bus 321 bis Plose Gondellift, Gondellift spätes Frühjahr–Herbst, nähere Infos s. Website

Herrlich erfrischend

Naturbadeteich Lüsen: Im Sommer bietet der kleine, aber herrlich gelegene Teich mit Rutsche und schöner Liegewiese eine willkommene Erfrischung.

Berger Str. 3, Lüsen, Anf. Juni–Ende Aug. 10–18.30 Uhr

Infos

- **Brixen Tourismus:** Regensburger Allee 9, 39042 Brixen, T 0472 27 52 52, www.brixen.org, Mo–Fr 9–17.30, Sa 9–13, 13.30–17 Uhr.
- **Bus:** Alle Orte sind an das lokale Busnetz angeschlossen.

Villnösstal/ Val di Funes

H4

Sprachsalat

Villnöss bedeutet ›viel nass‹, sagen die Einheimischen. Und tatsächlich hängen die Wolken hier häufiger an den markant den Talschluss bildenden Geislerspitzen fest als auf der gegenüberliegenden Seite des Eisacktals. Dabei stammt der Name sehr wahrscheinlich aus dem Ladinischen – der dritten hier gesprochenen Landessprache und *Villes nöes* bedeutet da ›neue Weiler‹. Gesiedelt, Ackerbau und Viehzucht betrieben wurde in dem malerischen Tal schon vor mehr als 7000 Jahren.

Alpine Perle

Villnöss hat sich der Vereinigung Alpine Pearls angeschlossen und fördert einen sanften Tourismus. Vor einigen Jahren wehrten sich die Talbewohner erfolgreich gegen den Aufbau eines komplexen Skiliftsystems. Stark gefördert werden hier Anreise und Urlaub ohne eigenes Auto bei voller Mobilitätsgarantie, Hotels, bei denen Nachhaltigkeit wirklich großgeschrieben wird, umweltverträgliche Aktivitäten, lokale Zutaten in der Gastronomie. Das Dolomitental ist die erste Slow Food Travel Destination in Südtirol mit über 20 teilnehmenden Betrieben.

Für Instagram auf Jagd

Seit unser Ego die Like-Herzchen auf Instagram entdeckt hat, nimmt die Beliebtheit des Kirchleins **St. Johann in Ranui** ungesunde Ausmaße an. Schnappschuss-Touristen kommen in

Das Wandern ist der Familien Lust: Auf ungefährliche Weise lassen sich die Geislerspitzen auf dem Adolf-Munkel-Weg erleben.

Scharen das Tal hinaufgefahren, nur um schnell ein Foto von sich vor der Kirche zu machen. Dafür werden kleine Straßen zugeparkt, Wiesen niedergetrampelt, Müll liegen gelassen. Es ist ein Ort, den man sich erwandern und dessen Abbild man im Herzen bei sich tragen sollte.

Am Ende des Tales

Von der Ranui-Kirche führt ein Wanderweg hinauf zur **Zanser Alm** (1680 m) im grandiosen Talschluss. Vom dortigen Parkplatz, an dem auch die zahlreich fahrenden Busse halten, sind spektakuläre **Wanderwege** zu erreichen, darunter der **Adolf-Munkel-Weg** (s. Tour S. 38), der unterhalb der Geislerspitzen verläuft und zu den schönsten **Wanderwegen** der Dolomiten zählt. Schön sind auch die Wege über die Schlüterhütte zum Gipfel des Peitlerkofel (2875 m) oder zur traumhaft auf 2475 m gelegenen Puezhütte.

Museen

Teiser Kugeln

Mineralienmuseum Teis/Museo Mineralogico Tiso: Man könnte meinen, die Teiser Kugeln seien eine Anspielung auf die im Ort zahlreich vorhandenen Schützengräben des Ersten Weltkriegs. Doch gemeint sind bis zu 20 cm große, von außen unscheinbare Steinkugeln (Geoden) mit herrlichen Mineralieneinschlüssen. Diese und andere glitzernde Schönheiten sowie regelmäßige Sammelexkursionen ins Teiser Kugelgebiet bietet das Mineralienmuseum im Dorfzentrum. Sehr gut für Kinder geeignet.

Teiser Str. 12, Villnöss, www.mineralienmuseum-teis.it, April–Anf. Nov. Di–Fr 10–12, 14–16, Sa/So 14–17 Uhr, 8 €, 6–15 Jahre 4 €

TOUR
Spitzentour im Villnöss

Adolf-Munkel-Weg: Wo Reinhold Messner klettern lernte

Infos

Rundwanderung, 9 km, 3 Std. Gehzeit, 445 Höhenmeter Auf- und Abstieg

Start/Ziel: Parkplatz Zanser Alm/Alpe di Zannes, H 4
Anfahrt: z. B. Bus 330 stdl. ab Brixen Busbahnhof, www.suedtirolmobil.info

Almen: Gschnagenhardt, T 340 634 81 00, www.gschnagenhardtalm.it, Juni–Okt. tgl. 10–18 Uhr; **Geisler,** T 339 604 46 85, 25. Mai–6. Nov. Di–So, 26. Dez.–21. März Do–Mo 10–17 Uhr, beide €€

Am Fuß der **Geislerspitzen,** dem Wahrzeichen des Villnösser Tales, wuchs Reinhold Messner auf. Gemeinsam mit seinem Vater bestieg er mit fünf Jahren den Sass Rigais (3035 m), später mit seinem Bruder Günther auch die anderen Gipfel in vielen Kletter-Erstbegehungen.

Der **Adolf-Munkel-Weg** (Abb. S. 37) zu Füßen der Berge zählt zu den beliebtesten Wanderungen der Dolomiten. Ich bin ihn schon zig Male gegangen, denn selten kommt man den Bergriesen ohne Gefahr so beeindruckend nah. Wochentags oder bei Schlechtwetter habe ich diese zauberhafte Wanderung fast für mich allein.

Ausgangspunkt ist der **Parkplatz Zanser Alm** (Alpe di Zannes, Talschulls, 1680 m), wo auch der Bus aus Brixen hält. Zunächst dem **Weg Nr. 6** folgend, führt dann der **Weg Nr. 35** in leichtem Auf und Ab über einen von Wurzeln durchzogenen Pfad durch immer niedriger werdende Kiefern am **Klettergarten Zanser Alm** vorbei bis zu den **Almen Gschnagenhardt/Alma Casnago** und **Geisler** (keine Übernachtungen).

Hier öffnet sich die Landschaft malerisch zu einer Hochalm. Stehen, staunen, genießen. Die Sommerferien auf der Gschnagenhardt-Alm zählen zu den schönsten Kindheitserinnerungen Reinhold Messners. Kein Wunder! Sie schliefen im Heustadl, spielten Verstecken und unternahmen Erkundungstouren. (Im Kinodokumentarfilm »Messner«, 2012, sind Szenen aus den Sommerferien auf der Alm zu sehen.) Bis heute nennt Messner dies seinen Lieblingsplatz in den Dolomiten. Der **Weg Nr. 36** über die **Dusler Alm** führt zurück zum Parkplatz.

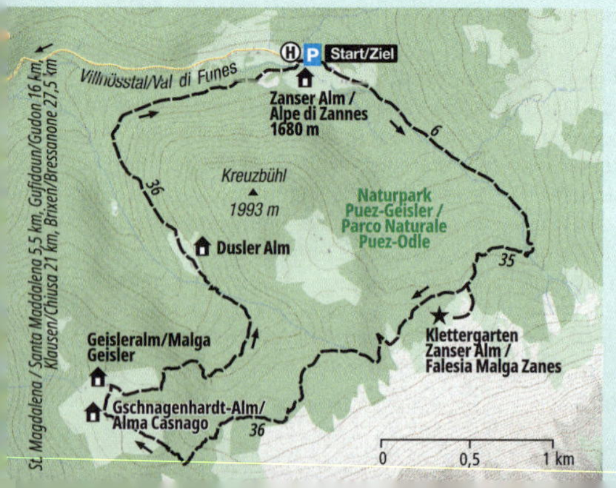

Schlafen

Slow Living

Hotel Tyrol: Minimalistische Eleganz fügt sich dank konsequenter Verwendung regionaler Materialien und Lebensmittel zu einem nachhaltigen Konzept, belebt durch herzliche Gastfreundschaft.

Kirchweg 12, St. Magdalena, T 0472 84 01 04, www.tyrol-hotel.eu, €€€

Wander- und Familienhotel

Teiserhof: Hier kann man direkt zu abenteuerlichen oder genüsslichen Wanderungen aufbrechen, Radtouren unternehmen, rodeln, klettern oder einfach im gemütlichen Hotelpool abhängen und das familiäre Hotelambiente genießen.

Teiser Str. 11, www.teiserhof.com, T 0472 84 45 71, €€

Essen

Erlesenes Lamm

Pitzock: Das Slow-Food-Restaurant bietet hervorragende Küche aus Produkten, die meist aus dem Tal stammen, wie z. B. das Villnösser Brillenschaf. Es ist das Verdienst von Oskar Messner, dem Dirigenten in der Pitzock-Küche, dass diese alte Südtiroler Schafrasse wieder auf den saftigen Talweiden grast.

Pizack 30, www.pitzock.com, T 0472 84 01 27, Mo/Di, Fr/Sa 12–14, 18–21, Do 17/18–21, So 12–14 Uhr, €€€

Feiern

- **Teiser Bauernfestl:** Mitte Okt. So, ab 10 Uhr, Teis/Tiso, Villnöss. Eins der traditionsreichsten Feste in ganz Südtirol! Es wird gebacken, gefilzt, geschnitzt, getöpfert, geflochten und geschoren. Bäuerliche Köstlichkeiten gibt es, während in den Gassen Musikgruppen aufspielen.

SCHÖNE AUGENRINGE

So sehen glückliche Schafe aus: Mit lautem Bimmeln sprinten die **Villnösser Brillenschafe** über die Wiesen und klettern selbst steilste Hänge hinauf. Dabei waren die Schafe mit der markanten Kopfform und der brillenartigen Färbung um die Augen fast ausgestorben. Erst seit Gastronomie und Wirtschaft Ausschau nach Althergebrachtem halten, rücken die hohe Qualität von Fleisch und Wolle des Villnösser Brillenschafs wieder in den Fokus.

Infos

- **Villnöss Tourismus Genossenschaft:** Peterweg 10, 39040 Villnöss, T 0472 84 01 80, www.villnoess.com, Mo–Fr 8–12, 15–17, Sa 9–12 Uhr (in der Nebensaison Sa geschlossen).
- **Bus:** Regelmäßig verkehren Busse ab Brixen ins Villnösstal. Im Tal: Mit der DolomitiMobil Card (www.dolomiticard-villnoess.com, wird von den Beherbergungsbetrieben ausgegeben, nicht käuflich) sieben Tage kostenlos.
- **Fahrrad:** Zahlreiche Beherbergungsbetriebe verleihen E- und Mountainbikes. Diese werden auch in den Bussen mitgenommen.

Klausen/ Chiusa

G4

Popstar aus dem Mittelalter

Als der Innsbrucker Professor Ignaz Vinzenz Zingerle Ende des 19. Jh. glaubte, am Innervogelweiderhof im nahen

Lajen-Ried die Geburtsstätte des Minnesängers Walther von der Vogelweide gefunden zu haben, pilgerten die Fans des mittelalterlichen Sängers höfischer Liebeslieder in Scharen ins Eisacktal. Es waren Künstler, Gelehrte und Dichter, die mit der neu errichteten Eisenbahn anreisten und in einem verschlafenen mittelalterlichen Städtchen ausstiegen, das ihrem romantischen Geist entsprach: **Klausen.** Fortan verbrachten sie hier gemeinsam die Sommermonate und trafen sich in Künstlerstuben zu festlichen Gelagen.

Reichtum durch Enge

Kaum ein anderer Ort in Südtirol hat historisch so von seiner Lage profitiert wie Klausen. An der Talenge zwischen Säbener Fels und Eisack, wo der Handels- und Reiseverkehr über den Brenner auf einer der wichtigsten innereuropäischen Routen leicht zu überprüfen war, entstand schon vor 1027 eine Zollstätte. Besonders im 15. und 16. Jh., als der Erzabbau seinen Höhepunkt erreichte, gelangten Stadt und Bischofssitz zu großem Reichtum. Der Schlüssel im Wappen macht deutlich: Nur wer zahlte, kam durch.

Enge gemütliche Gassen

Durch das **Brixner Tor** ❶ betritt man von Norden her die gut erhaltene mittelalterliche **Altstadt.** Schöne Bürgerhäuser aus dem 15. Jh. sind auf einer ›schiefen Ebene‹ gebaut und drücken sich eng an den Säbener Felsrücken, als wollten sie sich vor dem Wasser des Eisack schützen, der in regelmäßigen Abständen mit Überflutungen droht. Zuletzt 2021, als das Hochwasser wochenlang nicht abfließen konnte. Dort, wo die Oberstadt in die Unterstadt übergeht, steht die reich ausgestattete spätgotische **Pfarrkirche** ❷ aus dem 15. Jh. Die Klausener Altstadt kann man in zehn Minuten sehen – oder man verbringt Stunden hier, genießt die individuellen Geschäfte, kehrt in einem der Restaurants oder Cafés ein, spaziert am Fluss entlang oder besucht das **ehemalige Kapuzinerkloster** ❸ mit dem schönen Park und dem **Stadtmuseum.**

Museen

Der Jahrhundertraub

Stadtmuseum/Museo Civico ❸: Der berühmte **Loretoschatz** ist die Hauptattraktion im ehemaligen Kapuzinerkloster und nimmt den gesamten ersten Stock ein. Die Stiftung dieser einzigartigen Sammlung von Kunstwerken geht auf die spanische Königin Maria Anna (1667–1740) zurück, die das Kapuzinerkloster errichten ließ und es mit wertvollen Geschenken ausstattete, darunter Gemälde aus der Rubens-Schule und chinesisches Porzellan der Ming-Dynastie. 1986 wurde der Schatz auf spektakuläre Weise gestohlen. Eine geheime Tür, ein Schließfach und die Mafia spielten eine Rolle. Seit 2014 ist er vollständig zurück, doch wirklich aufklären konnte die Polizei diesen Kunstraub nie. Einen weiteren Schwerpunkt der Dauerausstellung bildet die **Klausner Künstlerkolonie** (1874–1914). Demnächst wird das Museum einen interessanten Erweiterungsbau erhalten, das **Tinne-Museum,** welches das Werk des deutschen Malers Alexander Koester zeigen und erforschen soll.

Frag 1, www.museumklausenchiusa.it, April–Ende Okt. Di–Sa 9.30–12, 15.30–18 Uhr, 4 €, 8–18 Jahre 1,50 €

Schlafen

Mit viel Liebe geführt

1 **Walther von der Vogelweide:** Seit dem 14. Jh. werden hier Gäste aufs Herzlichste empfangen, damals natürlich noch nicht mit dem angesagten **Restaurant** und der herrlichen Gartenterrasse mit mediterranem Flair unter großen Palmen.

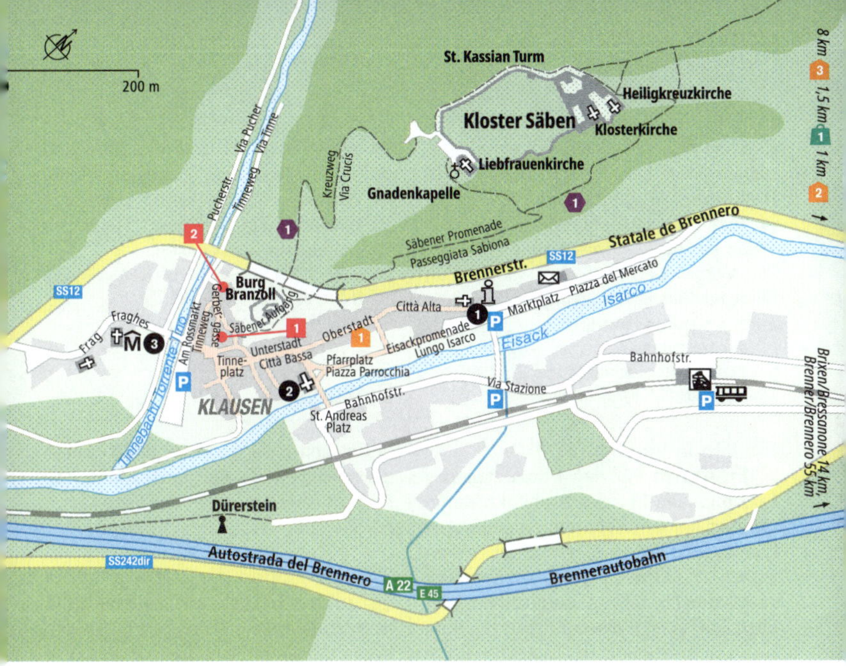

Klausen/Chiusa

Ansehen

1. Brixner Tor
2. Pfarrkirche
3. Stadtmuseum im ehemaligen Kapuzinerkloster

Schlafen

1. Walther von der Vogelweide
2. Spitalerhof
3. Freiform

Essen

1. Gasslbräu
2. Torgglkeller

Einkaufen

1. Kellerei Eisacktal

Bewegen

1. Wanderweg zum Kloster Säben

Die Jahrhunderte, die sie auf dem Buckel haben, sieht man den modernen Zimmern nur in liebevoll herausgearbeiteten Details an, aber Treppen steigen muss man wie eh und je.

Oberstadt 66, T 0472 84 73 69, www.vogelweide.it; **Pizzeria Ristorante:** Di–So 12–14, 17–23 Uhr, Hotel und Restaurant €€ (Pizza €)

… außerhalb

Hotel im Weingut

2 **Spitalerhof:** In der dritten Generation und mit viel Liebe betreibt die Familie Oberpertinger den Hof im Weinberg unterhalb des Säbener Klosterbergs. Nahezu alle hofeigenen Weine werden für den Hotelbetrieb und das feine Restaurant gebraucht, allein das ist ein Grund, hier

zu nächtigen. Moderne, gut ausgestattete Zimmer; die Fassl Lodge ist ein ausgebautes Weinfass mit eigenem Pool. Das **Restaurant Muga** punktet mit einer experimentellen und sehr regionalen Küche, vieles kommt aus dem eigenen Garten. Der Winzer und Hotelchef Michael hat nicht nur ein feines Zünglein, sondern auch ein gutes Händchen.

Leitach 46, T 0472 84 76 12, www.spitalerhof.it, **Restaurant Muga:** Do–Sa 19-20.30 Uhr, Hotel und Restaurant €€

Ein Ufo in Verdings

3 **Freiform:** Für den Entwurf dieses Ferienhauses hat der Architekt Martin Gruber seinen Stift mit spielerischer Leichtigkeit über das Papier tanzen lassen. Die Offenheit der fast komplett verglasten Freiform ist beglückend. Hier liest, isst, schläft man draußen – selbst wenn man drinnen ist. Gefüllter Kühlschrank für eine Südtiroler Marende und Lieblingswein am Anreisetag. Wer sich darauf einlässt, erlebt etwas ganz Besonderes.

Pardell 52, Verdings/Verdignes, T 388 870 86 57, https://freiform.it, €€€

Essen

Italiens erster Biersommelier

1 **Gasslbräu:** Mit diesem urig-gemütlichen Restaurant mit eigener Brauerei haben sich Helga und Norbert Andergassen einen Traum erfüllt. Sie ist für das raffinierte Miteinander der Südtiroler und italienischen Speisen verantwortlich, er für das feine Bier. Im Sommer kommt Biergarten-Atmosphäre auf.

Gerbergasse (Via Conciatori) 18, T 0472 52 36 23, www.gassl-braeu.it, tgl. 10–24 Uhr, Winter Di geschlossen, €–€€

Pizza im Weinfass

2 **Torgglkeller:** Die Einheimischen kennen vor allem Restaurant und Pizzeria im Hotel Schmuckhof – wegen der leckeren Pizza aus dem Holzofen und der ungewöhnlichen Sitzgelegenheiten im Weinfass. Schmuck sind aber auch die einfachen Zimmer dieses Hauses in der Innenstadt von Klausen.

Tinneweg 7, T 0472 84 70 26, www.schmuckhof.it; **Torgglkeller:** Di–So 12–14.30, 17–23 Uhr, €–€€

Einkaufen

In Klausen lässt es sich herrlich durch die schmalen Gassen der historischen Altstadt flanieren und in den vielen inhabergeführten Geschäften stöbern.

Drehen, kippen, nippen

1 **Kellerei Eisacktal/Cantina Valle Isarco:** Die meisten der umliegenden Weingüter liefern ihre Trauben an diese Kellerei, wo sie professionell gekeltert werden. Elegante und feine Weine verlassen diesen Ort, nicht wenige erhalten Auszeichnungen und Preise.

Leitach 50, www.kellerei-eisacktal.it, Mo–Fr 9–13, 14–18, Sa 9–13 Uhr, Do 10.30 Uhr Führung mit Verkostung 15 € (Anmeldung via Website)

Bewegen

Auf zum Kloster

1 **Wanderung zum Kloster Säben:** Beim Tinneplatz in Klausen beginnt der ausgeschilderte Wanderweg hinauf zum Säbener Klosterfelsen (ca. 45 Min.). Auf Steintreppen geht es durch verwinkelte Gässchen der Unterstadt erst zur in Privatbesitz befindlichen Burg Branzoll und dann über den Kreuzweg sehr steil weiter bergan zum Kloster (s. S. 43). Als Rückweg empfiehlt sich der im Innenhof des Klosters beginnende, ausgeschilderte Panoramaweg, die Säbener Promenade.

Feiern

- **Sabiona:** Letzter Mai-Sa. Die wichtigsten Weine des Eisacktals an einem Nachmittag verkosten? Das geht ganz wunderbar beim Eisacktaler Weißweinfestival im Mai, wo Sommeliers die Weine an nach Rebsorten geordneten Ständen in Klausens Innenstadt präsentieren. Ein Hochgenuss. Eintritt 25 €.
- **Gassltörggelen:** Mitte Sept. Hier treiben die Klausner die Lust am gemeinsamen Schmausen auf die Spitze. Wer sich unter Tirtln mit Kraut, Gerstensuppe, Bauernpfandl und Kastanien-Tiramisù nichts vorstellen kann: einfach probieren! Highlights sind der traditionelle Festumzug und die Krönung der neuen Törggelekönigin.

Infos

- **Klausen Tourismusgenossenschaft:** Marktplatz 1, 39043 Klausen, T 0472 84 74 24, www.klausen.it, Mo-Fr 8.30–12.30, 14.30–18, Sa 9--12 Uhr, KlausenCard.
- **Bahn:** Regionalzügen von/nach Bozen und Bruneck
- **Bus:** In alle Seitentäler sowie entlang des Eisacktals und nach Bozen bestehen gute Busverbindungen ab dem Bahnhof.

Rings um Klausen

Kloster Säben/Monastero di Sabiona G4

Beeindruckend erhebt sich das geschichtsträchtige **Kloster Säben** ❸ über das Eisacktal bei Klausen. Nicht von ungefähr erinnert es an eine Burg, wurde das Kloster doch über und aus den Ruinen einer mittelalterlichen Bischofsburg errichtet. Als 2021 in dem Benediktinerinnenkloster mit immerhin drei Kirchen und einer Kapelle nur noch fünf Nonnen lebten, beschloss die Diözese Bozen-Brixen schweren Herzens, das Haus nach 335 Jahren zu schließen. Grabungsfunde lassen vermuten, dass sich auf dem Felsen bereits zu römischer Zeit ein Heiligtum befand. Bis der Bischofssitz um das Jahr 1000 von Säben nach Brixen verlegt wurde, war die **Heiligkreuzkirche** mit ihren farbenfrohen Wand- und Deckenmalereien für etwa 400 Jahre Kathedrale des Bistums Sabiona.

Nur zu Fuß erreichbar (von Klausen ca. 45 Min.), Klostergebäude nicht zugänglich, Kirchen unterschiedlich, nähere Infos bei der Klausen Tourismusgenossenschaft, s. links

TÖRGGELEN

Seit jeher treffen sich im Herbst die Eisacktaler Bauern und Erntehelfer nach erfolgreicher Weinernte zum Törggelen. Zu traditionellen Südtiroler Gerichten, einer Marende mit Speck und Käse sowie zu gebratenen Kastanien wird der Suser, der Traubensaft vor der Vergärung, oder der Wein des letzten Jahres verkostet. In der ›fünften Jahreszeit‹ öffnen die Buschenschänken und der Kreis der Genießenden schließt alle ein, ob sie nun bei der Ernte geholfen haben oder nicht.

Gufidaun/Gudon G4

Liebenswerte Dorfschönheit

Wer auf die zahlreichen das Dorf umgebenden Hügel wandert, erhascht einen Blick in den schönen **Garten von Schloss Summersberg,** das in Privatbesitz ist. Neben der **Pfarrkirche** aus dem 15. Jh. befindet sich der mächtige **Ansitz Hohenhaus,** ein herrschaftliches neobarockes Palais, in dem eine archäologische Dauerausstellung untergebracht ist. Das benachbarte **Dorfmuseum** (www.dorfmuseum-gufidaun.it, Ostern–Allerheiligen Mi 20–22, Do 17–19, Fr 10–12 Uhr, 4 €, 12–18 Jahre 2 €) zeigt bäuerliches Leben der jüngsten Vergangenheit. Es gibt zahlreiche Hotels, die sich angenehm unauffällig ins architektonische und soziale Dorfgefüge einfügen.

Feldthurns/Velturno G4

Unentdecktes Kleinod

Der 3000-Seelen-Ort hat alles: das Geislerspitzen-Panorama, dazu herrliche Wander- und Radwege und gemütliche Berghütten in der Gegend. **Feldthurns** ist ein zentraler Ort am **Keschtnweg** (s. S. 50), wo die jahrhundertealten Bäume im Herbst ihre begehrten Kastanien abwerfen. Von Mitte Oktober bis Anfang November finden unter dem Motto »Genussreiches von der Kastanie« die **Keschtnigl-Wochen** statt. Im Dorf gibt es ein schönes **Freibad** und mit der **Bäckerei Sellemond** (s. S. 50) die beste weit und breit. Der Ortsteil **Schnauders/Snodres** hat sogar einen eigenen kleinen Skilift.

Vielleicht war Ötzi ein Feldthurner

So titelten die Zeitungen zur Jahrtausendwende. Wenige Jahre zuvor wurde im Dorf eine bedeutende kupferzeitliche Kultstätte ausgegraben, aus jener Epoche also, in der auch Ötzi lebte. Eine spezielle Untersuchung seiner Zähne und deren mineralischer Zusammensetzung ergab, dass er wohl aus dieser Gegend stammte. Der Wirbel um den Feldthurner Ötzi hat sich wieder gelegt, aber die **Ausgrabungsstelle** (Tanzgasse) kann besichtigt werden. Einzelne Funde sind im Archäologischen Museum im Schloss (s. u.) zu sehen.

Bischöfliche Sommerresidenz

Allein schon die Anlage an sich, die Ausgestaltung der Innenräume der früheren ›Sommerfrische‹ der Brixner Fürstbischöfe ist sehenswert. Neben den faszinierenden originalen Wandmalereien und Wandvertäfelungen im besterhaltenen Renaissanceschloss des Alpenraums befindet sich in **Schloss Velthurns** auch das Archäologische Museum – mit Funden von der Feldthurner Ötzi-Ausgrabungsstelle.

Dorf 1, www.schlossvelthurns.it, April–Anf. Nov. Di–So 10–17 Uhr, 6 €, ermäßigt 5 €, unter 6 Jahren Eintritt frei

Radeln mit Weitblick

Mit dem E-Mountainbike zur Klausner Hütte: s. Tour S. 48.

Villanders/Villandro G4

Sonnenverwöhnte Dorfschönheit

Auf einer ausgedehnten Höhenterrasse liegt auf 900 m **Villanders.** Dominant erhebt sich die **Stephanskirche** aus dem 15./16. Jh., daneben die Friedhofskapelle mit dem schönen **Friedhof.** Sehenswert, aber nur für Gäste des Hotels zugänglich ist der prachtvoll getäfelte Gastraum des **Ansitzes Steinbock** aus dem 16. Jh. Direkt unterhalb des Dorfzentrums befindet sich ein **Grabungsfeld** (Juni–Sept. Fr 20.30–22 Uhr und Di ab 17 Uhr im Rahmen der Dorfführung, 3 €, 6–14 Jahre 1 €), in dem Siedlungsreste von der Altsteinzeit bis zum frühen Mittelalter geborgen werden konnten.

Lieblingsort

Kraftort am Keschtnweg

Auf einer Hügelkuppe hoch über Klausen nahe Verdings/Verdignes liegt die über 1000 Jahre alte Hofanlage **Moar zu Viersch** (📍 G 4). Bronze- und Keramikfunde, römische Münzen und eine Jupiterfigur zeugen davon, dass Menschen schon vor sehr langer Zeit hier siedelten. Das jederzeit zu besichtigende kleine **Kirchlein zur hl. Katharina** wurde 1720 auf dem Wiesenplateau mit den alten Esskastanien- (Keschtn-) und Walnussbäumen errichtet. Vis-à-vis öffnet sich der Blick weit hinein ins Villnösstal mit den Geislerspitzen, die sich majestätisch über dem Tal erheben. Es ist ein magischer Ort, der Kraft gibt. Der Buschenschank hat zur Törggelenzeit geöffnet (Verdings 22, T 0472 85 54 89, Okt./Nov. Fr–Sa 12–24, So 12–20 Uhr).

EROTIK DER KASTANIE

Die Hüllen fallen nicht gleich. Denn die Verführung geschieht durch die Nase. Duftbotschaften erschleichen sich ihren Weg ins Hirn und wirken dort erotisierend. Gilt die Frucht der Edelkastanie heute als Gesundheitselixier, so war einst die Wirkung ihrer Blüten hinter vorgehaltener Hand gefragt.

Villanderer Alm/ Alpe di Villandro  G4

Hochplateau der Stille

Die ausgedehnte, fast 20 km² große **Villanderer Alm** erstreckt sich ab einer Höhe von 1700 m am Fuß des Villanderer Bergs (2509 m). Im Sommer ist die Hochebene ein Paradies für Wanderer und Familien, im Winter tummeln sich hier die Langläufer und Schneeschuh-Geher. Es gibt keine Abfahrtspisten, nur die ruhige Weite der mit Latschenkiefern überzogenen Landschaft, gemütliche Almhütten und einen besinnlichen **Kreuzweg,** der mit 14 Stationen zum Wallfahrtsort Totenkirchl am Totensee führt. Auf der Villanderer Alm befindet sich der geografische Mittelpunkt Südtirols.

Auf Silbersuche

Von etwa 1130 bis ins 20. Jh. hinein wurden am Silberberg von Villanders wertvolle Erze abgebaut. Dann geriet das **Bergwerk Villanders/Miniera Villandro** in Vergessenheit, bis vor wenigen Jahren die beiden Stollen Elisabeth und Lorenz aufwendig als Museum restauriert wurden und mit Führung besucht werden können. Warme Kleidung und feste Schuhe sind ein Muss.

Am Gasthaus Mühlele startet eine schöne, anspruchsvolle **Wanderung,** die in zweieinhalb Stunden zuerst zum Knappenkirchlein St. Anna auf 1133 m und dann weiter zum Bergwerk Villanders führt.

Bergwerk: Oberland 36, T 345 311 56, www.bergwerk.it, Bus 345 ab Klausen (Bahnhof) oder Villanders (Dorfplatz) Richtung Villanderer Alm bis Haltestelle Bergwerk (Zilderer Kehre), dann ca. 800 m zu Fuß; **Führung Elisabethstollen:** April–Okt. Di, Do 10.30, 14, So 10.30 Uhr, ca. 1,5 Std., 9 €, 6–15 Jahre 4 €

Lajen/Laion G4

Sonnige Schönheit

Über dem Eingang ins Grödnertal liegt südlich von Klausen und jenseits des Eisack in 1100 m Höhe auf einem Bergrücken der sonnenverwöhnte, noch sehr ursprüngliche Ort **Lajen** mit seinen sieben kleinen Weilern. Und obwohl er sich in perfekter Nähe zu den Dolomiten, zu Bergbahnen und Wandergebieten befindet, spielt der Tourismus hier noch eine maßvolle Rolle, begegnen sich Einheimische und Gäste mit Interesse, Herzlichkeit und Wohlwollen.

Minnesänger hoch im Kurs

Lajen ist einer von 20 Orten (darunter etwa Würzburg und Bozen) in Europa, die sich um die Anerkennung als Heimat des Minnesängers Walther von der Vogelweide bemühen. Forschungen deuten darauf hin, dass er im **Vogelweiderhof** (Besichtigung auf Anmeldung möglich, T 334 329 73 99) oberhalb des Weilers Ried geboren sein könnte. Trotz fehlender Beweise gibt es einen schönen Wanderweg zu seinen Ehren. Ausgangspunkt dieses **Vogelweider Rundwegs** (7,3 km, 440 Höhenmeter, 2,5 Std.) ist der Sportplatz Lajen.

Barbian/Barbiano G4

Heilklima und gutes Gemüse

Die Barbianer begegnen der Trostburg auf der anderen Talseite auf Augenhöhe. Wahrzeichen des beschaulichen **Barbian,** in dem Bauer Harald Gasser vom **Aspingerhof** längst vergessene Gemüse- und Pflanzensorten für die Spitzengastronomie anbaut, ist der schiefe Turm der **Pfarrkirche,** dessen Neigungswinkel es mit dem Turm in Pisa locker aufnehmen kann.

Im Dorfzentrum beginnt der lohnende **Wasserfallweg** hinauf zu den **Barbianer Wasserfällen.** Er führt über den Unteren Wasserfall (wer mag, kann von dort natürlich auch weiter zum Oberen Fall wandern), vorbei an einigen Kneipp-Stationen, durch einen von großen Felsbrocken gesäumten Wald bis zur Abzweigung auf den **Wanderweg Nr. 6** nach **Bad Dreikirchen/Tre Chiese** (1120 m) mit der einzigartigen Kirchenkonstruktion: drei Kirchlein, schindelgedeckt und ineinandergeschachtelt. Von dort gelangt man über die **Wege 11** und **11a** nach ca. 3 Stunden, 8,5 km und etwa 500 Höhenmetern zurück nach Barbian.

Trostburg/Castel Forte G54

Blick auf Burgen

Oberhalb der kleinen Ortschaft Waidbruck/Ponte Gardena liegt die mächtige **Trostburg.** 1173 erstmals urkundlich erwähnt, wurde sie im 13. Jh. an die Herren von Wolkenstein verpfändet. Sehenswert sind im heutigen **Südtiroler Burgenmuseum/Museo dei Castelli dell'Alto Adige** vor allem die gotische Stube mit vollständiger Täfelung und reich verzierter Balkendecke sowie die Bibliothek, eine der berühmtesten ihrer Zeit.

Burgfriedenweg 22, Waidbruck, www.burgeninstitut.com, nur mit Führung: April–Juni, Sept./Okt. Di–So 11, 14, 15, Juli/Aug. 11, 12, 14, 15, 16 Uhr, 8 €, 6–14 Jahre 5 €

Schlafen, Essen

Im Genusshimmel

Ansitz Steinbock: Von außen die Inkarnation steinalter Geschichte, innen gotische Stuben mit stilvollem zeitgenössischem Design. Jede der zwölf Suiten ist ein Kleinod für sich, die Materialien der Ausstattung stammen aus der Gegend, über die uralten Dielen läuft man am liebsten barfuß. Das besondere Ambiente dieses Ansitzes aus dem 15. Jh. lassen Elisabeth Rabensteiner und ihr Team für sich selbst wirken, sie versüßen es nur mit gutem Service und exzellenter Küche, à la carte oder als eins von zwei Menüs zu genießen.

F.-v.-Defreggergasse 14, Villanders, T 0472 84 31 11, www.ansitzsteinbock.com, tgl. 12–14, 19–22 Uhr, €€€

Pur und schlicht

Hotel Briol: Im 1928 als Sommerfrische erbauten Hotel sind Konzentration auf Natur, Berge, gutes Essen, Ruhe und frische Luft wichtig. Dafür gibt es Gemeinschaftsbäder, keine Fernseher, aber WLAN (nicht auf den Zimmern), Schwimmbad und Sauna. Die Anreise erfolgt zu Fuß oder mit dem Geländetaxi. Wer das als Qualitätsmerkmal erkennt, ist hier richtig. Hier wird mit (erweiterter) Halbpension gebucht: Frühstück, mittags Salatangebot, abends Menü.

Briol 1, Dreikirchen, Barbian, T 0471 65 01 25, www.briol.it, €€€

Mit viel Liebe geführt

Taubers Unterwirt: »Man soll dem Leib was Gutes bieten, damit die Seele auch Lust hat, darin zu wohnen« – lautet das Motto. Und die Seele vergisst nicht. Wer einmal hier gewohnt oder gespeist hat, kommt gern wieder.

TOUR
Radeln mit Weitblick

Mit dem E-Mountainbike zur Klausner Hütte

Infos

MTB-Strecke: Länge 16,4 km, 785 Höhenmeter, 2 Std. 20 Min., mittelschwer; **Abstecher Wanderung Latzfonser Kreuz:** 90 Min. hin/zurück

Start/Ziel: Parkplatz Garner Wetterkreuz oder Parkplatz Kühhof, G 4
Anfahrt: mit dem eigenen Pkw

Die Wälder oberhalb von Feldthurns sind ein Mountainbike-Eldorado. Die mittelgebirgsähnliche Landschaft erlaubt ein weitgehend bequemes Radeln mit moderaten Anstiegen, während sich die Augen am Dolomiten-Panorama auf der anderen Seite des Eisacktals kaum sattsehen können. Die Mountainbike-Strecke verläuft überwiegend auf Schotter- und Forstwegen. Eine kurze steile Passage ist zwischen Klausner und Runggerer Saltner Hütte zu meistern und kurz vor der Brugger Schupfe heißt es einmal absteigen und 100 m schieben.

Am **Parkplatz Garner Wetterkreuz/Croce di Caerna** (1410 m) halten wir uns links in Richtung Klausner Hütte auf einem schönen Weg, der durch Lärchenwälder bis zum **Parkplatz Kühhof** führt. Nach zahlreichen Serpentinen auf einem breiten Forstweg erreichen wir die **Klausner Hütte/Rifugio Chiusa** (1923 m; T 320 707 80 58, www.klausnerhuette.it, Anf. Mai–Ende Okt. tgl., 26. Dez.–Feb. Fr–So, Südtiroler Schulferien tgl.). In der im Sommer wie im Winter geöffneten Schutzhütte des Club Alpino Italiano können maximal 22 Personen übernachten und alle vorbeikommenden Wanderer, Skitourengeher und Radler vorzüglich speisen.

Unterwegs zur Klausner Hütte

Von dort führt ein kurzes steiles Stück hinauf zur **Runggerer Saltner Hütte** mit einem traumhaften Blick hinauf zum **Latzfonser Kreuz/Santa Croce di Lazfons.** Der Name irritiert, denn es han-

delt sich beim Latzfonser Kreuz um die 1743 errichtete, höchstgelegene Wallfahrtskirche Europas, **Heiligkreuz auf Ritzlar.** Es lohnt sich, die Räder anzuschließen und in etwa einer Stunde auf dem mit 15 Stationen geschmückten Kreuzweg zur Kirche hinaufzuwandern. Die Kirche und das etwas unterhalb stehende **Schutzhaus** (T 334 114 56 08, www.latzfonserkreuz.com, ca. Juni–Mitte/Ende Okt., €–€€) gleichen Namens sind auch auf einer schönen Wanderung aus dem Sarntal zu erreichen (s. Tour S. 148). Wie ein chinesisches Kaisergrab schützen drei gewaltige Gipfel jeweils über 2500 m hoch das Kirchlein gen Norden. In zwei Stunden könnten sie erklommen werden: **Ritzlar, Kassianspitze** und die **Samspitze.**

Wir aber radeln weiter, Richtung **Brugger Schupfe**, einer ehemaligen Jausenstation, die auf einem balkonähnlichen Querweg unterhalb des **Königsanger-Gipfels/Monte Pascolo** mit unglaublichen Aussichten punktet. Dafür halten wir uns bei der Weggabelung an der **Runggerer Saltner Hütte** rechts und oberhalb vom Hüttenkreuz geht es auf einem Karrenweg weiter. Am Schilderbaum in Richtung Kühhof fahren und später der Beschilderung Brugger Schupfe folgen.

Nach einer kurzen Rast auf diesem herrlichen Sonnenbalkon führt der Weg in weiten Schwüngen wieder hinab zum **Garner Wetterkreuz.**

Josef-Telser-Str. 2, Feldthurns, T 0472 85 52 25, www.unterwirt.com; **Restaurant:** Do–Di 12–13.30, 19–20.30 Uhr, Hotel und Restaurant €€–€€€

Essen wie Gott im Eisacktal

Restaurant und Gästehaus Unterwirt: Frisch, mediterran und südtirolerisch, das sind die Schlagworte, mit denen das feine Haus mit der gemütlichen Stube und einer wunderschönen Terrasse sich selbst beschreibt.

Gufidaun 45, T 338 385 40 15, www.unterwirtgufidaun.com; **Restaurant:** Di–Sa ab 19 Uhr, €€

Hier isst das ganze Dorf

Turmwirt: Morgens, nach Sonnenaufgang, wenn der Tau noch in den Blättern hängt, steht Maria Gasser schon in den Beeten des benachbarten Hofes und erntet die Zutaten für die Gerichte, die der Turmwirt mittags und abends auftischen wird. Die herrliche Lage im Dorfkern von Gufidaun, das traditionelle Essen, die herzliche Bedienung und der mit gutem Geschmack zusammengetragene Weinkeller machen das Restaurant zu einem echten Lieblingsort.

Gufidaun 50, T 0472 84 40 01, www.turmwirt-gufidaun.com, Do–Mo 12–14.30, 18–20.30 Uhr, €€

Einkaufen

Edelkonditor am Backhimmel

Bäckerei Sellemond: Rosmarin-Pralinen mit Eisenkraut mit Airbrush-Oberfläche, die im Mund samtig zerfließen. Dazu feinste Kuchen, Strudel, leckere Brote und Brötchen, Marmeladen und Aufstriche in edel designten Gläsern. Ein Café gehört auch dazu.

Tanzgasse 28, Feldthurns, www.sellemond.it, Mo–Fr 6.30–12, 15–18.30/19, Sa 6.30–12 Uhr; **Café:** Mo–Mi, Fr 7–12.30, 15–21, Do, Sa 7–12.30, So 8–12.30 Uhr

Bewegen

Stachliger Wanderweg

Keschtnweg: Auf den Sonnenhängen zwischen Brixen und Bozen wachsen uralte Esskastanienbäume, die den insgesamt über 60 km langen Weg säumen. Die Etappe von Feldthurns nach Klausen ist besonders schön. Der Weg führt am Radoar-Hof (Wein, Essen; s. Ausgehen: Buschenschank Radoar) vorbei über die alte Hofstelle Moar zu Viersch (s. Lieblingsort S. 45) nahe Verdings hinab nach Klausen, das beeindruckende Kloster Säben (s. S. 43) immer im Blick.

Ausgehen

Dolce Vita

Tonig Bar: Mit einem *aperitivo* am Abend oder einem richtig leckeren Eisbecher wird die italienische Lebensart in der gemütlichen Bar mit dem großen Freisitz zelebriert.

Dorfstr. 22, T 0472 85 52 16, www.tonigbar.it, Mi–So 7–24 Uhr

Der schönste Platz der Welt

Buschenschank Radoar: Wenn im Herbst die leckeren Kastanien von den Bäumen fallen, wird auf der Sonnenterrasse des Bio-Bauernhofs von Edith und Norbert Blasbichler vorzüglicher Wein eingeschenkt. Hofführungen bei Anmeldung möglich.

Pedratz 1, T 0472 85 56 45, https://radoar.com, Anf. Sept.–Ende Nov. tgl. 11–18 Uhr

Infos

- **Klausen Tourismusgenossenschaft:** s. S. 43
- **Bus:** Alle Orte sind an das lokale Busnetz angeschlossen.

Zugabe
Ein Körbchen voll Glück

Pilzesammeln mit Hürden

Nebelfetzen ziehen durch den regennassen Wald, es ist Herbst und endlich Zeit, in die Pilze zu gehen. Die Messer sind gewetzt, die Körbchen und die Stiefel stehen bereit. Doch so einfach ist es leider nicht. Zum Schutz der Natur sind die Regeln zum Pilzesammeln in Südtirol streng: Gesammelt werden darf nur an geraden Kalendertagen von 7–19 Uhr. Wer nicht in Südtirol lebt, muss bei der für das Waldgebiet zuständigen Gemeinde eine Gebühr von ca. 8 €/Tag zahlen und darf maximal 1 kg Pilze pro Person mitnehmen. Wer diese Hürden genommen hat, wird ein Körbchen voller Pfifferlinge, Steinpilze und anderer Köstlichkeiten glücklich nach Hause tragen. ■

Pustertal und Nebentäler

Tolle Kulissen, weite Täler, dramatische Geschichte — Östlich der Mühlbacher Klause ist für vieles Platz. Vom Pustertal zweigen das Tauferer und Ahrntal ab und im Tal liegt die Region Drei Zinnen.

Seite 59

Bruneck

Im unangefochtenen Zentrum des Pustertals gesellt sich zu sehenswerter Geschichte urbanes Flair.

Seite 62

Messner Mountain Museum

Zweimal MMM – in Bruneck und am Kronplatz – und dazu ein sehenswertes Museum für Bergfotografie.

Seite 67

Mühlwalder Tal

Kaum entdeckt und ein von beeindruckenden Dreitausendern umrahmtes Paradies.

Der Sonne folgen, nicht der Uhr.

Seite 70

Bruneck–Sand in Taufers

Entlang der alten Bahnstrecke geht es radelnd durch Weiler, zu Wasserfällen und einer Burg.

Seite 72

Prettau

Früher mussten Menschen hier in der Tiefe schuften; heute hoffen sie auf Heilung.

Seite 82

Zum Strudelkopf

Wanderung über die Plätzwiese mit tollen Aussichten: auf die Cristallo-Gruppe und, oben angekommen, freie Sicht auf die Drei Zinnen.

Seite 84

Toblach

Hierher zog es mehrere Jahre den Komponisten Gustav Mahler zur Sommerfrische. Noch heute ist der Ort ein Zentrum der Kultur.

Seite 91

Sexten

Nur wer die Berge hat, hat auch die Täler: In und um Sexten erinnert man sich an den Ersten Weltkrieg und die blutigen Schlachten, die an der Dolomitenfront geschlagen wurden.

Seite 92

Drei Zinnen 

Wer die Drei Zinnen nicht nur umrunden, sondern aus dem Tal erobern will, steigt aus dem Fischleintal auf zur Auronzohütte. Belohnt werden die Mühen mit einem freien Blick auf das Symbol der Dolomiten, den man sich wirklich verdient hat.

Seite 97

Das begehbare Gipfelbuch

Gipfelbücher in Metall auf Bänken eingraviert – ein Denkmal für den Alpinismus. Vielleicht machen Sie sich auf die Suche.

Wer die Täler nicht schützt, wird auch die Berge verlieren.

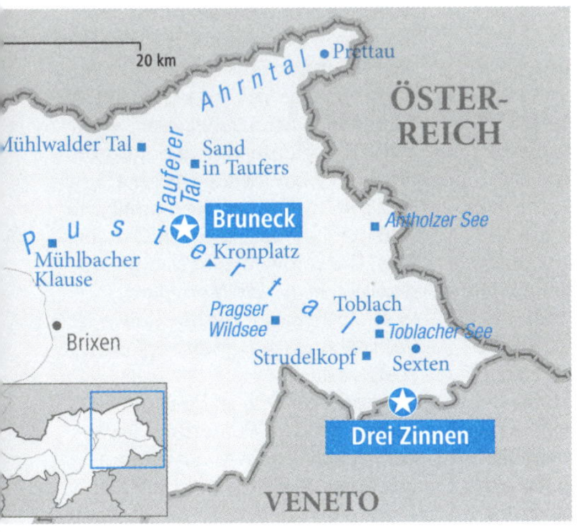

Sie wollen zum Pragser Wildsee? Damit sind Sie nicht allein. Die gute Nachricht: Es gibt mehrere sehenswerte Alternativen, z. B. den Antholzer See und den Toblacher See.

Von grünen Tälern zu Weltklasse-Gipfeln

Wer von Westen kommt, versteht sogleich, warum man es das grüne Tal nennt: Wiesen, Wälder und sonnige Hochplateaus bestimmen das Pustertal – und ja, wo Platz ist, auch so manches Gewerbegebiet.

Unangefochtenes Zentrum ist Bruneck, eine Stadt, deren Museen allein für mehr als einen Besuch reichen. Hier, das fiel auch Bischof Bruno vor 750 Jahren auf, ist man mittendrin, schnell in Nord wie Süd und Ost wie West.

Östlich von Bruneck erreicht man eine Region, deren Anblicke für Südtirol stehen wie kaum eine andere: das Hochpustertal mit den Drei Zinnen und dem Pragser Wildsee – und mit einer Geschichte, die mit Highlight falsch beschrieben ist. Denn im Ersten Weltkrieg war die Region mit den berühmtesten Gipfeln brutaler Schauplatz im Krieg zwischen Österreich-Ungarn und Italien.

Zu sehen gibt es rund um das Pustertal noch weit mehr: mit dem Tauferer Tal und dem Ahrntal, dem Antholzer Tal, Gsieser Tal und Pfunderer Tal ist an Orten, die noch nicht jede und jeder kennt, kein Mangel. Und auch so mancher noch nicht weltberühmte See lässt sich entdecken.

O

ORIENTIERUNG

www.kronplatz.com: von der Pustertaler Sonnenstraße über Bruneck bis zum Antholzer Tal, auch für das Tauferer Ahrntal.

www.drei-zinnen.info: für die Region von Prags bis Sexten.

Ankommen und mobil vor Ort

Auto: Von der **Brenner-Autobahn** führt die Abfahrt Brixen/Pustertal auf die Pustertaler Staatsstraße. Oft ist diese wichtige Verbindung zwischen Süd- und Osttirol überlastet.

Bahn: bis Franzensfeste per **Eurocity** München–Venedig/Verona, von dort alle 30–60 Min. **Regionalbahn 400** durchs Pustertal nach Osttirol.

Bus: Die Verbindungen sind gut bis exzellent, es gilt die **Mobilcard** (s. S. 259). Einige **Shuttle** sowie Verbindungen in Nachbarregionen kosten extra.

Fahrrad: Alle Orte im Pustertal können auf dem **Pustertaler Radweg** besucht werden. Platzhirsch unter den Verleihern ist **Papin Sport** (www.papinsport.com) mit Stationen von Süd- bis Osttirol/Österreich. Räder an jeder Station abgebbar (Gebühr). Die Fahrradmitnahme ÖPNV ist nur begrenzt möglich (bikemobilCard, s. S. 250).

Das untere Pustertal

Grün geht es los

Von Norden kommend auf knapp der halben Länge des Eisacktals zweigt nach Osten das **Pustertal/Val Pusteria** ab. Die ehemalige Zollstation Mühlbacher Klause (s. S. 43) markiert seinen Beginn (wobei dieser manchmal südlicher an der Mündung der Rienz in den Eisack gesehen wird). Auf den ersten Kilometern des erstaunlich breiten Tals wirkt Südtirol so ganz anders, als es sich weiter im Osten entwickeln wird: Statt durch eine steile, kurvige Schlucht geht es auf gerader Strecke durch grüne Landschaften.

Pfunderer Tal/ Val di Fundres

H2/3

Nur wenige Kilometer sind es von der Mühlbacher Klause bis **Vintl/Vandoies,** wo das erste sehenswerte Seitental abzweigt: das **Pfunderer Tal** mit dem Zentrum Pfunders (1525 m), von dem sich als Erstes der an einem steilen Abhang prangende Kirchturm ankündigt.

Entlang alter Höfe

Bis heute ist das Leben in **Pfunders/ Fundres** von Höfen und Handwerken geprägt, auch von solchen, die es anderswo kaum mehr gibt. Es werden Fässer gebunden und Hüte gefilzt; in der Abgeschiedenheit halten sich Traditionen länger als in der vernetzten Welt. So

Mittelalterliche Häuser und feine Läden machen die Stadtgasse in der Brunecker Altstadt zu einer der schönsten Einkaufsstraßen Südtirols.

M

VOM MARIEN- ZUM MARKUSPLATZ

Erschöpft, aber irgendwie beseelt schauen sie oft drein, die Langstreckenwanderer, die Sie von Juli bis September treffen. Auf der Alpenüberquerung von München nach Venedig haben sie in Pfunders knapp die Hälfte ihrer vierwöchigen Tour hinter sich. Der höchste Punkt der Tour folgt auf dem 3125 m hohen Piz Boè (s. S. 113).

wie vor 300 Jahren geht es aber natürlich nicht mehr zu; da backte man noch mit Holz, das erst gesammelt werden musste, Verderbliches kam in von der Natur geschaffene ›Eislöcher‹. Die alten Zeiten – die sicher auch nicht immer rosig waren – erzählen Schautafeln auf dem **Pfunderer Höfeweg** aussichts- und lehrreich nach. Der Weg beginnt am 24-Stunden-Infopoint am Sportplatz (Kirchbichl 32). Kurz vor Ende der Tour, deren 7 km beliebig verkürzt werden können, lädt der **Wieserhof** (Sonnseiter Str. 13, T 0472 54 91 43, www.wieserhof.net, tgl. 9–21 Uhr) zu einem Stopp in der lauschig-überwachsenen Hofschänke. Bei geführten Touren in der Saison öffnen Bauern und Handwerker zudem ihre Höfe und Werkstätten.

Von Pfunders weiter den Berg hinauf erreicht man erst Lärcher (bis dahin fährt auch der Bus 418), dann Dun. Für Wandererfahrene geht es von dort über die **Edelrauthütte** (2545 m; Anf. Juni–Mitte Okt,) am Eisbruggjoch (bis hier 6 Std.) ins Mühlwalder Tal.

Pfunderer Höfeweg: Infobroschüre am 24-Std.-Infopoint (Kirchbichl 32) oder als Download auf www.gitschberg-jochtal.com/fileadmin/files/PDF/Broschuere_Hoefeweg_DT.pdf; **geführte Touren:** Mai–Nov., 3,5 Std., nähere Infos bei der Tourismusgenossenschaft Gitschberg Jochtal, s. S. 27

Pustertaler Sonnenstraße

H/J3

Erdpyramiden und Mühlen

Auf der Nordseite des Pustertals verläuft auf rund 20 km in stetem Auf und Ab oberhalb des Talgrunds von Vintl bis Pfalzen (kurz vor Bruneck) die **Pustertaler Sonnenstraße/Strada del Sole della Val Pusteria** (SP 40). Auch mit dem Rad ist sie gut zu fahren – ordentliche Grundkondition, oder E-Bike, vorausgesetzt.

Von Westen erreichen Sie als Erstes **Terenten/Terento** (1210 m), das sich damit rühmt, im Winter 8 und im Sommer 16 Stunden Sonne zu haben. Etwas oberhalb des Zentrums führte ein Unwetter im 19. Jh. zu sehenswerten **Erdpyramiden:** Es spülte massive Schuttmassen – und einige Mühlen – fort; seither modellieren Regen und Schneeschmelze die gezackten Formationen heraus. Sie passieren die Erdpyramiden, wenn Sie ab dem Dorfzentrum dem Lehrpfad **Mühlenweg/Sentiero dei Mulini** folgen, der die Geschichte von mehr als 500 Jahre alten **Kornmühlen** am Wegesrand beschreibt.

Lebenselixier

Die **Latschenölbrennerei Bergila** stellt in **Issingen/Issengo** seit über 100 Jahren Kräutersalben, Tinkturen und Naturkosmetik her. Von Mai bis Ende Oktober finden kostenlose Führungen statt. Quasi nebenan können Sie im **Issinger Weiher** in kühles Nass eintauchen oder ihre Geschicklichkeit in einem **Hochseilgarten** erproben (s. Kronaction S. 58).

Latschenölbrennerei: Weiherplatz 9, www.bergila.it; **Kräuterladen:** Mo–Fr 9–12, 14–18, Sa 9–12 Uhr; **Brennerei:** Führungen Mai/Juni, Sept./Okt. Mo–Fr 9–12, 15–18, Juli/Aug. tgl. 9–12, 15–18 Uhr; **Kräutergarten:** Mai–Okt. jederzeit

Bei den Herren von Pfalzen

Letzter Stopp auf der Sonnenstraße ist **Pfalzen/Falzes,** ein weiteres sonniges Dorf, dem man über Jahrhunderte gewachsenen Wohlstand ansieht. Das Zentrum wird von der stattlichen und jüngst renovierten **Pfarrkirche St. Cyriaku/S. Ciriaco** nebst großem Kirchplatz und Kirchweg charakterisiert. Die **Sichelburg** war einst Stammsitz der Herren von Pfalzen und beherbergt heute ein Restaurant (s. S. 58).

Zwischen Vintl und Bruneck H2/3

Im Talgrund

Entscheiden Sie sich für den Weg unten im Tal über die Pustertaler Staatsstraße (SS 49), führt die Reise ab Vintl zunächst ins hübsche Dorf **St. Sigmund/ S. Sigismondo,** das zu Kiens/Chienes gehört. Die **Pfarrkirche** von St. Sigmund beherbergt den wohl ältesten vor Ort verbliebenen gotischen Flügelaltar (1430) Tirols.

Das nahe **Ehrenburg/Casteldarne** wird durch das gleichnamige Schloss (keine Besichtigung) bestimmt, einst Stammsitz der Grafen Künigl und damit eines uralten Tiroler Adelsgeschlechts. Auch ein römischer Meilenstein wurde hier gefunden.

Bei den Römern

Weit mehr Rom findet sich in **St. Lorenzen/S. Lorenzo,** das inzwischen nahezu mit Bruneck zusammengewachsen und in die Tourismusregion Kronplatz integriert ist.

Archäologisch ist St. Lorenzen der bedeutendste Ort des Pustertals: Funde erzählen von Jahrtausenden der Besiedlung, und auch die Römer wussten den strategisch glücklichen Ort zu nutzen. Als sie 15 v. Chr. den Alpenraum erobert hatten, richteten sie hier den wohlhabenden – darauf lassen u. a. Bäder schließen – Verwaltungsbezirk Sebatum ein. Erlebbar wird die Geschichte, insbesondere die der Eisen- und Römerzeit, im archäologischen **Museo Mansio Sebatum.** Auf der gegenüberliegenden Seite der Rienz führt ein **Panoramaweg** um den Sonnenburger Kopf an **Ausgrabungsstätten** von der Bronzezeit bis zur Spätantike vorbei (Faltblatt auf der Website des Museums, ca. 1,5 Std.).

Museum: J.-Renzler-Str. 9, www.mansio-sebatum.it, Mo–Fr 9–12, 15–18, Sa 9–12, Juli/Aug. Mo–Sa 9–13, 15–18 Uhr, 5/3 €

Nische der Frauenbildung

Oberhalb der Staatsstraße liegt der sehenswerte historische Weiler **Sonnenburg/Castelbadia** mit dem gleichnamigen **Schloss und ehemaligen Benediktinerinnenstift** (www.sonnenburg.com, um 1020–1785) für adlige Frauen. 1965 erwarb der Starnberger Karl Knötig den reichlich verfallenen Komplex und ließ ihn umfangreich renovieren, Aus-

SITZ IM ANSITZ

Zu rund 800 Schlössern und Burgen in Südtirol gesellen sich ungezählte Ansitze, die nicht nur von Adligen errichtet wurden. Der Bau eines Ansitzes verschaffte auch dem Bürger- und Bauernstand Steuerbefreiung, zeitweise auch einen Adelstitel und einen Sitz im Tiroler Landtag. Optisch lassen sich Ansitze von Schlössern nicht immer leicht unterscheiden, meist sind sie allerdings kaum befestigt. Und: Da adelige Anleihen offenbar immer noch etwas hermachen, werden auch Ansitze so genannt, die nie welche waren.

grabungen inklusive. Dabei wurden in der Krypta der Klosterkirche gut erhaltene mittelalterliche Fresken entdeckt. Der Komplex wurde zum Hotel umgewidmet, wird aber zzt. umgebaut, sodass die Fresken frühestens 2024 wieder zu besichtigen sein werden.

Schlafen

Unter Bergfexen

Brugger: Fernwanderer kehren seit Jahrzehnten beim Brugger ein, der zugleich Dorftreff und -gasthaus ist. Auch wer nicht nach Venedig will, wird gern – auch für nur eine Nacht – beherbergt. Zünftig, nicht schick.

Lärchstr. 12, Pfunders, T 0472 54 91 55, www.gasthof-brugger.com, €; **Restaurant:** tgl. 12–14, 18–20.30 Uhr, €

Essen

Von Tatar bis Tom Kha Gai

Sichelburg: In einzigartigem Ambiente, in Gewölbestuben und auf einer standesgemäßen Terrasse kombiniert Mirko Mair auf der Sichelburg regionale mit internationaler Küche. Ausstellungen lokaler Kunstschaffender.

Burgweg 1a, Pfalzen, T 0474 05 56 03, www.sichelburg.it, Fr–Di 12–13.30, 19–21.30, Juli/Aug., Dez. auch Do 19–21.30 Uhr, €€–€€€

Klassisch gut

Gassenwirt: Günstig, gut, freigiebig mit Rezepten – kein Wunder, dass das Gasthaus mitten in Kiens seit 1602 (!) durchhält. Viel Vegetarisches, gelobte Pressknödel mit Ahrntaler Graukäse. Auch zum Mitnehmen. Das Haus ist zugleich Hotel.

Kiener Dorfweg 42, Kiens, T 0474 56 53 89, www.gassenwirt.it, tgl. 11.30–14, 16–21 Uhr, €–€€; **Hotel:** €€ (Mindestaufenthalte s. Website)

Bewegen

Baden und/oder klettern

Muss man in einem der artenreichsten Teichbiotope Südtirols von der Wasserrutsche landen? Sie können es jedenfalls in **Issing/Issengo** am **Issinger Weiher,** der zugleich Natur- und Badeparadies ist. Weil gleich nebenan **Kronaction,** ein Outdoor und Fun Park mit Hochseilgarten, liegt, ist im Sommer ordentlich etwas los – man kann nur hoffen, dass Frösche, Libellen und Co. es verzeihen.

Issinger Weiher: Issing/Issengo, www.issingerweiher.it, Anf. Juni–Mitte Sept. tgl. 10–19 Uhr, ab 16 Jahre 4 Std./5 €, Tageskarte 8 €, 6–15 Jahre 3,50/6 €; **Kronaction:** Weiherplatz, www.kronaction.com, wechselnde Öffnungszeiten, bis 15 Jahre 20 €, ab 16 Jahre 25 €

Wandern

Themenwege: Im Zentrum von Pfalzen starten zwei gut beschriftete Wanderwege. Der **Steine-erzählen-Weg** führt in die Geologie der Alpen ein (ca. 5–6 Std., abkürzbar). Der **Honigbergweg** entlang des gleichnamigen Berges (Collina del Miele) verläuft oberhalb der Sonnenstraße (ca. 4 Std.).

www.kronplatz.com/de/bruneck/info-highlights/themenwege

Feiern

Tradition hochgehalten

Terner Bauernkuchl (und mehr): www.schmelzpfandl.com, Okt. Zehn Tage lang steht in und um Terenten traditionelle Puschtra-Kost im Zentrum des kulinarischen Angebots. Die Veranstaltung gehört zur Eventreihe **'s Terner Schmelzpfandl,** die bäuerliche Lebensformen präsentiert. So werden am 1. Aug.-So die alten Kornmühlen in Betrieb genommen und am 2. Okt.-Sa findet der **Almabtrieb** begleitet von einem Bauernmarkt, Musik etc. statt.

Infos

- **Tourismusgenossenschaft Gitschberg Jochtal:** Jochtalstr. 1, 39037 Mühlbach/Vals, T 0472 88 60 48, www.gitschberg-jochtal.com, s. auch s. S. 27. Auch für Pfunders zuständig. Östlich von Vintl beginnt die **Ferienregion Kronplatz** (www.kronplatz.com).
- **Tourismusverein Bruneck, Informationsbüro St. Lorenzen:** Josef-Renzler-Str. 9, T 0474 53 81 96, Juli/Aug. Mo–Fr 8–13, 15–18, Sa 9–13, 15–18, sonst Mo–Fr 8–12, 15–18, Sa 9–12 Uhr.
- **Bahn:** Die Regionalbahn 400 hält (halb-)stündlich in Mühlbach, Vintl, Ehrenburg und St. Lorenzen.
- **Bus:** (Halb-)stündlich verkehrt Bus 418 zwischen Vintl und Pfunders. Über die Pustertaler Sonnenstraße fährt stündlich (So seltener) Bus 421.

Bruneck/ Brunico

✪ J3

Urban und sexy

Wen es fernab seines heimisch-alternativen Milieus nach vertrauten Anblicken dürstet, dem geht in Bruneck das Herz auf. Hier Urban Gardening, dort ein Freiluftkino, ein Denkmal für einen zu früh verstorbenen trinkenden Schriftsteller auf dem Rathausplatz. Bruneck hat nicht nur alles, was ein Ort mit 16 000 Einwohnern im Zentrum mehrerer Täler – des Gader-, Tauferer und Pustertals – so braucht. Bruneck hat auch, u. a. dank eines Ablegers der Universität Bozen, so etwas wie Alternativkultur.

Der trinkende Schreiber, mit dem man sich hier zu Lebzeiten noch schwertat und der nun als Sohn der Stadt gewürdigt wird, heißt Norbert Kaser: streitbarer Schriftsteller und Dichter, Anhänger der Studentenbewegung, Mitglied der Kommunistischen Partei, 1978 mit nur 41 Jahren verstorben. Seit 2005 wacht seine **Statue** am **Rathausplatz** ❶ über das Zentrum Brunecks und über die **Stadtbibliothek,** die ebenfalls seinen Namen trägt.

Der Bischof war's

Gegründet wurde Bruneck, wie so vieles, aus religiösen Gründen: Im 13. Jh. errichtete der Brixener Bischof Bruno von Kirchberg hier ein Gegengewicht zu den weltlichen Fürsten von Tirol in St. Lorenzen. Am besten besichtigen lässt sich Bruneck bei einer der zahlreichen Führungen (s. Infos S. 66). Für alle, die sie verpassen, beginnt ein guter Spaziergang am Rathausplatz, wo sich auch die Touristeninformation befindet, bzw. am westlichen Ende des **Grabens,** der so heißt, weil er im Mittelalter, mit Wasser gefüllt, die Stadt sicherte. Angelegt wurde der Graben außerhalb der Stadtmauer, von der hier heute allerdings kaum noch etwas zu sehen ist – ab dem 14. Jh. wurde sie für den Bau von Häusern genutzt, in die Fenster eingefügt wurden. Der Graben wiederum ist heute zugeschüttet und fast schon eine Ausgehmeile.

Von Kirchen und Toren

Wo die **Reischacher Straße** vom Graben abzweigt, steht die **Ursulinenkirche/ Chiesa delle Orsoline** ❷ (Stadtgasse 1a) aus dem 15. Jh. Ältester Teil ist die Krypta aus der Zeit um 1410. Im Kircheninnern finden sich – wie auch am Ursulinentor – Fresken (um 1420) von Johannes (Hans) von Bruneck, dem Begründer der Pustertaler Malerschule.

Hinter der Chiesa delle Orsoline treten wir durch das **Ursulinentor** ❸ und damit durch die Stadtmauer in die **Stadtgasse,** die mit ihren bunten mittelalterlichen Häusern und persönlich geführten Geschäften zu den schönsten

Einkaufsstraßen Südtirols zählt. Tafeln an den Häusern informieren über die Geschichte: In der Nr. 29 hatte z. B. **Michael Pacher** seine **Werkstatt ❹,** im 15. Jh. einer der wichtigsten Schnitzer seiner Zeit und Vorbild für eine ganze Generation. Am **Florianitor ❺** auf halber Strecke der Stadtgasse verewigte sich der lange in Sexten ansässige Maler Rudolf Stolz (s. S. 94).

Am **Ragentor ❻** (auch: Unterrainer Tor) zeigt die obere, gut erhaltene Malerei Bischof Bruno, den Stadtgründer (1922); die untere, leider nicht gut erhalten, wird der Michael-Pacher-Schule zugeschrieben. Kurz hinter dem Tor geht es – passenderweise an der Alpenvereins-Sektion Bruneck – den Berg hinauf nach **Schloss Bruneck,** seit 2011 das **Messner Mountain Museum Ripa ⓯** (s. S. 62). Am Fuß des Burgbergs liegt die **Rainkirche ❼,** der hl. Katharina gewidmet und im 14. Jh. als erste innerhalb der Stadtmauer Brunecks gebaut. Ins Auge fällt ihr Doppelzwiebelturm – zusammen mit dem Schloss ist die Kirche das Wahrzeichen der Stadt.

Wo alles begann

Die Straße **Oberragen,** die die Stadtgasse verlängert, führt an Cafés und Restaurants vorbei zur imposanten, weithin sichtbaren **Pfarrkirche Mariä Himmelfahrt ❽** (Oberragen 22). Die Rolle hat sie seit 1610 inne; in der heutigen klassizistischen Form stammt sie aus dem späten 18. Jh. Das Kruzifix in ihrem Inneren entstammt der Michael-Pacher-Schule.

In der Nähe der Kirche finden sich mehrere beeindruckende Ansitze: Direkt benachbart etwa steht das **Ragenhaus ❾** (Paul-von-Sternbach-Str. 3), heute ein Kulturort und u. a. Sitz der Musikschule. Am westlichen Ende der Paul-von-Sternbach-Straße, dort, wo sie in den Oberragen mündet, steht der **Ansitz Sternbach ❿,** in dem die Nachfahren des Rechtsanwalts und Politikers Paul von Sternbach ein Steuerberatungsbüro unterhalten. Übrigens: Ragen liegt zwar außerhalb der Stadtmauer, ist aber der älteste Teil des heutigen Bruneck.

Von dort weiter bergab gelangen Sie auf die **Tiltpromenade** an der Rienz, die zugleich der Radweg München–Venedig ist.

Spuren des Faschismus

Jenseits der Rienz steht am Kapuzinerplatz das **Kapuzinerkloster ⓫** (Nr. 4), das seit 1626 kaum verändert wurde und in dem bis heute Mönche zu Hause sind.

Ecke Stuckstraße erhebt sich die **Spitalkirche zum Hl. Geist ⓬,** eine glänzend restaurierte, 1381 geweihte und im 18. Jh. barockisierte Kirche mit einer Darstellung der Taufe Christi.

Die Büste am Kapuzinerplatz, das **Alpini-Denkmal ⓭,** ist ein klassisches Kolonialdenkmal – und ein faschistisches: 1938 aufgebaut, sollte es an den erfolgreichen Abessinienkrieg (1935/36) und die Gebirgsjägereinheit Val Pusteria (Alpini-Division) mit Sitz in Bruneck erinnern. Im Lauf des Feldzugs besetzte das faschistische Italien das heutige Äthiopien und Eritrea. Außerdem sollte das Denkmal unterstreichen, dass auch die Deutschsprachigen nun für Italien kämpften. Die betrachteten das im Volksmund Kapuzinerwastl genannte Monument allerdings vor allem als Provokation. Mehrmals wurde das Denkmal, das einst mehr als nur eine Büste war, nämlich ein aufrecht stehender Kämpfer, zerstört.

Museumsgipfel, Fungipfel

Nur 3 km südlich von Bruneck liegt am Fuß des Kronplatzes **Reischach/Riscone,** mit vielen Hotels; beliebt vor allem im Winter, weil hier die Bergbahn zum **Kronplatz/Plan de Corones ⓮** startet. Wer sie nimmt, findet keine Traumwandergegend – das geht anderswo besser als auf einem Plateau, das im Grunde

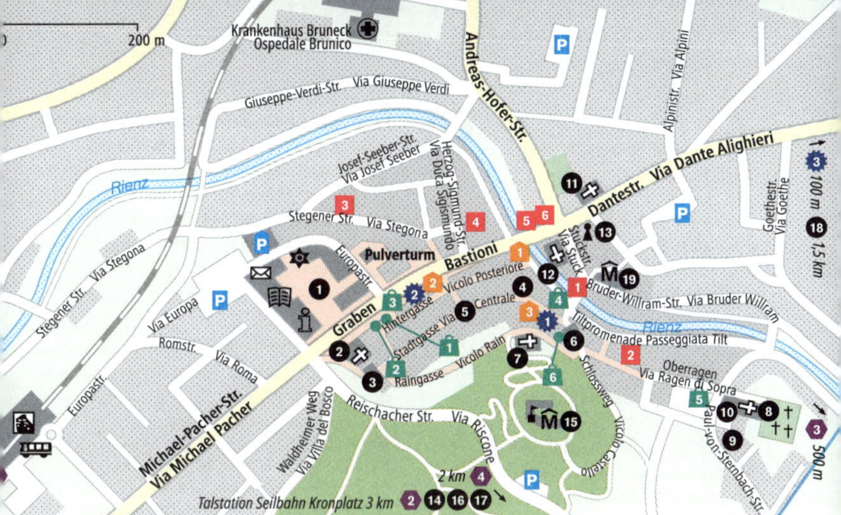

Bruneck/Brunico

Ansehen

1 Rathausplatz
2 Ursulinenkirche
3 Ursulinentor
4 Stadtgasse 29/ ehem. Michael-Pacher-Werkstatt
5 Florianitor
6 Ragentor (Unterrainer Tor)
7 Rainkirche
8 Pfarrkirche Mariä Himmelfahrt
9 Ragenhaus
10 Ansitz Sternbach
11 Kapuzinerkloster
12 Spitalkirche zum Hl. Geist
13 Alpini-Denkmal
14 Kronplatz
15 MMM Ripa
16 MMM Corones
17 Lumen Museum der Bergfotografie
18 Südtiroler Landes-museum für Volkskunde
19 Stadtmuseum

Schlafen

1 Goldene Rose
2 Hotel Corso
3 B & B Am Schloss

Essen

1 Enoteca Bernardi
2 WAINK's Restaurant & Lounge Bar
3 Rienzbräu
4 Pur Südtirol
5 Matilda.Streetfood.Bar
6 Mir isch wurscht

Einkaufen

1 Kunstweberei Franz
2 Textilmanufaktur Ulbrich
3 Bauernmarkt
4 Lebensmittel Horvat
5 Biobazar
6 Acherer

Bewegen

1 Papin Sport
2 Outdoorcenter Kronplatz
3 Freibad Cron4
4 Erlebnis- und Wellnessbad Cron4

Ausgehen

1 Wörtz Bäck
2 Rauchenbichler
3 Stadttheater Bruneck

M

MESSNER MOUNTAIN MUSEUM

Alle, die weitere Standorte des von Reinhold Messner gegründeten Museums in Südtirol besuchen möchten, sollten prüfen, ob ihnen das Kombiticket für alle eintrittspflichtigen MMM eine Ersparnis bringt. Das ein Jahr gültige Ticket (55 €, 6–18 Jahre 25 €) gilt neben den Museen in Bruneck auch für das **MMM Firmian** (s. S. 138) in Bozen, das **MMM Juval** (s. S. 62) über dem Schnalstal, das **MMM Ortles** (s. S. 232) in Sulden (beide im Vinschgau) und das **MMM Dolomites** auf dem Monte Rite (Prov. Belluno).

ganzjährig von Eventisierung bestimmt wird. Für einen prachtvollen 360°-Ausblick von 2300 m Höhe und den Besuch zweier exzellenter Museen, des **MMM Corones** ⓰ und des **Lumen Museum der Bergfotografie** ⓱, lohnt die Bergfahrt allerdings. Darüber hinaus finden sich oben ein Yak-Gehege, Tipis, Klettersteig und vieles mehr.

www.kronplatz.com, Citybus Nr. 1 bis Talstation Seilbahn Kronplatz (Seilbahnstr. 10, OT Reischach), dann Kabinenbahn Kronplatz, Anf. Juni–Mitte Okt. tgl. 9–17 Uhr, 31 €, 9–15 Jahre 22 €, Winter s. Website; Kombiticket MMM Corones, Lumen und Seil-/Kabinenbahn 42 €, 9–15 Jahre 24 €

Museen

Messners Bergwelten

Messner Mountain Museum (MMM): Gleich mit zwei großen Museen hat Reinhold Messner sich hier verwirklicht. Das **MMM Ripa** ⓯ (im Tibetischen bedeutet *ri* Berg und *pa* Mensch) auf Schloss Bruneck stellt Menschen aller Kontinente vor, die seit mehr als 10 000 Jahren die Gebirge dieser Welt besiedeln. Wie bei allen Messner-Museen beeindruckt die Vielfalt der Stücke – und die immense Liebe zum Detail. Auf dem Kronplatz steht seit 2015 das **MMM Corones** ⓰: Die kurz nach dem Bau zu früh verstorbene Architektin Zaha Hadid grub im Auftrag Messners ein futuristisches Bauwerk in den Berg – nur die beiden Enden sind zu sehen. Thema ist die Geschichte des Alpinismus, wie üblich mit viel philosophischer Begleitung.

www.messner-mountain-museum.it; **MMM Ripa:** Schlossweg 2, 2. Mai-So–1. Nov.-So Mi–Mo 10–18, 7. Dez.–25. April (außer 24./25. Dez.) Mi–Mo 12–18, letzter Einlass 17 Uhr, 14 €, 6–18 Jahre 6 €; **MMM Corones:** Kronplatz, tgl. (entsprechend Seilbahnbetrieb) 10–16 Uhr, letzter Einlass 15.30 Uhr, Einzeleintritt wie Ripa, Kombiticket mit Lumen und Seilbahn, s. Kronplatz links

Berge im Bild

⓱ **Lumen Museum der Bergfotografie:** Seit 2019 präsentiert das Lumen Museo della Fotografia di Montagna auf dem Kronplatz Bergfotografie weit abseits von 08/15.

Kronplatzgipfel, www.lumenmuseum.it, tgl. 1. Juni-Sa–2. Okt.-So, Ende Nov.–Mitte April 10–16 Uhr, letzter Einlass 15.30 Uhr, 17 €, 15–25 Jahre 12 €, 6–14 Jahre 10 €, Kombiticket/Anfahrt, s. Kronplatz S. 62

Lektion in Sozialgeschichte

⓲ **Südtiroler Landesmuseum für Volkskunde:** Im Stadtteil Dietenheim/Teodone wird die Geschichte der im Tal lebenden Südtiroler zum Leben erweckt. Ein Freilichtmuseum erzählt das Leben der verschiedenen sozialen Schichten – von Adligen bis zu Tagelöhnern – nach. Ergänzt wird die Freilichtausstellung durch eine volkskundliche Sammlung im Ansitz.

Herzog-Diet-Str. 24, www.volkskundemuseum.it, 15. April–31. Okt. Di–Sa 10–17, So, Fei 14–18 Uhr, 9 €, unter 16 Jahren in Begleitung von Eltern(teilen) Eintritt frei

Alt und neu

⑲ **Stadtmuseum:** In restaurierten Poställen und etwas versteckt bietet das Museum neben einer Dauerausstellung auch abwechslungsreiche zeitgenössische Präsentationen. Das wertvollste Stück ist ein Schlussstein von Michael Pacher aus der Issinger Kirche.

Bruder-Willram-Str. 1, www.stadtmuseum-bruneck.it, Juli/Aug. Di–So 10–12, 15–18, sonst Di–Fr 15–18, Sa/So 10–12 Uhr, 3 €, bis 6 Jahre Eintritt frei

Schlafen

Trotz des großen Angebots kann es im August schwer werden, kurzfristig ein Zimmer zu finden. Im nahen Reischach ist meist etwas frei, nicht selten sommerfrischengemäß mit Pool.

Geräumig

1 **Goldene Rose:** Das Hotel mit Stadtturm wirkt von außen etwas bieder, gewinnt aber innen sehr. Sämtliche Zimmer sind erstaunlich groß, die Studios haben Balkons. Unter allem rauscht die Rienz.

Graben 36b, T 0474 41 30 00, www.hotelgoldenerose.com, €€–€€€, 24-Std.-Check-in möglich (Automat)

Traditionsreich

2 **Hotel Corso:** Seit dem 17. Jh. vor Ort – und ungemein freundlich. Biedermeier allerorten. Mit Pizzeria und Restaurant auf der Flaniermeile.

Graben 16, T 0474 55 44 34. www.hotelcorso.com, €€

Unter dem Kirchturm

3 **B & B Am Schloss:** Die Dachterrasse liegt neben der Rainkirche, der Vordereingang deutlich tiefer in der Stadtgasse. Folglich sind die Zimmer nicht nur unterschiedlich eingerichtet, sondern auch verschieden hell. Es gibt sogar ein sehr günstiges Einzelzimmer – ohne Fenster. Das Flair erinnert an Reisen in fernere Regionen.

Stadtgasse 14, T 345 437 34 02, www.amschloss.it, €€

Essen

Lauschig

1 **Enoteca Bernardi:** Spaghetti mit Gemüseragout, Wolfsbarsch, exzellente Weine, direkt an der Rienz – was will man mehr?

Stuckstr. 6, T 0474 37 01 86, www.bernardi-karl.it, Mo–Do 9–23, Fr/Sa 9–24, Küche 11.30–14, 18.30–21.30 Uhr, €€–€€€, Mittagstisch günstiger

Trendy

2 **WAINK's Restaurant & Lounge Bar:** Draußen peppige Sitzbänke und Bartische, drinnen Fine-Dining-Atmo, kreative Küche von Kichererbsencurry bis Tafelspitz.

Tiltpromenade 7, T 0474 12 34 56, www.wainks.it, €€, mittags €

Bier und Biopizza

3 **Rienzbräu:** Imposante Terrasse abseits des Trubels, hervorragende, auch Bio-, Pizza- und rustikale Küche sowie selbst gebrautes Bier, bei dessen Gärung unter der Wirtsstube man durch eine Glasscheibe zuschauen kann. Trotz seiner Größe füllt es sich im Sommer schnell, möglichst reservieren!

SAISON

Man könnte meinen, eine Stadt wie Bruneck sei weniger saisonabhängig als andere Regionen Südtirols. Irrtum – im April und im November ist von Geschäften über Museen bis Hotels vieles geschlossen.

Lieblingsort

Streetfood und Beach-Bar-Charme

Fast hätte die Stadt ihnen den Garaus gemacht. Über Jahre betrieben Markus Mair am Tinkhof und Freunde unterhalb des Schlosses die Gänseliesl, Brunecks coolste Biergartenbar, mit Liegestühlen und einem Fahrrad in den Bäumen. 2020 kam kein weiterer Pachtvertrag zustande – ein Schelm, wer denkt, es könne um mehr Geld gegangen sein. Doch Mair am Tinkhof – Motto: »Die Zeit ist mein Freund« – fand einen neuen Ort an der Rienz. Die **Matilda Street.Food.Bar** 5 hat den Charme einer Ostberliner Beach Bar der 1990er-Jahre, erfreut auch Veganerherzen sowie alle, die gern unter Porträts von Frida Kahlo und Che Guevara trinken. Craft Beer gibt es auch – und sogar das Fahrrad kam mit (Kapuzinerplatz 1a, T 348 562 33 46, Mo meist geschlossen, aktuelle Zeiten s. Facebook, Wokgemüse und vegetarische Tapas, €).

Stegener Str. 8, T 0474 53 13 07, www.rienzbraeu.bz.it, tgl. 10–24, Küche 11.30–14.30, 18–22, Pizza bis 23 Uhr, €€, Pizza €

Veganerfreundlich

4 **Pur Südtirol:** Die kleine Südtiroler Genussmarktkette mit regionalen Produkten sorgt mittags für Bio-, auch vegane, Grundversorgung von Ofenkartoffel bis Burger.

Herzog-Sigmund-Str. 4a, T 0474 05 05 00, www.pursuedtirol.com, Mittagsmenü Mo–Fr 12–14 Uhr, €; **Laden:** Mo–Fr 7.30–19.15, Sa 7.30–14 Uhr

Beachbar-Charme

5 **Matilda.Streetfood Bar:** s. Lieblingsort S. 64.

Auf die Schnelle

6 **Mir isch wurscht:** Die beste Bratwurst von Franzensfeste bis Lienz gibt es auf einem Parkplatz in Bruneck.

Kapuzinerplatz, auf Facebook, Di–Sa 11.30–15 Uhr, Betriebsferien s. Facebook

Einkaufen

So idyllisch shoppt es sich selten: Was es in der **Stadtgasse** nicht gibt, braucht Mensch auf Reisen auch nicht, u. a. gute **Bergsportgeschäfte.** Viele Läden mit **Kunsthandwerk** finden sich am Graben.

Doppelt hält besser

Mit der **Kunstweberei Franz** 1 (in neunter Generation) und der **Textilmanufaktur Ulbrich** 2 (seit mehr als 100 Jahren) präsentieren zwei traditionelle Webereien ihr Angebot von Kissenbezügen über Tischdecken bis Portemonnaies fast nebeneinander. Beide haben auch Läden direkt bei ihrer Produktionsstätte (s. Websites).

Kunstweberei Franz: Graben 8a, www.tessiturafranz.it, Mo–Sa 9.30–12.30, 14.30–18.30 Uhr; **Textilmanufaktur Ulbrich:** Graben 4a, www.ulbrich.it, Mo–Fr 9.30–12.30, 14.30–18.30, Sa 14–18 Uhr

Wöchentlich

3 **Bauernmarkt:** Schnickschnackfrei, entspannt, vieles aus ökologischem Anbau.

Am Graben, ganzjährig, Nov.–März aber deutlich kleiner, Fr 8–12.30 Uhr

Unverpackt

4 **Lebensmittel Horvat:** Nüsse, getrocknete Früchte, Müsli im offenen Verkauf. Eine Fundgrube.

Stadtgasse 5a, http://horvatwilli.com, www.horvat.it, Mo–Fr 8.30–13, 14.30–18/19, Sa bis 13 Uhr

Cruelty free

5 **Biobazar:** Im ältesten Biomarkt des Pustertals gibt es außer veganen Lebensmitteln ohne Tierversuche hergestellte Drogerieprodukte.

Oberragen 18a, auf Facebook, Mo–Fr 9–12.30, 15.30–19, Sa 9–12.30 Uhr

Illuster

6 **Acherer:** Patisserie und Blumen – die seltene Kombination ist den Berufen des Paares geschuldet, das sich hier verwirklicht. Es gibt exquisite Schokolade – und winterharte Alpenpflanzen für daheim.

Stadtgasse 8, www.acherer.com, Mo–Fr 9–12.30, 14.30–17, Sa 8–13, 14–17 Uhr

Bewegen

Mit dem Rad

1 **Papin Sport:** Große Auswahl an Fahrrädern aller Art gegenüber vom Bahnhof.

Marconistr. 1, T 348 406 54 68, www.papinsport.com, ca. Mitte/Ende April–Okt. 8–12,13–19 Uhr, Juli/Aug. u. U. durchgehend

Professionell begleitet I

2 **Outdoorcenter Kronplatz:** Die Rad-, Kletter- und Wanderführer bieten abwechslungsreiche (Berg-)Touren an, laut Programm oder nach individueller Vereinbarung.

Seilbahnstr. 12a, www.outdoor-kronplatz.com, Mitte Mai–Mitte Okt. tgl. 8.30–12.30, 13–16.30 Uhr, bis Ende Okt. nur Mo–Fr

Professionell begleitet

Christof Hainz: Auch bekannt als »Zinnenmann«, hat der Bergführer mit über 30 Jahren Erfahrung schon Bundespräsident Frank-Walter Steinmeier auf die Kleine Zinne (und wieder hinunter) geführt.
T 348 450 92 82, www.christoph-hainz.com

Schwimmen

An der Rienz liegt das **Freibad Cron4** 3 mit seinem 50-m-Becken, in der Sportzone Reischach das **Erlebnis- und Wellnessbad Cron4** 4 mit diversen Pools, z. B. Solepool im Außenbereich, sowie Wasserrutsche, Sauna und Wellnessangeboten.
www.cron4.it, Zeiten und Preise s. dort; **Freibad:** Neurauthstr. 3; **Erlebnis- und Wellnessbad/Sauna:** Im Gelände 24

Ausgehen

Sundowner

1 **Wörtz Bäck:** Die letzten Sonnenstrahlen in der engen Stadtgasse fangen Brunecker hier gern beim Aperol Spritz ein.
Stadtgasse 12, auf Facebook, Mo/Di, Sa 8–20 Uhr, Mi–Fr bis nachts

Lustig

2 **Rauchenbichler:** Brunecks bester Pub. Mit Guinness, Wein, Bruschetta und vielem mehr.
Graben 12, T 340 273 81 98, Mo–Sa 7.30–24 Uhr

Bühnenreif

3 **Stadttheater Bruneck:** Nicht nur wegen der nicht allzu großen Konkurrenz eines der besten Theater weit und breit. Acht bis zehn Stücke stehen auf dem Spielplan, dazu Kabarett, Lesungen, Jazz.
Dantestr. 21, www.stadttheater.eu, Tickets 15–30 €

Feiern

- **UFO Summer:** Ende Juni–Mitte Aug. Das Jugend- und Kulturzentrum UFO stellt seit über 20 Jahren ein Open-Air-Festival mit Filmen und Konzerten auf die Beine.
Josef-Ferrari-Str. 20, www.ufobruneck.it, Eintritt frei

- **Stegener Jahrmarkt:** 26.–28. Okt, 8–17 Uhr. Am österreichischen (sic!) Nationalfeiertag beginnt auf dem Stegener Marktplatz in Bruneck der größte Markt Tirols (8–17 Uhr). Hier erleben Sie Marktschreier, Fahrgeschäfte, können kulinarische Spezialitäten, Socken, Mützen und, und, und sehen und kaufen. Die Tradition reicht zurück bis ins 11. Jh.

Infos

- **Tourismusverein Bruneck-Kronplatz:** Rathausplatz 7, 39031 Bruneck, T 0474 55 57 22, www.kronplatz.com, Juli/Aug. Mo–Fr 9–19, Sa 9.30–12.30, 15–18, sonst Mo–Fr 9–12.30, 15–18, Sa 9.30–12.30 Uhr. Viel Material, nette Mitarbeitende. Auch Verkauf von maßstabsgetreuen Wanderkarten.
- **Stadtführungen:** Anf. Mai–Anf. Nov. Mo 16.15, Winterhalbjahr 15.30 Uhr (1,5 Std., 4 €), Anmeldung beim Tourismusverein.
- **Bahn:** Ab Bahnhof Bruneck (Europastr. 1) bestehen Verbindungen nach Bozen, Brixen, Toblach, Innichen sowie mindestens stündlich nach Franzensfeste und Lienz (Osttirol).
- **Bus:** In alle Seitentäler sowie entlang des Pustertals und nach Brixen bestehen gute **Busverbindungen** ab dem **Busbahnhof,** der 2022 auf eine überdachte Verkehrsinsel vor dem Bahnhof verlegt wurde. Die meisten Busse halten auch am Graben. Kürzere Strecken werden von **Citybussen** bedient, Reischach z. B. im 15-Min.-Takt.

Tauferer und Ahrntal

J2/3

Reisende auf der Suche nach Orten abseits des Gewusels rund um Langkofel und Co. freuen sich: Weit seltener als nach Süden wird das Pustertal gen Norden verlassen. Dabei lohnt die Region, die meist als **Tauferer Ahrntal/Valli di Tures e Aurina** zusammengefasst wird, obwohl die Natur dort in Wahrheit mehrere Täler gebildet hat: grüne Almböden, rauschende Bäche, (letzte) Gletscher, Wasser, wohin man blickt. Dazu mehr als 80 Dreitausender, durch die noch vor wenigen Jahrzehnten Schmuggler streiften.

Tauferer Tal/ Val di Tures

J2/3

Kirche und Kultur

Einen ersten Stopp im weiten Tauferer Tal wert ist **Gais.** Wer mit dem Rad kommt, fährt ohnehin mittendurch, die Hauptstraße verläuft etwas abseits. Die dreischiffige **Pfarrkirche** (1200) ist eine der ältesten Kirchen Südtirols und ein sehenswertes Zeugnis der Romanik. Ihr Innenleben musste allerdings der Barockisierung weichen.

Von der Kirche zum nahen und schön restaurierten **Schloss Neuhaus** (www.schloss-neuhaus.com, Hotel) führt ein **Kulturweg** (www.kulturweg-gais.it). Er erinnert an Gäste wie den Reisenden und Minnesänger Oswald von Wolkenstein und den Schriftsteller Ezra Pound (s. S. 199, Dorf Tirol), dessen Tochter Mary von Rachewitz hier zwölf Jahre lebte.

Doppelt hält besser

In **Mühlen in Taufers/Molini di Tures,** am Westrand des nun noch weiteren Tauferer Bodens, wurden einst Roggen, Weizen und Gerste gemahlen; davon zu sehen ist allerdings nichts mehr. Was es gibt, ist ein hübscher Ortskern mit einer **Kirche,** die gleich zwei Schutzheilige hat – die hl. Katharina und den hl. Florian. Es handelt sich um eine Doppelkirche. Die romanisch-gotische Katharinenkirche (1309) erhielt im 16. Jh. einen gotischen Anbau, die Florianikirche. Unter dem hölzernen Kirchenvorbau fühlt man sich wie an einem verwunschenen Ort.

Die kulturhistorisch wertvollere Pfarrkirche von Sand in Taufers (s. S. 68) steht kaum 1 km von Mühlen entfernt. Im winzigen Weiler **Taufers** wurde 1527 die **Pfarrkirche Mariä Himmelfahrt,** eine der schönsten gotischen Kirchen des Landes, geweiht. Das **Pfarrmuseum** (Pfarre Taufers, T 0474 67 85 43, Juni–Mitte Okt. Mi–Sa 16–18, So 10–12 Uhr, Spende), dessen Besuch eine Kirchenführung einschließt, zeigt sakrale Kunst auch aus anderen Kirchen. Mit beschildertem Anschluss an den Radweg Bruneck–Sand.

Abstecher ins Mühlwalder Tal/Valle di Molino

H/J2

Magie des Wassers

Bei Mühlen gen Westen reist man dem Wasser entgegen, das all die Mühlen einst speiste: Je nach Jahreszeit plätschert es nur oder donnert es einem entgegen. So gut wie jeder Hof im Mühlwalder Tal ist bewirtschaftet und nicht nur, um »Urlaub auf dem Bauernhof« auf ein Schild schreiben zu können. Gäste werden gern aufgenommen, bringen aber nur ein Zusatzeinkommen. Wie angenehm.

In den Orten **Mühlwald/Selva dei Molini** und **Lappach/Lappago** finden Reisende – außer der obligatorischen Kirche – einen Krämerladen, in Lappach zudem das kleine, aber feine **Museum Magie des Wassers.** Wer mehr will, kann im Tal gleich vier Wasser-Themenwegen (s. Website des Museums) folgen: durch die Lappacher Klamm, um den Mühlwalder bzw. den Neves-Stausee, entlang restaurierter Mühlen).

Bis Lappach fährt auch der Bus 451. Wer mit dem Auto bis zum Talschluss fährt, den erwartet eine Mautstation (8 €, nur im Sommer befahrbar).

Museum Magie des Wassers: Lappach, https://muehlwaldertal.it/wasser-museum, Mitte Mai/Juni–Mitte Sept./Okt. Di 10–13, Fr, So 14.30–17.45 Uhr, 7/5 €, unter 8 Jahren Eintritt frei

Wanderparadies

Der **Neves-Stausee/Lago di Neves** auf 1860 m Höhe, 1960 in Betrieb genommen, ist einer von 14 Südtiroler Seen, die der Stromerzeugung dienen, und nur eines von vielen Wasserwerken, die im Tauferer Ahrntal Energie erzeugen. Wer den Stausee umrundet (1–1,5 Std.), kommt über die beeindruckende Staumauer.

Expeditionsfreudige können von hier an einem langen Tag ins **Pfunderer Tal/Val di Fundres** queren oder einen Gipfel der Zillertaler Alpen besteigen, etwa den 3510 m hohen **Hochpfeiler/Gran Pilastro.**

Eine sechs- bis siebenstündige Tour (Ausstieg nach der Hälfte möglich) führt vom Stausee über die Chemnitzer Hütte auf den **Neves-Höhenweg** und via Edelrauthütte zurück. Eine der schönsten Touren in Südtirol!

Ein weiterer guter Wanderstartpunkt ist **Zösen/Cesa** kurz oberhalb von Lappach. Hier gibt es einige Parkplätze an der Straße, weitere bei der Bergmeisteralm (ca. 1,5 km hinein ins Zösental). Eine hübsche Einkehr mit exzellentem Apfelstrudel ist die **Mair am Tinkhof Alm** (Mitte Juni–Mitte Okt.) unweit der Bergmeisteralm.

Sand in Taufers/ Campo Tures

J2

Quirlige Kleinstadt

Mit seiner Lage ist **Sand in Taufers** ein natürliches Zentrum: Tauferer, Ahrn- und Mühlwalder Tal treffen hier zusammen; hinzu kommt noch das Reintal, das Richtung Osten bergauf führt und dessen ›Hauptstadt‹ Rein in Taufers mitten im Naturpark Rieserferner-Ahrn liegt. Passend dazu hat Sand in Taufers Geschäfte und Gastronomie, Plätze und Parks, Kunst und Freiluftausstellungen. Neben dem Tourismusbüro z. B. wird an die alte Bahnstrecke erinnert, die mit dem beginnenden Autowahn 1957 eingestellt wurde. Heute ist die Buslinie von Bruneck die meistgenutzte in Südtirol, der Verkehr ein Problem. Kein Wunder, dass eine Wiederinbetriebnahme der Bahnlinie immer wieder einmal aufs Tapet kommt.

Kammerlanders Basecamp

Das Kleinstadtleben spielt sich rund um Josef-Jungmann-Straße und **Hans-Kammerlander-Platz** statt. Mit dem Platz ehrte Sand in Taufers schon zu Lebzeiten seinen berühmtesten Sohn: Hans Kammerlander, nach Reinhold Messner wohl auf ewig zweitberühmtester Bergsteiger Südtirols – aber immerhin. Als Bergführer erfand er die inzwischen häufig kopierten 24-Stunden-Wanderungen: Von 18 bis 18 Uhr ist man auf den Beinen, erlebt dafür aber Sonnenauf- wie -untergänge und ein unvergleichliches Berggefühl.

Heimat der Edlen

Die Edlen von Taufers (Edle/r: ein niederer Adelstitel) wussten, warum sie sich hier niederließen: Von der **Burg Taufers/Castel Tures,** erstmals 1225 erwähnt und an der engsten Stelle im Tal errichtet, lässt sich der Zugang ins Ahrntal ebenso perfekt kontrollieren wie der Tauferer Boden überblicken. Die imposante Burg ist bestens erhalten; im Sommer wird sie auch für kulturelle Veranstaltungen genutzt. Die Innenräume – mit Fürstenzimmern, Rittersaal, Bibliothek und einer im 13. Jh. errichteten romanischen Burgkapelle mit wertvollen Fresken von Friedrich Pacher aus dem 15. Jh. – können nur im Rahmen einer Führung besichtigt werden.

Burg-Taufers-Weg 4, T 0474 678 053, www.burgeninstitut.com, Öffnungs- und Führungszeiten (Innenräume nur mit Führung) s. Website, 7 €, 6–16 Jahre 4 €, mit Führung 10/13 €, 4–16 Jahre 5/6 €

KÄSEGIPFEL

Alle zwei Jahre treffen sich Käserinnen, Käser und Käsegourmets in Sand in Taufers zum internationalen **Käsefestival** (www.kaesefestival.com), das nächste Mal Mitte März 2024. Das Tauferer Ahrntal ist für seinen **Graukäse** weit über Südtirols Grenzen bekannt: ein einstiger Arme-Leute-Käse, gewonnen aus der Magermilch nach dem Abschöpfendes Rahms und wegen seines Fettgehalts von nur 2 % wieder zunehmend beliebt.

Ahrntal/ Valle Aurina

J1/2

Hinter der Talenge

Vorbei an der Burg Taufers geht es, erst sanft, dann steil, rund 37 km bergan zum Talschluss, zugleich der nördlichste Punkt Italiens: Ein Vogel muss vom Ahrntal bis München nur 130 km überwinden, auf der Straße sind es doppelt so viele. Schon bei der Burg lässt die schluchtartige Enge erahnen, dass man sich in eine neue Welt begibt. Das ist heute so und war es früher erst recht. Über Jahrhunderte lebten die Talbewohner weitgehend unter sich.

Grenzgänger

Lange Zeit versorgte der Kupfererzbergbau viele Familien. Ansonsten bewirtschaftete man, oft mit Ziegen statt mit Kühen, die steilen Hänge am Alpenhauptkamm – kein einfaches Auskommen bei sehr langen Wintern. Bis in die 1960er-Jahre spielte hier der Schmuggel zwischen Österreich und Italien eine Rolle: Über Scharten und Joche wurde hin- und hergeschleppt, was im Nachbarland billiger oder schwer zu bekommen war – Zigaretten, Kaffee, Kisten voller Wein und – allerdings ohne sie zu tragen – Kühe.

Von Luttach bis Kasern

Von Sand in Taufers erreicht man zunächst das nahe **Luttach/Luttago,** von wo ein kleines Tal nach **Weißenbach/Rio Bianco** abzweigt. Wenig später folgt **St. Johann/S. Giovanni,** das als eines der wenigen Dörfer ein kleines Zentrum abseits der Durchgangsstraße besitzt – und eine im späten 18. Jh. erbaute Pfarrkirche mit eindrucksvollem Kuppelturm.

Sozialgeschichte des Bergbaus

Das Ahrntaler Zentrum liegt in **Steinhaus/Cadipietra,** dessen stattlichen Häusern – etwa dem Ansitz Egg, dem Erzstadel und dem Rathaus – man die einstige Bedeutung als Kupfererzhandelsplatz noch ansieht. Der ehemalige Kornkasten beherbergt heute den Steinhauser Standort des Südtiroler **Landesmuseums Bergbau/Museo Provinciale Miniere.** Weitere Standorte liegen in Prettau (s. S. 72), in Schneeberg und Ridnaun. Sie alle erinnern an die Hochzeit des Kupferabbaus: Bereits vor 4000 Jahren wurde nach dem wertvollen Rohstoff geschürft. Der Abbau in großem Stil begann im 15. Jh. Hier in Steinhaus wird erzählt, wie der Bergbau über Jahrhunderte das Leben der Menschen prägte. Der Kornkasten war

TOUR
Wasser und Weiler, Berge und Burg

Per Rad auf der alten Bahnstrecke von Bruneck nach Sand in Taufers

Nur 15 km sind es von **Bruneck/Brunico** auf der stillgelegten Bahnstrecke ins Zentrum von **Sand in Taufers/ Campo Tures,** durchgängig gut beschildert, kaum bergauf.

Wer am **Brunecker Bahnhof** startet, folgt zunächst der **Europa-,** dann schräg links der **Josef-Schweighofer-Straße** und überquert auf einer kleinen **Holzbrücke** die Rienz. Auf einer Fahrradspur neben der Andreas-Hofer-Straße geht es nach Norden bis **St. Georgen/S. Giorgio,** dort dann rechts ab durch die Felder nach und durch **Gais,** wo die Kirche einen Blick lohnt (s. S. 67).

Kurz hinter Gais wird die Tour zum reinen Radweg. Mal näher, mal an der Ahr und mal weiter von ihr entfernt geht es durch Wiesen und Auen, stets das bis in den Hochsommer schneebedeckte Panorama der Zillertaler Alpen im Blick. Einen Blick wert ist auch die Kirche **St. Nikolaus/S. Nicolò** im Weiler **Kematen/ Caminata,** der bereits zu Sand in Taufers gehört. Im Chor der Kirche wurden Fresken freigelegt, die Erasmus von Bruneck zu Beginn des 15. Jh. schuf. Bitte nicht die Porträts auf den Schlusssteinen des Gewölbes (Maler unbekannt) übersehen.

Zwischen Waldrand und Fluss führt der Weg zunächst zur Ziegenkäserei **Goasroscht** (Winkelweg 39, Kematen, T 0474 67 86 97, www.goasroscht.com, Hofschank: Mai–Mitte Okt. Di–So 11–

Naturschauspiel Reinbach-Wasserfälle

18 Uhr), deren Blockhütte einen gedanklich kurz nach Kanada entführt. Hier können Sie eine Hofführung machen (vorher anmelden) und/oder sich im Hofschank bei Ziegenmilcheis oder -joghurt erfrischen. Die Produkte der Käserei sind im ganzen Tal bekannt. Wer Lust hat, wirft gegenüber noch einen Blick ins **Schafwollmuseum** (Winkelweg 42, Sand in Taufers, www.brusahelene.com, Mo–Fr 15–18, Sa 15–17 Uhr). Helene Brusa, die hier Schafwolle verarbeitet, hat es eingerichtet.

Danach geht es an der **Wasserfallbar**, die in der Saison auch ein lauschiger Ort für ein kühles Getränk und ein Sandwich ist, vorbei zu Fuß hinauf bis zur dritten Kaskade der **Reinbach-Wasserfälle/Cascate di Riva** (auch: Reiner Wasserfälle). Hinauf (Steigung: 170 m) und zurück brauchen Sie knapp eine Stunde, Abkühlung garantiert. Wer nicht zurücklaufen oder ein besonderes Erlebnis einbauen möchte, kann in den Sommermonaten mit der **Fly-Line** (www.fly-line-wasserfall.eu, Zeiten s. Website, 12 €, bis 14 Jahre 10 €) ›zurückschwingen‹.

Zurück auf dem Rad ist **Sand in Taufers/Campo Tures** (s. S. 68) fast erreicht. Dort führt die Josef-Jungmann-Straße nach links über eine Brücke direkt in das quirlig-kleine Ortszentrum – im **Café Domino** (s. S. 74) lässt sich wunderbar pausieren.

Möchten Sie zur imposanten **Burg Taufers/Castel Tures** (s. S. 68), bleiben Sie rechtsseitig der Ahr und fahren dann hinauf zur Burg. Wer bis **Luttach/Luttago** möchte, biegt zunächst ebenfalls Richtung Burg ab, bleibt aber nach einer kurzen Steigung unterhalb. Ab der **Kabinenbahn Speikboden** verläuft der Weg dann moderat weiter.

Zurück nach Bruneck geht es auf derselben Route bei ganz anderen Aussichten, nämlich auf den Kronplatz. Alternativ können Sie Ihr Leihrad in Sand abgeben und mit Bus 450 (www.serbus.it) den Rückweg antreten.

Infos

Rad(rund)tour, Fahrzeit 36 km (hin/zurück), plus 1 Std. zu Fuß; Schwierigkeitsgrad: mittel, Anstieg: 92 m, Abstieg: 45 m; **bis Luttach:** 23 km (einfache Strecke)

Start:
Bruneck J 3

Schön und schön kühl ist die **Wasserfallbar** (Wasserfallweg 1, Winkel, Sand in Taufers, T 335 24 04 90, ca. April–Okt. tgl. tagsüber, €).

Radverleih:
Papin Sport Bruneck, s. S. 65; **Papin Sport Sand in Taufers, Kreaktiv,** Cascade, Industriestr. 2, Mai–Okt tgl. 9–12, 13–18 Uhr, Juli/Aug. durchgehend

F

FREIHEITSKÄMPFER ODER TERRORISTEN

Vor allem in den 1960er-Jahren verübten männliche Südtiroler, oft fast noch Jugendliche, Anschläge im Namen der diskriminierten deutschsprachigen Bevölkerung Südtirols – für ihr Selbstbestimmungsrecht. Vier der bekanntesten, die Pusterer Buben oder **Puschtra Buibm,** stammten aus Mühlen und Luttach. Später flohen sie nach Österreich und Deutschland. Ähnlich wie die katholisch-irische IRA in Irland oder die separatistische ETA im Baskenland werden sie in Südtirol bis heute oft mythisch verklärt.

das Lebensmittellager des Bergwerks: Wer im Bergbau arbeitete, wurde u. a. mit Lebensmitteln bezahlt.

Klausbergstr. 103, www.bergbaumuseum.it, Anf. April–Anf. Nov. Di–So 10–18 Uhr, 6/2,50 €, unter 7 Jahre Eintritt frei, Kombiticket Führung St.-Ignaz-Stollen, Prettnau 13/5 €

Rauf auf den Berg

Dank der **Kabinenbahn Klausberg** (Sommer tgl. 8.30–12.20, 13–17.15 Uhr, hin/zurück 26 €, 8–15 Jahre 15 €, Winter s. Website), ist Steinhaus auch ein Zentrum des Wintersports und ein guter Ausgangspunkt für Wanderer.

Holzschnitzkunst

Hinter St. Jakob (1194 m) geht es immer schmaler und steiler, oft gleich neben der donnernden Ahr, hinauf ins 300 m höher gelegene **Prettau/Predoi.** Spätestens hier wird deutlich, dass neben dem Grödner auch das Ahrntal ein Zentrum der Holzschnitzkunst war und in begrenztem Umfang noch ist. Vor allem nach der Schließung des Bergwerks 1893 wurde sie zu einer Einnahmequelle, mehr als im Grödner Tal wurden – und werden – Masken geschnitzt. Die Geschlechtergrenzen zwischen den Handwerken erwiesen sich auch im Ahrntal als solide: Frauen besserten – und bessern – das Haushaltseinkommen mit Klöppeln auf.

Im Herzen des Berges

Am **Prettauer Standort** des Südtiroler **Landesmuseums Bergbau** können Sie per Grubenbahn in das Bergwerk einfahren. Der **St.-Ignaz-Stollen** ist (für alle Klaustrophobie-Freien) ein Erlebnis – auch um wenigstens eine grobe Idee zu bekommen, wie hart die Arbeit gewesen sein muss. Mehr als 1000 m poltert die Grubenbahn in die Tiefe (warm anziehen!), wo auf einem Rundweg die Abläufe der Kupferproduktion vorgestellt werden. Oberirdisch führt ein Lehrpfad entlang Ruinen und ehemaligen Stollen rund 500 Höhenmeter hinauf zu einem Hochplateau (ca. 2 Std.). Neben dem Museum befindet sich ein der Gesundheit zuträglicher **Klimastollen** (s. S. 76).

Hörmanngasse 38a, www.bergbaumuseum.it; **St.-Ignaz-Stollen:** Anf. April–Anf. Nov., Di–So 10–18 (letzte Einfahrt 16) Uhr, nur mit Führung und in Kombination mit Landesmuseum Bergbau, Steinhaus, s. S. 69

Hier ist Schluss

Kasern/Casere (1582 m) am Talschluss besteht nur aus ein paar Häusern – und einem großen Parkplatz, an dem das sehenswerte **Naturparkhaus Rieserferner-Ahrn** eine Außenstelle (s. Kasten S. 73) hat. Wenige Hundert Meter von hier, auf der anderen Seite der Ahr, wurde 2019 ein weltweites Vorzeigeprojekt eröffnet: ein **Zweifamilienhaus,** das Wärme wie Strom vollständig aus Wasserstoff gewinnt. Dieser wird in Metallpellets gespeichert und mithilfe einer Brennstoffzelle umgewandelt – auch wenn es draußen friert und kein Wasser fließt. An dem Haus – ohne Adresse – hängt eine Infotafel.

Kirche und Kraftort

Taleinwärts auf dem alten Saumpfad Richtung Krimmler Tauern und Österreich steht seit dem 15. Jh. die **Wallfahrtskirche Heilig-Geist** (1619 m) von Kasern. Warum genau, ist nicht überliefert. Vermutet wird, dass sie für Tauernüberquerer und Knappen an einem traditionellen Kraftort errichtet wurde. Fest steht, dass Papst Benedikt, damals noch Kardinal Ratzinger, hier war. Und dass die Kirche ein durchschossenes Kreuz beherbergt. Um das rankt sich eine skurrile Legende, deren Anfang halbwegs plausibel klingt: Ein Wanderer, zu einem Preisschießen nach Salzburg unterwegs, soll, gleichsam übungshalber, auf Jesus, der damals noch im Freien stand, geschossen haben.

Schlafen

Fünfsternehotels gibt es im Tauferer Ahrntal nicht, alle anderen Unterkunftsarten meist auch in der Hochsaison ausreichend und vergleichsweise günstig.

Sehenswert

Hotel Bühelwirt: Kreative Architekten fügten dem Stammhaus von 1910 hangabwärts einen Erweiterungsbau zu, der sich dort ganz prachtvoll macht. Innen ist alles licht und modern, in einigen Zimmern gibt es Sitzbänke vor den Fenstern mit herrlicher Aussicht, sogar manche Badewanne hat Panorama. Mit Wellness, Spa, Ayurveda. Neben der Kirche.

Am Bühel 30, St. Jakob, T 0474 65 03 09, www.buehelwirt.com, €€€

Traditionsreich

Berghotel Kasern (Kason): Schon seit mehr als 700 Jahren bietet das viertletzte Haus im Tal Obdach. Die 27 Zimmer sind unterschiedlich, aber alle traditionell eingerichtet. Mit stilvoller Bibliothek! Neben Doppelzimmern gibt es auch Einzel- und Mehrbettzimmer. Zum Hotel gehört auch ein Dorfrestaurant (€) mit großer Terrasse.

Kasern 10, Kasern, T 0474 65 41 85, www.kasern.com, €€

Frisch herausgeputzt

Hotel Residence Alpinum: Die neuen Betreiber haben das große und ideal gelegene Haus am Rand der Innenstadt von Sand in Taufers renoviert. Nun gibt es stilvolle, blitzsaubere Zimmer sowie Apartments für bis zu sechs Personen. Außerdem Spa, Pool, Yoga, Garten – und eine Bar, die in der Fußgängerzone liegt.

S

GRÖSSTER SCHUTZGEBIETSVERBUND

Geologisch ist der **Naturpark Rieserferner-Ahrn/Parco Naturale Vedrette di Ries-Aurina** (J–L 1–3) Teil des **Tauernfensters,** in dem sich 300 Mio. Jahre Gesteinsentstehung – von vor 550 Mio. bis vor 250 Mio. Jahren – ablesen lassen. Er umfasst u. a. Teile der Gemeindegebiete von Sand in Taufers, Rasen Antholz, Ahrntal und Prettau. Geografisch begrenzen ihn im Süden das Pustertal, im Südosten das Antholzer und im Nordwesten das Tauferer Ahrntal, im Norden trifft er auf die Grenze zu Österreich. Exzellente Eindrücke in Geologie, Flora und Fauna vermitteln das **Naturparkhaus Rieserferner-Ahrn** sowie eine **Infostelle.**
Naturparkhaus: Rathaus, Rathausstr. 9, Sand in Taufers, T 0474 67 75 46, Eintritt frei; **Infostelle Kasern:** Kasern 5d, T 0474 65 41 88, Eintritt frei.
Weitere Infos/Öffnungszeiten: https://naturparks.provinz.bz.it/naturparkhaeuser-und-infostellen.asp.

Jungmannstr. 12, Sand in Taufers, T 0474 67 84 44, www. alpinum.com, €€

Bei der Bergfexin

Garni Bergfried: Die Bergfexin Ingrid Beikircher hat den besten, leider vergriffenen Wanderführer der Region geschrieben (Erlebnisführer Pustertal, Athesia). Allen, die ihn nicht antiquarisch finden, gibt sie Tipps beim Frühstück in ihrem charmanten Haus mit großem Garten nahe dem Ortsausgang. Einfache Zimmer und Apartments zu unschlagbaren Preisen.

Bayergasse 32, Sand in Taufers, T 0474 67 80 84, www.bergfried.suedtirol.com, €

Auf dem Bauernhof

Villa Lenzerhof und Hof Kaimbl: Sieht aus wie ein Hof, sind aber zwei. Mit viel Traditionsbewusstsein bewirtschaften die Familien Aschbacher und Rederlechner ihre Bauernhöfe in Lappach/Lappago. In jedem gibt es zwei gemütliche, günstige Ferienwohnungen für zwei bis fünf Personen.

Lenzerhof: Lappach 206, T 348 057 50 50, Buchungsportale; **Hof Kaimbl:** Lappach 207, T 380 452 0627, www.kaimbl.com, €

Essen

Selbst gesammelt

Kräuterrestaurant Arcana: Anneros Ebenkofler, die hier oberhalb von Sand auch selbst bedient, sammelt Kräuter und zaubert grandiose Speisen, auch vegane, z. B. ein Latschenkieferrisotto. Bei entsprechendem Wetter können Sie ihre Gerichte auf der fantastischen Terrasse genießen. Auch Barbetrieb und Dorftreff.

Naturhotel Moosmair, Kirchdorf 81, Ahornach/Acereto, T 0474 67 80 46, www.moosmair.it, Do 18.30–21, Fr/Sa 12–14, 18.30–21, So 12–14 Uhr, nur mit Reservierung!, €€€

Nachhaltig

Drumlerhof: »Mission enkeltaugliche Welt« lautet das Motto. Das Fleisch stammt aus artgerechter Haltung, alles aus der Region, alles auch ohne Gluten. Spezialität: Essen vom heißen Stein oder Fondue (ab 2 Pers., vorbestellen!). Hotel.

Rathausstr. 6, Sand in Taufers, T 0474 67 80 68, www.drumlerhof.com, mittags, abends, €€–€€€

Streetfood

Stroßnkuchl: Wer glaubt, Streetfood sei in Berliner Markthallen entstanden, irrt: Seit den 1990er-Jahren bereiten Tauferer und Ahrntaler Köche an Freiluftständen mitten in Sand in Taufers Speisen zu, begleitet von Livemusik und Straßenkünstlern.

Josef-Jungmann-Str., Sand in Taufers, Juli/Aug. Di 19–23 Uhr

Im Seitental

Pizzeria Schönberg: Mutmaßlich beste Pizza zwischen Bruneck und dem Zillertal. Auch zum Mitnehmen, auch B & B.

Aussertal 31, Weißenbach, T 0474 43 06 00, www.pizzeria-schoenberg.com, Do–Di 17–22 Uhr, Pizza €

Downtown

Café Domino: Thunfisch-Wrap und Top-Eisbecher. Letztere kann man auch eine Kugel kleiner bestellen.

Rathausplatz 3, Sand in Taufers, T 0474 67 82 38, www.cafe-domino.it, Do–Di 7.30–19.30, Juli–Sept bis 23 Uhr

Eis, Joghurt etc. von der Ziege

Goasroscht: s. Tour S. 70.

Einkaufen

Leckeres von der Ziege

Kleinstahlhof: Einst stand hier, oberhalb von St. Johann, ein Kuhstall, dann stellte der Sohn der Familie Großgasteiger auf biologische Ziegenhaltung um. Käse und Milchprodukte im Verkauf.

Brunnberg 20, T 333 486 04 54, www.kleinstahl.com, April–Nov. Mo–Sa 13–18 Uhr

Bewegen

Die Tourismusbüros haben (nicht maßstabsgetreue, aber auf talnahen Wegen taugliche) **Wanderkarten** sowie **Hütten-, Alm- und Wanderführer** produziert. Zu den Seilbahngebieten Speikboden und Klausberg gibt es eine weitere Wanderkarte, die an den Bahnstationen erhältlich ist.

Erfrischend

Reinbach-Wasserfälle/Cascate di Riva: Im Ortsteil Winkel im Norden von Sand geht es zu drei Wasserfällen, der erste nur 10, der dritte rund 30 Gehminuten (170 Höhenmeter) bergan. Die Fälle sind während der Schneeschmelze ganz besonders, doch eigentlich immer sehenswert. Oben bietet sich ein Abstecher zur **Ruine der Toblburg** (einst Stammsitz der Edlen von Taufers) mit wiederaufgebauter Kapelle an. Hinter der dritten Kaskade (s. auch Tour S. 70) zweigt ein beschilderter Weg zur **Burg Taufers** (s. S. 68) ab.

Aussichtsreich

Speikboden/Monte Spico: Ein schöner Rundweg, obgleich im Skigebiet beginnend, ist der Panoramaweg ab der Bergstation Speikboden (1960 m). In rund fünf Stunden geht es über die Sonnklarhütte (2400 m) und den Speikboden (2517 m) zurück zum Ausgangspunkt. Auf dem Weg bietet sich ein Blick von den Dolomiten bis zu den Hohen Tauern. An der Sonnklarhütte kann man den Sessellift Sonnklar zurück zur Bergstation nehmen.

Die Kabinenbahn Speikboden vermietet auch Klettersteigsets für zwei Klettersteige am Speikboden (ein Kindersteig, 1 x B/C – mittelschwer).

Kabinenbahn Speikboden, Sessellift Sonnklar: kurz hinter Sand in Taufers, www.skiworldahrntal.it/de/info-sommer/ticket/betriebszeiten, Anf. Juni–Mitte Okt. tgl. Kabinenbahn 8.30–17 (Juli/Aug. bis 18), letzte Bergfahrt 16.30 (17.30) Uhr, Berg-/Talfahrt 16 €, unter 16 Jahren 15 €, Sessellift 8.45–16.30, Juni, Okt., nicht 12–13 Uhr, Kombiticket mit Kabinenbahn 33,50/22,50 €

> **B**
>
> **RETTENDE BERGE**
>
> Mehrere Tausend jüdische Emigranten wanderten 1947 über den Krimmler Tauern (Österreich) nach Palästina aus. Sie hatten die Shoah überlebt, Israel war noch nicht gegründet, ein legaler Zuzug nicht möglich. Bergführer schleusten sie über die österreichisch-italienische Grenze ins Ahrntal und von dort an die Küste. Mit dem **Alpine Peace Crossing** (https://alpinepeacecrossing.org), einer Gedenkwanderung, erinnert der gleichnamige Verein jedes Jahr daran – und auch an all jene, die heute weltweit auf der Flucht sind. Start ist am Krimmler Tauernhaus in Österreich, Endpunkt ist Kasern. Am Parkplatz in Kasern steht eine Erinnerungstafel.

Für kühle Tage

Ahrntaler Sonnenweg: Die Strecke von Luttach bis St. Peter/S. Pietro kann oberhalb der Ortschaften auf der Tal-Nordseite begangen werden.

Auslandsreise

Schmugglerpfade: Zahlreiche Wege führen nach Österreich. Die Alpenvereinssektion Kassel, Betreiberin der Kasseler Hütte im Tiroler Zillertal, hat den Weg über das Keilbachjoch wiederbelebt und bis Steinhaus markiert. Infos unter »Ahrntaler Schmugglerpfade« auf verschiedenen Websites.

Kinderwagenkompatibel

Talschluss Kasern: Bevor es steil bergan geht, ist der Talboden der Ahr für ca. 1,5 Std. (bis zur Lahneralm) bequem zu begehen. Es gibt zahlreiche Einkehrmöglichkeiten am Weg. Exzellente Gerstensuppe bekommen Sie auf der Adleralm (T 335 24 26 13, www.adleralm.com, Anf./Mitte Mai–1.11., Anf. Dez.–Anf. April tagsüber, Küche bis maximal 16 Uhr, €) etwa 45 Min. ab Talschluss.

Professionell begleitet

Bergbüro Kammerlander: Hans Kammerlander bietet Bergwochen für Normalsportliche (oder zumindest: normaler ...). Das Büro ist im hinteren Teil des Tourismusbüros.

Jungmannstr. 8, Sand in Taufers, T 0474 69 00 12, www.kammerlander.com, Mo–Fr vormittags

Feucht und gesund

Klimastollen: Dieser Stollen dient der Speläo- oder Höhlentherapie. Entdeckt wurde sie im Zweiten Weltkrieg, als Menschen mit Atemwegserkrankungen, die vor Bombenangriffen in Höhlen flüchteten, mit gelinderten Beschwerden zurück ans Tageslicht kamen. Man nimmt an, dass die hohe Luftfeuchtigkeit Allergene bindet, indem sie diese an die feuchten Wände leitet. Es wird geraten, den Klimastollen mindestens 14 Tage in Folge zu besuchen. Der Zusammenschluss Klimastollen Health Hotels (www.respiration.it) – zu dem auch das Berghotel Kasern am Talschluss gehört – bietet staub- und allergenfreies Wohnen an.

Klimastollen: Prettau, T 0474 65 45 23, www.bergbaumuseum.it/de/klimastollen, Anf. April–Anf. Nov., Di–So, Einfahrtszeiten und weitere Preise s. Website, 20 €, unter 7 Jahren 9 €

Bei Regen erst recht

Rafting Club Activ: Wer sich in Canyoning, Rafting oder Kayaking versuchen mag, ist am Ortsausgang von Sand richtig.

Ahrntaler Str. 22, Sand in Taufers, T 0474 67 84 22, www.rafting-club-activ.com, Mai–Okt.

Alles Glück der Erde ...

Herbert's Reitstall: Herbert Walcher bietet von Ponyreiten über Pferdetrekking mit Übernachtung auf Almhütten bis zu winterlichen Schlittenfahrten alles Mögliche rund um Pferde an.

Maurlechnfeld, Luttach, T 335 538 90 99, www.pferdetrekking.it

Ausgehen

Nah am Wasser

Icebar Sand: Auf kleinen Plattformen im Wasser sitzt es sich im Wortsinne cool, gelegentlich Livemusik.

Josef-Jungmann-Str. 6, Sand in Taufers, T 0474 679646, auf Facebook, Zeiten s. dort

Infos

- **Tourismusverein Sand in Taufers:** Josef-Jungmann-Str. 8, T 0474 67 80 76, www.tauferer.ahrntal.com, Mo–Fr 8.30–12.30, 15–18, Sa 8.30–12 Uhr. Weitere Büros im Ahrn- und Mühlwalder Tal, Adressen s. Website.
- **Bus:** Mit der Linie 450 sehr regelmäßig von Bruneck über Sand in Taufers bis Steinhaus, seltener bis Kasern. Ab Sand fährt Bus 450 ins Mühlwalder Tal/Valle dei Molini, Bus 452 ins Reintal/Val di Riva und nach Ahornach/Acereto und mit Bus 454 nach Weißenbach/Rio Bianco.

Antholzer Tal K2/3

Günstig gelegen

Olanger, die aus Sicht mancher den Nachteil haben mögen, nicht in einem Hotspot zu leben, kennen ihre Vorteile: In Bruneck sind sie so fix wie in Toblach, über den Furkelpass sogar schnell im Gadertal. Direkt an **Olang/Valdaora** im mittleren

Lieblingsort

Das Beste kommt zum Schluss

Hier stimmt die Eltern-belehren-ihre-Kinder-Weisheit mal: So grün schimmert der **Antholzer See/Lago di Anterselva** (K 2; 36 m tief) am Fuße des imposanten Rieserferner, dass er sich locker mit dem Pragser Wildsee messen kann. Hier gehen auch Einheimische gern spazieren, mitten im Sommer wird mit Ski auf Rollen für den Winter trainiert. In gut einer Stunde ist der See umrundet, ein Naturlehrpfad bringt einem etwas über Flora und Fauna bei. Der erstaunlich sozialkritischen Legende nach entstand der See, weil einige Besitzer stattlicher Häuser einem Bettler nichts geben wollten – worauf dieser sie, nebst ihren Residenzen, erfolgreich ver- und wegfluchte.

Pustertal grenzt das nach Nordosten führende **Antholzer Tal /Valle di Anterselva.**

Frühe Spuren

Beachtlich früh wurde im ersten Ort des Antholzer Tales, in **Niederrasen/Rasun di Sotto,** 1070 die erste Kirche gebaut (die heutige stammt von 1822). Noch viel weiter vorne im Geschichtsbuch sortierten Funde beim Ausbau der Staatsstraße die Gegend ein: Ein Steinbeil aus der Jungsteinzeit, das in **Oberrasen/Rasun di Sopra** gefunden wurde, datiert erste Siedler 5000 Jahre zurück.

Mitten im Tal

Das hübscheste Dorf ist **Mittertal/ Anterselva di Mezzo** mit einem kompakten Ortskern und einer weitläufigen, von zahlreichen Höfen geprägten Umgebung; Lauflustige können von Mittertal auf beiden Seiten der Hauptstraße auf aussichtsreichen Wegen zu Fuß zum **Antholzer See** schlendern (Wege 1/11, auch ein schöner Rundweg).

Sommers wie winters

Oben am **Antholzer See,** auf 1640 m, befördert einen das hypermoderne **Biathlon-Zentrum** ins Hier und Jetzt: Tausende, oder gar Zehntausende?, strömen im Winter in das kleine Tal zu Wettkämpfen und um das größte Wintersportzentrum Südtirols in Augenschein zu nehmen. Auch im Sommer einen Blick wert.

Obertaler Str. 33, www.biathlon-antholz.it, Führungen Mai–Okt. 2 x/Woche, Anmeldung bis 9 Uhr unter T 0474 49 23 90, ab 12 Jahre 18 € (inkl. Biathlonschießen)

Schlafen, Essen

Ruhe pur

Pension Brunner: In einer Senke kurz vor dem Antholzer See bietet der renovierte Bauernhof Doppel- und Dreibettzimmer sowie Ferienwohnungen.

Passlerstr. 11, Antholz-Obertal, T 0474 49 21 53, www.pensionbrunner.com, €–€€

Ein bisschen versteckt

Enzianhütte: Einige Meter ›hinter‹ dem Antholzer See Richtung Staller Sattel mit alpinem Flair.

Obertaler Str. 43, Rasen, Antholz, T 340 059 67 18, www.enzianhuette.it, Di–So 8–18 Uhr, €–€€

Bewegen

Gute Anregungen für Wanderungen wie Radtouren bietet die Broschüre »Urlaubserlebnis« (Tourismusverein Antholzertal).

Radfahren

Fordernde Fahrradtour: Berühmt ist die Umrundung der Rieserferner-Gruppe mit dem Mountainbike. Es geht durch das Antholzer Tal, über den Staller Sattel und nach einem kurzen Abstecher nach Osttirol gen Westen über das Klammljoch ins Reintal und durch das Tauferer Tal zurück. 102 km, 4000 Höhenmeter.

Papin Sport: Alpinhotel Keil, Hans-von-Perthaler-Str. 20, Olang/Valdaora, T 0474 49 67 16, www.papin.it, Räder ab 21 €.

Ausgehen

Lustige Dorfbar

Egger: Für ein so ruhiges Tal eine erstaunlich lebendige Bar, manchmal mit Livemusik. Von Macchiato bis Wodka Lemon und von Burger bis Eis.

St.-Georg-Str. 19, Mittertal, T 0474 492124, auf Facebook, Di–So morgens–abends

Infos

- **Tourismusverein Antholzertal:** (Niederrasen): Niederrasner Str. 35f, 39030 Niederrasen, T 0474 49 62 69, www.ant

holzertal.com, Mo–Fr 8–12, 14–17.30, Sa 9–12 Uhr.

- **Bus:** Von Bruneck verkehrt Bus 431 über Olang zum Antholzer See. Ab Bushaltestelle Antholzer See Biathlon-Zentrum fährt in den Sommermonaten mehrmals wöchentlich um 9.30 Uhr ein Shuttle (www.antholzertal.com/de/planen-buchen/mobilitaet-vor-ort/staller-sattel-shuttle) zum Staller Sattel an der österreichischen Grenze (guter Wanderstartpunkt), Rückfahrt 15 (Juli/Aug. auch 16) Uhr, hin/zurück 10 €, Anmeldung bis 17 Uhr am Vortag: T 0474 49 62 69.
- **Pkw:** Für Autos ist der Staller Sattel je nach Schneeverhältnissen von Mitte Mai bis Mitte Okt. geöffnet (5.30–22.15 Uhr), Auffahrt aus Richtung Antholzer See jeweils von der 30.–45. Minute.

Welsberg und Gsieser Tal

Welsberg/Monguelfo K3

Schon aus der Ferne glänzt in **Welsberg** (1100 m) der Turm der **Pfarrkirche St. Margareth** (Margarethplatz 3) in der Sonne. Sie beherbergt gleich drei Altarbilder des bekanntesten Sohnes des Dorfes: Paul Troger, 1698 hier in der Paul-Troger-Straße 8 geboren und später als Rektor der Wiener Akademie der bildenden Künste Lehrmeister zahlreicher Barockmaler.

Von 1460 stammt das **Bildstöckel** auf dem Hauptplatz gegenüber der Kirche. Der damals erst 25-jährige Michael Pacher dankte hier im Namen der Welsberger für die Rettung von Feuer, Wasser und Pest. Leider wurde der Bildstock bei einer schlimmen Flut im 19. Jh., bei der Hunderte in höhere Gefilde flüchten mussten, fast völlig zerstört.

Ein beschilderter Spazierweg, der **Schlossweg**, führt vom Hauptplatz in rund 15 Minuten zum **Schloss Welsperg** (12. Jh., www.schlosswelsperg.com, Juni–Okt., Tage/Zeiten s. Website).

Von Taisten/Tesido ins Gsieser Tal K2–3

Sonniger Start

Nordwestlich von Welsberg liegt das »Sonnendorf **Taisten**«, das seinen Namen zu Recht trägt und zudem ein fantastisches Panorama hat. Wer möchte, kann von hier – beginnend auf der Simon-von-Taisten-Straße – zu Fuß auf dem Talblickweg ins **Gsieser Tal/Valle di Casies** starten. 17 km sind es zum rund 400 m höher gelegenen Talschluss (mit Zwischenauf- und abstiegen). Das Panorama ist herrlich, intensives Eintauchen in eines der unverstelltesten Täler Südtirols garantiert. Wem der Weg zu weit ist, nimmt einfach den nächsten Abzweig ins Tal und kann von jeder Ortschaft mit dem Bus 441 nach Taisten oder Welsberg zurück- oder auch bis zum Talschluss fahren.

Kriegerischer Kapuziner

Hauptort ist **St. Martin,** wo ein Kapuziner mit Kapuziner-typischer Kapuze vor dem Rathaus steht. Es ist Joachim Haspinger, der hier 1776 geboren wurde. Zu Beginn des 19. Jh. focht er Seite an Seite mit Andreas Hofer – neben dem er heute in Innsbruck begraben liegt – für die Unabhängigkeit Tirols.

Müllers Lust

Vor dem Ende der Fahrstraße liegt **St. Magdalena/Santa Maddalena,** hügelig und ohne richtiges Zentrum, aber wie das ganze Gsieser Tal so dörflich wie sympathisch. Vom Wendeplatz kurz hinter dem Dorf (1465 m) lohnt der

Weitermarsch: Nach einem Anstieg zu Beginn auf 2000 m Höhe führt der **Almweg 2000** (beschildert, Rundweg) rund fünf Stunden entlang bewirtschafteter Wiesen und Weiden – und durch eine menschengemachte Kulturlandschaft, wie es sie so ursprünglich selten gibt.

Auf Schmugglerspuren wandeln

Auch das ist hier möglich. In rund 2,5 Stunden erreicht man ab Talschluss über die Pidigalm das **Gsieser Törl/ Forcella di Casies** (2205 m) nebst italienisch-österreichischem Grenzstein. Der Weg ist beschildert. Von Ende Juni bis Mitte September können Sie an manchen Tagen nachmittags von der Unterstalleralm im Villgratental auf österreichischer Seite per Bus (Info/Buchung: T 0474 97 84 36) ins Gsieser Tal zurückfahren.

Schlafen, Essen

Taisten hat viele Hotels und Pensionen. Auch die Auswahl im Gsieser Tal ist erstaunlich groß. Von Agriturismo bis Vier- und Fünfsternehotels wird gezielt auf Entschleunigung gesetzt.

Hip-nett

Hotel Christof: Mit Tiroler Möbeln halten sich die drei männlichen Betreiber zurück. Dafür gibt es bluetoothfähige Boxen, Highspeed-Internet (wer je in Südtirol arbeitete, weiß: nicht das Schlechteste!) und schicke Sitzsäcke auf den Balkonen.

Maria-am-Rain-Str. 10, Welsberg, T 0474 944 031, www.hotel-christof.com, €€–€€€

Verkauf und Hofschank

Regiohof: In 1400 m Höhe produziert Familie Brugger u. a. aus ihren weithin bekannten Bergerdbeeren Konfitüren, Sirup und mehr. Im Hofschank gibt es typische Südtiroler Kost.

Haspinger Str. 22 c, St. Magdalena, T 94 85 62, www.regiohof.com, Zeiten s. Website, €

Bewegen

Radverleih

Papin Sport: Hotel Dolomitenhof, Bahnhofstr. 13, Welsberg, T 0474 941 46, www.bikehotel.com, ca. Mai–Okt., Räder ab 21 €.

Ins Gsieser Tal

Mit dem Rad von Welsberg bis zum Talschluss im Gsieser Tal sind es 19 km – zum Schluss geht es ordentlich bergauf.

Feiern

- **Gsieser Almhüttenfest:** 3. Sept.-So. Die Vereine der Gsieser Gemeinden organisieren ein großes Fest auf allen Almen.

Infos

- **Tourismusverein Gsieser Tal-Welsberg-Taisten:** Pustertaler Str. 16, 39030 Welsberg, T 0474 97 84 36, www.gsieser-tal.com, Mo–Fr 8–12, 15–18, Sa u. U. nur 9–12 Uhr.
- **Bus:** Nr. 441 fährt stündlich (So seltener) von Toblach via Welsberg ins Gsieser Tal.

Pragser Tal und Pragser Wildsee

K4

Sind so viele Menschen ...

In Niederdorf, wo, aus Westen blickend, das Pustertal zum Hochpustertal wird, zweigt eine Straße ab, von der viele gern hätten, dass sie nicht so oft befahren wird: die ins **Pragser Tal/Valle die Braies** und zum See. Wie kein anderer Ort in Südtirol ist der **Pragser Wildsee/Lago di Braies** nicht nur Sinnbild für eine unvergleichliche Landschaft – sondern auch für das, was seit ein paar Jahren Overtourism heißt. Zu Hunderten warfen sich jahrelang (zumindest) im August am Seeufer Menschen zeitgleich in Instagram-Pose.

Zu tun hat das mit der magischen Anziehungskraft des grünblau schimmernden Sees, aber auch mit Terence Hill, bürgerlich Mario Girotti. Als Forstinspektor Pietro hilft er mit Sitz am See in der Serie »Un passo dal cielo« (»Die Bergpolizei – Ganz nah am Himmel«, in Deutschland kaum bekannt) der Polizei bei Ermittlungen. Die Italiener lieben den Inspektor; wohl etwa so, wie in Deutschland und Österreich Hans Sigl, der Bergdoktor, verehrt wird.

Pandemiebedingter Wandel

Die gute Nachricht: Als 2020 im strikten italienischen Lockdown erst niemand mehr kam und dann zunächst die Südtiroler ihren **Pragser Wildsee** einmal in Ruhe erleben durften (die dann alle so begeistert anstürmten, dass es doch wieder voll war), stellten auch die Tourismusverantwortlichen fest: So geht es nicht weiter.

Die Konsequenz: Seit 2020 ist der Zugang zum Pragser Wildsee strikt beschränkt (s. Infos, S. 84). Statt 7000 Besuchern sollen nur noch höchstens 5000 zugleich an den Ufern des Sees flanieren. (Und, aber das nur nebenbei: Das sind immer noch viele.)

Aus SS-Fängen befreit

Das Grandhotel am Ufer erinnert an den Zweiten Weltkrieg: 139 prominente Häftlinge hatte die SS nach Niederdorf verschleppt. Am 30. April 1945 wurden sie befreit und kamen hier unter. Heute verfügt das mit reichlich Patina ausgestattete **Hotel Pragser Wildsee** (s. S. 83) über eine kleine Dokumen-

So ruhig liegt der Pragser Wildsee selten da, obwohl inzwischen ein wenig getan wird, um das Kleinod vor Overtourism zu schützen. Es bleibt ein Spagat zwischen Naturschutz und touristischen Interessen.

TOUR
Auf der Hochebene

Über die Plätzwiese auf den Strudelkopf

Infos

Rundwanderung, ca. 2,5 Std., ca. 320 Höhenmeter, einfach, begehbar ca. Mai–Okt.

Start: Bushaltestelle Plätzwiese, K 4

Anfahrt/Zufahrtsbeschränkungen: www.drei-zinnen.bz/de

Selten wird man von einer so einfachen Wanderung so belohnt: mit einem freien Blick auf die Drei Zinnen am Gipfel, von Beginn an mit Sicht auf die Cristallo-Gruppe, einst übrigens Kulisse für den Bergfilm »Das blaue Licht« mit der umstrittenen Leni Riefenstahl.

Bis auf 2000 m bringt uns der Bus. Der Fahrtrichtung folgend taucht bald der **Berggasthof Plätzwiese/Rifugio Prato Piazza** (www.plaetzwiese.com) auf. Dort biegen wir links ab, an der **Kapelle** vorbei den Hügel hinauf und den Schildern zum Strudelkopf (Weg 40a) folgend. Schnell lässt die Hochebene, bei wenig Einsatz von Muskelkraft und Herz-Lungen-Apparat, viel Zeit für Ausblicke. Wer nicht gut gefrühstückt hat, kehrt in der **Almhütte Plätzwiese/Malga Prato Piazza** (T 348 704 30 59, https://almhuette-plaetzwiese.com, Anf. Mai–Mitte Okt. tgl. tagsüber, €) zu Schlutzkrapfen mit Topfen-Brennnesselfülle ein; der Wirt spielt gern und häufig auf seiner Quetsche.

Weiter geht es über grasig-felsige Flächen. Der Weg ist nicht immer leicht zu erkennen, orientieren Sie sich an den weiß-roten Markierungen. Hinter einem **Gedenkstein** (Bayerisches Corps 1915) und einer **Ruine** folgt der Schlussspurt zum **Strudelkopf/Monte Specie.** Oben sind, imposant wie immer, die Drei Zinnen im Blick.

Zurück führt ab der Ruine der schmale, steile, nicht ausgesetzte Steig (rot-weiß) zur **Dürrensteinhütte/Rifugio Vallandro** (T 0474 97 25, www.vallandro.it, Mitte Mai–Anf. Nov., Mitte Dez.–Anf./Mitte April Sa–Do, Hochsaison auch Fr, €–€€), dann die Fahrstraße zur Plätzwiese.

tationsabteilung und über ein Zeitgeschichtsarchiv, in Teilen online: www.archivpragserwildsee.com.

Auf der Hochalm

Zwischen der Pustertaler Staatsstraße und Wildsee liegt **Säge/Segheria.** Hier teilt sich das Pragser Tal. Eine kleine Straße führt durch das **Altpragstal** steil nach oben. Gleich zu Beginn erinnert die Ruine eines alten Badehotels an frühe Zeiten des Tourismus. Mit Blick auf den Dürrenstein im Osten und den Seekofel im Westen geht es zur **Plätzwiese** (s. Tour S. 82) – in einer Region voller Weltberühmtheiten fast noch ein Geheimtipp. Auf 150 ha lassen die Pragser hier im Sommer ihre Kühe, Schafe und Pferde gemeinschaftlich weiden.

Wer mit dem Mountainbike kommt, kann sich über die Dürrensteinhütte auf einer alten Militärstraße ins **Höhlensteintal** auf den **Radweg Cortina–Toblach** vorarbeiten. Alle anderen fahren spätestens ab Gasthof Brückele (besser ab Säge oder aus dem Tal) mit dem Bus. In der Hochsaison dürfen nur 100 Autos pro Tag hinauf zur Plätzwiese (s. S. 84).

Schlafen, Essen

Pole Position

Hotel Pragser Wildsee: Bei der Lage könnte man denken, das Hotel gibt sich allein damit zufrieden. Stimmt nicht. In behutsam renoviertem Ambiente lässt sich das Panorama trefflich, und abends ohne Touristenbusse, genießen.

St. Veit 27, Prags/Braies, T 0474 74 80 62, www.lagodibraies.com, Preise stark saisonabhängig, €€€

Familiär-rustikal

Steinerhof: Zimmer mit Balkonen im Alpenstil, Garten, kostenloser Fahrradverleih für den Seebesuch (oder: halbe Stunde Fußmarsch). Von der Staatsstraße kommend 3 km hinter dem Zentrum von Prags.

St. Veit 29, Prags, T 0474 748649, www.hotel-steinerhof-pustertal.com, €€ (oft nur mit Halbpension und Mindestaufenthalt buchbar)

Einkaufen

Von Prags um die Welt

Alpe Pragas: Schnöde Marmelade? Hat Stefan Gruber nicht. Auf dem Hof Alpe Pragas nahe Niederdorf gibt es Fruchtaufstriche, Smoothies, Chutneys. Verkauft wird in 15 Länder, u. a. ins Berliner KaDeWe. Das Versprechen: bis 2025 CO_2-neutral zu produzieren. Es werden auch Betriebsführungen angeboten.

Außerprags 38, Prags, T 0474 74 94 00, www.alpepragas.com, Mo–Fr 8–12, 13–18, Sa 9–12.30, 13.30–18, Ende Juni–Mitte Sept. tgl. durchgehend bis 19 Uhr; **Führung mit Degustation:** Mitte Juni–Mitte Sept. Di 10 Uhr (tel. anmelden), 10 €, sonst Gruppenführungen n. V.

Bewegen

In See stechen

Bootsverleih am Pragser Wildsee: Wenige Meter vom Hotel Pragser Wildsee gibt es Ruderboote – wenn nicht gerade alle unterwegs sind. Keine Reservierung.

www.la-palafitta.com, Mai/Juni, Sept./Okt. 9–17, Juli/Aug. 8–19 Uhr, bei Schlechtwetter geschlossen

Rund herum, hoch hinaus

Wandern: In 1,5 Std. lässt sich der See locker umrunden. Fordernder ist ein Besuch der **Seekofelhütte** (2327 m, T 0436 86 69 91, www.rifugiobiella.it, Mitte Juni–Anf. Okt.) und erst recht ein Gipfelsturm auf den **Seekofel** (2810 m). Start am südlichen Seeende auf dem Dolomiten-Höhenweg 1. Bis zur Hütte und zurück benötigt man rund 5, mit Gipfel (nichts für Anfänger) 8 Std.

Infos

- **Tourismusverein Pragser Tal:** Außerprags 78, 39030 Prags, T 0474 74 86 60, www.pragsertal.info, Mo–Fr 9–12, 14–17, Sa 9–12 Uhr.
- **Zufahrtsbeschränkungen Plätzwiese, Pragser Wildsee:** www.drei-zinnen.bz/de.
- **Anfahrt Pragser Wildsee:** Straßensperrung für **Privatfahrzeuge** (ausgenommen Fahrräder) ab Schmieden ca. 10. Juli–10. Sept. Motorisierte Anfahrt dann nur 9.30–16 Uhr nach Onlinereservierung unter: www.prags.bz/de, 6 €/3 Std., jede weitere Stunde 0,80 €. **Shuttlebus Pragser Wildsee:** www.prags.bz. Die Linien 439 ab Welsberg (9–17 Uhr) und 442 ab Toblach/Niederdorf (Mo–Sa 7–19, So 8–19 Uhr) fahren halbstündlich. Im Zeitraum 10. Sept.–10. Sept. müssen die begrenzten! Plätze vorab gebucht werden: www.prags.bz/de/ticket. Ist auch der Shuttle ausgebucht, kann der See nur noch per Fahrrad oder zu Fuß erreicht werden.
- **Anfahrt Plätzwiese:** Ebenfalls verkehrsbeschränkt, Mitte Juni–Mitte Sept., Weihnachten–Ende März motorisierte Auffahrt nur bis 10 und nach 15 Uhr (Parkgebühr 10 €, Motorrad 8 €). **Shuttlebus Plätzwiese:** Ein Shuttle verkehrt ab dem Parkplatz Brückele an der Straße zur Plätzwiese. Aus dem Tal fährt ab Welsberg **Bus 443**, im Winter mit Umstieg in Brückele. Erste Auffahrt 8, im Winter 9, letzte Rückfahrt 18.10 Uhr.

Toblach/ Dobbiaco

L3

Zur Donau, zur Adria?

Von Westen kommend ist Toblachs erste Attraktion unsichtbar. Wo Nichtradler nur die riesige Schaukäserei nebst Kuhplastik wahrnehmen – über die Einheimische grummeln, weil die Silhouette schöner war, als sie dort nicht stand –, ist der **Toblacher Sattel/Sella di Dobbiaco** (auch: Toblacher Feld/ Conca di Dobbiaco). Mit 1220 m ist er nicht nur der höchste Punkt im Pustertal, sondern eine Wasserscheide, an der sich das Wasser der Alpen gen Mittelmeer und Schwarzes Meer trennt: Die Rienz fließt in die Adria, die im Osten Toblachs entspringende Drau zur Donau hin.

Treffpunkt

Toblach (3360 Einwohner) besteht aus zwei Ortshälften, getrennt durch die Pustertaler Staatsstraße, vereint durch die Haupteinkaufsstraße. Auf der Nordseite liegt **Alt-Toblach/Dobbiaco Vecchia** mit einem intakten Ortskern und vielen Gründen, um zu bleiben. Auf den Bänken um den Brunnen auf dem Rathausplatz tummeln sich, wann immer es nicht regnet oder friert, lesende, ausspannende, oft gesprächslustige Einheimische ebenso wie Gäste.

Oh Jerusalem!

Neben der barocken **Pfarrkirche** (Kirchplatz, Alt-Toblach), ab 1764 auf den Fundamenten einer romanischen, später gotischen Kirche erbaut, beginnt an der Maximilianstraße Tirols ältester **Kreuzweg** (1517). Ab dem Südausgang des Friedhofs, wo die erste von fünf Passionskapellen mit Bildstöcken steht, führt der Weg zu einer Rundkapelle in Lerschach nahe der Straße gen Innichen. Der Kreuzweg ist mit 1200 Fuß genauso lang wie der Jerusalemer. Er geht zurück auf Kaiser Maximilian, der von der ums Eck gelegenen **Herbstenburg** (Herbstenburgstr. 2, Privatbesitz) 1511 einen Vorstoß gegen die Venezianer durch das Höhlensteintal vorbereitete. Der Dank an die Toblacher: ein Kreuzweg.

Mahlers Spuren

Ein kulturell inspirierter Spaziergang nebst Dorfdurchquerung führt von der **Gustav-Mahler-Statue** am Rathausplatz gen Süden. Drei Jahre in Folge schipperte der böhmische Komponist zu Beginn des 20. Jh. von New York aus über den Atlantik, um seine Sommer in Toblach zu verleben. Der Weg in seine Welt führt über die **St.-Johannes-Straße,** zugleich Flaniermeile des Ortes, mit Bürgersteigen so breit, dass die Autos kaum stören.

Im Wechsel der Zeiten

Jenseits der Staatsstraße gerät das imposante **Grand Hotel** in den Blick. Nachdem die Südbahn von Franzensfeste nach Lienz in den 1870er-Jahren fertiggestellt war, erhielt Wilhelm Ritter von Flattich, der bereits den Bahnhof gebaut hatte, den Auftrag, eines der größten Hotels Europas zu errichten. An ihn erinnert eine Büste. Auf die Ära der feinen Wiener Gesellschaft folgten bewegte Zeiten. Im Ersten Weltkrieg wurde das Grand Hotel ein Lazarett, später kam es unter faschistische Führung, 1946 in päpstliche Hände. Heute ist der klassizistische Palazzo u. a. das führende Kulturzentrum im Hochpustertal: das **Euregio Kulturzentrum Gustav Mahler Toblach Dolomiten** (Dolomitenstr. 41, www.kulturzentrum-toblach.eu).

Auch das **Naturparkhaus Drei Zinnen** (Dolomitenstr. 37, https://naturparks.provinz.bz.it/drei-zinnen/naturparkhaus.asp, Zeiten s. Website, Eintritt frei) mit multimedialen Einblicken in die Naturparks Drei Zinnen und Fanes-Sennes-Prags und eine Jugendherberge (s. S. 85) sind in dem riesigen Gebäude untergebracht.

Mahler im Wildpark

Gewohnt hat Mahler, der sich übrigens – wie Sigmund Freuds Nachlass verrät – von diesem einen Mutterkomplex attestieren ließ, auf dem **Trenkerhof** im Ortsteil Altschluderbach/ Carbonin Vecchia. Das **Komponierhäuschen** steht im Tierpark.

Tierpark: www.hochpustertal.net/freizeit/familie/wildpark-toblach, Fr–Mi 9–17/18 (Hochsaison auch Do), April, Okt.–Dez. geschlossen, 8/4 €

ÖKOLOGISCH

Toblach ist das Pustertaler Zentrum für Nachhaltigkeit: Seit 1985 sind die jährlichen **Toblacher Gespräche** eine fortschrittliche Denkwerkstatt für eine nachhaltige Bewirtschaftung des alpinen Raumes. Ganzjährig veranstaltet die Akademie der Toblacher Gespräche im Euregio Kulturzentrum Debatten.

Schlafen

Downtown

Café Sport Garni: Das Ehepaar Filippi-Unterhuber hat erschwingliche Zimmer mit Blick auf das Treiben (Rückseite mit Balkonen) und eine unerschöpfliche Bergbibliothek.

Kirchplatz 4, Alt-Toblach, T 0474 97 21 79, www.cafesport.it, €

Einst grand, heute günstig

Gästehaus und Jugendherberge: Im ehemaligen Grand Hotel gibt es seit 2019 zwei Übernachtungsmöglichkeiten. Das neue **Gästehaus des Kulturzentrums** hat 38 blitzsaubere, schön-schlichte Zimmer, ohne Fernseher, ohne Plastik. Hier wohnen die Musiker, die im Haus auftreten, ebenso wie Reisende mit Hang zu Kultur. Den Saal, in dem einst Mahler mit Richard Strauß dinierte, hat sich vor Jahren die **Jugendherberge Toblach** gesichert.

Einzelzimmer, Zwei- und Vierbettzimmer, auch für Nichtmitglieder, barrierefrei, mit Waschmaschine, Bar, Restaurant, Fitness. Schnell ausgebucht!

Gästehaus: Dolomitenstr. 41, T 0474 97 61 68, www.kulturzentrum-toblach.eu/kulturzentrum/das-gaestehaus, €€; **Jugendherberge:** Dolomitenstr. 29, T 0474 97 62 16, www.toblach.jugendherberge.it, €

Essen

Gruß aus dem Michelin

Tilia: Mit einem Stern gekrönt zaubert Chris Oberhammer in einem Glaskubus vor dem Grand Hotel aus regionalen Zutaten Außergewöhnliches – z. B. Minestrone aus frischem Obst. Doch statt überkandidelt geht es hier gediegen-bequem zu: Fünf Tische drinnen und vier draußen, Samt- und Ledersessel ersetzen sonst übliche Stühle. Reservierung erforderlich.

Dolomitenstr. 31b, T 0335 812 77 83, https://tilia.bz, Jan.–Okt., Dez. Di–Do 19–21.15, Fr/Sa 12–14, 19–21.15, So 12–14 Uhr, €€€

Mittendrin

Ariston: Drinnen gediegen-loungig, draußen piazzalike mit Blick aufs Rathaus. Auf der Karte stehen Gerichte von Schlutzkrapfen über Pasta und Rindsgulasch bis Burger. Große Pizzaauswahl (auch aus Vollkornteig). Auch nur für Aperitif, Wein oder Espresso ist man willkommen.

Gustav-Mahler-Str. 1, T 0474 97 32 38, www.restaurant-toblach.it, Saison tgl., sonst Fr–Mi 7–24 Uhr, Okt./Nov. geschlossen, €–€€

Süß

Patisserie Birgit: Mit ihren Pralinen, Joghurttörtchen und kreativen Eisbechern bietet Birgit Steinwandter auf dem Rathausplatz super Alternativen zu Strudel und Krapfen sowie fair gehandelten Kaffee.

Rathausplatz 1a, T 0474 97 30 21, auf Facebook, Mo–Fr 9–12, 14.30–18, Sa 9–12 Uhr

Einkaufen

Fast alle Geschäfte liegen an der St.-Johannes- und der Dolomitenstraße. Überblick: www.toblachshopping.it.

Biobrot

Feichterhof: Dreimal die Woche backt Bernhard Feichter Brot, dessen Zutaten er selbst angebaut und gemahlen hat. Im Angebot sind auch Biokekse und -cracker.

Zipfanger Str. 1, www.bernhard-feichter.com, Mo–Sa 8.30–12.30, 15.30–18.30 Uhr

Trubel

Dorfmarkt: Angeboten wird ein breites Sortiment – von Bergkäse bis Outdoor-Kleidung.

Rathausplatz, Alt-Toblach, 3. Mai-Mo bis 3. Nov.-Mo jeweils am 1., 3. Mo/Monat 8–14 Uhr

Bewegen

Kurz und gut: Miniwanderung

Nach und über Aufkirchen/Santa Maria: Westlich vom Rathausplatz (durch die Aufkirchner Str.) geht es in einer halben Stunde mit viel Panorama zur gotischen **Marienwallfahrtskirche zu Aufkirchen,** erbaut 1470 zu Zeiten des Aufblühens der Marienwallfahrt. Wer mag, kann von hier einem **Besinnungsweg** zum ältesten religiösen Heiligtum des Hochpustertals **St. Peter am Kofel** folgen.

Zwischen Felswänden

Toblacher See: Am Eingang des Höhlensteintals/Val di Landro, zu Fuß, per Rad oder mit dem Bus gen Cortina erreichbar. Mit Naturlehrpfad (4,5 km), Tretbootverleih, Camping und Restaurant.

Die Plätzwiese will erobert werden. Wer nicht per Bus und zu Fuß hinauf will (s. Tour S. 82), der kann sich z. B. auch in einem der Talorte aufs Mountainbike schwingen. Schweißtreibend, aber lohnend.

Sportiv

Bergführer/Radverleih Strobl: Von der Zinnenbesteigung bis zu Wanderungen zu Kriegsschauplätzen bietet Luis Strobl an, was Bergaffine so suchen. Marlene Strobl verleiht Räder und veranstaltet auch geführte MTB-Touren.

Dolomitenstr. 3, Neu-Toblach; **Bergführer:** T 0474 97 90 65, mobil 0335 539 49 00 (Sommer 17.15–19.15, Winter 16.30–18 Uhr), www.bergfuehrertoblach.com; **Radverleih:** T 0340 280 58 58, tgl. 9–11.45, 14.30–19 Uhr (Sommer)

Papin Sport: Bahnhofstr. 3, T 0474 91 34 50, www.papinsport.com, Mo–Sa 9–12, 14–18 Uhr (bei Buchung prüfen).

Giro d'Italia XXS

Per Rad nach Cortina d'Ampezzo: Eine der schönsten Alpenstrecken führt durch das wildromantische **Höhlensteintal** entlang der im Ersten Weltkrieg erbauten Dolomitenbahn nach Cortina d'Ampezzo (30 km, 300 Höhenmeter). Tipp: Nördlich des Dürrensees ist der einzige Talpunkt mit Blick auf die Drei Zinnen. Wer nicht zurückradeln möchte: Zurück geht es – u. U. auch mit Radanhänger – per Cortina Express, erkundigen Sie sich beim Radverleiher oder unter www.cortinaexpress.it/en (nur Englisch/Italienisch). Bei Papin Sport ausgeliehene Räder können auch in Cortina (Jgor Ski & More, Via Ria de Zeto 6, Öffnungszeiten beim Ausleihen erfragen) zurückgegeben werden.

Künstlich natürlich

Naturbadeteich: Hier lässt sich ohne Chlor und Chemie schwimmen. Mit Kinderbecken, Bar und Beachvolleyball.

Gustav-Mahler-Str. 24, Ende Mai–Anf. Sept. je nach Witterung tgl. 11–19 Uhr, 4,90/3,60 €

Ausgehen

Rock 'n' Roll

Bahnhofs PUB Toblach: Der weithin bekannte Rudi mit seinem sehr breitkrempigen Cowboyhut betreibt statt einer schnöden Bahnhofskneipe die vermutlich coolste Bar im Pustertal. Mit Memorabilia von Texas bis Toblach, Guinness und Gin, REM und Radiohead, Darts und Kicker.

Bahnhofstr. 1, auf Facebook, Aug. tgl., sonst Do–Di 10.30–1, Fr/Sa 10.30–2 Uhr

Feiern

- **Gustav Mahler Musikwochen:** 2 Wochen im Juli/Aug., www.kulturzentrum-toblach.eu. Konzerte, Konferenzen und Gespräche im Konzerthaus des Euregio Kulturzentrums (s. S. 85) widmen sich dem Komponisten.
- **Festspiele Südtirol:** Aug./Sept., www.kulturzentrum-toblach.eu. Im Konzerthaus gastieren Nachwuchs- und Profimusiker. Solisten, Orchester und Big Bands spielen Brahms, Haydn, Wagner – und Mahler. Mit Ausflügen Richtung Popkultur.

Infos

- **Tourismusverein Toblach:** Dolomitenstr. 3, 39034 Neu-Toblach, T 0474 97 21 32, www.toblach.it, Mo–Fr 9–12.30, 15–18, Sa 9–12, Juli/Aug. Mo–Fr 8.30–19, Sa 8.30–12.30, 14–18, So 10–12 Uhr. Auch Verkauf von maßstabsgetreuen Wander-/Radkarten.
- **Bahn:** Vom Bahnhof Toblach (Bahnhofstr., Neu-Toblach) fahren mindestens stündlich alle 30 Min. Züge nach Franzensfeste und Lienz.
- **Bus:** Die meisten Busse fahren ab St.-Johannes-Straße, Nähe Kirchplatz, Alt-Toblach. Regelmäßige Verbindungen bestehen mit **Bus 446** nach Innichen/Sexten und mit **Bus 442** ins Gsieser Tal. Außerdem fährt Anf. Juni–Mitte Okt. ein **Shuttlebus (Bus 444,** 16 € hin/zurück) zur Auronzohütte. **Bus 442** via, aber häufiger ab Welsberg fährt zum Pragser Wildsee (in der Saison nicht von der Mobilcard abgedeckt, je 15 € hin/zurück).

Innichen/ San Candido

L3

Am Fuß des Riesen

Wenn es zwischen Bruneck und Lienz ein Zentrum gibt, dann hier: Der 3300-Einwohner-Ort verfügt über stattliche Kirchen sowie über eine echte Fußgängerzone – und über einen Hausberg, den Haunold (2966 m). Man darf ihn auch den schlafenden Riesen nennen, denn einer Überlieferung nach ist er nach dem Riesen Haunold benannt.

Ein zweites Ortszentrum entwickelt sich bei gutem Wetter am Fuß des Berges, mit Sessel- und Sommerbobbahn, Minigolf, Radverleih und jeder Menge an Bänken mit Bergblick.

Die Missionierung der Slawen

Innichen ist der Ort, von dem das Pustertal ab dem 8. Jh. christianisiert und germanisiert wurde: Herzog Tassilo III. von Bayern übergab damals Land in bischöfliche Hände, das Ziel: die Gründung eines Benediktinerklosters, um von dort aus die slawische Bevölkerung zu missionieren. Von dem Kloster noch erhalten ist die Stiftskirche (s. u.).

Umstrittene Umgestaltung

2019 hat sich Innichen noch einmal mächtig herausgeputzt: Als die Stadtverwaltung fragte, was die Bewohner sich zur 1250-Jahr-Feier wünschten, antworteteten diese: »einen neuen Pflegplatz«. An ihn schließt sich im Norden die Stiftskirche (s. u.) an. Gesagt, getan. Es entstand ein neu gestalteter Platz, mit Sitzgelegenheiten und mit Tafeln, die die Geschichte Innichens erzählen. Auch ein Musikpavillon wurde errichtet, der – wie neue Kulturbauten so häufig – bis heute die Gemeinde spaltet. Braucht ein historisches Zentrum einen Ort aus reinem Beton? Wenn die Bühne bespielt wird und erleuchtet ist, macht sie allerdings etwas her.

Sagenhaft

Die **Stiftskirche,** auch Pustertaler Dom genannt und Nachfolgebau der Kirche aus dem 8. Jh., ist einer der bedeutendsten Sakralbauten romanischen Stils im Ostalpenraum. Wer sie besucht, findet über dem Eingang einen **Tierknochen,** zu dem es gleich zwei überlieferte Erzählungen gibt: Laut der einen handelt es sich um eine Rippe des Riesen Haunold, der den Innichern im Kampf gegen die Hunnen beistand und mithalf, Steine für die 1284 geweihte Kirche herbeizuschleppen. Eine Variante der Erzählung beschreibt die Rippe als die eines Hunnenfürsten, diesem von dem Riesen entrissen. Sehenswert sind auch die mächtige **Kreuzigungsgruppe** (um 1250) und das romanische **Kuppelfresko** (um 1280) sowie die aufwendig restaurierte dreischiffige **Krypta.**

Wenige Schritte entfernt steht am Michaelsplatz die **Michaelskirche** mit einem romanischen Rund- und dem 1760 hinzugefügten barocken Langbau. Sehenswert sind die Deckenmalereien von Christoph Anton Mayr.

Museen

Ungewöhnlich

DoloMythos: Das Museum des schillernden Naturforschers Michael Wachtler erzählt die Geschichte der Dolomiten anhand ihres Gesteins und ihrer Urtiere, bis hin zu den Dinosauriern. Weil Wachtler seine Funde auf Streifzügen oft selbst entdeckt, hat er ein komplexes Verhältnis zu den Behörden in Sachen Besitzrechte.

Peter-Paul-Rainer-Str. 11, www.dolomythos.com, tgl. 8–19, Anf. Juli–Ende Aug. bis 22.30 Uhr, 12 €, 4–14 Jahre 6,50 €

Altehrwürdig

Stiftsmuseum: In einem der ältesten Stadtgebäude sind eine wertvolle Handschriftensammlung, Fresken, historische Bücher und der Domschatz zu sehen.

Attostr. 2, T 0474 91 32 78, Juli–Mitte Sept. Di–Sa 14–19 Uhr (beim Tourismusverein prüfen, s. S. 90), Winter nur für Gruppen n. V., 7/4 €, bis 10 Jahre Eintritt frei

Schlafen

Mittendrin

Grauer Bär: Wo früher Postkutschen hielten, betreibt Familie Ladinser seit 250 Jahren ihr Hotel. Zimmer von historisch bis modern, vom Einbettzimmer bis zur Suite. Highlight ist die Sauna auf dem Dach – mit Terrasse. Das Hotel hat auch eine gute Küche, die viele Bioprodukte verwendet.

Peter-Paul-Rainer-Str. 2, T 0474 91 31 15, www.orsohotel.it, €€–€€€

Zentral und günstig

B & B Siebnerhof: Jüngst renoviert, unter Holzdecken und meist mit Zugang zum Panorama-Südbalkon, gibt es Doppel-, Drei- und Vierbettzimmer sowie Apartments.

Färberstr. 24, T 0474 91 34 28, www.siebnerhof.com, €–€€

Mit Stallbesuch

Kerschbaumhof: Nicht alle Bauernhofurlaube finden auf einem aktiven Hof statt. Dieser schon: 7 km von Innichen, mit Blick auf die Sextner Dolomiten, leben Kühe, Schweine, Hühner, Hasen – und Urlauber in Ein- bis Zwei-Zimmer-Apartments.

Innichbergweg 14, T 329 896 89 14, www.kerschbaumhof.it, €–€€

Essen, Ausgehen

Beliebte Terrasse

Uhrmacher's Weinstube: Urige Weinbar mit Käse- oder Speckjause, aber auch einzelnen ausgefalleneren Gerichten (Zirbenrisotto). Mehr als 40 offene Weine, Dutzende Gins.

Färberstr. 1, T 0474 91 31 58, auf Facebook, Mo/Di, Do–Sa ab 10.30, So ab 9.30 Uhr, in der Saison auch Mi, kleine Gerichte €

Von Klezmer bis Blues

@P-Lounge: In der Lounge des Post Hotels nah beim Pflegplatz gibt es gelegentlich Livemusik, meist von Tiroler Künstlern, die aber keine Tiroler Musik spielen.

Post Hotel, Benediktinerstr. 10c, T 0474 91 31 33, www.posthotel.it

Einkaufen

Selbstgemacht

Manufakt: »Schöne handgemachte Dinge aus heimischen Werkstätten« nennt Hans Mitterhofer, was er verkauft: von Brotdosen aus Zirbenholz bis zu Porzellanbechern.

Peter-Paul-Rainer-Str. 4, T 0474 91 38 07, www.manufakt-innichen.blogspot.com, Mo–Fr, 9–12, 15–19, Sa 9–12 Uhr, Dez.–März, Juli/Aug. verlängerte Öffnungszeiten

Filz mit Pfiff

Hutmacher Zacher: Seit mehr als 400 Jahren widmet sich Familie Zacher dem Hutmacherhandwerk. Die Wolle, aus der Hüte, Filzpantoffeln und vieles mehr entstehen, stammt zum Teil von den Schnalstaler Schafen, die im Sommer den Gletscher überqueren (s. S. 247).

Burgweg 2, www.haunold.info, Mo–Sa 9–12, 15–18 Uhr

Bewegen

Rund ums Radfahren

Papin Rent a Bike: Freisingerstr. 9, www.papinsport.com/de/rent-a-bike, Mo–Sa 9–12, 15–19 Uhr, Fahrräder ab 21 €/Tag, Rückgabe an anderer Verleihstelle 7 €. Das Stammhaus von Papin Sport.

Fahrradtour: Von Innichen können Sie 45 km entlang der Drau nach Lienz hinabrollen, auf einem Radweg, der bis nach Maribor führt. Von Lienz zurück an jeden Bahnhof auf der Südtiroler Pustertalstrecke reisen die Räder in speziellen Radwaggons. Auch die Radrückgabe in Lienz ist möglich, fragen Sie Ihren Verleih!

Feiern

- **Heugabeltage:** Anf./Mitte Sept., www.hochpustertal.net/veranstaltungen/heugabeltage-innichen. Bauern- und Handwerkermarkt auf dem Pflegplatz (Sa/So tagsüber) in Innichen. Rund um das Wochenende öffnen Bergbauernhöfe ihre Tore, bieten Kochkurse, Käsereibesuch etc. an.

Infos

- **Tourismusverein Innichen:** Pflegplatz 1, T 0474 91 31 49, 39038 Innichen, www.drei-zinnen.info/de/innichen.html, Mo–Sa 8–12, 15–18, Mitte Juli–Ende Aug. auch So 10–12 Uhr, Nebensaison Sa nur vormittags). Juni–Okt. kunsthistorische Führung durch Stifts- und Michaelskirche (Fr 16 Uhr, nachfragen!, 5 €).

Sexten/Sesto L4

Berglegenden

Biegt man in Innichen gen Süden ab, geht es vorbei an einem Märchenwald, hinter dem sich das sehenswerte kleine Innerfeldtal verbirgt, in wenigen Minuten nach **Sexten.** Wo die gewaltigen Sextner Dolomiten eine weite Mulde bilden, probieren sich seit mehr als 150 Jahren Bergsteiger an Routen und Gipfeln, scheitern, probieren, scheitern, probieren … Der größte Respekt vor Ort gebührt zur Abwechslung nicht Reinhold Messner, sondern dem Wiener Paul Grohmann. Ihm gelang 1869 in einer imposanten Trilogie nacheinander die Erstbesteigung von Dreischusterspitze, Langkofel und Großer Zinne. Mit ihm kletterte Franz Innerkofler, Mitglied einer Bergführerfamilie, die bis heute in Sexten aktiv ist und die schon Primarschüler kennen.

Wer durch das Bergsteiger- und Bauerndorf spaziert, kann den Geist der alten Zeit noch erahnen. Auch treffen sich hier noch heute Alpinistinnen und Alpinisten aus aller Welt. Sind sie nicht am Berg, fachsimpeln sie in der Weinstube an der Hauptstraße oder im benachbarten und zu Sexten gehörenden **Moos/Moso.** Dort bauen sich Sextner Dolomiten und der Karnische Hauptkamm, der sich von hier nach Österreich fortsetzt, noch dichter vor einem auf.

An der Dolomitenfront

Ein Besuch des alten **Schulhauses** in Sexten macht allerdings erschütternd klar: Es gab Zeiten, in denen der Blick auf Berge hier alles andere als von Frohsinn geprägt war. Für den 5. August 1915 ver-

Vom 2744 m hohen Paternkofel aus präsentieren sich die Drei Zinnen in ihrer ganzen Pracht und Macht. Hinauf auf die Zinnen gelangen nur erfahrene Bergsteiger.

TOUR

Drei Zinnen, wir kommen! 

Der lange Marsch: vom Fischleintal zur Auronzohütte

Zugegeben: Wer die **Drei Zinnen/Tre Cime di Lavaredo** aus der Nähe sehen will, kann es einfacher haben: mit Shuttle oder Auto (30 € Maut) zur Auronzohütte, inmitten zahlloser Menschen einmal rundum marschieren – fertig.

Wer findet, dass Berge erobert gehören, und sich am Ende eines – ebenfalls zugegeben – schweißtreibenden Aufstiegs mit einem unvergleichlichen Blick belohnen

0 0,5 1 km
Sexten/Sesto 5 km, Toblach/Dobbiaco 17 km
Fischleintalboden/ Pian di Val Fiscalina
Dreischusterspitze/ Punta Tre Scarperi 2973 m
Fischleintal Val Fiscalina
Schusterplatte/ Lastron dei Scarperi 2957 m
Naturpark Drei Zinnen / Parco Naturale Tre Cime
Talschlusshütte/ Rifugio Fondo Valle
Start
Innichriedlknoten/ Crodon di San Candido 2891 m
Schwabenalpenkopf/ Torre dei Scarperi 2683 m
Landrobach/Rio Landro
Einserkofel/ Cima Una 2698 m
Oberer Bödensee / Lago superiore dell'Alpe di Landro
Dreizinnenhütte/ Rifugio Locatelli-Innerkofler
Paternkofel/ Monte Paterno 2744 m
Col Forcellina 2232 m
Langalm/ Malga Grava Longa (Long Olbe)
Monte Cengia 2559 m
Zwölferkofel/ Croda dei Toni 3095 m
Kleine Zinne / Cima Piccola 2857 m
Westliche Zinne / Cima Ovest 2973 m
Große Zinne / Cima Grande 2999 m
Mitterscharte/ Forcella del Col di Mezzo
Naturpark Drei Zinnen / Parco Naturale Tre Cime
Auronzohütte/ Rifugio Auronzo
Ziel
Toblach/Dobbiaco 27 km

Infos

Gehzeit 5–6 Std., technisch einfach, konditionell für Nichttrainierte herausfordernd (ca. 1100 Höhenmeter im Aufstieg)

Start: Talschlusshütte Fischleintalboden, L4

Dreizinnenhütte: www.dreizinnenhuette.com, Buchungen nur online, Ende Juni–Ende Sept., Betten (Zwei-, Drei-, Vierbettzimmer), Matratzenlager, €–€€
Langalm: www.longolbe.com, ohne Handynetz, ca. Anf. Juni–Ende Sept., Essen €
Auronzohütte: www.rifugioauronzo.it

An-/Rückfahrt: s. auch S. 88; **Bus 446** (Shuttle) ab Toblach/Innichen/Sexten bis Fischleintalboden, dann 20–30 Min. bis Talschlusshütte. Vorabübernachtung in einem Mehrbettzimmer der Talschlusshütte (s. Essen S. 95) möglich. **Retour** ab Auronzohütte mit **Shuttlebus 444** nach Toblach, 10 €

Zufahrtsbeschränkung Fischleintal, Auronzohütte: www.drei-zinnen.bz/de

möchte, bitte hier entlang: Von der **Talschlusshütte** (an der historischen Kletterkarte rechts halten) des **Fischleintals/Val Fiscalina** auf dem mal breiteren, mal schmaleren Weg, mal steiler, mal flacher hinauf. Nach zwei bis drei Stunden baut sich majestätisch – und in Wahrheit mit fünf bis sechs Zinnen – das neben dem Matterhorn wohl berühmteste Alpenpanorama auf.

Von hier ist es nur noch ein Spazierweg zur **Dreizinnenhütte/Rifugio Locatelli-Innerkofler.** Über die an der einstigen Front gelegene Hütte ließen sich Bücher schreiben – und sind bereits geschrieben. Hüttenwirt Hugo Reider, dessen »Kampf um die Drei Zinnen« hier verkauft wird (und der sich optisch auch gut in einem Motorradclub machen würde), ist einer der besten Kenner der umkämpften Region. Weil er auch eine der meistbesuchten Hütten im Alpenraum betreibt, wird die Zeit für einen Plausch meist fehlen. Wer hier allerdings übernachtet (reservieren!), kann sich außer unvergesslichen Sonnenauf- wie -untergängen der exzellenten Hüttenbibliothek widmen. An und vor der Hütte erinnern Tafeln an den Ersten Weltkrieg und an den legendären Ex-Hüttenwirt, Bergsteiger und Kriegsgefallenen Sepp Innerkofler. Für Klettersteigerfahrene gibt es hier beeindruckende Touren entlang der einstigen Frontlinie (s. S. 96).

Unsere Tour folgt nicht dem schon erwähnten Menschenstrom (das wäre eine halbe Stunde kürzer), sondern dem **Weg 105.** Erst hinab, dann hinauf, kommen nach rund 1,5 Stunden tibetische Gebetsfahnen und ein rauchender Schornstein in den Blick. Im Einklang mit der Natur verbringen Kathi, Peppe und ihre Kühe auf der **Langalm/Malga Grava Longa** den Sommer, an einem Ort, der nur zu Fuß zu erreichen ist. Geöffnet ist ungefähr von Juni bis September. »Wenn uns das Wasser gefriert, müssen wir runter«, sagt Kathi. Hier ist man noch näher an den Zinnen als an der Dreizinnenhütte. Außerdem locken Bauernspeck, Apfelmohnkuchen, Biosäfte und bis 16 Uhr auch warme Gerichte.

Nun ist es bald geschafft: Am Hang entlang, teils mit Blick auf die Zustiege zu den Kletterrouten, hangeln wir uns über die **Mitterscharte** zur **Auronzohütte/Rifugio Auronzo** vor. Auch wenn der Weg zu ihren Füßen und nicht auf ihre Gipfel verlief: Die Zinnen sind erobert!

GIPFEL-SONNENUHR

Tägliches Zeichen, wie die Berge ihr Leben prägen, ist den Sextnern ihre Sonnenuhr: Um 9, 10, 11, 12 und 1 (13) Uhr steht die Sonne über dem jeweiligen Gipfel – dem Neuner, Zehner (zugleich die Sextner Rotwand), Elfer, Zwölfer und Einser. Der beste Ort, die Uhr zu beobachten, ist der Eingang zum Fischleintal. Kleiner Schönheitsfehler: Nur zur Wintersonnenwende geht die Uhr richtig.

zeichnet die Dorfchronik »Räumung des ganzen Tales« und eine Woche später: »Sexten in Brand geschossen«.

Auf fast 800 Alpen-Kilometern und teils in über 3000 m Höhe standen sich im Ersten Weltkrieg österreichisch-ungarische und italienische Soldaten gegenüber. Bis heute erinnern Nachschubwege, Stollen, Gedenksteine und Friedhöfe hoch oben an Zeiten, in denen gekämpft und gestorben wurde – im Gefecht, an Erschöpfung oder Unterkühlung.

Die Erinnerung wachhalten

Dafür, dass nicht vergessen wird, dass Sexten und die angrenzenden Dolomiten eine vorderste Front bildeten, sorgt Bellum Aquilarum. Der Verein betreibt eines der eindrücklichsten Museen Südtirols: Anhand von Film-, Ton- und Bilddokumenten vermittelt die **Ausstellung »Unvergessen. Der Erste Weltkrieg in den Sextner Dolomiten 1915–1918«** diese dramatische Phase. Der Verein hat auch ein **Freilichtmuseum** an der Rotwand initiiert. Dieses kann selbstständig oder im Rahmen von Führungen durch die Bellum-Aquilarum-Engagierten besichtigt werden. Ein Infoheft ist beim Tourismusverein und an der Talstation der Kabinenbahn Rotwand erhältlich.

Ausstellung: Kirchweg 9, www.bellumaquilarum.it, Zeiten: www.drei-zinnen.info/de/sexten/sexten/sexten-erleben/bellum-aquilarum.html, Eintritt frei; **Freilichtmuseum:** Infos in der Ausstellung oder beim Tourismusverein (s. S. 96), begehbar Mitte Juni–Okt., Führungen Juli–Sept., Infoheft s. o.

Totentanz

Auf dem **Friedhof** neben der Kirche in Sexten schuf der Maler Rudolf Stolz, der ab 1943 in Sexten lebte, in Erinnerung an diese Zeit das eindringliche Fresko **»Totentanz«**. Mehr von Stolz, der in den 1920er-Jahren auch in Deutschland sehr bekannt war, zeigt das von seiner Familie gegründete **Rudolf Stolz Museum** mit über 160 seiner Werke.

Museum: Dolomitenstr. 16 b, www.museumrudolfstolz.eu, Zeiten stark saisonabhängig (s. Website), Eintritt frei

Idylle im Tal

Wer einfach die Natur genießen will, dem sei das idyllische **Fischleintal/Val Fiscalina** empfohlen, das vom hinteren Ortsteil Moos abzweigt. Hier urlaubte schon Angela Merkel – wenn auch nur so lange, bis der Hotelbesitzer, einer der Innerkoflers, es ausplauderte und es mit der Kanzlerinnenruhe vorbei war. Dann zog sie, auf Reinhold Messners Rat, um nach Sulden. Zu Fuß, im Sommer und Winter auch mit Pferdekutsche oder -schlitten (Infos hierzu beim Tourismusverein oder in Ihrer Unterkunft), geht es bis zur **Talschlusshütte** (s. Essen S. 95) und von dort weiter Richtung Drei Zinnen (s. Tour S. 92).

Schlafen

Vor der Sonnenuhr

Bad Moos Dolomites Spa Resort: Vor unschlagbarer Kulisse draußen im Pool entspannen – das Wellness- & Gesundheitshotel mit hauseigener Schwefelquelle im Fischleintal macht es möglich. Die stilvollen Zimmer und Suiten haben natürlich ihren Preis. Aber man wohnt mitten in der Natur und lässt es sich gut gehen.

Fischleintalstr. 27, T 0474 71 30 00, www.badmoos.it, €€€

Bei den Innerkoflers

Garni Bergsteiger: Von außen macht es nicht viel her, im Inneren entpuppt es sich als Bauernstubenidyll unter Leitung des Urenkels von Sepp Innerkofler. Trotz Straßenlage ist ruhiger Schlaf möglich, nachts ist kein Verkehr. Sechs Zimmer und drei Apartments, schnell ausgebucht!

Dolomitenweg 28, T 0474 71 04 17, mobil 388 581 33 48, www.garni-bergsteiger.it, €

Grandiose Lage

Caravan Park Sexten: An die Wände des UNESCO-Weltnaturerbes geschmiegt liegt Sextens Campingplatz fast am Kreuzbergpass. Mit Wellness, Schwimmbad, Baumhäusern und Bungalows für alle, die weder Camper noch Zelt haben. Eine Bushaltestelle ist direkt vor der Tür.

St.-Joseph-Str. 54, T 0474 7104 44, www.caravanparksexten.it, komplexes Preisgefüge für Stellplätze €–€€€, Bungalows/Lodges €€–€€€, Baumhäuser €€€

Essen

Im Fischleintal

Talschlusshütte: Gut wäre, so viele Kalorien verbrannt zu haben, dass ein Tiramisu passt! Auch gekocht wird vorzüglich, von mediterran bis tirolerisch und in Bergsteigerportionen, die die paar Euro mehr rechtfertigen. Mit großem Spielplatz, kleinem Streichelzoo.

Fischleintalstr. 41, T 0474 71 06 06, www.talschlusshuette.com, Mitte Mai–ca. 20. Okt. 11–19, Weihnachten–Ostern 11–16 Uhr, in der Nebensaison Do geschlossen, €–€€

Auch Take-away

Grüne Laterne: Für die hausgemachte Pasta und das Sextner Graukäsesüppchen lohnt sich der Abstecher. Angeschlossen ist eine Rosticceria, in der es Tagesgerichte, Nudeln, Gegrilltes zum Mitnehmen gibt.

Waldheimweg 10, T 0474 710140, www.gruenelaterne.it; **Restaurant:** Ende Mai–Anf. Oktl, Anf. Dez.–Ende März Do–Di 12–13.30, 18–20.30 Uhr, €€; **Rosticceria:** Tage wie Restaurant, aber 11.45–12.30, 18–19 Uhr, €–€€

Lokaler Treff

Pizzeria Erich: Neben der Käserei (s. u.) gibt es (nicht nur) Pizza, u. a. eine exzellente Jägerpizza mit Steinpilzen und Bergkäse. Pizza auch mittags. Schöne Terrasse.

Schießstandweg 6, T 0474 71 00 48, Mi–Mo 12–14.30, 17–22.30 Uhr, €

Einkaufen

Vor Ort produziert

Käserei Sexten: Auf der dorfabseitigen Bachseite gibt es außer Käse auch Deliziöses von Schlutzkrapfen bis Wildschweinsalami.

Schießstandweg 6, www.kaeserei-sexten.com, Mo–Sa 7–12, 15–18.45 Uhr

Bewegen

Themenwege

In und um Sexten: Die **Milchmeile** von Moos (Heideckstr.) bis zur Käserei in Sexten (ca. 1 Std.) gibt Einblicke in Almleben, Milchverarbeitung und Käsesorten. Der **Sextner Rundweg** erklärt Kulturhistorisches und Naturkundliches um Sexten, Moos und Fischleintal (ab Tourismusverein Sexten, ca. 3–4 Std.).

Zum Sonnenaufgang

Auf den Helm/Monte Elmo: Von Mitte Juli bis Anfang Oktober fährt die Helmbahn jeden Dienstag zwischen 4 und 5 Uhr zur Sonnenaufgangstour. Nach 60 Minuten Aufstieg ab Bergstation erlebt man den Tagesbeginn bei Lagerfeuer (2433 m, warm anziehen!) und unvergleichlichem Licht auf dem Gipfel. Wer nicht gleich zurück will, **wandert individuell** auf dem Karnischen Kamm/ Catena Carnica weiter: zur Sillianer Hütte (www.sillianerhuette.at) an der österreichisch-italienischen Grenze und zurück zur Helmbahn oder bis zu einem der Abstiege über die Wege 134, 133 oder 14. Die Tour über **Weg Nr. 14** ist die längste, aber auch die mit den schönsten Aussichten. Sie zweigt in Höhe des Kriegerfriedhofs gen Westen ab; der Rückweg führt dann über die Klammbach- oder die Alpe-Nemes-Hütte nach Moos oder zum Kreuzbergpass. Von beiden Orten fährt Bus 440 nach Sexten und Innichen.

Anmeldung: bis 17 Uhr am Vortag, T 0474 71 03 55, info@dreizinnen.com, www.dreizinnen.com/de/sonnenaufgang.html, Berg-/Talfahrt 22 € (online), vor Ort 23,50 €, Frühstück bis 8.30 Uhr, 12,50 €

Drei Zinnen, wir kommen! ✪

Der lange Marsch: vom Fischleintal zur Auronzohütte; s. Tour S. 92

Professionell begleitet

Alpinschule Dreizinnen: Vermutlich gibt es nichts, was die Wander- und Bergführer der Alpinschule nicht begleiten können. Gute Website mit Übersicht zu technischen und konditionellen Anforderungen.

Dolomitenstr. 45, www.alpinschule-dreizinnen.com, Zeiten saisonabhängig, s. Website

Für Klettersteigerfahrene

Wer sich auf Klettersteigen wohlfühlt, findet neben der Dreizinnenhütte (s. Tour S. 92) mit dem **Toblinger Knoten/ Torre di Toblin** (einer österreichisch-ungarischen Stellung) und dem **Luca-Innerkofler-Steig** auf den Paternkofel/ Monte Paterno (durch von den Italienern gesprengte Stollen) beeindruckende Touren an der einstigen Frontlinie. Die **Alpinschule Dreizinnen** (s. o.) bietet – Start 9 Uhr ab Hütte – im Sommer Touren an.

Ausgehen

The place to be

Bier- und Weinstube Mühle: drinnen urig-entspannt (mit kleiner Bibliothek), draußen mit Blick auf das Treiben. Mit fränkischem Dunkelbier, Käse und Speck für Hungrige.

Dolomitenstr. 20, T 340 102 80 63, auf Facebook, Zeiten variierend, s. Facebook

Infos

- **Tourismusverein Sexten:** Dolomitenstr. 45, 39030 Sexten, T 0474 71 03 10, www.sexten.it, Mo–Fr 8.30–12.30, 14–18, Sa 9–12, 15–18 Uhr (Nebensaison Sa nachmittags geschlossen). Freundlich, kompetent, mit guten Kletter-, Wander-Mountainbike-, Kulturflyern. Auch ein Heftchen mit Tipps für Bergneulinge hat man erstellt (»Dolomiten-Knigge«).
- **Zufahrtsbeschränkungen Fischleintal, Auronzohütte:** www.drei-zinnen.bz/de. Die Zufahrt zum Fischleintal ist 10. Juni–Anf. Okt nur mit dem kostenpflichtigen Shuttle 440 möglich.
- **Bus:** Die Linie 446 fährt vom Kreuzbergpass via Fischleintal/Sexten (halb-)stündlich nach Toblach (446). Von Juni–Okt. gibt es um 7.45 und 11 Uhr einen Shuttle zur Auronzohütte, Rückfahrt 16 Uhr (ca. 30 €), buchbar bis 17 Uhr am Vortag im Tourismusverein, 15 €, bis 14 Jahre kostenlos. **Achtung:** s. auch oben Zufahrtsbeschränkungen.

Zugabe
Das begehbare Gipfelbuch

Ein Denkmal für den Alpinismus

Zum 150. Jubiläum des Alpinismus 2019 wählte Sextens Dorfarchivar Rudolf Holzer aus Hunderten Gipfelbüchern die eindrücklichsten Einträge aus. Auf 77 Sitzbänken wurden sie in Metall eingraviert und als begehbare Installation im Zentrum Sextens ausgestellt. Nach dem Jubiläumsjahr wurde das Kunstwerk zerlegt, und – so viel Geschäft muss sein – ein Teil der Bänke verkauft. Alle anderen laden in der Bergwelt rund um Sexten zu einer Pause ein. Finden Sie eine? ■

Rund um die Sella in den westlichen Dolomiten

Tiefe Täler, majestätische Gipfel — Hier wird die Kraft der Dolomiten besonders deutlich. In den abgelegenen Tälern hat sich sogar eine eigene Sprache und Kultur erhalten.

Seite 101

St. Vigil

In heißen Monaten ideal zum Durchatmen – ein exzellenter Einstieg in das Reich der Fanes.

Seite 104

Zu Fuß durch die Viles

Ab Lungiarü, dem ersten »Bergsteigerdorf« Südtirols, von Weiler zu Weiler auf den Spuren ladinischer Bergbauern.

Seite 107

Abtei

Wall- und Bergfahrten, Blumenwiesen: unter dem Heiligkreuzkofel.

Aus welchem Holz war Luis Trenker geschnitzt?

Eintauchen

Seite 108

St. Kassian

Hier wird der Bär noch gefeiert. Der Ort hat nicht nur einen der hübschesten Dorfkerne Südtirols, sondern auch das Museum Ladin Ursus ladinicus.

Seite 113

Die Sella 

Ob man sie umrundet, ihr aufs Dach steigt oder ihr staunend gegenübersteht: Die Magie des fast 10 x 8 km großen Bergmassivs ist allgegenwärtig. Um es den Besuchern leicht zu machen, ist die Sella von gleich vier Pässen aus leicht zugänglich.

Seite 115

Gröden (Grödnertal)

St. Ulrich, St. Christina, Wolkenstein – hier ist der Weg das Ziel. Selbst Stammgäste entdecken stets noch neue Routen.

Seite 118

Rund um den Langkofel

Okay, alpine Erfahrung ist nötig. Es geht durch eine spektakuläre Scharte, vorbei an legendären Hütten und sogar im August noch über ein Schneefeld.

Seite 121, 122

Seiser Alm

Warum sich in München mit der Schickeria vergnügen, wenn man auch Kühe und Kräuter auf der Alm haben kann – und dabei von Compatsch nach Saltria von Einkehr zu Einkehr wandert. Besonders schön ist es, wenn die Blumen blühen.

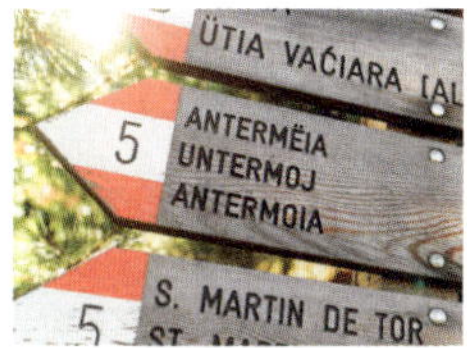

Seite 127

Begnodüs!

In Südtirol wird im Raum Gröden und dem Gadertal Ladinisch gesprochen – entstanden aus Volkslatein und Rätischem. Eine Welt für sich.

Kein schönes Wetter? Begeben Sie sich auf die Spuren moderner Grödner Künstlerinnen und Künstler!

So viel Mut wünscht man sich häufiger: Die Seiser Alm wurde fast vollständig vom Verkehr befreit.

& erleben

Im Kernland der bleichen Berge

Vom Meeresboden auferstanden, dem Himmel entgegen – kein Gebirge sieht aus wie die Dolomiten. »Die schönsten Berge der Welt«, sagt Reinhold Messner, und der hat sie ja alle gesehen. Die Dolomiten sind hell, zackenreich, feinspitzig, und wenn die Sonne untergeht, entstehen Rottöne, die jede Farbpalette in den Schatten stellen. Zu Hause fühlen sich in der Welt der Gipfel, Spitzen und Hochebenen – außer zahllosen Reisenden – Gämsen und Steinböcke, Murmeltiere, Schneehühner und -hasen, Steinadler, Alpendohlen und Bussarde, Hirsche und Füchse. Und, ja, zunehmend auch Braunbären und Wölfe.

Die Dolomiten sind aber auch die Heimat von mehr als 30 000 Menschen, deren Sprache und Kultur sich wohl nur in so abgelegenen Tälern erhalten konnte, der Ladinerinnen und Ladiner. Sie verteilen sich auf fünf Täler rund um das Sellamassiv, von denen zwei, das Gadertal und Gröden, zu Südtirol gehören. Dort ist Ladinisch dritte Amtssprache.

In diesem Kapitel folgen wir ihren Spuren von Bruneck durch das Gadertal, vorbei an der Sella bis ins Grödnertal und machen einen Abstecher auf die (nicht ladinische) größte Hochalm Europas, die Seiser Alm.

ORIENTIERUNG

O

Infos: Online sind, in der Reihenfolge des Kapitels, vor allem folgende Seiten der Tourismusbüros hilfreich.
Unteres Gadertal: www.sanvigilio.co/de
Oberes Gadertal und östliche Sella: www.altabadia.org/de
Grödnertal: www.valgardena.it/de
Seiser Alm und die Orte zu ihren Füßen: www.seiseralm.it/de
Anreise: Bei der Anreise aus Deutschland wird das rund 35 km lange **Gadertal** am besten vom Pustertal erreicht. Im Süden teilt es sich. Der kleinere Arm führt zum **Falzarego-Pass,** der größere nach Corvara. Von **Corvara** führt eine Straße zum **Campolongo-Pass** im Osten der Sella, eine andere über das Grödnerjoch nach Gröden und zur **Seiser Alm.**
Busse: Regelmäßig fahren Busse von Bruneck durch das Gadertal bis Corvara/Kolfuschg, wo es Anschluss Richtung Gröden gibt. Alle Orte in Gröden wie auch die Seiser Alm sind gut an das Eisacktal, insbesondere an Bozen und Klausen angeschlossen. Auch die Joche rund um die Sella sind mit dem Bus erreichbar.

Das untere Gadertal

Westlich von Bruneck zweigt vom Puster- das **Gadertal/Val Badia** ab. So eng ist es auf den ersten Kilometern, dass die Südtiroler sich die Zugänglichkeit mit einer Reihe Tunnel ermöglicht haben. In **Zwischenwasser/Longega** führt das Tal von **Enneberg** (lad. Mareo, it. Marebbe) gen Südosten in lebenswerte Höhen.

St. Vigil J4

Sommerfrische

Zentrum des Geschehens ist **St. Vigil** (lad. La Plan, it. S. Vigilio), Hauptort der Gemeinde **Enneberg** (lad.Mareo, it. Marebbe), auf fast 1200 m Höhe. Der Ort gehört zum Skigebiet Kronplatz – an Hotels, Pensionen, Cafés und Restaurants mangelt es hier folglich nicht. Nun könnte man das für eine gar nicht so gute Nachricht halten. Doch im Sommer findet man einen entspannt-weitläufig-luftigen Ort vor, an dem man sich auf angenehme Weise abseits der Tourismuszentren weiter unten im Tal fühlt.

Heldin mit Heugabel

Das Leben spielt sich in der **Catarina-Lanz-Straße** rund um die spätbarocke **Pfarrkirche** (1782) ab. Neben der Kirche ist der Namensgeberin – man traut seinen Augen kaum, eine Frau auf einem Sockel! – ein **Denkmal** gewidmet, kampfeslustig dreinblickend, Heugabel im Anschlag. Catarina Lanz, deren Ge-

Die größte Hochalm Europas, die Seiser Alm, bietet herrliche Ausblicke (hier am Hotel Adler Lodge Alpe), Wander- und Radfahrmöglichkeiten.

F

IM REICH DER FANES

Der Naturpark Fanes-Sennes-Prags/Parco naturale Fanes-Senes-Braies ist die Heimat der **Sage vom Reich der Fanes,** die so etwas wie das Nationalepos der Ladiner ist. Sie handelt von einem Konflikt zwischen männlichen Königshausangehörigen, im Bündnis mit dem Volk der Steinadler, und den friedlichen weiblichen, im Bündnis mit dem Volk der Murmeltiere.

schichte erst lange nach ihrem Tod wieder bekannt wurde, gilt als Heldin, weil sie, angeblich unter Zuhilfenahme einer Heugabel, in der Schlacht von Spinges im Eisacktal 1797 half, die Franzosen zu vertreiben. In St. Vigil erblickte sie das Licht der Welt.

Flora und Fauna

Am Ortsausgang führt das **Naturparkhaus Fanes-Sennes-Prags** in Geologie und Biologie der Dolomiten ein – von versteinerten Korallen über den Höhlenbären bis zu Schmetterlingen. Das Haus steht am Abzweig ins **Rautal** (lad. Val dai Tamersc, it. Val di Rudo), den Busse wie Autos bis zum **Berggasthaus Pederü** befahren dürfen (in den Sommermonaten 12 € Maut; Bus 462, in der Hochsaison mehrmals stündlich). Das auf über 1500 m Höhe gelegene Gasthaus ist übrigens einer der besten Einstiege in **Fanes** und **Sennes:** Hochebenen mit saftigen Wiesen, sprudelnden Bächen und exzellenten Hütten, umrahmt von Gipfeln und Klettersteigen. St. Vigil ist auch ein guter Startpunkt für Touren auf den – eher wegen seiner Museen (s. S. 60) sehenswerten – Kronplatz.

Naturparkhaus: Catarina-Lanz-Str. 96, https://naturparks.provinz.bz.it/fanes-sennes-prags/naturparkhaus.asp, Zeiten s. Website

Enneberg Pfarre J3

Wie in alten Zeiten

Richtung Norden geht es von St. Vigil hinauf in einen Ort, in dem die Zeit stehen geblieben scheint. In **Enneberg Pfarre** (lad. La Pli de Mareo, it. Pieve di Marebbe) teilen sich ein paar Höfe, ein Ansitz, ein Freilichtareal und eine fast überhängende Dorfgaststätte den Blick ins Tal. Die 1214 erbaute **Kirche** ist die älteste im Gadertal; über Jahrzehnte pilgerten Menschen teils zig Kilometer an diesen heute so verschlafenen Ort – sofern das Wetter es zuließ: Im Winter war der Seelsorger oft nicht zu erreichen, sogar Beerdigungen wurden in den Sommer gelegt (und die Körper zwischenzeitlich eingefroren).

St. Martin in Thurn J4

Über die Ladiner

Wer **St. Martin in Thurn** (lad. San Martin de Tor, it. S. Martino in Badia) kennenlernen will, kommt herum: Von Pikolein (lad. Pikolin, it. Piccolino) an der Gadertaler Staatsstraße zieht sich die Gemeinde bis nach Untermoi (lad. Antermëia, it. Antermoia) in über 1500 m Höhe und bereits nahe am Würzjoch gelegen. Größte Attraktion ist das **Museum Ladin Ćiastel de Tor** mit dem ladinischen Kulturinstitut **Micurà de Rü.** Es mag einem spät vorkommen, dass die museale Darstellung ladinischer Geschichte und Gegenwart erst in diesem Jahrtausend begann (das Museum öffnete 2001), doch mit dem **Schloss Thurn** gibt es nun einen standesgemäßen Ort. Zu sehen sind archäologische Funde, Kunsthandwerk und Einblicke in Tourismus- und Wirtschaftsgeschichte.

Tor 65, www.museumladin.it, Mai–1. Nov.-So Di–So 10–18 Uhr, 8/6,50 €, Kombiticket mit Museum Ladin Ursus ladinicus in St. Kassian 10/8 € (s. S. 109)

Lungiarü J4

Zurück zur Natur

Zur Gemeinde St. Martin gehört auch das im Campilltal gelegene **Lungiarü** (dt. Campill, doch der ladinische Name setzt sich zunehmend durch, it. Longiarù), das erst 1968 mit einer Fahrstraße ans Gadertal angebunden und nie mit Liftanlagen verkabelt wurde. Seit 2018 ist Lungiarü das erste Bergsteigerdorf in den Dolomiten, die Hoffnung: Besucher zu locken, die zu schätzen wissen, was es gibt – alles Nötige für die Versorgung, Gipfelziele im Naturpark Puez-Geisler, abgelegene Almen, historische Mühlen und Höfe – und ebenso, was es nicht gibt: eine große Auswahl an Restaurants, Seilbahnen, eine Eventkultur.

Viles und Mühlen

Die **Weiler** um Lungiarü, *viles* im Ladinischen, reichen bis in das 13. Jh. zurück (s. Tour S. 104). Besuchenswert sind auch acht **Kornmühlen,** die über Jahrhunderte gemeinschaftlich betrieben wurden. An ihnen führt ein **Mühlenwanderweg** (s. Infotafel in Lungiarü) entlang.

Schlafen

Idyllische B & Bs

La Bercia/Villa Dolomites Hut (St. Vigil): Giovanna und Giulio Petroccione teilen ihr Elternhaus am Waldrand geschwisterlich in zwei Bed & Breakfasts. Alle Zimmer sind recht klein, aber urig. Gemeinsam werden der riesige Garten und eine Lounge mit Kamin, Sofas, Spielesammlung genutzt. Gelegentlich kommen Rehe zu Besuch. Doppel- und Viererzimmer.

Paracia-Str. 18, St. Vigil; **La Bercia:** T 0474 50 10 52, www.labercia.com; **Dolomites Hut:** T 327 459 25 27, www.villa-dolomites-hut.com; beide €€

Wanderkompetent

Berghotel San Vi: Jüngst renoviert, mit zwölf modern-alpinen Zimmern von Standard bis Deluxe, viele Karten und Infos für Wanderer.

Lizia-Str. 160, Lungiarü, T 0474 59 01 04, www.hotelsanvi.it, Mindestaufenthalt 3 Nächte, nur mit Halbpension, €€–€€€

Auf dem Hof

Agritur Bolser: Wer mag, steht mit den Hähnen auf und geht mit Silvia Trebo in den Stall. Der Hof hat zwei schöne Ferienwohnungen (4/5 Pers.) zu günstigen Preisen und in authentischer Umgebung.

La Pli 18, Enneberg Pfarre, T 0474 501 527, www.bolser.it, €

Essen

Ladinisch

Fana Ladina: In einem Hinterhof versteckt sich ein Lokal, das sich wie kaum ein anderes auf traditionelle ladinische Gerichte versteht. Verwinkelte Stuben, wenige Tische draußen. Kleine Suite unterm Dach (€€).

Kronplatz-Str. 10, St. Vigil, T 0474 50 11 75, www.fanaladina.com, Do–Di 12–14, 18.30–22 Uhr (Hochsaison u. U. auch Mi), €€–€€€

UMWELTLABEL

Das Siegel **Bergsteigerdorf** zeichnet Orte aus, die mit Fokus auf nachhaltigen Alpentourismus Bergsteiger und Wanderer ansprechen. Sie verpflichten sich z. B., die Grundversorgung vor Ort und die Zugänglichkeit mit Bussen und Bahnen zu fördern. Bergsteigerdörfer (www.bergsteigerdoerfer.org) sind eine Initiative der Alpenvereine in Österreich, Deutschland, Slowenien, Südtirol und Italien.

TOUR
Auf ladinischen Spuren

Zu Fuß durch die Viles

Infos

Gehzeit ca. 2–3 Std., ca. 500 Höhenmeter

Start:
Lungiarü, J 4

Anreise:
begrenzte Parkplätze im Zentrum von Lungiarü, Bus 464 mehrmals tgl. ab St. Martin in Thurn, Staatsstraße

Im Zentrum von **Lungiarü** (dt. Campill, it. Longiarù) bietet eine große Infotafel gegenüber der Kirche Orientierung. Um Energie für den sehenswerten Schluss zu sparen, unternehmen wir eine abgekürzte Variante der Weilerrunde, der **Roda dles Viles.**

Wenige Meter von der Infotafel entfernt steigen wir die Straße vor dem **Hotel San Vi** links den Berg hinauf. Vorbei an bewirtschafteten Höfen und Bergbauern, die bis heute ihre Wiesen von Hand sensen, anders geht es an den steilen Hängen nicht, geht es eine knappe halbe Stunde hinauf.

Schon im ersten Weiler, **Vi/Vigo,** ist die typisch-ladinische Pilzform der Bauernhäuser gut zu erkennen: unten ein gemauertes Untergeschoss, darüber ein vorkragendes Obergeschoss aus Holz mit einer in den Hang gebauten Zufahrt. Dort oben wurde Heu gelagert. Ebenso sieht man, dass die *viles* aus mehreren Höfen mit Wirtschafts-, Wohnhäusern und Stadeln bestehen. Welches Gebäude welchem Zweck diente, erklären Tafeln auf der gesamten Tour.

Mehrere Familien wohnten eng beieinander, den Grund in der Mitte teilten sie sich, ebenso Brunnen und Backofen. So wurde nicht nur die knappe Bodenfläche gut genutzt, weite Teile sind zu steil zum Bauen, sondern auch Streit unwahrscheinlich: Jede Fehde brachte die ökonomischen Grundlagen in Gefahr.

Hinter Vi geht es zunächst gen Westen leicht bergab, auf einem schmalen Weg, der nach kurzer Zeit auf eine künstlerisch gestaltete **Wassermühle** mit allerlei Schnickschnack – einem Fisch namens Helene Fischer zum Beispiel – trifft. Wir erreichen erst **Costa/ Balzè,** dann die Ausläufer von **Frëina.** Hier folgen wir hinter einem **Ziegenstall** nicht der Kurve, die die Straße macht, sondern dem **Schild Roda Dles Viles** (leicht zu übersehen) und einem Wiesenweg bergan.

Einer der vielen traditionellen ladinischen Höfe in den Viles

Nun kommt der vielleicht schönste Teil: Schon zu **Seres,** der am besten touristisch erschlossenen Siedlung, gehört der Gasthof **Lüch de Vanc,** wo Sie leckere ladinische Küche bekommen und in der zugehörigen **Pension Odles** auch übernachten können. 200 m die Straße hinunter ist die **Speckstube Tlisöra** ein idealer Pausenplatz, wo man auf der Terrasse sitzend ein bisschen das beschauliche Dorftreiben betrachten kann. Hervorragend sind die Kartoffeltaschen, eine ladinische Spezialität, mit Kräutertopfen. Und selbst wenn die Küche kalt bleibt: Hier gibt es Speck und Käse aus eigener Landwirtschaft. In Seres gibt es auch ein privates Hofmuseum, **Lüch de Ariana** (Seres 132, nur n. V., T 0474 459 01 61), mit landwirtschaftlichen Geräten und Haushaltsdingen aus mehreren Jahrhunderten.

Hinter Seres verläuft der Weg oberhalb einer Mühle in einer Art U-Form nach **Misci,** mit 1600 m höchster Punkt der Tour und der am besten erhaltene Weiler. Das gemeinschaftliche Bauen wird hier noch einmal besonders deutlich. Sehenswert ist auch das riesige Holzgestell vor der beeindruckenden Kulisse der Fanes: An solchen *favas* trockneten Getreide und Futterbohnen.

Von hier geht es hinab in Richtung eines Wanderparkplatzes. Einen Blick wert ist linker Hand ein großer **Kalkbrennofen** (lad.: *cialciara).* Einem **Besinnungsweg** neben dem Ofen folgend erreichen wir, wieder über **Frëina,** unseren Ausgangsort **Lungiarü.**

Einkehren in Seres

Pension Odles und Lüch de Vanc: Seres-Misci-Str. 23 und 22, T 0474 59 01 52, www.odles.it, www.vanc.it. 16 Zimmer mit Balkon oder Gartenzugang, alle mit Dampfbad und Sauna, Appartements. In der Hochsaison nur mit Halbpension. Ladinische Küche, €€.

Speckstube Tlisöra: Seres-Misci-Str. 17, T 0474 59 01 45, www.tlisora.it, warme Küche 12–14.30, ab 18 Uhr, €–€€.

Naturnah

Pizza Arnold: Beim Campingplatz und nahe den genannten B & Bs gibt es außer Südtiroler Küche Pizza, auch glutenfreie oder Vollkorn-Pizza. Mit Garten, in dem man sich auch in – entsprechend großen – Fässern an Zweiertische zurückziehen kann.

Catarina-Lanz-Str. 65, St. Vigil, T 0474 50 14 09, www.campingalplan.com/de/restaurant-pizzeria.htm, Do–Di 12–14, 17.30/18–21.30/22.30 Uhr, €–€€€

Bewegen

Ins Reich der Fanes

Wanderungen: An einem Tag geht es von Pederü (St. Vigil) z. B. über den Grün- und den Limosee (ca. 5 Std.). Wer tiefer in den Naturpark Fanes-Sennes-Prags eintauchen möchte (lohnend!), übernachtet auf der Faneshütte (www.rifugiofanes.com, T 0474 45 30 01, €) oder Senneshütte (www.sennes.com, T 328 794 55 79, €, Abendessen à la carte). Beide bieten Bettenlager, Doppel- und Mehrbettzimmer, gutes Essen und liegen auf rund 2100 m Höhe, jeweils Anf./Mitte Juni–Anf./Mitte Okt. und in der Skisaison.

Radfahren

Per Mountainbike: Mit dem MTB führt eine beliebte Tour über Klein-Fanes und das Limojoch nach Groß-Fanes und Ponte Alto und über die Senneshütte zurück (ca. 2 Std., nur für Geübte). Räder beim **Radverleih Miara** (Plan de Corones 76, St. Vigil, www.skiareamiara.it/bike/bike-verleih, Buchung bis 18 Uhr am Vortag).

Professionell begleitet

Bike School St. Vigil: Das Angebot reicht von Techniktraining bis zu E-Bike- und MTB-Exkursionen.

www.mtb-sanvigilio.it, T 331 742 95 86, Mitte Mai–Ende Okt., Meeting Point: Tourismusbüro, Plan de Corones 38/1, St. Vigil, dort Infos von den Radführern 16–18 Uhr

Infos

- **Tourismusverein St. Vigil/St. Martin:** Hauptbüro Kronplatz 38/1, St. Vigil, T 0474 50 10 37, www.sanvigilio.com, Mo–Fr 8–12, 14.30–18.30, Hauptsaison auch Sa wie Mo–Fr, So 17–19 Uhr. Gutes Karten- und Infomaterial für Wanderer wie Mountainbiker. Ein weiteres Büro gibt es in St. Martin (Torstr. 18c).
- **Bus:** Durch das Gadertal fährt stündlich die Linie 460 (Bruneck-Kolfuschg). St. Vigil und Pederü werden mit Bus 462 stündlich (außer um 13 Uhr) ab Zwischenwasser erreicht, von St. Vigil nach Pederü weit häufiger. Von Wengen nach Untermoi über St. Martin/Lungiarü Linie 464 tgl. alle 2 Std.

Das obere Gadertal

In Wengen beginnt das obere Gadertal – besser bekannt als **Alta Badia,** was die ladinisch-italienische Übersetzung von Hochabtei ist. Der Name stammt aus Zeiten, als das Gadertal noch zum Kloster Sonnenburg im Pustertal gehörte.

Wengen J4

Sonnige Weiler

»Hiking Village« nennt sich **Wengen** (lad. La Val, it. La Valle) und schnell erklärt sich, warum. Schon die 1400 Einwohner verteilen sich auf zahlreiche Weiler, alle zur Sonne gelegen, die sich auf den schmalen Verbindungsstraßen gut erwandern oder auch erradeln lassen. Viele sind jahrhundertealte ladinische *viles,* mit engen Höfen, schmalen

Durchgängen, Brunnen und Backofen. Zu den schönsten – die sich zu einem schönen Rundweg verbinden lassen – gehören **Cians, Ciampei** (lad. Ciampëi), **Runch** und **Tolpei** (lad. Tolpëi). Der höchste Weiler und ein guter Einstieg in die unter dem Heiligkreuzkofel gelegenen **Armentara-Wiesen** (sobald der Schnee geschmolzen ist, ein fantastisches Blütenmeer!) ist **Specias** (1536 m).

Abtei/Badia

J4

Aus zwei mach eins

Westlich der Gadertaler Staatsstraße liegt **Pedratsches/Pedraces,** östlich St. Leonhard; gemeinsam bilden sie Abtei. Überragt werden sie vom Heiligkreuzkofel (2907 m), einem der markantesten Gipfel der Dolomiten. Erkundenswert ist vor allem **St. Leonhard** (lad. San Linêrt, it. S. Leonardo) mit seinem intakten Ortskern. Zahlreiche Tafeln führen in die Geschichte ein, Cafés laden zu einer Pause und die **St.-Jakob-und-St.-Leonhard-Kirche** zu einem Besuch. Sehenswert in der barocken Pfarrkirche, von deren gotischer Vorläuferkirche noch der Turm erhalten ist, ist ein Gewölbegemälde des Augsburger Malers Matthäus Günther. 1852 wurde hier der Chinamissionar Josef Freinademetz getauft (s. Kasten rechts).

Historische Wege

Oberhalb von St. Leonhard liegen mehrere Wege, die ebenso leicht zu gehen wie geschichtsträchtig sind. Durch die Rucastraße geht es zu einem der ältesten Höfe des Gadertals: **Lüch d'Alfarëi,** 1286 erstmals erwähnt (s. S. 111). Südöstlich (und wie Alfarëi auf dem Tru dles Viles, auch Tru Cultural, zu erreichen, s. S. 112) steht in **Oies** das **Geburtshaus** von **Josef Freinademetz,** des berühmtesten Heiligen des Gadertals und vermutlich ganz Südtirols. Er wurde hier 1852 in eine gläubige Bauernfamilie geboren, zog mit 27 Jahren als Priester nach China – und kehrte nie wieder zurück (s. Kasten).

Bei Pater Freinademetz

Sein **Geburtshaus** ist heute ein Wallfahrtsort; wer daran zweifelt, welche religiösen Kräfte dem Heiliggesprochenen beigemessen werden, blättere durch das Buch mit ›Gebetsanliegen‹ der Besucher! Am Ort des ehemaligen Stadels wurde 1995 eine **Kirche** gebaut – eine der jüngsten und aktivsten Südtirols, mit fast täglichen Gottesdiensten (außer Mo). Wer bei dem spirituellen Besuch hungrig geworden ist, bekommt im **Tana dell'Orso** (Oies 17, T 0471 83 96 71, 379

S

VON ABTEI NACH SÜDSHANDONG

Sieben Wochen dauerte die Seereise von **Pater Freinademetz** (1852–1908) nach Hongkong. Zwei Jahre später ging er von dort in den Süden der heutigen chinesischen Provinz Shandong, ungefähr auf halber Strecke zwischen Beijing und Shanghai. Seine Aufzeichnungen geben Einblicke in die Akklimatisierung eines Europäers im fernen Osten sowie in das damalige China. »Mit dem nächstbesten Dampfer« wollte der Pater anfangs zurückfahren, weil »der Chinese … vom Schöpfer nicht mit den gleichen Anlagen ausgestattet« sei. Nach fünf Jahren dann: Die Chinesen seien »in vielen Dingen dieser Welt (…) überlegen«, sie stünden »an der Spitze der Nationen«. Freinademetz blieb sogar während der Zeit des ›Boxeraufstands‹. 1908 starb er im heutigen Daizhuang (Jining, Shandong) an Typhus.

192 29 56, Di–So Küche mittags, abends, €€) nicht nur Südtiroler Küche, sondern auch chinesisches Fleischfondue.

Geburtshaus: Oies 6, www.freinademetz.it, Geburtshaus/Kirche tgl. 8–20 Uhr, Eintritt frei

Alpiner Wallfahrtsort

Oberhalb von Oies steht die **Wallfahrtskirche Heiligkreuz** (lad. La Crusc, it. Santa Croce). Schon vor mehr als 500 Jahren wurde unterhalb der Westwand des mächtigen Heiligkreuzkofels in über 2000 m Höhe eine Kirche gebaut. Um das Warum ranken sich mehrere Legenden. Wahrscheinlich ist, dass der Ort eine heidnische Kultstätte war und die Kirche zu Meditations- oder Einsiedlerzwecken errichtet wurde. Ab 1584 wurden Messen gelesen, zu Beginn des 18. Jh. für Mesner wie Pilger direkt nebenan das **Heilig-Kreuz-Hospiz** errichtet. Noch heute ist die Kirche ein Pilgerort, nach der Schneeschmelze unternimmt so gut wie jede Talgemeinde eine Wallfahrt. Aus St. Leonhard trägt eine Prozession jedes Jahr im Juni den Kreuztragenden Heiland hinauf und im Oktober wieder hinunter. Das Hospiz ist längst eine **Schutzhütte** für Bergsteiger.

Zu Fuß sind Kirche und Hütte in rund zwei Stunden ab St. Leonhard zu erreichen, außerdem hält nur wenige Höhenmeter tiefer die **Gondel La Crusc,** die, zusammen mit einem **Sessellift,** von Badia hinaufführt. Das Hospiz ist ein exzellenter **Ausgangsort für Wander- und Bergtouren:** z. B. vorbei an einer Schneehöhle Richtung Armentara-Wiesen (nach Badia/Wengen 3 bzw. 4 Std.), oder über die Kreuzkofelscharte auf die Fanes-Hochfläche. Von der Scharte, auf die ein leichter Klettersteig führt, kann auch der Heiligkreuzkofel von der Rückseite ohne Kletterkompetenzen bestiegen werden.

Kirche: tagsüber, Spende erwünscht; **Schutzhütte Heilig Kreuz:** La Crusc 1, T 0471 83 98 74, www.lacrusc.com, Mitte Juni–Sept., Winter s. Website, Drei- bis Fünf-Bett-Zimmer, Schlafen (nur im Sommer)/Essen €–€€; **Sessellift und Gondel La Crusc 1 und 2:** La-Muda-Str. 3, OT Pedratsches/Pedraces (Abtei), www.santa-croce.it, Mitte Juni–Sept., 8.30/8.45–17.15/17.30 Uhr, Berg- und Talfahrt Kombi beide Lifte 25 €, 8–16 Jahre 22,50 €, Winterzeiten/-preise s. Website

La Villa

J5

Wo sich das Tal teilt

Wo sich das Gadertal teilt, liegt **Stern,** bekannter als **La Villa** (lad.: La Ila). Auf den ersten Blick ein Straßendorf voller Hotels und touristischer Infrastruktur, liegt der alte Ortskern oberhalb, rund um die Dorfkirche und einen Ansitz. Im Süden von Stern teilt die weite Hochebene **Pralongià** das Gadertal. Der kleinere Arm zieht sich gen Südwesten hinauf zum Falzarego-Pass, der bereits in der Provinz Belluno liegt.

St. Kassian

J5

Mit Schick und Charme

Wer Richtung Falzarego-Pass abbiegt, mag meinen, er habe die belebtesten Regionen hinter sich. Irrtum: **St. Kassian** (lad. San Ćiascian, it. S. Cassiano), auf 1537 m gelegen, hat einen der hübschesten Dorfkerne Südtirols: mit Fußgängerzone und sogar Münchner-Mailänder Schick auf der Straße. Vor allem zwei Familien – die Carazzolas in St. Kassian und die Wiesers in Armentarola – haben über Jahrzehnte dafür gesorgt, dass St. Kassian eine erstaunlich hohe Dichte an Vier- und Fünfsternehotels aufweist. Außerdem kocht mit Norbert Niederkofler der einzige mit drei Michelin-Sternen gekrönte Südtiroler Koch in St. Kassian (s. Essen, St. Hubertus, S. 111).

Ein Denkmal den Bären!

Die gotische **Pfarrkirche** mit weithin sichtbarem Zwiebelturm ist von 1782 und dem hl. Kassian gewidmet. Nach diesem Heiligen wurde als Dank für das Überstehen der Pest auch der Ort benannt, der zuvor Armuntora hieß. Sehenswert ist das **Museum Ladin Ursus ladinicus.** In Zeiten, in denen der Bär fast so negativ konnotiert wird wie der Wolf, wird er hier gewürdigt: Im Zentrum der Ausstellung stehen der Höhlenbär, der hier vor 50 000 Jahren lebte, und die Höhle unterhalb der Conturinesspitze, in der Bergführer Willy Costamoling (später Wirt der aussichtsreichen Punta-Trieste-Hütte auf der Pralongià) in einem echten Ötzi-Moment 1987 seine Überreste fand.

Micurà-de-Rü-Str. 26, www.museumladin.it, Mai–1. Nov.-So Di–So 10–18 Uhr, 2. Weihnachtstag–Mitte März Do/Fr 10–18 Uhr, 6/4,50 €, Kombiticket mit Museum Ladin Ćiastel de Tor in St. Martin in Thurn 10/8 € (s. S. 102)

Einstiges Eisenerzzentrum

Oberhalb von St. Kassian erreicht man zunächst den Weiler **Armentarola** mit zwei traditionsreichen Hotels, darunter das Armentarola mit seinem Restaurant (s. S. 111). Von hier bis zum **Valparolapass** (2168 m) bieten sich Einstiege zur Hochebene Pralongià und in die Fanesgruppe. Noch heute erkennbar, war das Gebiet einst ein Zentrum der Eisenerzindustrie und ähnlich wie die Drei-Zinnen-Region (s. Sexten, S. 91) Kriegsfront. Auf dem Weg zum **Falzaregopass** sowie auf und um den 2835 m hohen – und ungeheuer aussichtsreichen – **Lagazuoi** (beide gehören bereits zur Provinz Belluno) legen ein **Soldatenfriedhof** und ein großes **Freilichtmuseum** Zeugnis dieser Zeit ab (Infos: https://lagazuoi.it).

Amphitheater der Dolomiten ...

... so wird die **Pralongià-Hochebene** genannt. Wer je oben war, weiß, warum. Wer sich mit dem Ausblick von Fanes bis zur Sella belohnen will, steigt zu Fuß hoch. Am einfachsten ist das von Armentarola aus (rund 2,5 Std., Weg 24a), am schönsten vom Valparolapass (2168 m) über den Settsass (2571 m) auf den Wegen 23/24 (ca. 3 Std.). Wer nicht zurückwandern möchte, nimmt eine der vier Seilbahnen ins Tal (nach St. Kassian, Stern, Corvara und auf halber Strecke zwischen Corvara und Campolongo) oder steigt z. B. nach St. Kassian ab. Die bieten sich auch an, wenn man sich den Aufstieg sparen möchte.

Bus 465 ab Corvara stündlich nach Armentarola und Valparola via Stern/La Villa, St. Kassian; **Seilbahnen:** Gondelbahn Piz Sorega, St. Kassian; Gondelbahn Piz La Ila, Stern/La Villa; Gondelbahn Col Alto, Corvara; auf halber Strecke zwischen Corvara und Campolonga fährt der Pralongia-Sessellift. Alle in der Regel Mitte Juni–Anf. Okt. 8.30–17.30 Uhr, aktuelle Zeiten/ Preise: www.altabadia.org/de/sommer-urlaub-suedtirol/sommer-bergbahnen.html

Corvara und Kolfuschg J5

Gipfelnah, aber nicht allein

Es fehlt nicht viel, und die zwei Orte im Zentrum des Skikarussells Sellaronda sind vereint. Das größere **Corvara** sowie das etwas höher, auf 1654 m, Richtung Grödnerjoch gelegene **Kolfuschg** (lad. Calfosch, it. Colfosco) sind seit Jahrzehnten vor allem vom (Winter-) Tourismus bestimmt. Einen Eindruck ursprünglicherer Zeiten bekommt man im oberen Teil **Corvaras** um die Kirche und das Berghotel Ladinia (Restaurant: s. S. 111), wo noch einige traditionelle Höfe stehen. Auf der Pro-Seite punkten die Orte mit exzellenter Bergnähe: Sella, Sassongher, Pralongià – die Auswahl ist riesig. Im Deutschen heißt Corvara übrigens Kurfar, allerdings konnte sich das noch weniger durchsetzen als die deutschen Namen der Nachbargemeinden.

Norbert Niederkofler kann stolz auf drei Michelin-Sterne blicken. Für seinen Akzent auf regionaler und nachhaltiger Küche tragen er und das Restaurant St. Hubertus nun zusätzlich einen grünen Stern.

Schlafen

Für Aktive

Störes: Sympathisches, am Ortsausgang hübsch gelegenes Aktivhotel. Mit Tourenprogramm und viel Platz für geselliges Beisammensein, In-/Outdoorpool und sogar einer Kletterhalle. Die schöneren Zimmer sind im Neubau. Das Hotel bietet ein umfangreiches Radfahrprogramm.

Plan-Str. 22, St. Kassian, T 0471 84 94 86, www.hotelstores.it, €€€

Traditionsreich

Hotel Pider: Geführt von einem MTB-Experten, mit Radshop im Haus, direkt am Dorfplatz. Der Blick bis zur Sella erfreut nicht nur Radler. Gute Wochenangebote.

San-Senese-Str. 22, Wengen, T 0471 84 31 29, www.pider.info, €€

Spitzenlage

Lüch da Fussè: Bio-Bauernhof mit Ansitz-Charakter, unterhalb des Heiligkreuzkofel gelegen. Zur Verfügung stehen hier vier Ferienwohnungen (36–64 m²) für zwei bis vier bzw. sechs (Schlafcouch) Personen.

Fussèstr. 11, St. Leonhard, T 0471 83 96 43, www.fusse.it, €€

Mit Blick und Teestube

Garni Raetia: Die 14 Zimmer von Familie Mussner sind individuell eingerichtet, teils mit Sitzbank, teils mit Sofa, teils mit Balkon. Mehrfach wurde das 1976 eröffnete Haus renoviert. Alles ist modern und sauber. Frühstück wird bei gutem Wetter an der Blumenwiese serviert. Mit hauseigener Teestube.

Col-Alt-Str. 87, Corvara, T 0471 83 60 88, www.garniraetia.it, €€

So muss Camping sein

Camping Sass Dlacia: Mit Lagerfeuerbar, Yoga, E-Bike-Verleih und direkt an den (Kletter-)Wänden des Sass Dlacia gelegen. Für Nicht-Camper gibt es Hütten und Lodges. Der Platz liegt in 1680 m Höhe, Schlafsack nicht vergessen! Mit dem Restaurant Sare nebenan und der platzeigenen Pizzeria passt auch die Kulinarik.

Sciaré-Str. 11, St. Kassian, T 0471 84 95 27, www.sassdlacia.com, Zelten/Campen/Hütten €, Lodge €€

Essen

Sterneküche

St. Hubertus: Wer hätte gedacht, dass man in Südtirols einzigem Drei-Sterne-Restaurant in einer Tiroler Stube sitzt? Das passt dazu, dass ausschließlich regionale Zutaten in Norbert Niederkoflers Küche verarbeitet werden. Nur Vegetarier werden nicht glücklich: Süßwasserfisch und Fleisch gehören zur hiesigen »Cook the Mountain«-Philosophie« dazu. Hochgelobte (nicht regionale) Weinkarte.

Micurá-de-Rü-Str. 20, St. Kassian, T 0471 84 95 00, www.st-hubertus.it, Mi–Sa ab 19 Uhr, Zwölf-Gänge-Menü 320 €, €€€

Klassiker

Armentarola: Der Obstsalat auf der Terrasse des seit den 1930er-Jahren von Familie Wieser geführten Hotels ist weithin bekannt und nach getaner Wanderung ein Fest. In der ›kleinen‹ Variante (ohne Sahne, ohne Eis, in Wahrheit groß) 16 €. Es gibt auch Imbissgerichte sowie eine Mittags- und Abendkarte. Die Gerichte sind von gehobener Qualität, was sich im Preis niederschlägt.

Hotel Armentarola, Pre de Vì 12, Armentarola, St. Kassian, T 0471 84 95 22, www.armentarola.com, Mitte Juni–1. Okt., Anf. Dez.–Anf. April tgl. 11.30–21 Uhr, €€€

Alpine Küche

Restaurant Ladinia: Im Lokal am Ortsrand von Corvara wird gekocht, was alpine Regionen hergeben – und nicht nur die. Die Palette der kulinarischen Regionen spannt sich von der Champagne über das Piemont bis nach Tirol. Das alles können Sie im ältesten Gasthaus des Ortes – oder auf seiner super Terrasse – genießen.

Berghotel Ladinia, Pedecorvara 10, Corvara, T 0471 83 60 10, www.berghotelladinia.it, tgl. 12–14, 19–21 Uhr, €€€

Alte Schule

Usteria Posta: Traditionsgasthaus an der Staatsstraße – etwas zurückgesetzt, sodass man auch draußen gut sitzt. Geboten wird frische ladinisch-tirolerische Küche. Auch günstige Zimmer.

Pedraces-Str. 43, Abtei, T 0471 83 97 35, www.ustariaposta.it, warme Küche 11–14, 18–21 Uhr, €–€€€

Typisch ladinisch auf dem Hof

Ein ladinisches Menü in einer Bauernstube ist etwas ganz Besonderes. Oberhalb von Wengen öffnet Annamaria Vallazza den Hofschank **Lüch de Survisc** nach Anmeldung (Ćians 13, Wengen, T 0471 84 31 49, www.survischof.bz). Ähnlich wird **Lüch Alfarëi** oberhalb Abtei (Alfarëi 5, Abtei, T 0471 83 98 25, E-Mail masoalfarei@gmail.com) geführt. Hier isst man in der vielleicht ältesten Stube des Gadertals. Gekocht wird, wenn mindestens 20 Menschen zusammenkommen.

Auf der Alm

Malga Valparola: Aus dem Pustertal reist Familie Oberhofer jedes Jahr an, um ihre charmante Alm auf 1740 m Höhe zu bewirtschaften. Nicht nur Murmeltiere fühlen sich hier wohl. Gegen den Hunger werden kleine Gerichte oder eine tolle Speck-Käse-Platte für zwei Personen geboten.

Pralongià-Valparola (ca. 45 Min. zu Fuß von Armentarola), Buchenstein (Provinz Belluno), T 333 910 53 78, saisonal 10–17 Uhr, €–€€

Beliebter Treff

Panificio Pasticceria Caffè Gasser: Zugegeben, die Tische stehen am Parkplatz – aber das Panorama und die Spitzen-Törtchen und -torten entschädigen dafür locker.

Colz-Str. 24, Stern, T 0471 84 71 02, auf Facebook, Mo–Fr 7–17/18/19 Uhr (je nach Saison), Sa 7–12 Uhr

Einkaufen

24/7

Lüch da Ciampidel: Das dürfte wohl der erste 24-Stunden-Hofladen weit und breit sein – mit Automatenverkauf! Etwas abseits der Straße von St. Kassian nach Stern gibt es Fleisch und Eier aus artgerechter Tierhaltung, Kaminwurzen etc.

Ciampidel-Str. 31, St. Kassian, T 334 822 39 22, www.ciampidel.com, Zeiten s. Website

Hofladen

Lüch da Pćëi: Fantastischer Hofladen im Besitz der umtriebigen Familie Crazollara. Vom hofeigenen Käse bis zu exzellenter Feinkost, Grappa und mehr. Es gibt Filialen in Pederoa, St. Vigil, St. Kassian (im Einkaufszentrum Franz). Das Stammhaus ist am oberen Ortsrand von St. Kassian.

Pcëi 17, St. Kassian, T 0471 84 92 86, www.luchdapcei.it, Mo/Di, Do–Sa 15.30–19 Uhr

Bewegen

Vier Gipfel, ein Tag

Extreme Challenge: Sie sind trainiert, bergerfahren und haben Lust auf eine Alta-Badia-Mountaineer-Trophäe? Die bekommt, wer an einem Tag auf Heiligkreuzkofel, Zehner-, Lavarela- und Conturinesspitze steigt (25 km, 2000 Höhenmeter). Anmeldung: www.4peaks.it.

Auf alten Spuren

Tru dles Viles/Tru Cultural: Anschaulich beschilderter und landschaftlich reizvoller Kulturwanderweg entlang alter Höfe und vorbei an Pater Freinademetz' Geburtshaus. Dauer ca. 3 Std., Abkürzung möglich. Start im Zentrum von Pedraces oder St. Leonhard (zu Abtei gehörig).

Amphitheater der Dolomiten

Pralongià-Hochebene: s. S. 109.

Feiern

- **Maratona Dles Dolomites:** 1. Juli-So. Ca. 9000 Personen nehmen am legendären (semi-)professionellen Radrennen um die Sella teil, hinzu kommen Zehntausende Besucher. Start ist in Stern, Ziel Corvara.

Infos

- **Tourismusverband Alta Badia:** www.altabadia.org. Die Gemeinden im oberen Gadertal sind im Tourismusverband Alta Badia vereint. Entsprechend vielfältig ist das Programm. Es gibt sogar unter dem Namen **Nos ladins** Halbtagesbesuche bei ›echten Ladinern‹ (Bergführer, -bauern, Hüttenwirte, Handwerker) und **Eco-Hiker-Tage,** an denen Touristen beim Bergwege-vom-Abfall-Befreien helfen. Tourismusbüros gibt es in allen Orten. Adressen und Öffnungszeiten finden Sie auf der o. g. Website.
- **Bus:** Die **Buslinie 460** verkehrt stündlich zwischen Bruneck und Kolfuschg, **Bus 465** fast stündlich von Stern über St. Kassian bis zum Falzaregopass. Ab Corvara/Kolfuschg fährt **Bus 473** stündlich über das Grödnerjoch nach Plan und **Bus 472** in der Hochsaison stündlich, sonst zweistündlich zum Pordoijoch.

Die Sella 

Umfang-reich

Sella, Sellagruppe, Sellastock, Sellamassiv? Schon all die Bezeichnungen machen deutlich, wie schwer es ist, dieses beeindruckende Gebilde zu beschreiben. Entstanden ist es vor mehr als 20 Mio. Jahren durch das Aufeinanderprallen der europäischen und der afrikanischen Platte unterhalb eines tropischen Meeresbodens. Dieser Zusammenstoß hat ein nahezu kreisförmiges, nennen wir es Massiv (9,5 km lang, 7 km breit, etwas über 3 km hoch) hervorgebracht, das zudem, mit bloßem Auge zu erkennen, aussieht wie ein riesiger Berg mit zwei Etagen. Der Unterbau ist aus Schlerndolomit und hebt sich optisch von dem oberen Stockwerk aus Hauptdolomit deutlich ab.

Ein leichter 3000er

Auch die höchste Erhebung, der 3125 m hohe **Piz Boè,** ist eigentlich kein Gipfel, sondern ein kleines Plateau, gleichsam eine dritte Etage. Auf ihm findet außer einem Gipfelkreuz und reichlich Felsgrund zum Rasten sogar eine entzückende Hütte mit 22 Betten und Restaurant (www.rifugiocapannapizfassa.com) Platz sowie ein Hubschrauberlandeplatz. Der Blick ist, natürlich, sensationell und mit ein bisschen Erfahrung gut zu erreichen. Bis auf den **Sass Pordoi** – von dem man die Schichtenbildung besonders gut sieht – hilft ab **Pordoijoch** eine Seilbahn. Wer (Klettersteig-)Handschuhe hat: Mitbringen, man muss sich gelegentlich an Seilen festhalten (und kalt ist es oben auch). Wer nicht Seilbahn fahren möchte, steigt vom Grödnerjoch/Passo di Gardena oder – sportlicher – ab Corvara auf.

Seilbahn Sass Pordoi: Berg- und Talfahrt 25/15 €, Mitte Juni–Mitte Okt. 9–17, Mitte Okt.–1. Nov 9–16.30 Uhr

Rund um die Sella

Die Täler um die Sella sind durch vier Pässe verbunden. Im Norden führt das **Grödnerjoch** (2136 m) von Gröden ins Gadertal, im Westen das **Sellajoch** (2218 m) von Gröden ins Fassatal im Trentino. Das **Pordoijoch** (2238 m) im Süden führt ins Buchensteintal, das zur Provinz Belluno hört. Von dort geht es über den im Osten liegenden **Campolongosattel** (1875 m) nach Corvara im Gadertal. Sosehr alle Pässe vom Verkehr gequält werden: Sie sind nicht ohne Charme. An so mancher Bar treffen staunende Motorradfahrer, stolze Rennradler und müde Wanderer in trauter Eintracht zum Espresso aufeinander. Auch übernachten lässt sich an den Pässen zünftig bis gediegen.

Schlafen, Essen

Für Bergfexe

Rifugio Carlo Valentini: So muss eine Bergsteigerpension sein, mit Doppel- und Mehrbettzimmern auf 2000 m Höhe am Sellajoch gelegen und mit einem Vier-Gänge-Menü am Abend, das noch jeden satt gemacht hat.

Stréda de Col de Faè, Sellajoch/Passo Sella, Canazei, T 339 848 23 08, www.rifugiocarlovalentini.com, ÜF/Halbpension €€

Ledersessel und Liegestühle

Jimmy-Hütte: Mehr Ausflugslokal als Hütte – aber was für eins! 20 Minuten oberhalb vom Grödnerjoch (Richtung Cirspitzen, mit Blick auf die Sella) gelegen, stilvoll gestaltet, mit exzellenter Weinkarte – und einem Menü, das von Lammkoteletts bis zur Dinkel-Carbonara reicht.

T 333 433 22 62, Grödnerjoch, Kolfuschg, www.jimmyhuette.com, tgl. Anf. Dez.–Mitte April, Juni–Okt. 9–17.30 Uhr, €€

Auch im Winter ist Gröden eine Reise wert. Skifahren, Rast auf einer Hütte – und dort im winterlichen Sonnenschein vielleicht sogar einen Aperol Spritz genießen.

Bewegen

Klettern

Außer der Piz-Boè-Besteigung (Piz Boè, s. S. 113) ist die Sella mehr Kletter- als Wandergelände. Der **Pisciadu-Klettersteig** (Schwierigkeitsgrad C) mit Start in der Nähe des Grödnerjochs gehört zu den spektakulärsten der Dolomiten, ist allerdings am Wochenende notorisch überlaufen. Anfänger tun gut daran, sich in die Hände eines Führers (s. S. 120) zu begeben; (psychische) Blockaden sind ein zunehmendes Problem an vielen Klettersteigen, die oft zudem nur in eine Richtung begangen werden können.

Aussichtsreich wandern

Kolfuschger Höhenweg: Mit Blick auf die Sella verläuft vom Grödnerjoch bis Kolfuschg ein aussichts- wie blumenreicher Höhenweg unterhalb der Cirspitzen und Sass Ciampac (Weg 8, später 4, 2–2,5 Std).

Mit dem Rad

Sellaronda: Nahezu 60 km und 4000 Höhenmeter sind es über die vier Pässe Grödner-, Sella-, Pordoijoch und Campolongosattel. Viele Radler nehmen Bergbahnen zu Hilfe, dann sind im Uhrzeigersinn 440, in die Gegenrichtung 1020 Höhenmeter bergan zu bewältigen. Rennradler fahren auf der Straße, Mountainbiker (überwiegend) auf eigenen Routen. In den Tourismusbüros gibt es ein Faltblatt »Sellaronda MTB Tour«. Autofrei ist die Strecke nur im Juni und September an zwei speziellen Terminen: Bei den **Sellaronda Bike Days** (www.sellarondabikeday.com), die bis zu

20 000 Menschen anziehen, haben die Radler die Rundstrecke für sich. Start ist in Wolkenstein. Mehr autofreie Tage oder zumindest Uhrzeiten einzuführen wird seit Jahren diskutiert.

Radverleihe: www.valgardena.it/de/sommerurlaub-dolomiten/mountainbike-urlaub-groeden/rad-mtb-verleihe, www.altabadia.org/de/sommer-urlaub-suedtirol/radfahren/rad-verleih-radwerkstatt.html, www.valgardena.it/de/sommerurlaub-dolomiten/mountainbike-rennrad-urlaub-groeden/rad-mtb-verleihe.

Gröden

G/H4/5

Paradetal der Dolomiten

Von den zerklüfteten Gipfeln der Geislergruppe bis zu den schroffen Wänden der Sella zieht sich **Gröden** (lad. Gherdëina, it. Val Gardena), auch **Grödnertal** genannt. Wie in allen Tälern um die Sella wird Ladinisch gesprochen, nur der an das Eisacktal grenzende Teil ist deutschsprachig. Seit 1856 führt eine Straße durch Gröden. 1869 gelang Paul Grohmann, der kurz darauf auch die Drei Zinnen bezwang, die Erstbesteigung des Langkofel – der Tourismus war geboren.

Besucherrekorde

Heute gibt es in den drei Hauptorten **St. Ulrich, St. Christina** und **Wolkenstein** mehr Gästebetten als Einwohner. Den Rekord hält **Wolkenstein,** dessen 2600 Bewohner weit über 1 Mio. Gästeübernachtungen pro Jahr verzeichnen. **St. Ulrich** ist der geschäftigste Ort und das Bildungszentrum der Grödner. Am normalsten geht es in **St. Christina** zu. Wundern kann die Beliebtheit Grödens nicht: Raschötz und Seceda, Seiser Alm, Lang- und Plattkofel, Sella – die Auswahl an Wanderzielen ist fast grenzenlos. Aufstiegsanlagen und ein exzellentes Busnetz helfen dabei, dass Bergbegeisterte über Wochen – manche sagen: Jahre – in Bewegung bleiben können.

St. Ulrich

H5

Historisches Basecamp

Trapp, trapp, trapp – das Zentrum von **St. Ulrich** (lad. Urtijëi, it. Ortisei) ist vor allem ein Durchmarschort, das Leben spielt sich mehrere Etagen höher, auf den Bergen, ab. Wer die Seilbahn auf die Seceda nimmt, spürt sogar unter seinen Füßen, welche Bedeutung die Berge haben: Laufbänder und Rolltreppen chauffieren einen zur etwas oberhalb gelegenen Talstation. Dabei ist das **Ortszentrum** mit seinen bunten Häusern und Wandmalereien je nach Geschmack arg tirolerisch, doch nicht ohne Idyll. Stattlich ist die spätbarocke **Pfarrkirche des hl. Ulrich** am S.-Durich-Platz, 1796 geweiht und seither durch zwei Seitenschiffe erweitert. Grödner Holzschnitzer waren an ihrer Ausstattung beteiligt, u. a. Rudolf Moroder-Lenert, dessen Skulptur der hl. Elisabeth bei der Weltausstellung in Paris 1900 eine Goldmedaille erhielt.

Mehr als Madonnen

Wer dem ersten Blick auf holzgeschnitzte Skulpturen einen zweiten folgen lässt, stellt schnell fest: Die Bandbreite ist riesig. Einen guten Überblick bietet die **Dauerausstellung Art52**. Dort präsentieren 51 Künstler und eine Künstlerin ihre Werke: Helene Demetz (@sculptorhelenedemetz) – die einzige Frau! – z. B. orientiert sich an afrikanischer Kunst, andere bilden Berufe und Handwerke ab, vom Almbauern bis zum Bergsteiger. Zu Künstlern, die sich über Südtirol hinaus einen Namen gemacht haben, gehören Willy Verginer (www.verginer.com), Eric Perathoner (www.ericsculptor.com) und Aron Demetz (www.arondemetz.it).

Art52: Kulturhaus St. Ulrich, Reziastr. 1, www.art52.it, tgl. 9–22 Uhr, Eintritt frei

Dinosaurier und Legenden

Das **Museum Gherdëina** lässt die Geschichte der Dolomiten inklusive eines auf der Seceda gefundenen Ichthyosaurus der Gattung Cymbospondylus ebenso plastisch werden wie Kulturell-Religiöses. Auch der Nachlass des 1892 in St. Ulrich als Alois Franz Trenker geborenen Luis Trenker, er starb 1990 in Bozen, wird hier verwaltet.

Reziastr. 83, www.museumgherdeina.it, Zeiten s. Website, 8 €, Studenten bis 26 Jahre 2,50 €, bis 18 Jahre Eintritt frei

Vom Bahn- zum Spazierweg

Oberhalb des Museums, nahe der Pfarrkirche, beginnt der **Grödner Bahnweg,** der auf diesem Stück – nicht recht überraschend – **Luis-Trenker-Promenade** heißt. Bis 1960 fuhr von Klausen bis Plan eine im Ersten Weltkrieg als Nachschubroute errichtete Bahn, erbaut zu wesentlichen Teilen von russischen Kriegsgefangenen. An sie, wie auch an friedlichere vergangene Zeiten, erinnern heute Tafeln.

St. Christina H5

Unter dem Langkofel

So einen Hausberg hat nicht jeder – **St. Christina** (lad./it: Santa Cristina) liegt direkt unterhalb der fast senkrechten Langkofel-Nordwand. Das Leben spielt sich an der **Dursanstraße** ab, zwischen dem Ortsteil Dossen nahe der Raschötz-Seilbahn und dem Rathaus. Hier befinden sich fast alle Geschäfte, Restaurants und Cafés.

Historische Spuren

Das historische und für Grödner Verhältnisse geradezu beschauliche **Zentrum** nebst **Pfarrkirche** aus dem Jahr 1342 liegt einige Fußminuten oberhalb der Dursanstraße am westlichen Ortsrand.

Auf der anderen Talseite ein Stück weiter im Osten an der Straße Richtung Wolkenstein steht die weithin sichtbare **Fischburg** (lad. Ciastel de Gherdëina, it. Castel Gardena, keine Besichtigung). Den Renaissancebau ließ Engelhard Dietrich von Wolkenstein-Trostburg im 17. Jh. als Sommerresidenz und Jagdschloss erbauen. Im 19. Jh. schenkte Graf Leopold die Fischburg der Gemeinde St. Christina, die sie zunehmend verfallen ließ. 1926 wurde sie dann an den venezianischen Bergsteiger und Höhlenforscher Baron Carlo Franchetti verkauft. Bis heute befindet sich die Burg im Besitz seiner Familie.

Aus Holz geschnitzt

Der Legende nach nahm das Holzschnitzen, für das Gröden fast so berühmt ist wie für seine Berge, an langen Winterabenden seinen Anfang: Aus Langeweile hätten die Menschen begonnen, Holz zu bearbeiten. Ob das stimmt, sei dahingestellt, in jedem Fall wurde daraus schnell eine Notwendigkeit. Bis heute hat sich daran nicht viel geändert. Auch eine **Krippe** mit überlebensgroßen Krippenfiguren macht auf die wirtschaftliche Bedeutung der Holzschnitzerei aufmerksam. Von Grödner Kunsthandwerkern geschaffen, erhielt sie im Jahr 2000 eine Bleibe in einem Holzstall am (Sport-)Center Iman (Dursan-Str.). Die Krippe wird kontinuierlich erweitert und gilt als eine der größten aus Holz geschnitzten Krippen der Welt! Übrigens wurde, weil man auch auf anderen Kontinenten auf die Idee kam, mit angeblich Grödner Krippenfiguren Geld zu machen, das **Siegel Val Gardena** eingeführt.

Lieblingsort

Heiliger Ort für Pilger und Reisende

Seit dem 12. oder 13. Jh. ist die **St.-Jakob-Kirche** (H 5) oberhalb von **St. Ulrich** dem Patron der Pilger und Wanderer gewidmet – an einem Ort, an dem seit Urzeiten Menschen auf dem Weg vom Eisacktal nach Venedig vorbeikommen. Geöffnet ist sie nur von 10.30 bis 12.30 Uhr, und auch das nicht immer (Info: T 0471 77 76 00). Zu ihren Füßen picknicken und beim Anblick des Schlern über den Lauf der Welt sinnieren geht aber jederzeit. Zu Fuß erreicht man sie ab Luis-Trenker-Promenade in St. Ulrich in einer bis eineinhalb Stunden oder, panoramareicher, ab Bergstation der Col-Raiser-Bahn (ab St. Christina, www.colraiser.it, ca. 1,5 Std. Gehzeit).

TOUR
In alpine Höhen

Wanderung rund um den Langkofel

Infos

Gehzeit 3–4 Std., 100 Höhenmeter im Auf-, 700 im Abstieg, nur mit alpiner Erfahrung, Karte, Schneefelder!, Stöcke mitnehmen!

Start:
Sellajoch, H 5

Anfahrt:
Bus 471 St. Ulrich–Sellajoch, Parkplätze rar, kostenpflichtig; **Gondel Forcella Sassolungo,** Juni–Anf. Okt. 8.15–17 Uhr, Bergfahrt 20 €, Kinder 14 €

Welche Tour beginnt mit einem Sprung in eine fahrende Gondel? Schon die Zwei-Personen-Stehgondeln vom **Sellajoch** (lad. Jëuf/Jouf de Sela, it. Passo Sella) zur Langkofelscharte sind eine Reise wert. Von der **Bergstation** auf 2685 m an der **Toni-Demetz-Hütte** führt der Weg, zunächst steil und geröllig, bis in den Juli durch **Schneefelder,** die **Langkofelscharte** (lad. Saslonch, it. Sassolungo) hinab. »Der Berg gibt dem Menschen die Möglichkeit, Maß zu nehmen«, sagt Reinhold Messner. Wer sich durch diese Felswände hinabschraubt, weiß, was er meint! Nach rund 500 Höhenmetern gerät das erste Zwischenziel in den Blick. Wie ein Adlerhorst krallt sich die **Langkofelhütte/Rifugio Vicenza** (T 338 607 56 74, www.rifugiovicenza.com, Anf. Juni–Ende Sept./Anf. Okt., €–€€) in den Berg, die von einer lebenden Legende geführt wird: Hüttenwirt Walter Piazza hat schon Luis Trenker bewirtet!

Ab der Hütte wandert man kommoder weiter: Meist leicht bergab führt der Weg erst gen Norden, dann gen Osten, um den Langkofel herum. Dass es sich einfach geht, ist auch gut, weil so Zeit bleibt, die Aussicht auf den Schlern zu genießen. Auf der Nordseite folgen noch Schneefelder und ein Wegstück, das sich an den Wänden des Langkofel entlanghangelt. Einkehr bietet auch die **Emilio-Comici-Hütte** (T 0471 193 03 88, www.rifugiocomici.com, Mitte Juni–Anf. Okt., Anf. Dez.–Mitte April, tgl., €€–€€€). Durch die durch einen Bergsturz entstandene **Steinerne Stadt** (lad. Zità di Sasc, it. Città dei Sassi) mit all ihren Felsblöcken geht es zurück zum **Sellajoch.**

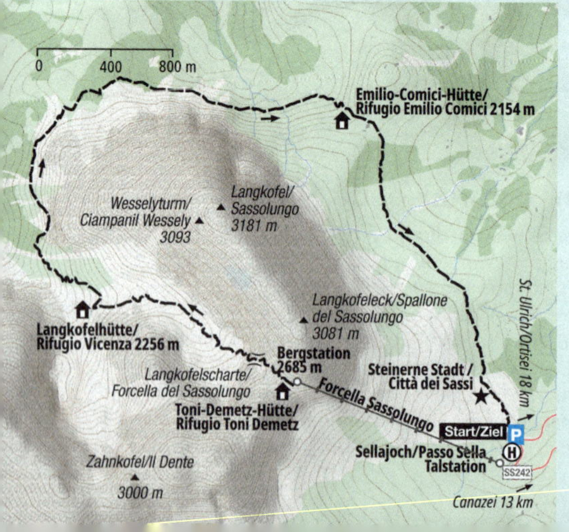

Wolkenstein H5

Unter der Sella

Selbst Menschen unterhalb des Pensionsalters erinnern sich an ein Dorf, in dem um die Kirche ein paar Hotels standen und das ansonsten von Landwirtschaft geprägt war. Heute ist **Wolkenstein** (lad. Sëlva, it. Selva) mit St. Christina wie mit dem etwas höher gelegenen Plan fast zusammengewachsen. Zahlreiche Viersternehotels prägen das Bild. Unvergleichlich ist seine Lage am Fuß der Sella. Wolkenstein ist ein idealer Startpunkt in die Höhe.

Ruhige Orte

Eine Idee von früheren Zeiten bekommt, wer entlang des Grödner Bahnwegs durch die höher gelegenen Ortsteile spaziert. Wer in das ruhige **Langental** (lad. Val longia, it. Vallunga; bis zum Talschluss und zurück 3 Std.) wandert, kann von dort gut zu längeren Touren in die Puez-Gruppe, zum Grödnerjoch oder ins Gadertal starten. Zu Beginn gelangt man zur **Ruine der Burg Wolkenstein.** Ab dem 14. Jh. befand sich die Burg im Besitz der Familie Oswald von Wolkensteins, der hier oft seine Sommer verbrachte.

Schlafen

Das Angebot ist riesig, dennoch sollten Sie sich für Juli/August sehr früh um eine Bleibe bemühen. Günstiges ist rar, das größte Angebot in dieser Hinsicht hat St. Christina. Von Ostern bis Mitte Juni und im November sind die meisten Unterkünfte geschlossen.

Traditionell gut

Gästehaus Planaces: Im nicht verkehrsberuhigten Teil der Haupteinkaufsstraße bietet Familie Planaces seit über 50 Jahren blitzsaubere Zimmer und kleine Wohnungen. Mit Fahrstuhl. Lieber zur Wiese raus schlafen!

WER WAR LUIS TRENKER?

24 Filme, mehr als neun Lebensjahrzehnte, fast alle als Pionier und Bergsteiger – Luis Trenkers Verdienste sind unstrittig. Strittig ist, inwieweit er sich von Nationalsozialisten und Faschisten in Deutschland wie Italien ›nur‹ hat instrumentalisieren lassen. Fest steht: Zwischen Trenker und Leni Riefenstahl, die zeitweise eine Liaison verband, gibt es Parallelen – und für Studierende, die das Archiv im Museum Gherdëina nutzen, viele Themen.

Reziastr. 7, St. Ulrich, T 0471 79 61 59, www.garniplanaces.it, €€–€€€

Historisch-charmant

Hotel Uridl: Charmant-verwinkeltes Haus aus dem Jahr 1641, zwischen Kirchturm und Bahnweg, mit Turmstube für Familien (5 Betten), Einzel- und Doppelzimmern, guter Küche und lauschigem Garten.

Chemun-Str. 43, St. Christina, T 0471 79 32 15, www.uridl.it, €€

Hübsch

Garni Bondi: Eine Oase der Ruhe und Herzlichkeit, an einem rauschenden Bach am Eingang des Langentals. Im Garni Bondi gibt es Einzel- und Doppelzimmer mit blütenweißer Bettwäsche, teils mit Sella-Panorama.

Puez-Str. 41, Wolkenstein, T 0471 79 53 32, www.garnibondi.com, €€ (Winter bis €€€)

Essen

Risotto, Reh, Sushi

Vives: Stilvoll tirolerisch, mit nur acht Tischen drinnen und dreien draußen. Kreativ-regionale Küche – etwa Schüttelbrotspaghetti oder Risotto mit Minze, Limette und Reh. Nur mittwochs nicht – da gibt es Sushi.

Rezia-Str. 231, St. Ulrich, T 0471 79 67 82, www.stubevives.it, Di–So 11–15, 18–22 Uhr, €€

Auf dem Hof

Mesc da Paratoni: In einem 800 Jahre alten Hof oberhalb von St. Christina serviert Familie Insam ein – fixes – ladinisches Fünf-Gänge-Menü (49 €).

Insomstr. 17, St. Christina, T 333 544 36 68, www.paratoni.com, ca. Juni–Okt., Dez.–Anf. April Fr/Sa ab 19 Uhr, nur mit Reservierung

Pizza satt

L Fudlé: Selbst für das tirolerisch-italienisch-ladinische Südtirol ist eine kulinarische Mischung von Gröstl bis Burger ungewöhnlich. Die Pizzen sind exzellent, die Terrasse ist immer voll. *L Fudlé* ist übrigens eine alte ladinische Bezeichnung für eine Kochstelle.

Dursanstr. 86, St. Christina, T 0471 79 02 55, www.fudle.it, tgl. 12–14.30, 18–22, Pizza bis 23.30 Uhr, Pizza €, sonst €€–€€€

Einkaufen

Das Mitbringsel aus Gröden sind **Holzschnitzereien,** doch wer sich in die einschlägigen Geschäfte begibt, ist schnell überfordert. In der **Art52** (s. S. 115) liegt ein Faltblatt mit Kontakten der Künstler aus; die Künstlervereinigung **Unika** bietet unter www.unika.org ganzjährig einen guten Überblick und richtet jedes Jahr im September die **Grödner Messe** aus.

Selbst gemacht

Handwerkermarkt: Von Juni bis September findet in der Dursanstraße in St. Christina jeden Dienstag ab 19 Uhr ein Markt mit Qualitäts- und Hofprodukten statt.

Bewegen

Zu Fuß

Wandern/Bergsteigen: Raschötz, Seceda, Mont Sëuc (oberhalb St. Ulrich), Col Raiser, Mont de Sëura (oberhalb St. Christina), Langental, Ciampinoi (ab Wolkenstein) und über allem thronend Sella und die Langkofelgruppe – die Möglichkeiten sind endlos, Auf- und -abfahrten per Lift, Auf- und Abstiege, Busan- und -abreisen hundertfach kombinierbar. Neben den üblichen Vorkehrungen in alpinem Gelände – Wetter und Kondition prüfen, Kälte und Notausstiege bedenken –, immer klären: Wann fährt die letzte Seilbahn, wann der letzte Bus?

Professionell begleitet

Gardenaguides: Kompetente Bergführer, auch Kletterkurse.

Nivesplatz 2 (in der Kletterhalle), Wolkenstein, T 0471 79 41 33, www.gardenaguides.it, Bürozeiten Mo–Fr 17–19, Sa 17.30–19 Uhr

Radfahren

Radtour/Radverleih: s. Sellaronda, S. 114

Ausgehen

Livemusik

Soviso: Bar und Café, wienerisch angehaucht, mit Frühstücks- und Cocktailkarte. Regelmäßig spielen Bands, von Blues über Rock bis Alternative, meist Do, Fr oder Sa 17–20 Uhr.

Reziastr. 73 c, St. Ulrich, T 0471 786 139, www.facebook.com/cafesoviso, Di–So 8/9–20/21 Uhr

Ladinisch

Tublà da Nives: Zentrum ladinischer Kultur in einem alten Heustadel, dem ein lichter Glaskubus hinzugefügt wurde. Wechselndes Programm.

Nives-Str. 6, Wolkenstein, T 339 873 26 77, www.tubladanives.it

Feiern

- **Gröden in Tracht:** 1. Aug.-So, www.valgardena.it. Ein festlicher Umzug, bei dem die Grödner Trachten im Mittelpunkt stehen, findet jährlich abwechselnd in St. Ulrich, St. Christina und in Wolkenstein statt.
- **Dolomitale:** Sept., www.dolomitale.com. Dieses fünftägige Filmfestival mit Fokus auf dem Alpenraum wird in St. Ulrich veranstaltet.
- **Biennale Gherdëina:** alle 2 Jahre (gerade Jahreszahl) (Früh-)Sommer–Frühherbst, www.biennalegherdeina.it. Zeitgenössische Künstler stellen in der Fußgängerzone von St. Ulrich aus.

Infos

- **Tourismusverein St. Ulrich:** Rezia-Str. 1, 39046 St. Ulrich, T 0471 77 76 00, www.valgardena.it, Anf. April/Mai Mo–Fr 8.30–12.30, 14–18, Sa 8.30–12, Juni–Aug. Mo–Sa 8.30–12.30, 14.30–18.30, So 9–12, 16.30–18.30 Uhr.
- **Tourismusverein St. Christina:** Chemun-Str. 9, 39047 St. Christina, T 0471 77 78 00, www.valgardena.it, Zeiten ähnlich wie St. Ulrich, s. Website.
- **Tourismusverein Wolkenstein:** Mëisules-Str. 213, 39048 Wolkenstein, T 0471 77 79 00, www.valgardena.it, Öffnungszeiten ähnlich wie St. Ulrich, s. Website.
- **Bus: Bus 471** 8–16.30 Uhr mehrmals pro Stunde zum Sellajoch, letzte Rückfahrt nach Gröden 18 Uhr. **Bus 473** stündlich über das Grödnerjoch nach Corvara. **Weitere Busse** fahren nach Brixen, Bozen, Waidbruck und auf die Seiser Alm. Fast alle Unterkünfte händigen mit dem Zimmerschlüssel eine **Gästekarte inklusive Mobilcard** aus.
- **Parken:** Parken ist nahezu überall kostenpflichtig oder auf 60–90 Min. begrenzt, zudem sind die Parkplätze insbesondere an den Jochen trotz ihrer Größe schnell voll.

Seiser Alm/ Alpe di Siusi G/H5

Größte Terrasse Europas

Der Legende nach klopften einst erschöpfte Tourengeher an die Türen der Bauern und baten um Bett, Speis und Trank – und begründeten so den Tourismus. Seither ist viel geschehen auf der mehr als 50 km² großen Hochalm, mit Blick auf Schlern, Rosengarten und die Langkofelgruppe fantastisch gelegen und so etwas wie die größte Panoramaterrasse Europas. Die schlimmsten Auswüchse des Tourismus sind beseitigt: Seit 2004 ist die Seiser Alm streng verkehrsberuhigt (s. Infos S. 126).

Blüten, wohin man blickt

Einzigartig ist die Landschaft aus Wiesen und Weiden, auf denen fast 800 Blumen und Farnpflanzen gedeihen. Damit, sie zu erkunden, lassen sich Tage verbringen. Hochalm heißt dabei nicht, dass alles flach ist: Einige Hundert Höhenmeter kommen schnell zusammen. Wenn man nicht oben wohnt – was möglich, schön und schön ruhig ist –, führen alle Wege über den (Hotel-)Ort **Compatsch/Compaccio** (H 5) auf 1760 m Höhe.

Kastelruth/Castelrotto G5

Intakter Ortskern

Wenn freitags früh die ersten Sonnenstrahlen auf den **Krausplatz** fallen, auf

TOUR
Über die Alm

Von Einkehr zu Einkehr auf der Seiser Alm

Infos

2,5–3 Std., ca. 9,5 km, 330 Höhenmeter (auf und ab)

Start: H 5, Compatsch

Gostner Schwaige: s. S. 124
Laranzer Schwaige: Saltria-Str. 23, T 340 984 80 55 Saltria, Seiser Alm, Juni–Mitte Okt., Anf. Dez.–Mitte April tgl. tagsüber, €–€€

An-/Rückfahrt: Anfahrt s. Infos S. 126; Saltria–Compatsch: alle 20–60 Min. Almbus 11, Abstieg zum Bus mehrfach möglich

Wer die Seiser Alm kennenlernen will, erwandert sie am besten – und startet am besten schon morgens. In **Compatsch/Compaccio** weisen Schilder den Weg zur **Gostner Schwaige.** Eine halbe Stunde auf einem leicht bergauf führenden Waldweg später steht man bei Franz Mulser auf der Terrasse, etwas überrascht, dass ein so berühmter Ort so übersichtlich daherkommt: Nur fünf Tische drinnen und 14 draußen hat die Schwaige. Gerade, es ist ja noch früh, werden hübsch hergerichtete Zirbenholzgestecke auf ihnen verteilt, in der Küche warten Wannen voller Blüten auf Zubereitung (s. S. 124). Blütenmixe wie Almkäse gibt es auch im Verkauf.

Zurück auf dem Hauptweg folgen wir dem **Hans-und-Paula-Steger-Weg/Sentiero Hans e Paula Steger** – benannt nach den Alpinisten Paula Wiesinger (später Steger) und Hans Steger, die in den 1930er-Jahren zahllose Skititel gewannen und auch exzellente Kletterer waren. Ihre Stiftung setzt sich heute für Naturschutz auf der Seiser Alm ein.

Fortan bietet der Weg viel Auf und Ab und Abwechslung. Die nächste Einkehrgelegenheit ist die von der Steger-Stiftung errichtete **Laranzer Schwaige/Malga Laranzer** (1925 m; auch: Baita Laranzer) mit Spitzen-Apfelstrudel zum Genießen, Ziegen und Panorama zum Schauen. Danach folgt das schönste Stück der Wanderung: Der Weg führt uns über Almwiesen, entlang von Bergbächen und schließlich durch Lärchen- und Fichtenbestände, bis wir links nach **Saltria** abbiegen und den Busstopp erreichen.

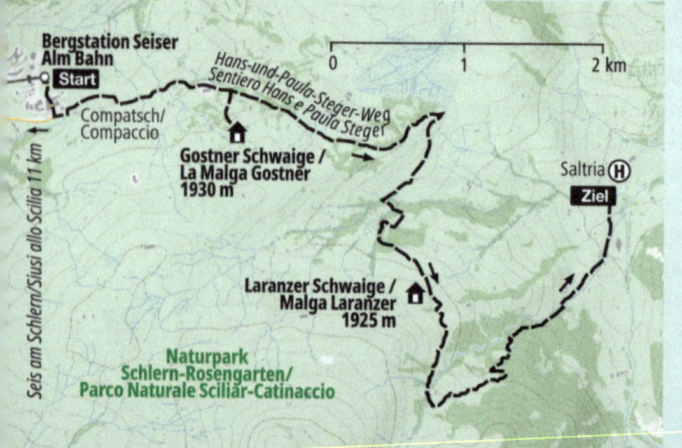

dem der **Bauernmarkt** gerade seine Stände aufbaut (Juni–Okt. Fr 8–12 Uhr), dann bietet das auf 1065 m unterhalb der Seiser Alm gelegene **Kastelruth,** was die Werbung verspricht: einen der schönsten Ortskerne Italiens. Geprägt wird der Platz von einem freistehenden **Glockenturm,** der klassizistischen **Kirche St. Peter und Paul** und dem **Rathaus** in einem ehemaligen Ansitz.

Spatzenalarm

Der bekannteste Exportschlager allerdings ist die Volksmusikcombo **Kastelruther Spatzen.** Am Ortseingang ist ihnen ein **Denkmal** gewidmet, in einem **Fanladen** (Dolomitenstr. 21, www.spatzenladen.it) gibt es Memorabilia. Und Vorsicht: Zum **Spatzenfest** im Oktober sind bis zu 50 000 Spatzenfans in der Stadt. 2023, zum 40. Bandjubiläum, dürften noch ein paar dazukommen.

Schule im Wandel

Bildung ist nicht nur das Tor zur Zukunft, sondern auch ein guter Einstieg in die Geschichte. In der ehemaligen Grundschule im Ortsteil Tagusens, dem heutigen **Schulmuseum Tagusens,** wird die Geschichte des Südtiroler Bildungssystems vom Kaiserreich über den Faschismus bis in die heutige Zeit dargestellt.

Tagusens 2, www.museum-kastelruth.com, Ostern–Allerheiligen Mi, Fr 14–18, So 10–18 Uhr, Spende

Seis am Schlern/ Siusi allo Sciliar

G5

Von hier geht es auf die Alm

Nicht zuletzt dank der Umlaufbahn nach Compatsch ist Seis, eine Fraktion der Gemeinde Kastelruth, stark gewachsen – optisch fällt es hinter dem nur 2 km entfernten Kastelruth zurück. Das Leben spielt sich im **St.-Oswald-Weg** ab, an dessen südlichem Ende das **Johann-Santner-Denkmal** an den Bergsteiger erinnert. Etwas überrascht erfährt man, er habe die nach ihm benannte Spitze auf dem Schlern »zum großen Teil barfuß« erstbestiegen. Unter der Santnerspitze liegt die **Ruine der Burg Hauenstein,** wo der Minnesänger und Vielreisende Oswald von Wolkenstein im 15. Jh. eine Zeit lang lebte.

Ursprünglich

Ein Muss ist die von Bauernhöfen geprägte Gegend oberhalb von Seis mit der **Kirche St. Valentin.** Wer die kurzen Öffnungszeiten (Ende Juni–Okt. Do 17–18 Uhr) nicht erwischt, muss sich nicht grämen: Das 1244 erstmals errichtete und in seiner heutigen Form aus dem Jahr 1532 stammende Kirchlein ist schon wegen seiner Lage in den Wiesen vor der Kulisse des Schlern (Instagram-Spot) einen Besuch wert. Die Außenwand schmücken Gemälde des hl. Christophorus sowie einer Madonna.

Schlafen

Die Region ist ein exzellenter Ort für Urlaub auf dem Bauernhof. Überblick: www.roterhahn.it.

Wanderhotel

Icaro: Vermutlich das Hotel mit der besten Aussicht auf der Seiser Alm. Viele geführte Touren, E-Bike-Verleih, Spa und Sportmassagen.

Pizstr. 18, Seiser Alm, T 0471 72 99 00, www.hotelicaro.com, €€€

Traditionsreich

Hotel Zum Wolf: klassischer Gasthof in der Fußgängerzone mit einer breiten Auswahl vom Einzelzimmer bis zur Suite. Nicht top renoviert, aber sehr sauber, die Balkone liegen leider zum Busbahnhof hinaus. Das Preis-Leistungs-Verhältnis passt, die Leitung ist ungemein freundlich!

Oswald-von-Wolkenstein-Str. 5, Kastelruth, T 0471 70 64 33, www.hotelwolf.it, €€

Mit Schlernkulisse

Schildberghof: Seit 200 Jahren führt Familie Zemmer ihren Hof. Dazu gehören ein Gemüsegarten, ein Kaninchenstall, viel Platz zum Toben und unter dem Dach vier Ferienwohnungen.

St. Valentin 13, Kastelruth T 0471 70 68 85, www.schildberghof.com, €–€€

Essen

Bio

Seiser Alm Restaurant: Rustikal-stilvoll werden im Hotel Tirler, einem Biohotel, auch Radler und Wanderer bewirtet. Spezialität sind verschiedene Pfandl sowie Spaghetti mit frischem Knoblauch, Petersilie, Olivenöl und Chilischoten.

Hotel Tirler, Saltria 59, Seiser Alm, T 0471 72 79 27, www.hotel-tirler.com, Anf. Mai–Anf. Nov. tgl. 11.30–20.30 Uhr, durchgehend warme Küche, €€–€€€

Vom Tantris zur Schwaige

Gostner Schwaige: Franz Mulser, der u. a. im Münchner Tantris lernte, serviert heute auf der Alm – im früheren Kuhstall des elterlichen Hofes – exzellente Gerichte von Hirsch mit Schlutzkrapfen über Steinpilzlasagne bis zu Heublütensuppe und Speck-/Käsetellern.

Saltria 13, Seiser Alm, T 347 836 81 54, www.aussergost.com/de/gostner-schwaige, tgl. Juni–Okt., Dez.–Mai 9–18 Uhr, abends auf Vorbestellung (mindestens 10 Personen), €€

Historisch

Zum Turm: Draußen sitzt es sich schön im überdachten Garten, drinnen ist alt getäfelt. Außer Hirschrücken in Brombeersoße und Steak gibt es auch Vegetarisches.

Hotel Zum Turm, Kofelgasse 8, Kastelruth, T 0471 70 63 49, www.zumturm.com, Ende Ende Mai–Okt., Dez.–März Do–Di 18–23 Uhr, €€, Café/Jausenbetrieb (€–€€) tagsüber

Ausspannen

Café Stern: Ein moderner Holz- und Glasbau, der im Schatten einer riesigen Kastanie steht, beherbergt dieses Café. Geführt wird es von der Familie, die hier zuvor das Café Kastelruths betrieb. Tolle Smoothies mit Naturjoghurteis, sehr preisgünstiger Hauswein!

Platten 5, Kastelruth, T 0471 706382, auf Facebook, So–Fr 7.30–20 Uhr

Einkaufen

Regionale Feinkost

Südtirol Products: Der Name ist so unromantisch wie der Ort (Talstation der Seiser Alm Bahn), die Auswahl dafür exzellent, bis hin zu lokalem Safran.

Schlernstr. 39, Seis am Schlern, www.suedtirol-products.com, Mo–Sa 9–18, So 8–18, Juli–Mitte Sept. bis 19 Uhr

Biokräuter

Pflegerhof: Seit 1982 findet Familie Mulser für ihre biologisch angebauten Kräuter immer neue Einsatzgebiete, von Tee bis Kosmetik. Ein Kräuterbüchlein gibt es auch. Regelmäßig werden auch Hofführungen angeboten (Mai/Juni, Sept./Okt. Fr, Juli/Aug. Mo, Mi, Fr 15.15 Uhr).

St. Oswald 24, Seis am Schlern, www.pflegerhof.com, Mo–Sa April–Aug. 10–18, Sept.–März 10–17 Uhr

Bewegen

Lange bevor der Schnee um Sella und Co. geschmolzen ist, meist ab Mai, lädt die Seiser Alm zu (Blüten-)Wanderun-

Lieblingsort

Schutzhaus mit Tradition

Nahezu im Alleingang errichtete der Bergführer Max Aichner in den 1960er-Jahren das **Tierser Alpl Schutzhaus/Rifugio Alpe di Tires** (📍 H 5), Stein um Stein, Fenster für Fenster. Ob die jüngste Vergrößerung dieser Geschichte gerecht wird, sei dahingestellt; es wäre der erste Quasi-Neubau in den Alpen, über den nicht auch debattiert wird. Geblieben ist eine strategisch grandios gelegene Hütte in 2440 m Höhe mit bester Ausgangsposition für Wander- und Klettersteigtouren im Rosengarten. Der kürzeste Weg führt in gut zwei Stunden von der Bergstation des Panoramalifts (ab Compatsch, Saltria 1, www.panoramaseiseralm.info) auf das Tierser Alpl, am Ende geht es steil durch die Rosszahnscharte. Die größte Freude über den Anblick des markanten roten Daches des Schutzhauses kommt nach der deutlich längeren, aber lohnenden Route über den Schlern auf. Auf der Hütte kann man übernachten und sich mit deftigen Gerichten stärken. Sehr lecker: Spinatknödel mit Gorgonzolasoße (T 0471 72 79 58, www.tierseralpl.com, Ende Mai–Mitte Okt., Gaststube dann tgl. 10–20 Uhr, Zwei- bis Acht-Bett-Zimmer, €€, Gerichte €–€€).

gen und Radtouren ein. Informationen zu geführten Blütenwanderungen gibt es in den Tourismusbüros, oder unter info@seiseralm.it.

Wandern

Für alle hier genannten Wanderungen bietet die in Tourismusbüros und vielen Gastbetrieben erhältliche Karte »Hike Area Seiser Alm« Orientierung.

Kastelruth–Seis: Nach Seis führt ein schöner Weg über St. Valentin. Zurück gelangen Sie mit dem Bus (Linien 170, 172, 177) oder zu Fuß über den Pilzeweg duch den Laranzer Wald. 1–1,5 Std. pro Strecke.

Kastelruth–Marinzer Alm: Zu Fuß oder mit der Seilbahn erreicht man die hübsche Marinzer Alm, die weit seltener als die Seiser Alm besucht wird.

Compatsch–Puflatschalpe: Über die Hexenbänke (die Menschen glaubten einst, Schlernhexen hätten diese Steinformationen geschaffen) geht es auf die Puflatschalpe und über die Arnikahütte zurück nach Compatsch. Gehzeit hin/zurück ca. 2,5 Std.

Radfahren

Fahrradverleih: Sport Hans, Compatsch 31/A, T 0471 72 78 24, www.sporthans.com, 8.15–18 Uhr, Mountainbike 30 €/Tag, E-Mountainbike ab 59 €/Tag, mehrere Tage sowie Kinderräder günstiger. Weitere Radverleihe gibt es in Kastelruth-Seis. Hartgesottene strampeln die Seiser-Alm-Straße hoch, doch Sie können Ihr Rad für 5 € (hin/zurück 10 €) auch in der Seilbahn mitnehmen.

Professionell begleitet

Bergführer Helmut Kostner: Kostner, der neben einer Berg- auch eine pädagogische Ausbildung hat, führt durch Fels, Eis, Schnee.

Marinzenweg 25, T 333 716 69 78, www.helmut-kostner.it (tel. Kontaktaufnahme bevorzugt, ab 17 Uhr)

Feiern

- **Almabtrieb:** Rosari-Samstag (Sa vor Erntedank). Von Compatsch bis Kastelruth findet einer der buntesten Almabtriebe Südtirols statt – inklusive Blumenkränzen, Glockengeläut und großem Fest.

Infos

- **Tourismusbüro Seis am Schlern:** O.-v.-Wolkenstein-Platz 6, T 0471 70 70 24, Mo–Fr 8–18, Sa 9–13 Uhr. Weitere Tourismusbüros in Compatsch und Kastelruth. Infos im Internet: www.seiseralm.it, www.seiseralm.net.
- **Zufahrts-, Verkehrsbeschränkung Seiser Alm:** Ende Mai–Anf. Nov. 9–17 Uhr Sperrung der Auffahrt zur Seiser Alm (Seis–Compatsch) für den motorisierten Verkehr, Sondererlaubnis für Gäste mit Unterkunft auf der Alm. Auf der Alm selbst ist Fahren immer nur mit Sondererlaubnis gestattet, dafür regelmäßiger Almbus, **aktuelle Infos:** www.seiseralm.it/de/info/mobilitaet/zufahrt-seiser-alm.html.
- **Parken Seiser Alm:** Parkplatz Ortseingang Compatsch, Ende Mai–Anf. Nov. (Anfahrt vor 9, nach 17 Uhr), 24 €/Tag, sonst 10 €.
- **Bus:** Nach Seis und Kastelruth fährt von Bozen jede halbe Std. (So stdl.) **Bus 170.** Ab Kastelruth und Seis fährt **Expressbus 10** (24/14 €) nach Compatsch.
- **Seiser Alm Bahn:** Seilbahn Seis–Compatsch, Talstation Schlernstr. 39, Seis, T 0471 70 42 70, www.seiseralm.it/de/info/mobilitaet/seiser-alm-bahn-sommer.html, Ende Mai–Anf. Nov. tgl. 8–18, Hochsaison bis 19 Uhr, Winter s. Website, Berg- und Talfahrt 24/14 €.
- **Seilbahn Mont Sëuc:** St. Ulrich–Mont Sëuc, Talstation Setilstr. 9, St. Ulrich, www.funiviaortisei.eu, ca. Mitte Mai–Anf. Nov. tgl. 8.30–17/18/18.30 Uhr, ca. 25/18 €.

Zugabe
Begnodüs!

Wie der Ladiner spricht

Als die Römer kamen, vermischte sich ihr Volkslatein mit dem Rätischen, das die Bewohner des Alpenraums sprachen. So entstand das Ladinische, das sich in den Tälern rund um die Sella, die lange kaum Kontakt zur Außenwelt hatten, bis heute erhalten hat. Zum Leidwesen der Ladiner wurde ihr Lebensraum unter Mussolini aufgeteilt – ein Zustand, der trotz Protest nach 1945 nicht aufgehoben wurde. Heute leben die ca. 30 000 Ladiner in drei Regionen. Gröden und das Gadertal liegen in Südtirol, das Fassatal im Trentino, Buchenstein und Cortina d'Ampezzo in Belluno.

In Südtirol ist Ladinisch seit 1989 als gleichberechtigte Sprache anerkannt. So kommt es, dass Kinder bereits in der Kita Begriffe in drei Sprachen lernen. Für Paul Videsott ein wichtiger Schritt: Er selbst ist Ladiner und Professor für romanische Linguistik mit Schwerpunkt Ladinisch. Als Dekan der Bildungswissenschaften an der Freien Universität Bozen verantwortet er die Ausbildung angehender Erzieher und Lehrer. Auch in den Schulen im Gadertal und im Grödner Tal ist Ladinisch Pflichtfach. Zudem wird die Sprache in Zeitungen, Radio- und Fernsehsendungen gefördert; auch die deutschsprachige Zeitung Dolomiten veröffentlicht täglich eine Seite in ladinischer Sprache.

Heute leben die ca. 30 000 Ladiner in drei Regionen.

Sprachendreifalt (Dialekte nicht mitgezählt) und viele Befindlichkeiten gehören zu Südtirol.

Selbst wenn Sie als Reisende natürlich kein Ladinisch sprechen müssen, um sich vor Ort zu verständigen, schadet es nie, ein paar Begriffe zu können:

Guten Tag – *Bun dé*
Guten Abend – *Buna sëra*
Gute Nacht – *Buna nöt*
Willkommen – *Begnodüs*
Danke – *Giulan*
Wie geht es? – *Co vara pa?*
Gut – *Bun*
Wie heißt du? – *Co aste pa inom?*
Auf Wiedersehen – *A s'udëi*
Haus – *Ciasa*
Berghütte – *Ütia de Munt*

Im Internet bietet die Seite www.ladinia.it interessante Informationen. ■

Bozen und Umgebung

Vom Stadttrubel zur Bergbauerndorf-Stille — und das in wenigen Minuten, das kann nur Bozen. Die Stadt lebt von ihrer Geschichte, ihren Kontrasten und der ständigen Begegnung zwischen Nord und Süd.

Seite 134

Lauben

Unter den Torbögen im Herzen Bozens herrscht tagsüber geschäftiges Treiben. Die Läden verbergen aber viel mehr als Handelsware – ein Stück Kulturgeschichte.

Seite 137

Südtiroler Archäologiemuseum

Hier in Bozen ist er zu bestaunen: Ötzi, die Mumie aus dem Eis.

Seite 137

Neues Bozen

Unheilvolle Vergangenheit und Aufbruch in eine bessere Zukunft.

Seilbahnen ins Glück: auf den Ritten und nach Kohlern

Seite 142

Bozner Weinberge

Wanderspaziergang auf der Oswaldpromenade von urbanen Vierteln zu Weindörfern zwischen St. Anton und Rentsch.

Seite 146

Sarntal

Mitten in Südtirol und trotzdem an manchen Ecken so abgeschieden. Vielleicht hat sich deshalb so viel an Ursprünglichem erhalten: von den berühmten Wolljacken, den Sarnern, bis zu den typischen Pantoffeln, Toppar genannt, von der Federkielstickerei bis zu feinen geklöppelten Spitzen.

Seite 148

Latzfonser Kreuz

Aus dem Sarntal geht es per Kabinenbahn und dann wandernd hinauf zum Latzfonser Kreuz, Südtirols höchstgelegener Wallfahrtskirche. Hin geht es vorbei am Getrumsee, der Rückweg folgt ein Stück dem Urlesteig.

Seite 150

Karersee

Ob der Lec de Ergoband, der Regenbogensee, wirklich alle Farben des Regenbogens zeigt? Sei's drum, außergewöhnlich sind sie allemal.

Seite 151

Karneid, Gummer, Steinegg

Eine Gemeinde, drei Dörfer – ein Sternendorf, mit Stern- und Sonnenwarte sowie dem Planetarium Südtirol.

Seite 152

Im Labyrinth unter dem Latemar

Die Puppen wachen über's Labyrinth: Vom Karerpass aus geht es zwischen haushohen Felsentrümmern durch eine bizarre Gerölllandschaft. Vorher gibt es aber noch Bergkino.

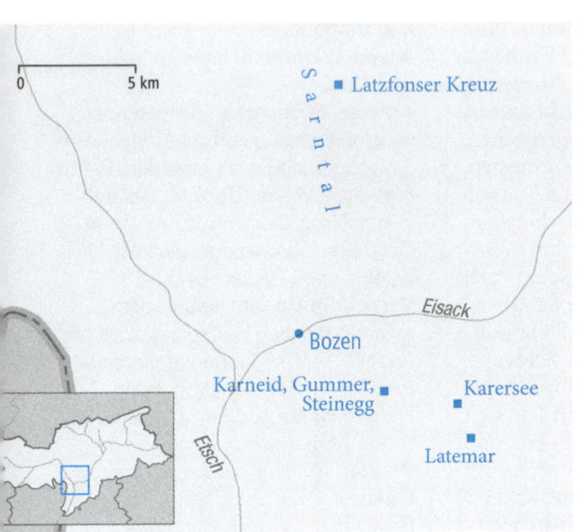

Tibet in Südtirol? Gibt's bei Bozen auf Schloss Sigmundskron im MMM Firmian.

Aus den späten 1960er-Jahren stammt ein bekanntes Südtiroler Kochbuch, das schlagwortartig benennt, was die Landesküche ausmacht: »Spaghetti und Speckknödel«.

Zwischen Nord und Süd

R

Römische Straßenstation, mittelalterliches Handelszentrum und schließlich der Weg ins 20. Jh., der das Bild der Stadt noch einmal grundlegend verändert hat. In Bozen pulsiert das Leben, hier trifft man sich – und das schon immer. Vielleicht hat es die Stadt zwischen Etsch und Eisack auch deshalb geschafft, ihre neuere Geschichte, die ihr aufgedrückt wurde, zu ihrer eigenen Erfolgsstory zu machen.

Die Stadt lebt von ihren Kontrasten, und das in mancherlei Hinsicht. Vor sich ausgebreitet die Weite des Etschtals, im Rücken hohe Berge. Die sanften Weinhänge im Norden der Stadt schmiegen sich wie ein Mantel um die Schultern einer Königin, die sich in den Süden ausbreitende Industrie bildet die Schleppe.

Schmelztiegel hier, fein abgeschlossen dort. Auf den Höhen von Jenesien und dem Ritten oder im Eggen- und Sarntal, die man früher nur durch enge Schluchten erreichen konnte, scheint mancherorts die Zeit stillzustehen – würde das Bild nicht durch modernes landwirtschaftliches Gerät oder die eine oder andere Seilbahn gestört.

In wenigen Minuten in beiden Welten zu sein, der quirligen Stadt und dem behäbigen Land, hat seinen Reiz.

O

ORIENTIERUNG

www.bolzano-bozen.it: Infos von Sehenswürdigkeiten, Unterkünften bis zu Veranstaltungen in Bozen.
www.suedtirols-sueden.info: Touristinfos zu Bozen, aber auch zu Jenesien, Ritten und Sarntal.
www.eggental.com: Infos zu Eggen und Umgebung
www.seiseralm.it: Infos zu Völs und Tiers
Anreise: Bozen ist an den internationalen Bahnfernverkehr München–Bologna/Venedig angebunden. Per Pkw Anreise über die A22, Abfahrten Bozen Nord, Bozen Süd. Vom/zum Flughafen Charterflüge, einzelne Linienflüge nach Deutschland.
Verkehr in Bozen: Neben dem innerstädtischen Busnetz gibt es direkte Busverbindungen in die meisten Ortschaften der Umgebung. Hauptbahnhof und Fernbusbahnhof liegen zentral und nebeneinander.
Parken: Günstig und zentral im Parkhaus BZ Centro/Mitte, freie Parkplätze s. www.parking.bz.it.
Bozen Card: Nutzung der öffentlichen Verkehrsmittel, viele Museen in Bozen und Umgebung ermäßigt (kostenlos bei Übernachtung in Partnerbetrieb)

Bozen/Bolzano

📍 F5/6; Karte 2, C/D 2/3

Die Altstadt

Bozens Visitenkarte – der **Walther-von-der-Vogelweide-**, kurz **Waltherplatz** ❶ – verbindet Altstadt und Dom. Umrahmt von ehrwürdigen Palazzi wie den Palais Campofranco und Menz und geschichtsträchtigen Hotels wie Città oder Greif, genießt man hier am besten erst einmal den Blick auf den Dom und einen Cappuccino. Auswahl gibt es genug, mittlerweile wird der Platz mehr und mehr zu einem riesigen Gastgarten, was den Blick auf die namengebende **Statue** in der Mitte etwas trübt. Diese stand übrigens etwa 50 Jahre lang nicht hier. Unter dem Faschismus in einen unbedeutenden Park verfrachtet, wurde Südtirols Dichterfürst erst 1981 wieder an seinen Platz gestellt.

Gotik barockt

Notre-Dame am Waltherplatz: Herzstück und Wahrzeichen Bozens ist der **Dom Maria Himmelfahrt/Duomo Maria Assunta** ❷, zentral am Südende des Platzes gelegen. Frühchristliche romanische Basis, gotische Halle, barocker Altar, die meisten Sitzplätze im Alpenraum – Norden und Süden sind Thema auch in der Kunst.

Auch interessant: Das **Leitacher Törl** an der Seite zum Waltherplatz hin ist eine hochgotische Reminiszenz an den Weinbau rund um Bozen. Das Tor korrespondiert mit einem Privileg des Weinverkaufs der Leitacher Bauern, einer Ortschaft an

Aus der Höhe des Doms bietet sich ein Blick auf den Waltherplatz und die Bozner Weinberge.

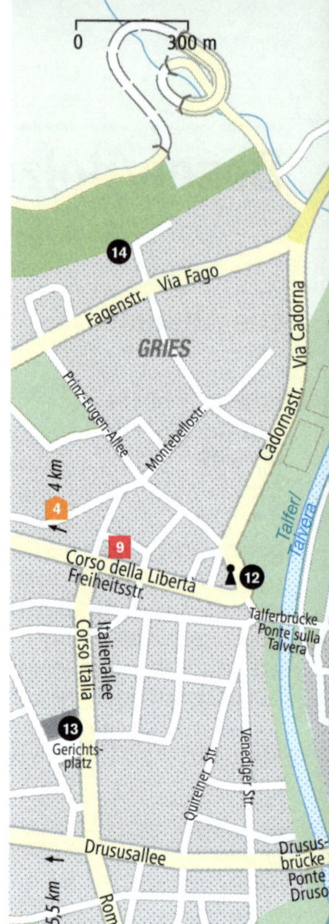

Bozen/Bolzano

Sehenswert

1 Waltherplatz
2 Dom Maria Himmelfahrt
3 Dominikanerkirche und Kreuzgang
4 ehem. Burg Wendelstein (Landesfachschule für Sozialberufe)
5 Merkantilgebäude/ Südtiroler Werkstätten
6 Waaghaus
7 Laubengasse
8 Obstmarkt (Obstplatz)
9 Franziskanerkirche und Kreuzgang
10 Wassermauer-Promenade
11 Schloss Runkelstein
12 Siegesdenkmal und BZ '18–'45
13 Monumentalrelief von Piffrader
14 Bunker H
15 Südtiroler Archäologie-museum (Ötzimuseum)
16 Museion
17 Schloss Sigmundskron (MMM Firmian)

Schlafen

1 Parkhotel Mondschein
2 Hotel Figl
3 Gasthof Schwarze Katz
4 Camping Moosbauer

Essen & Trinken

1 Weißes Rössl
2 Wirtshaus Vögele
3 Osteria Dai Carrettai
4 Humus – das Bio Bistro
5 Ahoi! Minigolf Bozen
6 Würstelstand
7 Exil
8 Café Maschin
9 Gelateria Officina del gelo Avalon

Einkaufen

1 Rizzolli
2 Rauschertorgasse
3 Waldboth
4 Teresa Gasser
5 Stadler
6 Madonna-Apotheke
7 Oberrauch Zitt
8 J. Mohr

Bewegen

1 Oswaldpromenade
2 Salewa Cube

Ausgehen

1 Hopfen & Co
2 Nadamas
3 Laurin Bar
4 Batzen Bräu
5 Enoteca Il Bacaro
6 Carambolage

---

den Bozner Weinhängen am Eingang zum Eisacktal. Winzerin und Winzer als dargestellte Figuren zeigen typische Attribute wie Rebmesser und Weinfässchen. Die sogenannte **Plappermuttergottes** – ein Marienbild von Friedrich Pacher – an der Fassade kurz vor dem Hauptportal an der Westseite wurde angerufen, um Kinder mit Sprachproblemen zu heilen. Das **Pfaffentörl** (›Priestertor‹) auf der Kathedralenrückseite zum Pfarrplatz hin zeigt in seiner Lunette die älteste um 1300 entstandene Malerei des Domes, eine Kreuzigungsszene.

Löwen am romanischen **Hauptportal** – traditionell steckt man ihnen beim Betreten der Kirche seine Hand ins Maul – und Eidechsen an der Kanzel: Im Kircheninneren beeindruckt auf den ersten Blick der Kontrast von **gotischer Halle** (sie soll die erste der Architekturgeschichte sein) und **barockem Hochaltar.** Hinter dem Altar findet sich in der **Gnadenkapelle** eine Madonna Lactans.

Umfangreich barock: Wem der Altar noch zu wenig barock ist, kann sich den Domschatz – auch nur virtuell unter https://my.visim.eu/de/tour/domschatzkammer-bozen – zu Gemüte führen.

Pfarrplatz 27, https://dompfarre.bz.it; **Dom:** Mo–Fr 7.30–18, So 8–20 Uhr; **Domschatzkammer (Alte Propstei):** Di–Sa 10–12.30 Uhr, 3 €, 6–18 Jahre 1 €

Die Dominikaner in Bozen

Verschiedene Orden ließen sich in Bozen nieder, gründeten Klöster und bauten Kirchen. Hinter dem Waltherplatz könnte man die **Dominikanerkirche/Chiesa dei Domenicani** ❸ mit ihrem **Kreuzgang** angesichts der Wucht des Domes fast übersehen. Sie braucht den Vergleich aber nicht zu scheuen. Ihr Mönchschor zählt zu den frühesten Zeugnissen gotischer Sakralarchitektur in Tirol, bedeutende gotische Wandmalereien sind in der Kirche und im Kreuzgang zu sehen. Besonders beeindruckend: die Johanneskapelle, die den Übergang der Frühgotik zur gotischen Hochblüte markiert. Den Kreuzgang gibt es noch, das Kloster hingegen musste sich den Reformen Josefs II. beugen.

Dominikanerplatz, Eintritt frei; **Kirche:** Mo–Sa 9.30–17, So 12–18 Uhr; **Kreuzgang:** April–Okt., Adventszeit Sa 10–12 Uhr

Vergessene Burg

Ein vergessenes Schloss, unterirdische Kellergewölbe: Historische und zeitgeschichtliche Kleinodien liegen manchmal etwas versteckt. So wie die vergessene **Burg Wendelstein ❹**, Stadtsitz der Grafen von Tirol, im 16. Jh. durch ein **Kapuzinerkloster** überbaut und heute in großen Teilen Landesfachschule für Sozialberufe. Die Gartenanlage ist frei zugänglich. Im Kreuzgang des Klosters führt eine Treppe nach unten, zu den Resten der sagenhaften Burg. Im Rahmen von Führungen (Verkehrsamt Bozen) können deren Relikte besichtigt werden.

Wolkensteingasse 1, Verkehrsamt, s. S. 145

Geschäftige Stadt

Der Handel hat Bozen groß gemacht. Wie groß, sieht man an der prächtigen Gestaltung des **Merkantilgebäudes/ Palazzo Mercantile ❺**. Heute dient der frühere Sitz des Merkantilmagistrats, einer eigens für die Märkte eingerichteten Art Handelsgericht, als Museum.

Am Kornplatz, einem der ältesten Teile der Stadt, wurde Getreide gehandelt, am seit 2020 in neuem Glanz strahlenden **Waaghaus/Casa della Pesa ❻** wurde es gewogen: Unter dem Namen **Haus Waag** (https://waaghaus.eu) ist es seit seiner Renovierung ein Kulturhaus (mit Café), wo u. a. kleine Konzerte stattfinden.

Merkantilgebäude/-museum: Silbergasse 6/ Laubengasse 39, www.handelskammer.bz.it, Mo–Mi, Fr/Sa 10–12.30, Do 10–13, 14–16 Uhr, 7 €, 6–26 Jahre (Schüler/Stud.) 2 €

Ganz schön schmal

3,60 m, lediglich so viel gestand der Bischof von Trient den Bozner Händlern für ihre Geschäftstätigkeit zu. Das war Ende des 12. Jh. und die Folgen dieser Vorgabe sind am besten ersichtlich, wenn man sich in die engen Passagen wagt, die die **Laubengasse/Via dei Portici ❼**, kurz **Lauben** genannt, mit der ehemaligen Hintergasse, der heutigen Dr.-Joseph-Streiter-Gasse, verbinden. Lang und länger ziehen sich die hohen **Laubenhäuser,** von Lichthöfen durchbrochen. Im Erdgeschoss die Waren, in den oberen Etagen die Wohnräume, hinten hinaus die Lagerung und Anlieferung. Die Keller reichen drei oder vier Stockwerke in die Tiefe.

Im Traditionshaus **Rizzolli** 1 (Lauben 60, www.rizzolli.com, Mo–Fr

F

FAKTENCHECK

Bozen ist mit fast 110 000 Einwohner Südtirols Hauptstadt.
Sprache: Knapp 74 % der Einwohner sprechen Italienisch, ca. 26 % Deutsch – damit kehrt die Landeshauptstadt das Sprachenverhältnis Südtirols genau um.
Mittelalterliches Zentrum und neues Bozen: Im 20. Jh. vergrößert sich Bozen aufgrund der Ansiedlungsprogramme unter dem Faschismus rasant.
Lage: Mit dem Rücken zu den Sarntaler Alpen, liegt die Stadt in einem Talkessel, in dem die beiden Hauptflüsse des Landes, Eisack und Etsch, zusammenfließen.

9.15–19, Sa 9.30–18 Uhr), dem bekanntesten Schuhgeschäft Südtirols, findet man nicht nur angesagtes Schuhwerk und gemütliche Pantoffeln, sondern erlebt zugleich den sehenswerten Querschnitt eines Laubenhauses. Verwinkelte gewölbte Geschäftsräume sind auf verschiedenen Ebenen durch Treppen verbunden, dazwischen der charakteristische Lichthof. Labyrinthmäßig geht es durch zum hinteren Eingang, gleich daneben ein gläserner tiefer Einblick auf ein Stück mittelalterliche Stadtmauer.

Keine Stadt ohne Handwerk: **Gerber- und Bindergasse** und andere verwinkelte Gassen erinnern daran, dass nicht nur Handel Bozen ausgemacht hat.

Ein stiller Ort

In der Franziskanergasse nördlich des Trubels des **Obstmarktes** ❽ (s. Lieblingsort S. 136) erreicht man mitten in der Stadt einen Ort ungewöhnlicher Stille: Der **Kreuzgang** und die **Franziskanerkirche/Chiesa dei Francescani** ❾ selbst laden zum Innehalten ein. Ein sehenswerter Hans-Klocker-Altar und das sogenannte Doktorenfries beleben die franziskanische Schlichtheit.

Franziskanergasse 1, Mo–Sa 10.30–17.30, So 14.30–17.30 Uhr, Eintritt frei

Abseits des Mainstream

Es zahlt sich immer aus, in Bozens Zentrum in die Nebengassen zu gucken. Dort, wo die Laubengasse in die Museumsstraße übergeht, zweigen z. B. die Rauschertor- und die Erbsengasse ab. In der **Rauschertorgasse** 2 finden sich einige besondere Läden, von feinen Ton- und Porzellanwaren bis zur Schaubäckerei der Bozner Traditionsbäckerei **Franziskaner.** Die **Erbsengasse** wiederum ist eine der vermutlich schmalsten Gassen der Stadt. Im 19. Jh. war diese auch als **Judengassl** bekannt, da hier ein jüdischer Betsaal bestand und schon seit dem 16. Jh. jüdische Familien ansässig waren.

B

BOZEN GEFÜHRT

Vom unterirdischen Bozen bis zu den Palazzi und Wirtshäusern: Jede Menge auch individuell planbarer Führungen bieten die Stadtführer Bozens an: www.stadtfuehrer-bozen.it.

In der Stadt im Grünen

Der historische Überschwemmungsschutz Bozens, die **Wassermauer** ❿ an der Talfer, bildet als **Promenadenweg** (Lungo Talvera Bolzano) unter hohen schattigen Bäumen den Rahmen für die grüne Lunge der Stadt, die **Talferwiesen.** Hier kann man sich nach einer ausgedehnten Shoppingtour oder einem anstrengenden Museumsbesuch ein ruhiges Plätzchen suchen. Im Frühjahr bevölkert ganz Bozen die Wiesen, vor allem junge Leute treffen sich hier, um in der Sonne zu entspannen.

Die Bilderburg

Fresken, wohin das Auge reicht. Nicht umsonst nennt sie sich die Bilderburg, **Schloss Runkelstein** ⓫, imposant außerhalb der Stadt am Eingang des Sarntals thronend. Die Burganlage stammt aus dem 13. Jh., die Fresken sind aus dem ausgehenden 14. Jh. Sie entstanden, nachdem die wohlhabende Kaufmannsfamilie Vintler die Burg erworben hatte. Höfisch-literarische und repräsentative Motive schmücken die Räume: von Tristans Liebeswerben bis zu König Arturs Tafelfreuden – ein einzigartiger Bilderzyklus der höfischen Welt.

Kaiser-Franz-Josef-Weg, www.runkelstein.info, Bus 12, 14 Schloss Runkelstein oder kostenloser Shuttlebus (s. Website) ab Waltherplatz, ab Haltestelle oder Pkw-Parkplatz noch 5–10 Min. Aufstieg (gutes Schuhwerk!), Mitte März–Okt. Di–So 10–18, Nov.–Mitte März Di–So 10–17 Uhr, 8/5,50 €

Lieblingsort

Genuss für (fast) alle Sinne

Orientalische Gewürze, mediterranes Gemüse, exotisches Obst und Südtiroler Bergkäse – am **Bozener Obstplatz** oder **Obstmarkt** ❽ am Ende der Lauben ist der kulturell-kulinarische Geschmacksmix perfekt. So einträchtig nebeneinander findet man farbenprächtiges Trockenobst und heimischen Speck wohl nirgends. Im Italienischen heißt der Obstmarkt übrigens **Piazza delle Erbe,** also eigentlich ›Kräuterplatz‹. Natürlich ist Goethe auch da gewesen und hat die Piazza in seiner »Italienischen Reise« verewigt. Schon damals war der alte Name, Oberer Platz – hier verlief auch der Stadtgraben –, nach einem alten oberen Stadttor im Gegensatz zum Niedertor am Rathausplatz, lange Geschichte. Vom einstigen mittelalterlichen Stadtrecht, nach dem Geflügel, Obst und Eier nur am Obstplatz verkauft werden durften, ist man mittlerweile ebenso weit entfernt. Heute gibt es hier fast alles, vor allem viel zu sehen. Bozen als Warenumschlagplatz, hier kann man sich am besten vorstellen, wie das im Mittelalter abgelaufen sein mag. Von den süßen Früchten kosten, die zum Probieren von den Händlern angeboten werden, mit Händen und Füßen um den Preis feilschen und lachend ablehnen, wenn zum Kauf gedrängt wird – und danach einfach bei Birgitta Puustinen – ja, einer Finnin – und ihrem **Banco Undici** (Obstplatz 11, Di–Sa 11–20 Uhr) ein Glas *bollicine,* einen Sekt *metodo classico,* bestellen und den Trubel genießen (Obstmarkt: Mo–Sa 8–19 Uhr).

Neues Bozen

Faschistische Reproduktion

Jenseits der Talfer entfaltet sich das sogenannte **Nuova Bolzano,** das Neue Bozen. Die Prachtstraße, die Bozens Altstadt mit der ehemals eigenständigen Gemeinde Gries verbindet, und ihre Bauten wurden im Faschismus aus dem Boden gestampft. **Freiheitsstraße/Corso della Libertà** nennt sie sich und reproduziert im Stil des italienischen Rationalismus das Herz der Südtiroler Landeshauptstadt, die Lauben.

Denk-, Schand- oder Mahnmal?

»Hic patriae fines siste signa. Hinc ceteros excoluimus lingua legibus artibus«: Der Schriftzug, der das sogenannte **Siegesdenkmal/Monumento alla Vittoria** ⓬ am **Siegesplatz** ziert, ist nicht ohne. Der Triumphbogen ist nicht nur Ausdruck eines Sieges, sondern Sinnbild für den schwierigen Umgang mit der faschistischen Vergangenheit, zugleich Zeichen der teils vergeblichen Bemühungen um ein gemeinsames Geschichtsbild.

Die Erklärtafeln zum Denkmal, die eine Historisierung wagen, sind im Blumenbeet gleich hinter der Talferbrücke – gewollt? – nicht leicht auszumachen. Eine gelungene Annäherung versucht das 2014 geschaffene Dokumentationszentrum **BZ '18–'45** mit der Ausstellung »Ein Denkmal, eine Stadt, zwei Diktaturen« im Souterrain des Monuments.

Siegesplatz 1; **BZ '18–'45:** www.siegesdenkmal.com, April–Sept. Di/Mi, Fr–So, 11–13, 14–17, Do 15–21, Okt.–März Di–Sa 10.30–12.30, 14.30–16.30, So 10.30–12, 15–17 Uhr, Fei geschlossen, Eintritt frei

Die Freiheit, um die es geht

Hoch und luftig und trotzdem nicht unbelastet: Um welche Freiheit es geht, kann in diesem relativ jungen Stadtviertel auch an anderer Stelle gesehen werden. Gehen Sie vom Siegesplatz über die Venediger Straße, zur Drususbrücke bis zum Gerichtsgebäude. An dessen Fassade befindet sich das größte erhaltene **Monumentalrelief** ⓭ (Gerichtsplatz 1, www.monumentalrelief-bozen.com) des italienischen Faschismus, geschaffen von Hans Piffrader. Begleitet von einer öffentlichen Diskussion, wird es inzwischen von einem Zitat (Auszug) von Hannah Arendt beleuchtet: Dem faschistischen *obbedire* (gehorchen) wird in den drei Landessprachen »Niemand hat das Recht zu gehorchen« entgegengesetzt.

Ab in den Untergrund

Zeitgeschichtlich geht es auch im Bozner Stadtteil Fagen und dem dortigen **Bunker H** ⓮ zu. Hier trifft die Erinnerung an das Bozen zur Zeit des Zweiten Weltkriegs immer wieder auf Installationen, Kunst oder Konzerte.

Fagenstr. 14, auf Facebook, Führungen über die Genossenschaft Talia, T 342 746 26 25

Museen

Berühmte Mumie

⓯ Südtiroler Archäologiemuseum/ Museo Archeologico dell'Alto Adige: Dass sich das **Ötzimuseum** eigentlich Archäologiemuseum nennt, wird schnell vergessen, da sich alles um den kupfersteinzeitlichen Grenzgänger, der 1991 zufällig am Hauslabjoch oder eigentlich Tisenjoch aus dem Eis guckte, dreht. Beeindruckend lebensnah rekonstruiert, empfängt Ötzi die Besucher in seiner Welt. Besonders eng wird es bei unbeständigem Wetter, wenn alles nach Bozen strömt und sich vor dem Museum lange Schlangen bilden. Daher: Ticket am besten vorab online reservieren.

Museumstr. 43, www.iceman.it, Di–So 10–18, Juli–Sept., Dez., Fei auch Mo, 13/10 €, unter 6 Jahren Eintritt frei

Tirol kann auch modern

⓰ Museion: Das Museum für moderne und zeitgenössische Kunst überrascht durch seinen Standort und seinen Bau. Am Ende der Sparkassenstraße fällt ein moderner Kubus ins Auge, auf der Rückseite mit Café und interessanter Brückengestaltung über die Talfer. Während sich das Museum anfangs auf Kunst aus dem Raum des historischen Tirol – Kufstein bis Ala – konzentrierte, wagt es nun auch den Blick über die Alpen hinweg.

Piero-Siena-Platz 1, www.museion.it, Di/Mi, Fr–So 10–18, Do 10–22 Uhr, 10/5 €, Do 18–22 Uhr und unter 18 Jahren Eintritt frei

Zu Gast bei Messner

⓱ MMM Firmian (Schloss Sigmundskron): Formicaria, als solches wird Schloss Sigmundskron, politisches Symbol in Südtirols Vergangenheit, noch vor der Jahrtausendwende 945 erstererwähnt. Heute ist die weitläufige Burganlage Herzstück des Messner Mountain Museum, mit dem MMM Firmian – namensgebend ist eine frühere gräfliche Besitzerfamilie – begann Messner die Realisierung seines Museenprojekts. Kernthema ist die Auseinandersetzung Mensch–Berg. Auf einem Parcours über die Festungsmauern mit Ausblicken in den Bozner Talkessel ersteigt man Höhen und Tiefen, auch der Südtiroler Geschichte. Festes Schuhwerk erforderlich. Museumsshop, Restaurant.

Sigmundskronerstr. 53, www.messner-mountain-museum.it, Bus 132 bis Schloss Sigmundskron oder Regionalzug bis Bahnhof Sigmundskron plus 20 Min. zu Fuß (Wanderweg Nr. 1), Parkplatz gebührenpflichtig, 3. März-So–2. Nov.-So Fr–Mi 10–18 Uhr, 15 €, 6–18 Jahre 6 €

Schlafen

Über den Dächern

Auch in Toplagen gibt es mittlerweile ein vielfältiges Angebot an Ferienwohnungen. Wer einmal in einem alten Laubenhaus oder historischen Gebäude übernachten möchte und seinen Cappuccino am Morgen gerne in einer Bar trinkt, ist hier gut aufgehoben: z. B. unter dem Motto »No Hotel Rules« bei **stay Cooper,** die von klassisch über chic bis stylish über die Altstadt verteilt in mehreren Gebäuden unterschiedliche Apartments vermieten, meist Self-Check-in und Digital Concierge.

Piavestr. 7b, Bozen, www.stay-cooper.com, T 327 113 57 51, €€–€€€

Der Mond in der Stadt

1 Parkhotel Mondschein: Das Traditionshaus ist eine Institution und nennt sich nicht umsonst Parkhotel. Es öffnet sich zu einem Park mit Palmen und Kiosk, während man an der Seite mitten in der Bozner Altstadt steht. Erst im Mai 2022 öffnete das Haus komplett erneuert wieder, dabei blieb die efeuumrankte Fassade erhalten. Die Zimmer sind in gedeckten Farben gehalten, schnörkellos und doch mit einigen verspielten Vintagedetails. Die elegante Hotelbar Luna lädt nicht nur Hotelgäste auf einen Drink ein, auch im lauschigen Garten.

Piavestr. 15, T 0471 975642, www.parkhotelmondschein.com, €€€

Behäbig

2 Hotel Figl: Mehr Altstadt geht fast nicht. Das Figl (22 Zimmer und Suiten) mit dem nostalgischen Schriftzug steht zwischen Waltherplatz und Lauben und ist so gediegen, wie es sich für ein Dreisterne-Superior gehört. Kein unnötiger Schnickschnack, manche dunkle Holztäfelung, die an die alte Gasthauskultur erinnert, und ein bezaubernder, von Oleandern umgebener Gastgarten. Familiäre Atmosphäre.

Kornplatz 9, T 0471 97 84 12, www.figl.net, €€

In der Stadt auf dem Land

3 Gasthof Schwarze Katz (Gatto Nero): Dorf-Feeling in der Stadt. Im Ortsteil Rentsch gelegen, bietet das Haus sehr einfache, günstige Zimmer und ist ein guter Ausgangspunkt für die Stadt, ohne in der Stadt zu sein. Mit Gasthofbetrieb (Mo–Sa, Küche 12–14, 19–21 Uhr).

Untermagdalena 2, T 0471 97 54 17, www.schwarzekatze.it, Bus 8 Brennerstraße, €

Abschalten am Stadtdrand

4 **Camping Moosbauer:** Der Vier-Sterne-Campingplatz liegt im ländlichen Bozner Stadtteil Moritzing. Eine überschaubare Anzahl an Stellplätzen, aber mit Shop, Schwimmbad und Fahrradverleih und einer ganz eigenen Nachhaltigkeits- und Informationsphilosophie. Hier lernt man Südtirol auch in den Sanitäranlagen kennen. Das angeschlossene Restaurant (Di–So, mittags, abends) hebt sich von der üblichen Campinggastronomie ab. Übrigens: Moos nennt man in Südtirol allgemein die ehemaligen sumpfigen Gründe des Talbodens rund um die Etsch.

Moritzinger Weg 83, Zufahrt über Meraner Str. 101, T 0471 91 84 92, www.moosbauer.com, März–Anf. Nov., €–€€

Essen

Großbürgerlich

1 **Weißes Rössl:** Früher kehrten die Sarner ein, um Geschäfte zu machen. Heute trifft man sich hier hauptsächlich für ein schnelles, unkompliziertes Mittagsmenü. Das laut eigenen Aussagen älteste noch bestehende Traditionsgasthaus Bozens wartet mit karierten Tischdecken und typischem Südtiroler Dorfgasthausflair auf, das irgendwo in den 1980er-Jahren stehengeblieben ist. Dasselbe gilt auch für die Speisekarte: Südtiroler Kost. Schon wieder kultig und herrlich gemütlich.

Bindergasse 6, T 0471 97 32 67, www.weissesroessl.org, Mo–Sa 11–14.30 Uhr, 18–23, €€

Traditionell und chic

2 **Wirtshaus Vögele:** Allein schon wegen der Innenräume sollte man hier unbedingt vorbeischauen. Und dabei unbedingt die Erdäpfel-Plattlen (frittierte, flache Rechtecke aus Kartoffelteig) mit Sauerkraut bestellen. Das hat Tradition. Auch schön: Wenn's warm ist und wem es dann nicht zu eng ist, unter den Laubengängen im Außenbereich sitzen.

Goethestr. 3, T 0471 97 39 38, www.voegele.it, Mo–Fr 8.30–1, Sa 8.30–16, Küche 11.30–15.30, 18–22.45 Uhr, €€–€€€

Einfacher, am einfachsten

3 **Osteria Dai Carrettai:** Der Name des einfachen Lokals ist eine Hommage an die alte Karrnergasse, heute Dr.-Joseph-Streiter-Gasse. Hier bestellt man sich nicht erlesene Jahrgangsweine, sondern bedient sich selbst am einfachen Hauswein und bestellt die ausgewählten Brötchen direkt an der Theke. *Cicchetti* nennt man diese im Dialekt des Veneto, und wirklich hat die rustikale Bude etwas vom Flair der norditalienischen Region. Auch Pasta, Gnocchi und Co. im Angebot.

Dr.-Joseph-Streiter-Gasse 20b, T 0471 97 05 58, auf Facebook, Mo–Fr 7–14, 16.30–21, Sa 7–14 Uhr, €

Falafel und Co.

4 **Humus – das Bio Bistro:** An Fleisch kommt man in Südtirol kaum vorbei. Hier eine der wahrscheinlich besten Alternativen in Bozen. Der Name ist Programm: Im Humus genießt man vegetarisch und vegan auf orientalisch-mediterrane Weise.

Silbergasse 16 d, T 0471 97 19 61, auf Facebook, Mo–Sa 8–15 Uhr, teils länger, €

Strandbar-Feeling und Minigolf

5 **Ahoi! Minigolf Bozen:** Mit Blick auf den Gscheibten Turm, den Rest der Burgruine Treuenstein im Bozner Viertel Fagen, eine legere Auszeit mit Strandbar-Feeling haben. Das Essen ist ebenso leger, von Burger bis Pizza.

Bozner Wassermauer 22, T 0471 34 25 97, www.ahoi.bz, tgl. April–Okt. 9–24 Uhr, €

Meraner in Bozen

Am **Würstelstand** 6 (Mo–Sa tagsüber) neben dem Gabelwirt, so nennen die

Bozner scherzhaft die Neptunstatue am **Neptunbrunnen** (Obstplatz, der einzige Monumentalbrunnen Bozens), isst man eine Meraner. Das gehört fast schon zum guten Ton bei einem Stadtbesuch. Zwar mit etwas gröberem Brät hergestellt, ähnelt sie Frankfurter oder Wiener Würstchen. Übrigens: Die klassizistische Bronzefigur von 1749 steht seit 1777 anstelle des ehemaligen Prangers dort.

Kaffeehaustradition

Ein wenig Österreich, ein wenig Italien: In der Kaffeehauskultur Südtirols trifft sich beides, deshalb kann man in gut sortierten Kaffeehäusern verschiedene Tageszeitungen und ausgezeichneten Cappuccino oder Espresso genießen.

Nennt sich zwar neben Café auch Lounge, trotzdem sitzt man drinnen auf Holzstühlen: Im **Exil** 7 (Kornplatz 2a, T 0471 97 18 14, www.exil.bz.it, Mo–Do 8–22, Fr/Sa 8–23 Uhr) am Kornplatz bestellt man sich den Macchiato Exil bei warmem Wetter sowieso am besten draußen, sonnengeschützt unter Arkaden. Kleine Snacks, Bistrospeisen (€).

Den besten Kaffee gibt es in der Nähe des mondänen Hotel Laurin, im **Café Maschin** 8 (Laurinstr. 2, T 0471 32 47 33, Mo–Sa 7.30–20/22 Uhr), das Wortspiel mit Kaffeemaschine ist Südtiroler Mundart. Mit Glück gibt der Barista Florian Puff, der seit bald 30 Jahren den Laden schmeißt, etwas von der Südtiroler Wesensart zum Besten.

Gelati, Gelati

9 **Gelateria Officina del gelo Avalon:** Das beste Eis der Stadt gibt es in diesem Eissalon jenseits der Talfer. Von außen eher unscheinbar, im Inneren 1980er-Jahre-Stimmung. Hier schmeckt Pistazie nach Pistazie, die Erdbeeren kommen aus dem Martelltal, die Haselnüsse aus dem piemontesischen Gebiet der Langhe.

Freiheitsstr. 44, T 0471 26 04 34, auf Facebook, Mo–Fr 11–22, Sa/So 10–22, kühle Jahreszeit Mi–Mo 14–20 Uhr

Einkaufen

Unter den Lauben

In der **Laubengasse** 7 versammelt sich alles, was Rang, aber auch Ramsch hat. Neben alteingesessenen Traditionshäusern wie dem Schuhgeschäft **Rizzolli** 1 (s. S. 134) finden sich die klassischen italienischen Modeketten. Dazwischen – zum Entdecken – die mehr und mehr verschwindenden kleinen, geschichtsträchtigen Laubengeschäfte.

Abseits des Mainstream

2 **Rauschertorgasse:** s. S. 135.

Tradition zwischen Mode(rne)

Wer an weiteren traditionellen Laubenläden interessiert ist, kann bei **Waldboth** 3 (Lauben 15, www.kerzen.it, https://waldboth-peter-co-sas.business.site), 1898 aus einer Seifensiederei entstanden, Kerzen erstehen, bei **Teresa Gasser** 4 (Lauben 53) Knöpfe oder sich bei **Stadler** 5 (Lauben 40, www.stafil-group.com/de/stadler-lauben) vom Personal in Schürze Wolle reichen lassen. Reisekrank? In der **Madonna-Apotheke** 6 (Lauben 17, www.farmaciamadonna.com, Mo–Fr 8.30–19, Sa 8.30–18 Uhr), einer der schönsten Apotheken Italiens, kann man das kunstvolle Deckengewölbe und das edle Interieur bewundern. Die Läden haben Mo–Fr vormittags und nachmittags geöffnet (Mittagspause), Sa nur bis mittags.

Kunst trifft Handwerk

5 **Südtiroler Werkstätten:** Jedes Tal rühmt sich seines eigenen Kunsthandwerks. Wer nicht in den entlegensten Ortschaften Südtirols auf die Suche nach ursprünglichen Kunsttraditionen gehen kann, findet hier (fast) alles. So stellen hier u. a. Federkielsticker, Bildhauer, Glasmaler, Hutmacher und Kunstweber aus.

Lauben 39, auf Facebook, Kernzeit Mo–Sa 9.30–18.30 Uhr

B

MACH MAL BLAU

»Ein Mann ohne Schurz ist nur halb angezogen«, besagt ein Südtiroler Sprichwort. Den blauen Schürzenstoff haben Anna Quinz und Fabio Dalvit zu ihrem Markenzeichen gemacht. *Versatile* würde man im Italienischen sagen, ›vielseitig‹, jetzt hat es der Schurz oder besser der blaue Stoff, aus dem er gemacht ist, zu einer eigenen Modelinie gebracht: Qollezione (www.qollezione.com) von Anna Quinz und Fabio Dalvit. Verkauft werden die Stücke bei **Oberrauch Zitt** 7 (Lauben 67, www.oberrauch-zitt.com, Mo–Fr 10–19, Sa 10–18 Uhr).
Ein einfacher Schurz tut es auch? Den können Sie sich unter den Lauben im Nähmaschinengeschäft **J. Mohr** 8 (Lauben 62, www.macchine-per-cucire.it, Mo–Fr 9–12.30, 15–19, Sa 9–12.30 Uhr) sogar mit passendem Spruch und Herzchen bestickt holen. Lieber »Selten daheim« oder doch »Magst mi?« – fast schon wieder Kult.

Bewegen

Wanderspaziergang

1 **Oswaldpromenade:** Durch die Bozner Weinberge zwischen St. Anton und Rentsch, s. Tour S. 142.

Klettern findet ›Stadt‹

2 **Salewa Cube:** Wenn das Wetter nicht mitspielt und man trotzdem kraxeln gehen möchte. Die insgesamt 180 Kletterrouten im Innen- und Außenbereich reichen von 3 bis 8 C, Shop und Bistro inklusive.

Waltraud-Gebert-Deeg-Str. 4, www.salewa-cube.com, tgl. 9–23 Uhr, Tagestickets 8–15 €

Burgwanderung

Zur Haselburg (Castel Flavon): Mit der **Kohlerer Bahn** (s. Kasten S. 144) geht es von der Tal- hinauf zur Bergstation und dann über den Wanderweg Nr. 4 wieder talwärts Richtung Bozen und gemächlich über den Weg Nr. 10 zur **Burg.** Sie trägt ihren Namen nach den Herren von Haselberg, die sie im 12. Jh. errichteten. Später waren die Nonstaler Grafen von Flavon Besitzer. Heute ist die Haselburg Eventlocation und Restaurant mit innovativer Südtiroler Küche. Von der Burg gelangt man über die **Haslacher Promenade,** Wanderweg Nr. 3, gemütlich nach **Haslach,** einem Bozner Stadtteil, der nördlich vom Virgl, Felskuppe und Ausläufer des Kohlerer Bergs, abgeschlossen wird.

Haselburg: Kuepachweg 48, T 0471 40 21 30, www.haselburg.it; **Restaurant:** Di–Sa 11.30–14, 18.30–21.30/22 Uhr, €€€

Durch die Reben

Weinwanderweg Rebe: Auf diesem als ›Weintreppe‹ angelegten thematischen Steig (3,5 km) geht es neben Weinbau auch um Kultur und Kunst. Starten kann man in beide Richtungen, entweder in Berg-Tal-Richtung von dem zu Ritten/Renon gehörenden **Signat** nach **Rentsch/Rencio,** einem Stadtteil von Bozen, oder umgekehrt. 500 Höhenmeter sind zu überwinden, deshalb sollte man nicht nur Liebe zum Wein mitbringen, sondern auch gutes Schuhwerk: Es geht nämlich quer durch die steil an den Hängen angelegten Weinberge. Wer mit seinem Südtiroler Weinfachwissen punkten möchte, nennt diese Leiten.

www.ritten.com/de/3106-weinwanderweg, Anfahrt Ritten per Wanderbus Signat 163 ab Talstation Rittner Seilbahn bis zum Startpunkt (weitere Möglichkeiten, jeweils mit zusätzlichem Fußweg verbunden, s. Website)

TOUR
Oswald promeniert

Durch die Bozner Weinberge zwischen St. Anton und Rentsch

Infos

Rundweg, 5 km, ca. 90 Min., 150 Höhenmeter

Start/Ziel: Waltherplatz ❶, Bozen

Schlössl Mühle: St.-Anton-Str. 1, www.schloessl muehle.com, Mo–Do 8–12, 14–18 Uhr

Sehen und gesehen werden: Die **Oswaldpromenade/ Passeggiata Sant'Osvaldo** ❶ stammt aus jener Zeit, als das aufstrebende Bürgertum das ländliche Spazieren für sich entdeckte. Flanieren, aber wandermäßig. Heute würde man das eher als Spazieren bezeichnen. Die Oswaldpromenade ist dann auch nicht mehr als ein etwas anspruchsvollerer Spazierweg, am Hang des Hörtenbergs entlang, die Stadt zu Füßen. Aber sie gewährt den bequemsten und zugleich umfassendsten Ausblick auf das Konglomerat, das Bozen ausmacht. Das namengebende St.-Oswald-Kirchlein (s. u.) wurde bei Bombenangriffen im Zweiten Weltkrieg zerstört und nicht mehr aufgebaut. So ist unser Ausgangspunkt ein anderer Heiligenort – von denen es rund um Bozen und als Bozner Stadtviertel mehrere gibt: St. Anton/ Sant'Antonio, St. Johann/San Giovanni, St. Oswald/ Sant'Osvaldo, St. Magdalena/Santa Maddalena.

St. Anton/Sant'Antonio erreichen wir vom **Waltherplatz** im Bozner Stadtzentrum zu Fuß durch die Weggensteinstraße in Richtung Sarntal. Haben wir die Ausläufer des Zentrums hinter uns gelassen, verläuft der Weg an Weinbergen vorbei bis zu den **Ansitzen Freyenthurn** mit der früher zugehörigen **Schlössl Mühle** (die heute Biomehl mahlt) und **Klebenstein** mit der Kirche **St. Anton,** die dem Bozner Stadtteil seinen Namen gab. Zur Kirche verläuft an der Gabelung der St.-Anton-Straße nach links eine Rampe.

Aus den Vernatschtrauben von den Weinbergen bei St. Magdalena wird der St. Magdalener gekeltert, ein leichter, fruchtiger Rotwein.

Noch vor der Gabelung aber zweigt rechts von der Straße die **Oswaldpromenade** ab. In Serpentinen geht es etwas bergan, dann verläuft die Strecke eben am Hang entlang. **Aussichtspunkte** säumen den Weg, ein **›Bilder‹-Rahmen** lädt dazu ein, Bozen zu betrachten, eine **historische Ansicht** gewährt Einblick, wie Bozen früher aussah. Eine **Gedenktafel für den Wohltäter Karl Ritter von Müller** darf nicht fehlen. Dieser hatte in Gries bei Bozen seinen Lebensabend genossen und den Bozner Bürgern einiges hinterlassen. So konnten u. a. die Promenade verlängert und das Bozner Freischwimmbad – in Südtirol nennt man so etwas Lido – gebaut werden.

Vorbei am **Hotel Eberle,** werden wir für das anstrengende Flanieren schließlich mit dem Weindorf **St. Magdalena/Santa Maddalena** belohnt. Wie praktisch, dass Magdalena die Patronin der Winzer ist. Sie wird einiges zu tun haben. Gefühlt jedes Haus produziert hier Wein. Steil hinab geht es dann über **Rentsch/Rencio,** das eher ein Dorf ist als ein Stadtviertel, zurück nach Bozen.

Abkürzung: Wer den Weg abkürzen möchte, kann hinter der Gedenktafel nach rechts abbiegen und gelangt so in einem Villenviertel nördlich der Bozner Altstadt auf den **Oswaldweg.** Hier stand früher die **St.-Oswald-Kirche,** an die nur noch rudimentäre Relikte (Nr. 67) erinnern. Via Hörtenberg- und Cavourstraße, die in die vom Hinweg bekannte Weggensteinstraße mündet, erreicht man von dort wieder den Waltherplatz.

NUR ZUM VERGNÜGEN

Zwar war die **Kohlerer Bahn** nicht die erste Seilschwebebahn der Welt, trotzdem sticht sie durch ihre frühe Entstehungszeit (sie ging 1908 in Betrieb) und vor allem ihren Zweck hervor. Technisch auf modernstem Stand, verkehrte sie bereits in ihrer Anfangszeit einfach zum Vergnügen. Von 265 m geht es in wenigen Minuten mit einem grandiosen Blick auf Bozen auf 1108 m hinauf.

Seilbahn Kohlern: Kampenner Weg 4, T 0471 97 85 45, www.kohlererbahn.it, April–Okt. ca. 7–19.30 Uhr alle 15 Min., sonst s. Website, einfache Fahrt 4 €, unter 6 Jahren gratis, Fahrradbeförderung 4 €

Ausgehen

Abends Ausgehmeile

Am **Obstplatz** 8 (s. Lieblingsort S. 136) pulsiert auch in der Nacht das Leben, vom traditionell bierigen **Hopfen und Co** 1 (Obstplatz 17, T 0471 30 07 88, www.boznerbier.it, So–Mi 9–24, Do–Sa 9–1 Uhr, Essen €€), das Bozens erstes Eigenbraubier, das Bozner Bier, serviert, bis zum ethnisch internationalen **Nadamas** 2 (Obstplatz 43/44, T 0471 98 06 84, www.nadamasristorante.it, Mo–Sa 10–1 Uhr, Essen €€). Man trinkt auf der Straße vor den Lokalen, die leeren Obstmarktstände eignen sich perfekt zum Anlehnen, das Publikum ist jung.

Laurin trinkt Cocktails

3 **Laurin Bar:** Die Bar des Vier-Sterne-Superior-Hotels Laurin ist für ausgezeichneten Kaffee und die perfekte Atmosphäre für einen abendlichen Aperitif bekannt. Von Juni bis September öffnet im großzügigen Hotelpark täglich die Summer Lounge. Donnerstags versüßen DJs hier nicht nur Hotelgästen den Feierabend. Der lässt sich übrigens zum *aperitivo lungo* verlängern, mit Häppchen zum Sekt oder Aperol Spritz. So kann man das Abendessen ausfallen lassen … Und sonst: lauschige Lederohrensessel, Jazz oder Piano live.

Laurinstr. 4, T 0471 31 10 00, www.laurin.it, tgl. 7–1 Uhr, Summer Lounge Juni–Sept. 10–1 Uhr

Da braut sich was zusammen

4 **Batzen Bräu:** Das Batzenhäusl ist ein um eine Brauerei erweitertes uriges Wirtshaus mit langer Geschichte. Im Gastgarten zur Straße hin speist man (€–€€) unter üppigen Glyzinien, im Inneren ist es gediegen und dunkel. Im Untergeschoss der Brauerei tanzt man mal rockig, mal jazzig im Sudwerk, CD-Releasepartys, Mundartlesungen oder Konzerte ergeben ein ›kultiges‹ Programm.

Andreas-Hofer-Str. 30, T 0471 05 09 50, www.batzen.it; **Bräu:** Mo–Sa 10–1, So 10–24 Uhr; **Sudwerk:** s. Website

Da gibt es Wein?

5 **Enoteca Il Bacaro:** Durch einen engen, dunklen Hausgang neben der Carambolage (s. u.) geht es an geparkten Fahrrädern vorbei in einen Hinterhof. Die Enoteca gibt sich einfach und das macht ihren Reiz neben den durchgestylten Önotheken Bozens aus. Auf der Weinkarte stehen Eisacktaler Riesling und Lacryma Christi, die ›Träne Christi‹, ein kampanischer Rotwein von den Hängen des Vesuvs einträchtig untereinander. Wenig Südtirol, mehr Querbeet Italien. »Wine & Stuzzicology« nennen sie sich selbst im Untertitel, *stuzzichini* sind kleine Häppchen, die zum Wein gereicht werden. Und auch da geht es von Nord nach Süd, von lombardischer Wurst bis zu apulischen Puccie.

Silbergasse 17, T 349 535 25 00, Mo–Sa 11–14, 17–22 Uhr

Kleinkunst ganz groß

6 **Carambolage:** Seit bald 30 Jahren hat sich in der Silbergasse Südtirols etabliertestes Kleinkunsttheater in einem Eisenwarenlager niedergelassen. Die Carambolage bietet einheimischen Theatermachern eine Bühne und zeigt internationale Stücke. Kabarett, Lesungen, Konzerte, Ausstellungen – vieles findet Platz.

Silbergasse 19, Kartenreservierung T 0471 98 17 90, Abendkasse T 0471 32 41 29, www.carambolage.org

Feiern

- **Bolzano Filmfestival Bozen:** April, www.filmfestival.bz.it. Nicht nur Film, sondern auch Konzerte, Lesungen, Dialoge.
- **Tanz Bozen Bolzano Danza Festival:** 2. Julihälfte, www.bolzanodanza.it. Festival für zeitgenössischen Tanz mit facettenreichem Programm und Workshops.
- **Südtirol Jazzfestival Alto Adige:** 1. Julihälfte, www.suedtiroljazzfestival.com. Internationale und lokale Künstler, Konzerte in ganz Südtirol.
- **Lorenzinacht:** 10. Aug. Wenn die Sterne fallen, soll man Wein trinken; stimmungsvoll unter den Bozner Lauben.

Infos

- **Verkehrsamt der Stadt Bozen:** Südtiroler Str. 60, T 0471 30 70 00, www.bolzano-bozen.it, Mo–Fr 9–17, Sa 9.30–17 Uhr.
- **Bahn und Bus:** Bozen Süd, Bozen Kaiserau und Sigmundskron sind ans Bahnnetz (Linie Bozen–Meran) angeschlossen, innerstädtisch verkehren Busse, Knotenpunkt ist der Hauptbahnhof mit dem nördlich angrenzenden Busbahnhof.
- **Parkplätze:** https://parking.bz.it; s. auch S. 130
- **Kohlerer Bahn:** s. Kasten S. 144
- **Rittner Seilbahn:** s. S. 146

Ritten/Renon F/G5

Und über allem thront ein Horn. Der Ritten ist ein weitläufiger Bergrücken, von Eisacktal und Sarntal umrahmt. Grüne Wiesen, behäbige Gehöfte und daneben von ebensolchem gemütlichem Tourismus geprägte Ortszentren. Die gleichnamige Gemeinde mit den Hauptorten **Klobenstein/Collalbo, Oberbozen/Soprabolzano** und **Unterinn/Auna di Sotto** sind durch das **Rittner Bahnl,** eine alte Kleinspurbahn, verbunden.

Das Rittner Horn, von Weitem ein markanter Bergpunkt, von Nahem nicht mehr ganz so beeindruckend, überzeugt trotzdem: Spektakulär ist die Aussicht – 360-Grad-Rundumblick auf Südtiroler Spitzen. Berge, soweit das Auge reicht.

Rittens Pyramiden

Kegelförmig aufgeschüttete Lehmstelen mit einem Hut aus Stein: Das Phänomen der Erdpyramiden findet sich nicht nur am Ritten, in Lengmoos/Longomoso, Oberbozen und Unterinn. Die beeindruckendsten Lehmstelen weist das Dörfchen Lengmoos auf. Gebildet werden sie durch Ausschwemmung von Moränenlehm aus Resten des Eisacktaler Hauptgletschers.

Museen

Zeit für Kultur

Kommende Lengmoos: Die Kommende, mittelalterliches Hospiz und Niederlassung des Deutschen Ordens, steht am Ulrichspass, einem Abschnitt der als Kaiserstraße bekannten Brennerverbindung. Heute finden hier Konzerte, Ausstellungen und Theateraufführungen statt. Außerdem beherbergt sie eine Trachtensammlung.

Dorf 15, Lengmoos, www.kuratorium-kommende-lengmoos.com, Mai–Okt. Mi, Fr 16–18 Uhr, 4 €, Veranstaltungen s. Website

Schlafen, Essen

Tango auf Tirolerisch

Kinighof: Hier scheint alles ein bisschen zusammengewürfelt, und genau das macht den Charme des Hofes aus. Benedikta, die Bäuerin und Köchin, tanzt Tango und bietet in der urigen Stube noch ein richtiges Milchmus aus Weizengries an. Auf dem Kinighof isst man traditionell, die Produkte sind biologisch und hofeigen. Geschlafen wird in Shabby-Chic-Ferienwohnungen.

Kinighof, Signat 187, Oberbozen, T 0471 36 50 47, www.hof-kinig.it, Do–Di 12–21 Uhr, nicht ganzjährig geöffnet, €€

Bewegen

Wanderung aufs Horn

Himmelstour: Die schönste Rundumsicht Südtirols verspricht das Rittner Horn/ Corno de Renon (2260 m) mit einem Blick auf über 40 Dreitausender. Die Tour startet an der Bergstation der Bergbahn Rittner Horn. In fünfeinhalb Stunden geht es in einer mittelschwierigen Rundwanderung (14 km, je 610 Höhenmeter rauf/runter) rund ums und aufs Rittner Horn. Latsche (Legföhre) und Zirm (Zirbelkiefer), wichtige Rohmaterialien bäuerlicher Lebensart, begleiten den Weg. Zu Beginn fällt der Blick auf die Sarntaler, am Rittner Horn auf Zillertaler und Stubaier Alpen sowie die Dolomiten.

www.ritten.com, ab Klobenstein Bus 166 nach Pemmern/Talstation Bergbahn Rittner Horn, Bergbahn Mitte Mai–Anf. Nov. tgl. 9–16.30/17.30 Uhr, Winter s. Website, Berg- und Talfahrt 18/12,50 €

Der (nicht) mit dem Wolf badet

Wolfsgrubner See: Karte 2, E 2. Wölfe gibt es hier schon lange keine mehr, obwohl sich der Name der kleinen Ortschaft Wolfsgruben zwischen Unterinn und Oberbozen auf ehemalige Wolfsfangstellen bezieht. Im Sommer können Sie hier im See baden.

25 Min. zu Fuß ab Oberbozen (Weg 15), kostenfreier Parkplatz, Ende Mai–Anf. Sept. tgl. bis 19 Uhr, 3 €, 7–17 Jahre 2 €

Infos

• **Tourismusverein Ritten:** Dorfstr. 5, 39054 Klobenstein, T 0471 35 61 00, www.ritten.com, ganzjährig (Winter und Feiertage eingeschränkt), Mo–Fr 8.30–18, Sa 8.30–12, 16–18 Uhr. Weitere Standorte in Oberbozen (Ing.-Josef-Riehl-Platz 1, Mo–Fr 9–17, Sa 9–14, Winter nur Mo–Fr) und an der Rittner Bergbahn.
• **RittenCard:** Die Karte, in den Zimmerpreisen der Partnerbetriebe inkludiert, beinhaltet neben der Benutzung der öffentlichen Verkehrsmittel u. a. Eintritte in Museen sowie Zugang und Ticketermäßigungen bei Kulturprogrammen und Freizeitangeboten.
• **Anfahrt Ritten:** www.ritten.com/de/sonnenplateau/highlight/rittner-bahn.html. **Bus 165** Mo–Fr halbstündlich, Sa/So, Fei stündlich von Bozen via Unterinn zum Hauptort Klobenstein. Dort Anschluss in die einzelnen Dörfer. Mit der **Rittner Seilbahn** (10 Min. zu Fuß vom Bahnhof Bozen) im Vier-Minuten-Takt nach Oberbozen. Von dort mit der **Rittner Bahn,** einer Schmalspurbahn, alle 30/60 Min. Anschluss nach Klobenstein.

Sarntal/ Sarentino

F4/5

Sarner, Topper und Federkiele: Das Sarntal ist bekannt für seine Strickjacken aus Schafswolle, die bequemen Filzpantoffeln und ein einzigartiges Handwerk, die Federkielstickerei. Für alles braucht es Geduld und lange, einsame Winterabende. Davon hatten sie im Sarntal – flächenmäßig die größte Gemeinde Südtirols – früher genug. Trotz der Nähe zu Bozen haben sich das Tal und seine Bewohner viel Ursprüngliches bewahrt. Im Herzen Südtirols und doch abgeschieden – vermutlich gibt es keine andere Gegend in Südtirol, in welcher der Gegensatz zwischen Stadt und Land so unmittelbar sicht- und spürbar ist.

Hauptort des Tales, das sich an die 45 km von Bozen bis zum Penser Joch, dem Übergang ins Wipptal, zieht, ist das zentral an der Zufahrtsstraße von Bozen gelegene **Sarnthein/Sarentino.**

Schlafen, Essen

Blick auf den See

Fischerwirt: Direkt am Durnholzer See schläft man in einfachen, aber komfortablen Apartments in Holz und mit Blick auf den See. Die Zufahrt zum See ist eingeschränkt. Mit Restaurant.

Durnholz 18, www.fischerwirt.it, T 0471 62 55 23, Nov. geschlossen, €€

Gourmetküche trifft Tradition

Erstaunlicherweise birgt das Sarntal einige Gourmetrestaurants, sodass die Auswahl im gehobenen Segment gar nicht so einfach ist. Zu nennen sind der Klassiker **Hotel Bad Schörgau** mit seinen Restaurants (Putzen 24, Sarntal, T 0471 62 30 48, www.bad-schoergau.com/de/essen, €€€) und die Überraschung **Terra** (Prati 21, Sarntal, T 0471 62 30 55, www.terra.place/de/restaurant.html, €€€) mit zwei Michelin-Sternen im gleichnamigen Luxushotel. Gemütlich und innovativ speist man neben der Pfarrkirche in Sarnthein beim **Braunwirt** (Kirchplatz 3, Sarnthein, T 0471 62 01 65, www.braunwirt.it, Mi–Sa 8.30–14.30, 18–22, So 8.30–18 Uhr, €€€). Hier wird Mut zu Fisch und interessanter alpin-mediterraner Fusion-Küche gezeigt.

Einkaufen

Wolle Wolle Wolle

Unterweger Wollmanufaktur: Alles rund ums Schaf gibt es im Ortszentrum von Sarnthein – von der Wolldecke bis zu warmen Pantoffeln, den Toppar (Filzpantoffel), und den Strickjacken, den Janggern.

Europastr. 27d, Sarnthein, www.unterweger.bz, Mo–Sa 8.30–12 Uhr

Im Speckhimmel

Hofmanufaktur Kral: Man muss eine gute Weile fahren, bis man nach Außerpens kommt. Dort wird am Unterkranzerhof Speck hergestellt. Die Hofmanufaktur legt Wert auf eine artgerechte Haltung der Tiere und eine biologisch-nachhaltige Bewirtschaftung des Betriebs. Neben glücklichen Schweinen gibt es mindestens ebenso viel Platz für glückliche Hühner und Rinder. Entschleunigung für einen Tag versprechen die Erlebnishofführungen (ab 45/80–150 €,

SÜDTIROLER SPECK

Manche wollen ihn ganz rot, andere schwören auf die weiße Fettschicht, wer es würziger mag, lässt die Gewürzkruste dran, wer milder, schneidet sie ab. Ganz sicher muss die Schwarte vor dem Schneiden weg. Speck ist nicht gleich Speck, und wer irgendwann einmal auf einem einsamen Bergbauernhof einen echten heimischen Speck kosten darf, kann sich glücklich schätzen. Ein guter Speck ist nicht zu salzig und nicht zu würzig. **Tipp:** Wenn Sie eine Südtiroler Marende – nennen Sie sie besser nicht Brettljause – bestellen, fragen Sie nach Speck am Stück. Den Speck ganz dünn aufschneiden und dann genießen gehört zum kulinarischen Erlebnis dazu.

TOUR
Wallfahrt mal anders

Wanderung zum Latzfonser Kreuz

Infos

Rundwanderung, 4,5 Std., 12,5 km, 700 Höhenmeter

Start:
F 4; Bergstation Pichlberg der Kabinenbahn Reinswald (s. S. 149)

Eine Wanderung, auf der man beides haben kann: Trubel und Erlebnis oder Stille und Einkehr. Hier der Urlesteig, dort die Tour zum Latzfonser Kreuz. Wir wählen das kleine, hochgelegene Wallfahrtskirchlein. Über Bergkämme im Herzen der Sarntaler Alpen mit 360-Grad-Fernsichten, an einem einsamen Bergsee vorbei und dann noch über einen kleinen Pass – vom Sarntal ins Eisacktal.

Da der Anstieg zum Einstieg in die Tour wenig spektakulär ist – von Reinswald/San Martino in Sarentino führt ein breiter Forstweg zur **Bergstation Pichlberg** mit dem Bergrestaurant Pichlberg (T 0471 09 55 85, www.pichlberg.it, wie Kabinenbahn, €€) –, lassen wir uns von der Kabinenbahn hinaufbringen. Oben sind wir zugleich am Ausgangspunkt des Erlebniswegs Urlesteig (www.sarntal.com/de/bergbahnen/das-wandergebiet-reinswald/

Latzfonser Kreuz oder Heiligkreuz auf Ritzlar

urlesteig-fuer-familien.html), dem wir jedoch erst auf dem Rückweg ein Stück folgen werden. Nun aber wählen wir den Weg 8a hinauf zum **Sattele.**

Am Sattele geht es auf dem Kammweg weiter, bis wir vor dem Plankenhorn/Corno Planca zum **Getrumsee** absteigen, der nur von ein paar Stück Weidevieh und einem einsamen Kreuz eingerahmt wird. Das **Getrumtal** wandern wir nun leicht abwärts durch die Gebirgslandschaft mit ihren von kleinen Felsen durchbrochenen Grasflächen, bis wir auf den Weg mit der Markierung **7** hoch zur **Lücklscharte/Passo del Lucolo** treffen. Vorwitzige Ziegen begleiten uns.

Der Anstieg zur Scharte ist nicht mühsam, kaum oben, fällt der Blick auf Eisacktal und Dolomiten und vor allem auf das **Latzfonser Kreuz/Santa Croce di Lazfons** (s. auch Tour S. 48). Das Kirchlein ist Südtirols höchster Wallfahrtsort und bietet nicht nur ein beeindruckendes Fotomotiv, sondern auch eine interessante Geschichte. Jedes Jahr im Juni tritt der Schwarze Herrgott, ein Holzkruzifix, von Latzfons aus seine Sommerfrische am Berg an. Seit Jahrhunderten – nachdem starke Unwetter wieder einmal die Bevölkerung angehalten hatten, den Himmel zu bestürmen – wird das Kreuz unter Kassianspitze und Ritzlar aufgestellt. Der Bau einer Kapelle (um 1750) war nur eine Frage der Zeit, ebenso wie der Bau des gleichnamigen **Schutzhauses** (T 334 114 56 08, www.latzfonserkreuz.com, ca. Juni–Mitte/Ende Okt., €–€€), um die Pilger zu verköstigen.

Kabinenbahn Reinswald: Reinswald 129, Sarntal (Parkplätze reichlich vorhanden), www.sarntal.com, tgl. Juni, Sept./Okt. 8.30/9–12.30, 13.30–16.30/17, Juli/Aug. 8.30–17.30, Anf. Dez.–Anf. April tgl. 8.30–16.30 Uhr, Berg- und Talfahrt 15,50 €, 10–20 Jahre 10,50 €, bis 9 Jahre frei

Zurück geht es wieder über die **Lücklscharte,** nun aber talauswärts Richtung **Getrumalm** (T 348 478 90 91, auf Facebook, ca. Mitte Mai–Okt., ca. Jan.–März Fr–So, Ferienzeit u. U. tgl., €–€€), wo sich die Möglichkeit zur Einkehr bietet.

Über den **Urlesteig** geht es danach in angenehmer Wanderung zurück zur Bergstation Pichlberg.

bis 12 Jahre in Elternbegleitung Führung gratis/Essen Kostenbeitrag), als Halb- oder Ganztagsangebot, mit Mittag- und/oder Abendessen.

Ausserpens 5, Pens/Sarntal, www.kral.bz.it

Bewegen

Leichtes Wandern

Stoanerne Mandln: Teilweise übermannsgroß, sind die ›Steinernen Männchen‹ (s. auch Tour S. 200) ein lohnendes Ziel. Ob Ötzis Kollegen ihre Übergänge markierten, Hexen dort tanzten oder Hirten beim Hüten des Weideviehs einfach nur langweilig war – die Mandln sind sprichwörtlich ein sagenhafter Ort. Von der Sarner Skihütte oberhalb Sarnthein aus in leichter Wanderung oder per Rad zu erreichen. Auch von Mölten, Vöran oder Hafling aus erreichbar.

Streckenwanderung

Hufeisentour: Hufeisenförmig legen sich die Sarntaler Alpen um Sarn-, Penser und Durnholzer Tal. Eine Sieben-Tage-Tour umrundet den Mittelpunkt Südtirols und streift dabei Berggrößen wie Ifinger, Hirzer, Sarner Weißhorn und Rittner Horn. Wer nicht sieben Tage Zeit hat, geht eine Etappe. **Infos:** www.sarntal.com/de/sarntal-aktiv/wandern/hoehenweg-hufeisentour.html. Die Hufeisentour wird auch gelaufen: beim Südtirol Ultrarace (www.suedtirol-ultrarace.it) Ende August.

Mit dem Rad

Übers Penser Joch: Das Penser Joch/Passo di Pennes auf 2211 m verbindet abseits von Autobahn und Endlos-Apfelfeldern Südtirols Norden mit dem Süden, Sterzing mit Bozen. Die ansprechende und anspruchsvolle Tour verspricht Tour-de-France-Gefühle beim Anstieg zum Joch. Wer es gemütlicher mag, wählt den Abschnitt Sarnthein–Asten und verpasst trotzdem nicht den Aha-Effekt – einen Talschluss stellt man sich anders vor.

Infos

- **Tourismusverein Sarntal:** Kirchplatz 9, 39058 Sarnthein, T 0471 62 30 91, www.sarntal.com, Mo–Fr 8.30–12, 15–18, Sa 8.30–12 Uhr.
- **Verkehr:** Von Bozen aus fährt **Bus 150** ins Tal. Vom Hauptort Sarnthein fährt **Bus 152** nach Durnholz/Reinswald. Von Juli bis Oktober fährt zudem der **Wanderbus** (Infos auf www.sarntal.com) ausgewählte Wanderausgangspunkte an.

Östlich von Bozen

Eggental/Val d'Ega — F/G6

Eggen hat nichts mit Ecken zu tun, das Wasser (lad. *ega*), genauer: der Eggentaler Bach, hat die im unteren Abschnitt stark zerklüftete Schlucht geschaffen. Karl Mays wildes Kurdistan soll hier Anleihen nehmen. Die das Tal erschließende SS241 wird durch Tunnel nach Kardaun an der Einmündung ins Eisacktal geführt. Sobald sich die Schlucht zaghaft in Wiesen erweitert, sieht man, was Eggen reich gemacht hat: Lange Stapel aus Holzstämmen warten auf ihren Abtransport. Doch erst weiter oben im Tal, in Richtung Gummer bzw. Welschnofen und Karerpass, eingerahmt von den Bergzügen Rosengarten und Latemar, öffnet sich die Welt.

Konkurrenz für Prags?

Der **Karersee/Lago di Carezza** leuchtet in allen Regenbogenfarben, so will es die Sage, nach der er von den Ladinern *Lec* *de ergobando,* Regenbogensee (s. S. 150), genannt wird – mit dem berühmten Rot des Rosengartens und dem bleichen Latemar ein wunderbarer Kontrast. Allerdings leidet er längst unter dem Touristenansturm und der Wasserknappheit. Trotzdem ist ein Stopp ein Muss auf dem Weg zum Karerpass/Passo di Costalunga (lad. Jouf de Ciareja). Kurzparkzone und ›Shoppingmeile‹ mit Fast Food sind am Seezugang vorhanden.

Karneid/Cornedo

Karte 2, D/E2

Dem Himmel so nah

Die Astronomen Italiens haben den Nachthimmel über dem am Eingang des Eisacktals liegenden **Karneid** als einen der schönsten Italiens ausgewiesen. Nirgends sonst kommt man dem Himmel so nah wie in den Örtchen **Gummer/San Valentino in Campo** und **Steinegg/Collepietra.** Sternendorf nennen sich diese drei Bergsiedlungen, die von Bozen aus über das Eggental erreichbar sind. Hier stehen Stern- und Sonnenwarte sowie das Planetarium Südtirol.

Planetarium Südtirol: Gummer 13, www.planetarium.bz.it, Vorführungen Do 18.30 oder 19.30, So 16 Uhr, Programm s. Website, eventuell Shuttledienst von Bozen

Völs am Schlern und Tiers am Rosengarten

G5

Die Bozner schätzten und schätzen das auf 880 m Höhe gelegene **Völs am Schlern/Fiè allo Sciliar** als Sommerfrische. Abseits der Durchgangsstraße liegt der geschlossene Dorfkern, geprägt von der Pfarrkirche, dem Dorfplatz und verwinkelten Gassen, auf einem Hügel. Schon immer war der Ort für seine Heubäder bekannt, eine Kur-

ADLER STATT LAURIN

Ein bronzener **Adler** wacht oberhalb des Karerpasses über den Rosengarten. Das Denkmal erinnert an **Theodor Christomannos,** eine der schillerndsten Figuren aus den Anfängen des Tourismus in Südtirol. Ihm verdanken wir u. a. die Große Dolomitenstraße, die über den Karerpass von Bozen bis nach Cortina d'Ampezzo verläuft. Der Rechtsanwalt und begeisterte Bergsteiger mit griechischen Vorfahren hatte sich in Meran niedergelassen und war als Tourismuspionier treibende Kraft hinter vielen Projekten wie dem Suldenhotel, dem Hotel Trafoi, der Vinschgaubahn oder dem Hotel am Karersee. Schon 1895 (!) gründete er den Verein für Alpenhotels. Der Adler, 2,70 m groß und 350 kg schwer, ist am **Hirzelsteig,** einem beeindruckenden Panoramaweg unter dem Rosengarten, zu bestaunen.

bzw. Wellnessanwendung, die hier heute noch angeboten wird. Zur Gemeinde gehört **Schloss Prösels** (s. u.), und nicht zuletzt liegt das **Gipfelplateau des Schlern** (2563 m), eines der Wahrzeichen Südtirols, auf dem Völser Gebiet. Der Gebirgsstock ist Namensgeber für das **Schlerngebiet,** eine Mittelgebirgslandschaft, deren bekannte zweite Gemeinde Kastelruth (s. S. 121) ist.

Turm und Türmchen

Um 1200 von den Herren von Völs, Dienstleuten der Bischöfe von Brixen, erbaut, wurde **Schloss Prösels** im frühen 16. Jh. von Leonhard von Völs im Renaissancestil erweitert und gilt seitdem als einer der prachtvollsten Bauten dieser Epoche in Südtirol. Schöne Waffensammlung und kleines Schlosscafé.

TOUR
Im Labyrinth über dem See im Kar

Lasst die Puppen tanzen unter dem Latemar

Lac-te-mara, ›über dem See im Kar‹, oder *Lat-mar* ›Milchmure‹: Ladinischen Ursprungs ist der Name Latemar sicher.

Zerbrechlich wirken sie, die **Puppen des Latemar,** schmale Felszinnen hoch oben am Grat des bleichen Berges – aus dem gleichen brüchigen Gestein, das dafür verantwortlich ist, dass der Latemar nie wirklich in den Mittelpunkt des Bergsteigerinteresses geriet. Wie zerbrechlich auch das Gleichgewicht in der Natur ist, erfahren wir auf dieser Wanderung durch das Felsenlabyrinth unter den Berghängen und über dem Karersee.

Wir starten vom **Karerpass** (lad. Jouf de Ciareja, it. Passo Costalunga) auf 1752 m. Der Pass selbst befindet sich bereits auf dem Gebiet der Nachbarprovinz Trentino. Den Rosengarten im Rücken geht es bergan, die blühenden Confinwiesen, die Grenzwiesen, werden im Winter von Skifahrern bevölkert. Der **Markierung 17** Richtung Poppekanzel/Cima Pope folgend, gelangen wir nach einer halben Stunde zu den **Latemarwiesen.**

Infos

3 Std., 8,5 km,
330 Höhenmeter

Start:
Karerpass, G 6

Wichtig:
Gute Wanderschuhe sind Pflicht; keine Einkehrmöglichkeiten – also: Verpflegung mitnehmen!

Anfahrt:
Bus 180 ab Bozen bis Endhaltestelle Karerpass; Parkmöglichkeiten vorhanden

Film ab, heißt es hier. Das **Bergkino** (ein hölzerner ›Bilder‹-Rahmen) lädt dazu ein, ›sich seinen eigenen Film zu drehen‹. Mountain Cinema nennt sich das – und der Rosengarten ist unangefochtener Protagonist.

Über die Wiesen führt der **Weg 13**, dann den **Steig 18** hinunter zum **Labyrinth** (Labyrinthsteig, Markierung 20), das langsam und doch wie aus dem Nichts zwischen dem lichter werdenden Wald erscheint. Fast haushohe Felsentrümmer, zwischen denen wir unseren Weg suchen. Manchmal geht es darunter, manchmal darüber hindurch. Eine bizarre Geröll- und Steinlandschaft. Faszinierend sich vorzustellen, wie das Material nach dem Rückzug der Gletscher zu Tal gedonnert sein muss. Einst war es das Ende der Eiszeit, heute besorgt der Klimawandel den unaufhaltsamen Gletscherschwund. Der Kitt, der Permafrost, der alles zusammenhalten sollte, taut auf und bringt derweil die Alpen zum Bröckeln. Fragil wie die Puppen über der Mondlandschaft. Agatha Christie wird sich darum noch wenig Gedanken gemacht haben müssen. Im Grand Hotel am Karersee logierend, hat sie das Felsengewirr zum Schauplatz eines ihrer Krimis erwählt. In »Die großen Vier« findet zwischen London und Paris so auch eines der kleinsten Bergmassive der Dolomiten Eingang in die Weltliteratur.

Das Thema Kino verfolgt uns. Ein wenig Thriller nachspielen kann man noch heute: Lauert hinter den Felsen etwa ein Bösewicht? Oder erscheint von den unnahbaren und doch so nahen Berghängen der Hexenmeister, der einst um die Gunst der Wasserfee des Karersees buhlte?

Nach dem Labyrinth umfängt uns wieder das Dunkel des Waldes, nach einer Stunde erreichen wir das **Mitterleger.** *Leger* meint in Südtirol Almböden, der Begriff rührt wohl vom Liegen oder Lagern des Weideviehs her. Hier am ›mittleren Lager‹ haben aber bereits seit einer ganzen Weile keine Kühe mehr gegrast.

Der **Rückweg** zum Karerpass kann über den Weg mit der **Markierung 21** erfolgen. Während eineinhalb Stunden vorwiegend durch den Wald am Geländehang entlang, erleben wir noch einmal gewaltiges Naturkino. Abschnittsweise hat der Jahrhundertsturm Vaia die Landschaft hier auf Jahre verändert.

Wandern am Meeresgrund: Stellen Sie sich einfach mal vor, dass das Felsengewirr, das Labyrinth, durch das Sie wandern, einst von Meer umspült war und nur die Spitzen des hufeisenförmigen Latemar einem Atoll gleich aus dem Wasser hervorragten.

Baden unterm Schlern: Der Völser Weiher auf 1056 m Höhe und mit einer maximalen Tiefe von 4 m ist als Sommerfrische beliebt.

Prösler Str. 2, www.schloss-proesels.seiseralm.it, nur mit Führung, So–Fr Mai, Okt, 11, 14, 15, Juni, Sept. auch 16, Juli/Aug. stündlich 11–16 Uhr, 9 €, 6–14 Jahre 5 €

Zu Besuch beim Zwergenkönig

Im Südosten grenzt die Gemeinde Völs an **Tiers am Rosengarten/Tires al Catinaccio.** Das Bergmassiv Rosengarten soll seinen Namen nach der Sage vom Zwergenkönig Laurin tragen, der hier einen Rosengarten mit einem Fluch belegt haben soll. Weder tags noch nachts sollten ihn die Menschen zu Gesicht bekommen – vergessen aber hatte Laurin die Dämmerung, sodass der Rosengarten bei Sonnenauf- und -untergang in herrlichen Rottönen erstrahlt. Prosaischer ist die Ableitung des Namens von dem alten Wort *ruza,* Geröllhalde.

Zur Gemeinde Tiers gehört auch das Dorf **St. Zyprian/S. Cipriano** mit seinem (gleichnamigen) Kirchlein. Mit dem Rosengarten im Hintergrund ein beliebtes Fotomotiv.

Ein beliebtes Ziel ist auch das **Tierser Alpl,** der kürzeste Weg hinauf verläuft jedoch ab Compatsch, s. Lieblingsort S. 125.

Schlafen, Essen

Bio und Bike

Steineggerhof: Von außen ein klassisches Tiroler Hotel mit Schnörkeln, innen aber schnörkellos. Die Suiten sind passend zur Umgebung nach Planeten benannt, die Suiten und Zimmer weisen teilweise Holzböden auf, die Suiten bieten zudem eine Kochnische (Aufpreis im Sommer). Die Küche des hauseigenen Restaurants kommt regional daher, mit einem Akzent auf veganen Speisen. Im

Winter geschlossen, Suitenmiete mit Kochnische möglich.

Bühlweg 14, Steinegg, T 0471 37 65 73, www.steineggerhof.com, Winter geschlossen, €€€

Im Cabrio auf die Alm

Alpengasthof Frommeralm: Zwischen Karersee und Nigerpass unterhalb des Rosengartens gelegen, ist die Frommeralm ein idealer Ausgangspunkt für die Erkundung der Region. Mehr ein Gasthaus aus den 1980er-Jahren als eine Alm, mit einfachen Zimmern und der italienweit ersten Cabrio-Seilbahn, die bis vors Haus fährt und bereits vor ihrer Inbetriebnahme für Aufsehen gesorgt hat.

Nigerstr. 14, Welschnofen/Karersee, T 0471 61 21 84, www.frommeralm.it, Winter zeitweise geschlossen (s. Website), €€

Einfach anders

Buschenschank Stanglerhof: Mit »Vielfalt, Diversity und Pluralità« ist Heinrich Mayer Kaibitsch mit seiner Familie am Stanglerhof angekommen. Mit ihm seine Gäste. Ab vom Schuss, Biohof, Permakultur, kleiner Hofladen, einfach, aber anders, und immer wieder gibt es ein besonderes Kulturprogramm.

H. Mumelterweg 42, St. Konstantin/San Costatino, Völs am Schlern, T 348 865 97 39, www.stanglerhof.bz.it, Do Kulturprogramm mit Büfett (s. Website, reservieren), Okt./Nov. zum Törggelen Fr 18–22, Sa 12–22, So 14–17 Uhr, besser reservieren, €€

Bewegen

Von Hof zu Hof

Oachner Höfeweg: Auf dem Oachner Höfeweg (Oacha mundartlich für Aicha/Aica) kann man von Schloss Prösels aus Wiesen und Wald von Prösler Ried/Novale di Presule und Unteraicha/Aica di Sotto bis Oberaicha/Aica di Sopra, beide ›Aichas‹ bilden zusammen Völser Aicha/Aica di Fiè, durchwandern. Vorbei an alten Höfen mit kuriosen aus vordeutscher Zeit stammenden Namen, informieren Tafeln über die jahrtausendealte Besiedlungsgeschichte und die Natur. In Völser Aicha kommt man am Fronthof (Bühelweg 2, T 0471 60 10 91, www.fronthof.com, Buschenschank März–Mai, So mittags, Juli–Sept. Di–Do 12—23, Okt./Nov. Mi–So 12–23 Uhr) vorbei. Das beeindruckende Gebäude ist das größte gotische und einheitlich aus Steinquadern am steilen Hang errichtete Bauernhaus Südtirols. Rundweg von ca. 11 km Länge mit je ca. 610 m im Auf- und Abstieg, ca. 3,5 Std.

Wie das Vieh

Über den Prügelsteig (Knüppelweg): Kaum vorstellbar, dass diesen Weg das Weidevieh der Völser Bauern aus auf das Schlerner Hochplateau zurücklegt. Vom Völser Weiher/Laghetto di Fiè aus startet die mittelschwere Tour. »Über die Pruggn« nennen die Einheimischen den ca. 1 km langen Wegabschnitt durch die Schlernschlucht. Der Name Pruggn/Prügel/Knüppel bezieht sich übrigens nicht auf eine Misshandlung des Viehs, sondern auf die Holzbohlen, die hier verlegt sind. Ziemlich anspruchsvolle, insgesamt rund sechsstündige Variante zum Touristensteig, der von der Seiser Alm/Compatsch aus den Schlern erreicht. Einkehrmöglichkeiten Tuffalm (www.tuffalm.it), Sesselschwaige (www.sesselschwaige.it), Moarbodenhütte und Schlernhaus (www.schlernhaus.it). Nach der anstrengenden Tour bleibt die Eroberung des höchsten Punkts ein Klacks. Der Petz/Monte Pez ist mit 2563 m die Spitze des Schlern, vom Schlernhaus aus in 20 Min. zu erreichen.

Trubel um den Latemar

Latemarium: Auf einer Seite der schweigsame Latemarforst, das mysteriöse Labyrinth und der See, auf der anderen Seite Trubel auf den Almen.

Das Wandergebiet Latemarium lockt mit Erlebniswegen, neun Themenwegen, Aussichtsplattformen, Hüttenzauber und 360-Grad-Rundblick auf der Ganischger Alm (www.ganischger.com) und spannt den Bogen ins trentinerische Predazzo und Pampeago. Wer kann, wählt den anspruchsvolleren und weniger überlaufenen Erlebnisweg zur Latemarhütte/Rifugio Torre di Pisa (www.rifugiotorredipisa.it).

Latemarium: www.latemarium.com, von Obereggen und Pampeago aus per Sessellift, von Predazzo aus mit Kabinenbahn erreichbar, Bahnen Mitte Juni–Mitte Sept. tgl. 8.30–17.30/18 Uhr (Pampeago mit Mittagspause, nähere Infos zu Zeiten/Preisen: s. Website Latemar)

Mit alter Stubentäfelung

Wanderung zur Grasleitenhütte/ Rifugio Bergamo: In einer Schutzhütte eine Stubentäfelung aus dem 19. Jh.? Gibt es, erreichbar von Tiers aus, Ausgangspunkt ist Weißlahnbad/Lavina Bianca oberhalb von St. Zyprian. Der Weg führt in ca. 2,5 Std. durch das Tschamintal/Val Ciamin hinauf zur Hütte, Wegmarkierungen Nr. 3 und 3a. Herzlicher Familienbetrieb mit einer großen Portion Idealismus und gutem Essen.

www.grasleitenhuette.com, Sommer (ab Mitte Juni)

Baden

Völser Weiher: Von den Herren von Völs-Colonna vermutlich als Fischteich angelegt, ist das Angeln im See mittlerweile verboten, das Schwimmen hingegen erlaubt. Lektüreempfehlung am Weiher: In Schnitzlers »Weites Land« spielen das am See liegende Grand Hotel und der Weiher selbst als Liebesmetapher eine Rolle. Trotz der Höhe knackt die Wassertemperatur im Sommer die 20-°C-Marke.

Boznerstr. 4, Völs, Weiherbus 13 Völs–Völser Weiher, Juni–Okt. halbstündlich 9.10–18.05, Rückfahrt 9.25–18.15 Uhr, hin/zurück 3 €, Parkplatz vorhanden (gebührenpflichtig)

Feiern

- **Oskar-von-Wolkenstein-Ritt:** Anf. Juni, www.ovwritt.com. Von der Trostburg bei Waidbruck/Ponte Gardena bis zum Völser Weiher findet zu Ehren des mittelalterlichen Sängers und Ritters ein Turnier statt. Die Teilnehmenden messen sich in Reiterspielen (Ringstechen, Hindernisgalopp, ...).

Infos

- **www.eggental.com:** Infos zu den dortigen Ortschaften.
- **www.seiseralm.it:** Infos zu Völs und Tiers.
- **Tourismusverein Welschnofen-Karersee:** Dolomitenstr. 4, 39056 Welschnofen, T 0471 61 95 00, Nebensaison vormittags, Hauptsaison auch nachmittags. Weitere Standorte in Deutschnofen, Obereggen, Karersee und Steinegg.
- **Tourismusverein Völs am Schlern:** Boznerstr. 4, 39050 Völs am Schlern, T 0471 72 50 47, Mo–Fr 80–17, Sa 8.30–12.30 Uhr, saisonale Abweichungen s. Website.
- **Tourismusverein Tiers am Rosengarten:** St.-Georg-Str. 79, 39050 Tiers am Rosengarten, T 0471 64 21 27, Mo–Fr 8–12 Uhr, sais. Abweichungen s. Website.
- **Eggental Guest Pass:** bei Partnerbetrieben für kostenlose uneingeschränkte Mobilität, für Aufstiegsanlagen gibt es den Mountain Pass zum Vorzugspreis.
- **Südtirol Alto Adige Guest Pass:** bei Partnerbetrieben erhältlich, u. a. kostenlose Nutzung des Nahverkehrs.
- **Bus:** Ab Bozen mit **Bus 180** im Halbstundentakt über Welschnofen und den Karerpass bis nach Vigo di Fassa im Trentino. **Bus 181** verbindet Bozen mit Steinegg und Birchabruck und **Bus 182** fährt über Deutschnofen bis nach Weißenstein. **Bus 170** verbindet Bozen halbstündlich mit Völs, **Bus 185** fährt im Halbstunden- oder Stundentakt über Völser Aicha nach Tiers.

Zugabe
Entdeckung der Langsamkeit

Die Rittner Bahn

Von Maria Himmelfahrt über Oberbozen nach Klobenstein: durch Wiesen, ganz nah an Höfen vorbei, so nah, dass sich einzelne Haltestellen nach ihnen benennen. Das ist die Strecke der Rittner Bahn, ortsüblich einfach nur das Bahnl. Die alten Holzbänke sind mittlerweile modernen Zuggarnituren gewichen. Die Strecke ist nur etwas über 6 km lang, die Höchstgeschwindigkeit beträgt knapp 30 km/h, das bedeutet 18 Minuten unendliche Langsamkeit. ■

Überetsch und Unterland

Im Süden angekommen — endlose Apfelbaumreihen, sanfte Weinhänge und die Berge nicht ganz so hoch. Am Schnittpunkt der Kulturen, zwischen alpin und mediterran. Nirgends scheint Südtirol so vielfältig wie in seinem Süden.

Eintauchen

Seite 163

Kalterer See

Der Kalterer See lockt als eines der wärmsten Badegewässer Europas. Hier kann man flanieren, baden, surfen, Vögel beobachten … und den Wein, den Kalterersee, probieren.

Seite 167

Von der Mendel auf den Roen

Mit der Mendelbahn zum Mendelpass, dann startet die Wanderung auf den Roen. Das Überetsch und das Unterland zu Füßen – die Aussicht entschädigt dafür, dass der Berg oberhalb von Tramin und Kaltern gar kein richtiger Gipfel ist.

Blauburgunder oder Gewürztraminer, das ist hier die Frage.

Seite 174

Auf dem E5 zum Trudner Horn

Klein, aber vielfältig: Der Naturpark Trudner Horn, der kleinste, aber artenreichste Südtirols, reicht von der Talebene bis zur Bergspitze. Verwunschene Hochmoore und Ausblicke bis zum Ortler, auch wenn es nicht so hoch hinaus geht.

Seite 162

Burg Hocheppan 

Die Fresken in der Kapelle auf Hocheppan sollen die ersten Knödel Tirols zeigen. Auch sonst hat die Burg einiges zu bieten.

Seite 171

Fennberg

Ein malerisches Kirchlein und ein tiefgründiger Bergsee locken auf die Hochebene von Fennberg.

Seite 175

Neumarkt

Mittelalterliche Laubengänge prägen das historische Zentrum des Hauptorts des Unterlandes. Brunnen plätschern hören, ein gutes Glas Wein genießen – Lebensart zwischen Norden und Süden pur.

Seite 176

Castelfeder

Arkadien Tirols wird der Hügel zwischen Montan, Auer und Neumarkt genannt. Auf engstem Raum finden sich hier Spuren von den Römern bis zu den Germanen. Ein Freiluftmuseum, das sich auch per Rad erkunden lässt.

Seite 182

Geoparc Bletterbach

Ganz schön fossil: In der Bletterbachschlucht, dem Grand Canyon Südtirols und UNESCO-Weltnaturerbe, begibt man sich auf eine Reise fast bis zum Mittelpunkt der Erde.

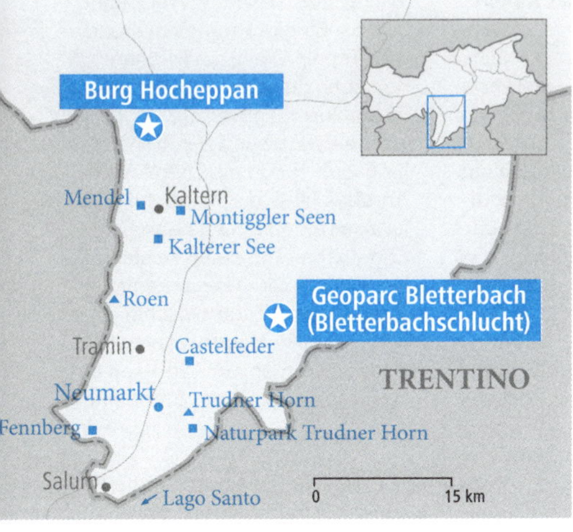

Wimmen: So heißt die Weinlese in Südtirol. Zwar stampft man heute die Trauben nicht mehr mit bloßen Füßen, dabei zu sein ist trotzdem schön.

Wem es am Kalterer See und den Montiggler Seen zu heiß wird: Im Salurner Haussee, dem bereits im Trentino liegenden Lago Santo, lässt es sich ruhiger und frischer baden.

Dem Süden entgegen

I

In seinem Werk »Italienische Reise« schreibt Goethe: »Die Etsch fließt nun sanfter«, und wirklich scheinen die Uhren im Süden Südtirols etwas langsamer zu gehen. Das mag an den rebenüberzogenen Hügeln, am Glitzern des Kalterer Sees oder den behäbigen Burgen liegen. Eine Landschaft im Dornröschenschlaf? Die Ruhe trügt, hier prallen Gegensätze aufeinander wie sonst nirgends in Südtirol. Es gibt von allem etwas: Zypressen und Palmen im Tal, Lärchenwiesen auf den Höhen, alpine Rauheit und mediterranes Dolcefarniente, touristische Massen und verlorene Plätzchen.

Richtige Gipfel sucht man hier vergeblich, die meisten Berge haben grasbewachsene Kuppen. Im Tal donnert der Autobahnverkehr und rattert die Eisenbahn. Schon immer war das Gebiet zwischen Bozen und Trient ganz nah dran an den alten Handelswegen zwischen Nord und Süd. Dieses ›Dazwischen‹ zieht sich durch die Geschichte, die Sprache und die Kultur. Der rege Austausch mit den angrenzenden Gemeinden des Trentino, über den Mendelkamm, die Salurner Klause hinweg und ins Fleimstal hinein, wirkt noch immer nach. Die große Zäsur, der Erste Weltkrieg und seine Folgen, auch – mehr als vielleicht im restlichen Südtirol.

Hier wachsen der leichte Kalterersee und der vornehme Blauburgunder, von hier werden die meisten Äpfel exportiert – man ist mittendrin und doch ein wenig im Abseits.

O

ORIENTIERUNG

www.suedtirols-sueden.info: Gemeinsame Plattform der Tourismusvereinigungen mit umfassenden Informationen.
www.suedtiroler-weinstrasse.it: Durch das Überetsch und das Unterland führt auch die Südtiroler Weinstraße, die erste Weinstraße Italiens. Es gibt Programme rund ums Thema Wein, bei Partnerbetrieben die mobil & activ Card (kostenloser Nahverkehr, ausgewählte Events) und den WinePass für Events rund ums Thema Wein.
Anreise: Über die Autobahn A22, für das Überetsch Ausfahrt Bozen-Süd, für das Unterland Ausfahrt Neumarkt/Auer. Auer ist zentraler **Zugbahnhof,** Züge zwischen Trient und Bozen im Halbstundentakt. Busse zwischen den größeren Ortschaften verkehren im Stundentakt.

Überetsch

Eppan/Appiano

Karte 2, A/B 2–4

Knapp 15 000 Einwohner – wer aber ein kleines Städtchen namens **Eppan a. d. Weinstraße/Appiano sulla Strada del Vino** erwartet, sucht vergeblich. In einer sanft hügeligen Landschaft zwischen Weinbergen und Ansitzen liegen verstreut verschiedene Siedlungen. Berg, Frangart, Gaid, Gand, Girlan, Missian, Montiggl, Perdonig, St. Michael, St. Pauls, Unterrain, um genau zu sein.

Wenn man so will, ist **St. Michael/ S. Michele** das Zentrum. Dort finden sich das Rathaus und die wichtigsten Infrastrukturen. Das Lanserhaus ist zudem das erste Haus am Platz, was Kultur betrifft. Hier finden u. a. wechselnde Kunstausstellungen (auch moderner Kunst) statt und es ist Standort der archäologischen Dauerausstellung »Geborgene Schätze«.

Johann-Georg-Plazer-Str. 24, St. Michael, www.eppan.eu/de/Verwaltung/Einrichtungen/Lanserhaus, Dauerausstellung Di–Do 10–12 Uhr, Eintritt frei

Hochburg der Schlösser

Nicht nur Hocheppan oder Sigmundskron, mächtige Burgen oder was von ihnen übrig blieb, erheben sich auf Eppaner Gemeindegebiet. Das Burggrafenamt in Miniatur sozusagen. Mehr noch beeindrucken die stattlichen, schlossähnlichen Ansitze. Ihre Architektur hat sogar einen eigenen Namen: Überetscher Stil. Besonders gut zu sehen ist dieser am **Ansitz**

Auf Eppaner Gebiet liegen mehrere Burgen und unzählige Ansitze. Hier geht der Blick vom erleuchteten Schloss Korb zum Kreideturm und der über allem thronenden Burg Hocheppan.

Hammerstein-Wohlgemuth (Kalterer Str. 1, St. Michael) und am **Ansitz Thalegg** (Maderneidstr. 11, St. Michael) in Eppan.

Christen und Römer

Unten Gotik, oben Barock: Über 250 Jahre wurde am wuchtigen Dom auf dem Lande, der Pfarrkirche Pauli Bekehrung im Eppaner Ortsteil **St. Pauls/S. Paolo** gebaut. Übertrumpft wird eine der größten Dorfkirchen Südtirols (mit reicher Ausstattung) nur vom eigenen Kirchturm. Der ragt 85 m auf. Muss er auch, schließlich hängt darin die zweitgrößte Glocke Südtirols.

2005 kamen bei Grabungsarbeiten im Aich bei St. Pauls **Reste einer römischen Villa** (Aichweg 24) zutage – ein einst wohl prunkvoller Bau mit den besterhaltenen römischen Mosaiken Südtirols. Gehörte sie vielleicht gar dem legendären Gründervater Eppans, Appius oder Appianus? Für den Besucher stellt sich allerdings die Frage: Sieht man sie überhaupt? Die Vorbereitungen, sie öffentlich zugänglich zu machen, laufen.

Kellerwelten

Man sagt, dass **Girlan/Cornaiano** unter der Erde größer sei als oberhalb. Von den knapp 1000 ha Weinanbaufläche der Gemeinde Eppan entfällt rund die Hälfte auf Girlan. Wer nicht gerade da ist, wenn alle vier Jahre das Girlaner Kellerfest stattfindet, kann sich davon wenigstens ein virtuelles Bild machen: An den Häusern mit bedeutenden Kellern wurde ein Schild mit QR-Code angebracht, eine Dorfrunde mit Tiefgang.

Wald und Seen

Ein Örtchen mitten im Wald und eigentlich bekannt für seine Seen, das ist **Montiggl/Monticolo** (Karte 2, B4). Wie für den großen Bruder der **Montiggler Seen/Laghi di Monticolo,** den Kalterer See, waren eiszeitliche Gletscher für deren Ausformung verantwortlich. Wenn es im Sommer im Tal zu heiß zum Wandern ist, sucht man gerne das kühle Nass – am Großen Montiggler See mit mehr Trubel, am Kleinen geht es etwas ruhiger zu.

Burg Hocheppan

Karte 2, A2

In Teilen verfallen

Über Eppan erhebt sich die Burg Hocheppan, die Graf Ulrich II. von Eppan wohl um 1130 errichten ließ. Noch im selben Jahrhundert aber wurde die Burg von einer Strafexpedition unter Heinrich dem Löwen – die Eppaner hatten eine päpstliche Gesandtschaft überfallen – in weiten Teilen zerstört. Dennoch: Beeindruckend sind der Bergfried und vor allem die Fresken in der Burgkapelle. Auch für das leibliche Wohl wird auf Hocheppan gesorgt.

Knödel in der Kapelle

Unglaublich, dass die Hocheppaner **Burgkapelle St. Katharina** mit ihren beeindruckenden Fresken bis ins 20. Jh. als Scheune diente. In Anlehnung an die Krypta des Klosters Marienberg (s. S. 241) wird eine Entstehung erst nach 1160 in Betracht gezogen, wobei die Bozner Chroniken sie in das Jahr 1131 datieren. Die besterhaltenen **romanischen Fresken** Südtirols zeigen das Leben Jesu im Schnelldurchlauf – eine Bilderbibel für Leseunkundige. Interessantes Detail ist die Knödelesserin, die wohl einem Irrtum des Malers zu verdanken ist. Aus zwei Vorlagen – den Heiligen Drei Königen mit goldenen Kugeln und der Dienerin, die den neugeborenen Jesus zu baden hatte, schuf er eine Magd, die runde Klöße kochte. Gut für uns, irgendwo mussten die ersten Knödel ja herkommen. Absolut sehenswert, auch wegen der restlichen Fresken. Die Burgkapelle ist Kulturstätte der Alpinen Straße der Romanik (www.stiegenzumhimmel.it).

Burg und Kapelle: zu Fuß oder per Shuttle (Ernst Niedermayr, T 338 587 95 45), www.hocheppan.it, April–Ende Okt. Mo/Di, Do–So, Okt.–Saisonende auch Mi 10–18 Uhr, Burg Eintritt frei, Kapelle 7 €, 6–14 Jahre 3 €; **Führungen** (T 0471 66 22 06) Mai–Aug. Do–So, Sept. Mo/Di, Do–So, Okt. tgl. 11–16 Uhr, bei Regenwetter u. U. keine Führungen

Kaltern/Caldaro E/F6

Weindorf par excellence

Der Kalterer See und dessen Wein sind Aushängeschild von **Kaltern a. d. Weinstraße/Caldaro sulla Strada del Vino.** Auch wenn die Weinanbauflächen der Vernatschtraube kontinuierlich abnehmen, der Beliebtheit von Kaltern – vor allem bei den deutschen Gästen – tut dies keinen Abbruch. Die Mischung macht's: Weinberge zum Sattsehen, viel Sonne und Südtirols bekanntester See. Herrgottskinder nennt man die Kalterer. Nicht immer ein Paradies, manchmal überlaufen. Im Frühling und im Spätherbst hat die Gegend nochmals ihren besonderen Reiz.

Kaltern und sein See

Immer was los am **Kalterer See/Lago di Caldaro,** einem der größten Seen Südtirols. Das liegt vermutlich auch an seinen Wassertemperaturen, die ihn zu einem der wärmsten Badeseen der Alpen machen. Ab Mai werden die Frühlingswanderer von den Badegästen verdrängt, im Sommer läuft der See zur Höchstform auf, 28 °C beträgt dann die Wassertemperatur.

Strandbäder gibt es an beiden Seeufern. In **Klughammer/Campi al Lago** (Gemeinde Pfatten/Vadena) am Nordostufer ist es entspannter und länger sonnig. Einige Ferienunterkünfte verfügen über einen eigenen Badesteg – hier bleibt man unter sich. Trubel hingegen herrscht am Westufer, wo sich ein Strandbad an das nächste reiht, vom Lido für alle bis zum exklusiveren Gretl am See. Zwischen dem Sprung ins kühle Nass und dem Ausflug mit dem Tretboot bleibt hier immer noch Zeit für einen Veneziano. Auf der Flaniermeile hinter den Strandbädern kommt fast Rivierafeeling auf.

ALLE WEGE FÜHREN ZUM WEIN?

Weinsafari oder Terroirparcours – der Fantasie scheinen keine Grenzen gesetzt. Da klingen Weinwanderwege geradezu altbacken. Doch der Weinweg Kaltern war einer der Vorreiter, das Erwandern der historischen Weinlagen, Rigl genannt, hat nicht nur landschaftlich seinen Reiz. Weinlehrpfade wie in Girlan oder Kurtatsch oder Routen, nach den Weinsorten selbst benannt – Gewürztraminerweg in Tramin oder Blauburgunderweg auf der gegenüberliegenden Talseite –, sind seitdem wie Pilze aus dem Boden geschossen. Jedem Dörfchen seinen Weinweg.

Hinauf in die Sommerfrische

Eine Fahrt muss sein, schließlich war die **Mendelbahn** bei ihrer Eröffnung 1903 nicht nur die erste elektrisch betriebene Standseilbahn Tirols, sondern auch die steilste und längste durchgehende Standseilbahn Europas. 64 % Steigung verheißt die Bahn, die vom Schweizer Ingenieur Emil Strub konstruiert wurde. Sie überwindet in zwölf Minuten 850 Höhenmeter.

Auf der **Mendel** trafen Adelige und Bauern aufeinander. Luftkurort für die einen, Sommerfrische für die anderen. Am **Mendelpass/Passo Mendola** zeugen **Aussichtsplattformen** wie die Ferdinandshöhe davon. In den lichten Wäldern südlich des Passes reihen sich teils unbefugt errichtete Holzhütten. Traminer und Kalterer Bauern verbrachten mit Sack

Von wegen nur Kalterersee: Im Ortskern von Kaltern trifft man sich gern auf einen Aperitif – vom Veneziano mit Aperol oder Hugo mit Holunder und Minze bis zu Nichtalkoholischem gibt es Alternativen.

und Pack auf Ochsenfuhrwerken ganze Sommer auf der Mendel. Und was haben Sissi, Mahatma Gandhi und Karl May gemeinsam? Sie waren alle auf der Mendel.
Talstation Mendelbahn, St. Anton 58, www.kaltern.com/de/die-mendelbahn-in-kaltern.html, April–Mitte Nov. 8.13–20.13 (letzte Rückfahrt 20.13) Uhr, alle 20 Min., 6 €, hin/zurück 10 €, bis 6 Jahre kostenlos

Schlafen

Blumig im Zentrum

Blumenhotel Ansitz Angerburg: Es gibt keinen anderen Platz in Eppan, der so zentral und so im Grünen liegt. Saubere Zimmer, teils neu, teils etwas in die Jahre gekommen.
Unteralberstr. 16, St. Michael, T 0471 662107, www.hotel-angerburg.com, €€

Schlafen wie Grafen

Schloss Englar: Stilvoll, behaglich, gotisch inmitten eigener Obst- und Weinberge gelegen. Seit 400 Jahren ist das Schloss im Besitz der Grafen Khuen-Belasi, aber nicht abgehoben. Mit Bauernhof.
Pigenò 42, Eppan, T 0471 66 26 28, www.schloss-englar.it, Wintermonate geschlossen, €€

Historisch im Kalterer Zentrum

Weißes Rössl: Erstes Haus am Platz. Familie Ambach begrüßt die Gäste im gediegenen Ambiente des – so will es die Hotelhistorie – ehemaligen Jagdschlosses. Sicher ist: Bereits Erzherzog Karl Ferdinand weilte im 17. Jh. während der Wildschweinjagd im Rössl. Drei Sterne, schlichte saubere Zimmer, schönes Ambiente. Wer mitten im Zentrum wohnen möchte, ist hier richtig.

Marktplatz 11, Kaltern, T 0471 96 31 37, www.weisses-roessl-kaltern.com, €€

Zwischen See und Leuchtenburg

Garni Kreithof: Schnörkellose Zimmer im Bed & Breakfast der Familie Nicolussi-Leck auf deren Weingut. Wer braucht schon einen Infinitypool, wenn er infinit auf den See schauen kann.

Kreith 2, Klughammer, Kaltern, T 0471 96 00 25, www.kreithof.it, €

Essen

Fein, klein, gehoben – und mutig

Osteria Acquarol: Hat sich gerade einen Stern erkocht. Man darf keine typische Osteria erwarten, auch wenn sich das Lokal so nennt. »Qualität und Perfektion im Kleinen« lautet die Philosophie von Alessandro Bellingeri und seiner Frau Perla. Kleine, oft wechselnde Speisekarte mit ungewöhnlichen Gerichten, die immer einen lokalen Stempel tragen.

Johann-Georg-Plazer-Str. 10, St. Michael, T 0471 36 29 32, www.acquarol.it, Mo/Di, Fr 19–22, Sa/So 12–14, 19–22 Uhr, €€€

Es bleibt in der Familie

Restaurant zur Rose: Heimisch und saisonal stellt man sich vermutlich anders vor, in der Reinterpretation von Tiroler Gerichten oder typischen Zutaten läuft Herbert Hintner, einer der ganz großen Köche Südtirols, zur Höchstform auf. Und jetzt gibt es ihn gleich zweimal. Das günstigere Pendant, das **Gasthaus Platzegg,** findet sich im Herzen von Eppan. Es nennt sich Platzegg nach dem Ansitz, in dem auch das Rathaus untergebracht ist. Einfacher und bodenständiger, immer mit modernem Anstrich, isst man hier von saurem Rindfleisch bis zu Frikadellen (Fleischkrapflen) .

Zur Rose: Josef-Innerhofer-Str. 2, St. Michael, T 0471 66 22 49, www.zur-rose.com, Küche Di/Mi, Fr/Sa 12–14, 18.30–21.30, Do 18.30–21.30 Uhr, €€€; **Platzegg:** Rathausplatz 1, St. Michael, T 0471 05 88 58, www.platzegg.com, Mo, Do–Sa 11–14.30, 18–23 (Küche 12–14. 18.30–21.30), Mi 18–23 (Küche 18.30–21.30), So 11–14.30 (Küche 12–14) Uhr, €€

Knödel

Burgschenke Hocheppan: Worauf sonst sollte der Schwerpunkt der Speisekarte liegen? Passend zum Fresko in der Burgkapelle gibt es hier (nicht nur) Knödelvariationen und weitere deftige Speisen.

Hocheppanerweg 16, Eppan, zu Fuß oder per Shuttle (s. S. 163), T 333 669 82 12, https://hocheppan.it/burgschenke, April–Ende Okt., Mo/Di, Fr–So 10–18, warme Küche bis 15.30, kalte bis 17, Do bis 22 Uhr – Küche abends auf Anfrage, Okt. auch Mi, €€

Hoch über Tramin

Überetscher Hütte/Rifugio Oltradige: Unter den Felswänden des Roen hoch über Tramin liegt die Überetscher Hütte. Ein engagiertes junges Paar, Martina und Andrea, bietet einheimische Spezialitäten mit Übernachtungsmöglichkeit.

Per Auto ab Amblar (Nonstal), ausgeschildert, parken ca. 30 Min. zu Fuß von der Hütte; vom Mendelpass zu Fuß via Weg 500, ca. 2,5 Std. (400 Höhenmeter; oder per Auto bis zu den Golfwiesen, dann Sessellift; s. auch Tour S. 167), T 338 282 00 65, 340 361 07 85, www.rifugiooltradigealroen.it, Hüttenschlafsack empfohlen, Essen und Schlafen (mit Halbpension) €–€€

Einkaufen

Von Ostern bis Anfang November wird das Zentrum von Kaltern zur verkehrsberuhigten Zone. Lange Einkaufsdonnerstage im Sommer und lange Samstage in Frühling und Herbst in Kaltern, in Eppan am Mittwoch.

Glückliches Shopping

Am Platz in der Dorfmitte von St. Michael finden sich neben Standardläden auch ein paar mit schönen Dingen wie **glücklich.**

K

EXPORTSCHLAGER KALTERERSEE

En masse wurde der aus der Vernatschtraube gewonnene Kalterersee nicht nur im eigenen Land getrunken, sondern auch exportiert. Kaum zu glauben, dass er bis Ende des 20. Jh. eine der meistangebauten Rebsorten war: 1978 noch 2545 ha und im Jahr 2018 auf 373 ha eingetragene Rebflächen geschrumpft, erlebt er eine zaghafte Renaissance in der 7/10-Flasche. Er kann der ideale Begleiter zur Marende (Brettljause), sprich Speck, Käse und Gewürzgurken, aber auch zum mediterranen Fisch sein. Ein Allrounder quasi und der Lebensart des Südens Südtirols wohl am nächsten.

Unter dem Motto »Contemporary alpitude« vereint der Laden Kleidung, Accessoires, Kissen etc. von ausgewählten Firmen.

Rathausplatz 11, St. Michael, www.gluecklich.it Mo–Fr 9–12.30, 15–18.30, Sa 9.30–13 Uhr

Der Permakultur auf der Spur

Hof des Wandels: Lisa ist eigentlich Journalistin, Jakob ist Koch. Auf ihrem Hof haben sich die Farmfluencer der Permakultur verschrieben. Im Hofladen gibt es das, was der Boden gerade hergibt, oder Konserviertes und Fermentiertes.

Paulserstr. 32, St. Pauls, Eppan, www.hofdeswandels.com; **Hofladen:** Mitte April–Dez. Fr 16–19.30 Uhr

Gutes aus dem Glas

La Nonnaglück: Nach Oma sieht es nicht aus. La Nonnaglück ist ein Concept Store mit Schwerpunkt auf Mode, aber es gibt auch Eingelegtes im Glas – und Brunch.

Maria-von-Buol-Platz 4, Kaltern, www.designhotel-kaltern.com, Mo–Sa 8.30–18 Uhr, Dez. auch So

Wein genossenschaftlich

Kellerei St. Michael-Eppan: Der Hintner unter den Kellermeistern – Hans Terzer ist Diva, mittlerweile schon graue Eminenz und einer der herausragenden Kellermeister der letzten Jahre. Er hat die genossenschaftliche Kellerei groß rausgebracht. Sie zählt immer noch zu den ersten Adressen in puncto Wein im Überetsch.

Umfahrungsstr. 17–19, St. Michael, www.stmichael.it; **Laden:** Mo–Fr 9–18, Sa 9–13 Uhr

Wein – gräflich und biodynamisch

Weingut Manincor: An der Weinstraße oberhalb des Kalterer Sees liegt das Weingut der Grafenfamilie Goëss-Enzenberg. Die Weinberge werden biodynamisch bearbeitet. Das nennen Klaus, Sophie und ihre drei Kinder »reinen Wein einschenken«. Drei Linien – Hand, Herz, Krone –, nicht für jeden Geldbeutel, das Gefühl nach einem Besuch auf dem Weingut macht das aber wett.

St. Josef am See 4, Kaltern, www.manincor.com; **Verkauf:** Jan./Feb. Mo–Sa 11–16, sonst Mo–Fr 9.30–18, Sa 10–17 Uhr

Bewegen

Burg um Burg

Drei-Burgen-Wanderweg: Oberhalb von Missian/Missiano sind drei Burgen – **Schloss Korb, Burg Hocheppan** (s. S. 162) und **Burg Boymont** – durch einen Wanderweg (Markierung 12, 14, Burgenweg; 2 Std., 5 km, 340 Höhenmeter im Auf- und Abstieg) verbunden. Parken können Sie unterhalb von Schloss Korb (www.schloss-hotel-korb.com). Am Weg liegen auch ein Kreideturm und eine alte Wolfsgrube. Auf Boymont hat von Ostern bis Anfang November die Burgschenke (Di–So 11–17 Uhr, bewirtschaftet vom Schlosshotel Korb, T 0471 63 60 00, €€) geöffnet. Auch auf Hocheppan gibt es eine Burgschenke (s. S. 165).

TOUR
Eine Aussicht wagen

Von der Mendel auf den Roen

Infos

Mittelschwere Tour mit Klettersteigvariante (plus 30 Min.), 16,5 km, 6,5 Std., 750 Höhenmeter im Auf-/Abstieg
Start/Ziel: Bergstation Mendelbahn, Karte 2, A5

Mit der **Mendelbahn** (s. S. 163, 164), einer Standseilbahn – ihr berühmtester Gast war Kaiser Franz Josef –, geht es auf die **Mendel/Mendola** (1363 m) bzw. zum **Mendelpass** (E 6; auch die Anfahrt mit dem Pkw auf den Pass ist möglich). Von dort aus gelangen wir durch ebenen Wald auf **Weg Nr. 500** in 45 Minuten zu den **Golfwiesen/Campi Golf.** Hier ist eine **Abkürzung** mit dem Sessellift bis zur Halbweghütte möglich. Zu Fuß aber geht es in leichtem Auf und Ab durch lichte Wälder vorbei an Holzhütten entlang der Grenze zwischen Südtirol und dem Trentino. Nach einer Stunde ist die **Halbweghütte/Rifugio Mezzavia** an der **Bergstation des Lifts** (1594 m) erreicht. Auf breiten, sich manchmal verengenden Schotter- und wurzeligen Waldwegen wandern wir weiter zur **Roenalm/Malga Romeno** auf 1773 m.

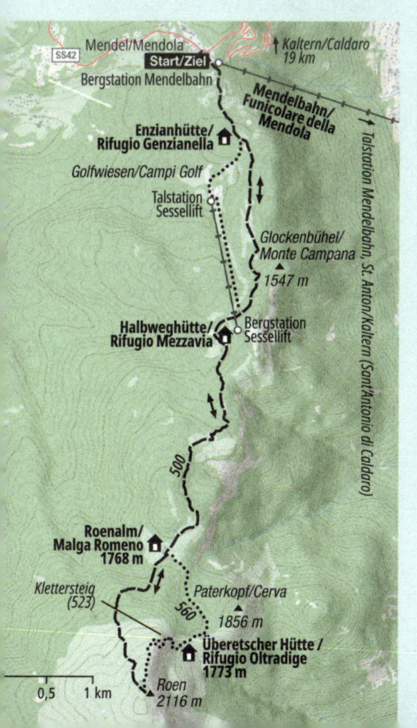

Hier haben wir die Wahl. **Alternative 1:** über den Nordhang auf am Beginn teils ausgewaschenem Schotterweg an Kühen vorbei auf das Gipfelplateau des **Roen, Alternative 2:** weiter zur **Überetscher Hütte/Rifugio Oltradige** (15 Min.; Übernachtungsmöglichkeit für Aufstieg am Folgetag, Einkehr: s. S. 165) und dann über einen leichten **Klettersteig** *(via ferrata)* auf den **Roen.** Während des Aufstiegs bietet sich in jedem Fall eine weite Aussicht auf den trentinerischen Nonsberg und am Roen überblickt man die gesamten Dolomiten bis zum Ortlermassiv im Westen.

Zurück geht es dann auf Weg Nr. 500 wieder vorbei an der **Halbweghütte** (T 0463 63 60 85, ca. Ostern–Okt./Anf. Nov., Weihnachtsferien tgl., Winter sonst nur am Wochenende 8–17 Uhr), wo noch einmal die Möglichkeit zur Einkehr besteht.

Nicht nur Teufels Werk

Gletscherschliffe und Eppaner Höhenweg: Teufelswerk sollen die eiszeitlichen **Gletscherschliffe** (Schleifspuren, entstanden durch den Gletscherfluss) nahe der **Gleifkapelle** sein. Man erreicht sie vom Ortszentrum St. Michael aus in ca. 45 Min. auf einem Kreuzweg. Von der Gleifkapelle geht es zum Gasthof Steinegger und zur Furglauer Schlucht (Markierung 540), nach ca. 20 Min. dann rechts ab auf den **Eppaner Höhenweg/Alta Via D'Appiano.** Er führt als mittelschwere Rundtour (3 Std., 600 Höhenmeter) unter dem Mendelkamm entlang. Varianten in Form von Aufstiegen zum Bergner Kreuz und Gantkofel sowie Abstecher zu den Eislöchern (s. Kasten rechts) sind möglich.

Im Frühlingstälchen

Fabiontal/Valle Fabion: Karte 2, B5. Zwar schon in Kaltern, aber näher bei Montiggl erstreckt sich das Fabiontal, von fantasiereichen Touristikern als Frühlingstal/Valle della Primavera vermarktet. Das Tal macht schon ab Februar richtig was her. Wenn andere Gebiete noch im Winterschlaf liegen, blühen hier Märzenbecher und Leberblümchen. Leichte Wanderung über die Markierung 20 am Angelbach entlang Richtung Kalterer See. Parkmöglichkeit bei den Montiggler Seen. Montiggler Seen–Kalterer See, hin/zurück ca. 10,5 km, 3,5 Std.

Naturschauspiel

Rastenbachklamm: Der Pfad durch die Klamm zwischen Kalterer See und **Altenburg/Castelvecchio** (E/F6) geht über Stiegen und Brücken. Der Bach sucht sich seinen Weg, Wasserfälle hier, kleine Tümpel da. Ausgangspunkt für die Begehung der Schlucht über die Markierung 1 ist der **Parkplatz Müllereck** in Altenburg, zurück geht es über den Bärentalweg (Nr. 13). Schwindelfrei und trittsicher sollte man sein. Die 3,8 km sind in 1,5 Std. zu schaffen, Höhenunterschied 250 m. Über den Friedensweg lohnt sich ein Abstecher zu einem der ältesten Sakralbauten Südtirols, der **Ruine St. Peter** aus dem 6. Jh.

EISLÖCHER

E

Prinzip Windröhre: Porphyrschuttmassen, an denen sich einströmende warme Luft abkühlt, sorgen auch im Hochsommer für fühlbare Temperaturunterschiede. Eislöcher nennt sich das Phänomen, das in einem Geländeeinschnitt zwischen Kaltern und Eppan für Gänsehaut-Feeling sorgt. Übrigens nicht die einzigen Eislöcher Südtirols. Die Menschen früher nutzten sie gerne als natürlichen Kühlschrank.

Einmal um den See

Kalterer See: F6. Wer den See nicht nur vom Wasser her erleben will, läuft um ihn herum. Zwar muss man auf den 7,5 km Asphaltabschnitte in Kauf nehmen, trotzdem hat es seinen Reiz, das größte Feuchtgebiet zwischen Alpen und Poebene nicht nur vom Badesteg aus kennenzulernen. Ruhiges Highlight: Mitten durch den mächtigen und geschützten Schilfgürtel im Süden des Sees, und vom Guckturm aus über 100 verschiedene Vogelarten beim Brüten oder Vorbeiziehen beobachten.

Rosszähne

Am Mitterberg/Monte di Mezzo: Bizarr geformte **Felszacken** ragen am südlichen Mitterberg aus dem lichten Mischwald. Daneben erlebt man die **Ruine Leuchtenburg/Castelchiaro** (F6) und das Gegenstück zu den Eppaner Eislöchern, **warme Löcher.** Rundumsicht auf das gesamte Überetsch und Unterland inklusive. Ausgangspunkt ist der Ortsteil Kreit bei Klughammer, hin/zurück ca. 5,5 km, ca. 2 Std.

Mit dem Rad

Flowige Trails verspricht das Eppaner Mittelgebirge. Genussfahrer kommen auf dem 16 km langen **Überetscher-Bahn-Radweg** entlang der alten Bahntrasse von Bozen über Eppan bis Kaltern auf ihre Kosten.

Radverleih

Eppan E-bike Rent: E-Bikes, auch für besondere Bedürfnisse und mit Zubehör. Laubendurchgang 16, St. Michael, T 333 963 57 29, www.e-bikeverleih.it, März–Nov. 8–18 Uhr, Nov.–März nach tel. Anmeldung

Baden und Wassersport

Am Kalterer See haben Sie die Wahl: **baden** im See oder im Freibad. Am Westufer locken drei Badeanstalten, am Ostufer das Strandbad Klughammer (Zeiten wetterabhängig). **Liegestühle, Tretboote** gegen Gebühr, teils auch **SUP-Boards.** Am Westufer gelangen Sie außerdem über einen Holzsteg nördlich des Restaurants Lido auch kostenlos ins kühle Nass. Der ab Mittag einsetzende Südwind vom Gardasee macht den Kalterer See zum **Windsurf- und Segelparadies.** Hier gibt es auch die einzige Windsurfschule Südtirols (www.gretlamsee.com).

Lido am Kalterer See: St. Josef am See 16, T 0471 96 03 34, tgl. Mai, Sept. 9–18, Juni–Aug. 9–19 Uhr, ab 15 Jahre 8 € (ab 17 Uhr 4,50 €), 3–14 Jahre 4 €. Liegewiese mit Seezugang und Freischwimmbad, Tretboot- und SUP-Board-Verleih. **Strandbad Seegarten:** St. Josef am See 17, www.seegarten.it, ca. Mitte Mai–Sept. tgl. 8.30–18.30 Uhr, 6 €, Kinder 3,50 €, ab 14 Uhr ermäßigt. Liegewiese mit Seezugang, Tretbootverleih. **Gretl am See:** St. Josef am See 18, www.gretlamsee.com, tgl. Mai–Sept. 8–18 Uhr, 6,50 €, 5–15 Jahre 4 €, ab 14 Uhr 4,50/3 €. Freibad mit Seezugang, Liegewiese, beliebt bei Windsurfern. Tretboot- und SUP-Board-Verleih, Surf Shop. **Strandbad Klughammer:** Klughammer 5, ca. Mitte Mai–Sept., 5,50 €, Kinder 4 €, ab 15.30 Uhr ermäßigt. Liegewiese mit Seezugang am Ostufer des Kalterer Sees. Tretboot- und SUP-Board-Verleih.

Infos

- **Tourismusverein Eppan:** Bahnhofstr. 71, 39057 St. Michael, Eppan, T 0471 66 22 06, www.eppan.com, Mo–Do 8–17, Fr 8–12.30 Uhr.
- **Tourismusverein Kaltern am See:** Marktplatz 8, 39052 Kaltern, T 0471 963 169, www.kaltern.com, Ende März–Mitte Nov. Mo–Fr 8–13, 14–17.30, Sa 9–13, 14–17.30, Fei 9.30–13 (Juli/Aug. Do bis 22), Mitte Nov.–Ende März Mo–Do 8–12.30, 13.30–17, Fr 8–12.30 Uhr.
- **Busse: Überetsch Express (Bus 131)** ab Bozen via Eppan, Kaltern nach Tramin alle 15 Min. **Bus 132** fährt ab Bozen über die einzelnen Ortschaften. Zwischen Eppan und Kaltern sowie den einzelnen Dörfern der jeweiligen Gemeinde verkehrt die Citybuslinie **135,** zu den Montiggler Seen fährt **Bus 139,** zum Kalterer See **Bus 138.**
- **Mendelbahn:** s. S. 164.

Unterland – Etsch-Westufer

Tramin/Termeno ⚲ E/F6/7

Bis fast zum Kalterer See reicht das Gemeindegebiet von **Tramin a. d. Weinstraße.** Ob der Ort wirklich Heimat des berühmten Gewürztraminers ist oder dieser vielleicht doch aus Griechenland stammt, ist offen. Doch was dem Überetscher Kaltern sein Kalterersee, ist Tramin sein fruchtig-lieblicher Weißwein. Der ist nicht jedermanns Sache. Zum Glück hat Tramin noch jede Menge andere gute Weine, außerdem verwinkelte Gassen, stille Plätze und kuriose Ortsteilnamen – wie z. B. **Betlehem,** das älteste (sagt man) Viertel des Ortes.

Skurriler Zoo an Mauern

Bestiarium nennt sich das, was man in der **St.-Jakob-Kirche/Chiesa di S. Giacomo** von Kastelaz, einem Ortsteil von Tramin, zu sehen bekommt. Der (spät-) romanische Freskenzyklus aus dem frühen 13. Jh. ist vor allem wegen seiner Fabelwesen sehenswert.

Kastelaz, Mitte März–Anf. Nov. tgl. 10–18, Anf. Nov.–Mitte März Sa/So 10–16 Uhr, 2 €, Gruppenführungen auf Anfrage (T 0471 86 01 31), keine Parkmöglichkeiten

Kurtatsch/Cortaccia E7

Weindorf mit Museum

Südlich von Tramin, immer entlang der Weinstraße, liegt das nächste Weindorf. Während sich Tramin schön kompakt präsentiert, zerstreut sich Kurtatsch auf den Mittelgebirgsterrassen und in kleineren Streusiedlungen an den Hängen. Im **Museum Zeitreise Mensch/Museo uomo nel tempo** ist alles zu sehen, was die Gegend an Alltagskultur, landwirtschaftlichen Geräten und einigen Kuriosa hergibt.

Museum: Botengasse 2, www.museumzeitreisemensch.it, Ostern–Allerheiligen Führung Fr 10 Uhr ohne Anmeldung, sonst mit Anmeldung (s. Website), 8 €, 7–14 Jahre 4 €

DIE ETSCH ALS AULANDSCHAFT

Dass der Talboden einmal regenwaldähnlicher Auwald mit unzähligen Flussarmen war, kann man sich angesichts der endlosen Apfelplantagen heute kaum vorstellen. Hier und da entdeckt man noch Reste der Etsch vor ihrer Begradigung oder geschützte Feuchtgebiete, z. B. das **Biotop Alte Etsch/ Biotopo Adige Vecchio** in der Nähe des Bahnhofs Margreid-Kurtatsch.

Märchen und Wein

Sehenswert ist der **Ansitz Tiefenbrunner** im ca. 2 km südlich gelegenen Weiler **Entiklar/Niclara,** einer Fraktion von Kurtatsch. Ein früherer Besitzer hat rund um die heutige **Schlosskellerei Turmhof** der Familie Tiefenbrunner einen **Märchenschlosspark** mit Teichen und mythologisch-biblischen Gestalten erschaffen. Park und Kellerei sind nur im Rahmen von Führungen zu besuchen. Im zugehörigen Weinladen können Sie die Weine der Kellerei erstehen, probieren Sie den Blauburgunder und unbedingt den Müller-Thurgau, dessen Trauben im hochgelegenen Fennberg gelesen werden. Das Bistro bietet kleine kalte Speisen an.

Schlossweg 4, Entiklar, www.tiefenbrunner.com; **Führungen:** Schlosspark April–Okt. Di, Fr 16 Uhr, 8 €, Kellerei inkl. Verkostung April–Ende Aug. Di, Do 16 Uhr, 20 € (jeweils Anmeldung am Vortag erbeten); **Weinladen:** April–Okt. Mo–Fr 9–18, Nov.–März 9–12, 13–17 Uhr; **Bistro:** Mo–Fr 11.30–22 Uhr

Margreid/Magrè E7

Behäbig, imposant, idyllisch

Das Dörfchen am Ausgang des Fenner Tals trägt die Behäbigkeit vergangener Zeiten in sich. Eine imposante Bachschlucht, ein fast schon kitschig-idyllischer Dorfbach und bemerkenswerte Adelsansitze laden dazu ein, **Margreid a. d. Weinstraße** zu Fuß zu entdecken.

Die Millawände, schroff zum Tal abfallende Felsen, standen Pate für die Architektur der neuen Kellerei Kurtatsch. Auf der Terrasse der Vinothek kann man nicht nur den Wein genießen, sondern hat auch einen einzigartigen Blick auf dieses Naturmoment.

Sommerfrische und Wein

Das Refugium über Margreid, **Fennberg/Favogna,** ist über Kurtatsch oder zu Fuß von Margreid aus zu erreichen. Oberfennberg/Favogna di Sopra gehört zu Kurtatsch, **Unterfennberg/Favogna di Sotto** zu Margreid: Ein in den Sommermonaten – wenigstens am Wochenende – nicht ganz so einsamer Bergsee und ein Leonhardskirchlein, grüne Wiesen, Äcker, und in der Mitte fließt ein Bach. Und wenn man glaubt, am Ende kommt nichts mehr, stößt man auf eine der höchstgelegenen Weinlagen Europas, wo die Schlosskellerei Turmhof einen edlen Müller-Thurgau anbaut. Verkosten kann man ihn in der Kellerei in Entiklar (s. S. 170).

Bus 125 ab Kurtatsch

Kurtinig/Cortina E7

Klein-Venedig

Auf dem Weg nach Salurn, will man nicht über Roverè della Luna, fährt man durch **Kurtinig a. d. Weinstraße,** auch Südtirols Klein-Venedig genannt. Kein anderes Dorf im Unterland wagt sich so nahe an die Etsch. Kurz halten und am Platz der 500-Seelen-Gemeinde einen Kaffee trinken entschleunigt ungemein, auch wenn es ein Espresso ist.

Schlafen

Mit Hofkapelle

Ansitz Rynnhof: Fast würde man doch lieber im alten Ansitz schlafen als in den

Ferienwohnungen des ausgebauten Gesindehauses. Doch so kann man wenigstens zwischen Fichten, Lorbeer und Palmen darauf blicken. Hier macht übrigens eine Frau den Wein. Biolandzertifiziert, Eigenbaukellerei (nur eigene Trauben werden gekeltert), Hofladen – alles da am Ansitz. Schneckenthalerstr. 13, Tramin, T 0471 86 02 93, www.rynnhof.com, €€; **Hofladen:** Mi–Sa 10–12, Fr 15–18 Uhr, Wintersaison besser anrufen, Sonderöffnungen auf Anfrage

Essen

Wie im Himmel

Vineria & Restaurant Paradeis/ Weingut Alois Lageder: Ansprechendes Design und bröckelnder Putz sollen laut Besitzer die »Vorstellung von Ganzheitlichkeit, Ruhe und Entschleunigung erlebbar machen«. Genießen Sie den Innenhof der Vineria Paradeis des renommierten Weinguts Alois Lageder zwischen historischem Gemäuer und schauen Sie mal in den dazugehörigen Park. Kilometer-Null-Philosophie durch und durch: Gemüse aus dem Grandorto – dem Gemüsegarten zwischen den Weinreben –, Käse ›von gleich ums Eck‹ und die Ochsen werden sogar auf dem Hof geschlachtet – und natürlich den hauseigenen biodynamischen Wein. Besondere Events und Summa, eine bekannte Weinmesse. Der Lageder-**Ansitz Tor Löwengang** mit biodynamischem Wein liegt übrigens nur eine Gasse (Grafengasse 9, https://aloislageder.eu) weiter. Casòn-Hirschprunn-Str. 1, Margreid, T 0471 80 95 80, www.paradeis-aloislageder.eu; **Restaurant:** März–23. Dez. Mo–Fr 12–15 Uhr, Reservierung erbeten, €€; **Vineria/Shop:** Mo–Sa außer Fei Feb. 11–15, März–Okt. 10–18, Nov.–23. Dez. 10–17 Uhr

Urig im Fass

Buschenschank Gamper: Im Buschenschank des Weinguts Ansitz Villa Raßlhof können Sie den neuen Wein genießen – fast dort, wo er gemacht wurde. Der Innenhof ist im Sommer angenehm, im Herbst herrscht (natürlich) Törggelestimmung. Tipp: Verlassen Sie sich auf typische Hausmannskost.

WEIN – WHO IS WHO?

3332 ha Weinbaufläche und 74 % der gesamten Weinproduktion Südtirols – das ist die Erfolgsgeschichte der mittlerweile zwölf Weingenossenschaften Südtirols. Aus der Not heraus, die Weinwirtschaft war Ende des 19. Jh. fast am Boden, wurde mit der Kellerei Andrian 1893 die erste gegründet. Nach dem Motto »Viele kleine Weinbauern, eine große Einheit« liefert Otto Normalbauer seine Trauben in eine der Genossenschaften des **Kellereiverbands** (www.kellereiverband.it). Das bringt finanzielle Sicherheit für den Bauern, Individualität bleibt dabei aber meistens auf der Strecke. Für Individualität, Qualität und Eigenständigkeit haben sich hingegen die **Freien Weinbauern Südtirol** (FWS, www.fws.it) zusammengeschlossen. 1999 mit zwölf Mitgliedern gegründet, sind es heute 100 unabhängige Winzer, die für die Ideen der FWS einstehen. Seit 2004 gibt es die Vereinigung **Die Weingüter Südtirols** (DWS, www.dws.bz), hervorgegangen aus dem Verband der Weingroßhändler und dem Südtiroler Weinverband. 33 historische Anwesen und private Weinkellereien sind darin gebündelt. Konzertiert wird das Ganze vom **Konsortium Südtirol Wein** (www.suedtirolwein.com), dem Südtiroler Weinkompetenzzentrum.

Alexander-von-Keller-Weg 11, Tramin, T 0471 86 12 22, https://buschenschank.it, Anf. April–Anf. Nov. Di–Sa 17–23 Uhr, €–€€

Gekröntes Unterland

Buschenschank Lenzenhof: Der Name Graun macht seiner Etymologie alle Ehre. Einer Krone, lateinisch *corona,* gleich ist das Dörfchen dem Hauptort Kurtatsch und dem Unterland aufgesetzt. Kalterer See, Schwarz- und Weißhorn liegen ganz nah am Buschenschank Lenzenhof, der typisch bäuerliche Gerichte serviert.

Indermauerstr. 46, Graun/Corona (Kurtatsch), T 0471 88 02 99, www.buschenschank-lenzenhof.com, März–Juni, Mitte Juli–Nov. Do–Di 10–20 (warme Küche 12–17.30) Uhr, €

Bewegen

Nur für geübte Klettersteiggeher

Fennberg-Klettersteig, Margreid: Die südlichste *ferrata* Südtirols überwindet den letzten Bergvorsprung vor der Provinzgrenze (Kategorie C). Ausblicke auf die Brentagruppe begleiten den Weg auf das Fennberger Hochplateau. Oben am **Teitschn Stoan,** dem Deutschen Stein, fällt der Fennberg 200 m steil ins Etschtal ab.

Zufahrt über die Landesstraße Richtung Roverè della Luna, Einstieg rechtsseitig ca. 2,5 km südlich von Margreid an der Grenze zum Trentino, Klettersteigausrüstung notwendig, teils ausgesetzte, steile, aber gut abgesicherte Passagen, im Frühling und Herbst empfohlen

Feiern

- **Egetmann-Umzug:** Faschingsdienstag. Nur Männer nehmen am Egetmann-Umzug (Abb. S. 282) in Tramin teil, das wildeste und zugleich ursprünglichste Fastnachtsspektakel in Südtirol. Das Weindorf ist dann ein einziger Faschingsumzug. Die Zuschauenden brauchen gute Nerven und einen guten Magen, schließlich kommen sie mit rohen Fischen und reichlich schwarzer Schuhcreme in Berührung.

Infos

- **Tourismusverein Tramin – Raiffeisen:** Mindelheimer Str. 10a, 39040 Tramin, T 0471 86 01 31, www.tramin.com.
- **Tourismusverein Südtiroler Unterland:** Hauptmann-Schweiggl-Platz 8, 39040 Kurtatsch, T 0471 88 01 00, www.suedtiroler-unterland.it, Ostern–Allerheiligen Mo–Fr 9–12, 14–17, Sa 9–12, sonst Mo–Fr 9–12 Uhr. Auch zuständig für Margreid und Kurtinig.
- **Anfahrt Tramin:** Ab Bozen per **Zug** bis Bahnhof Neumarkt-Tramin, dann **Bus 130** oder **122** nach Tramin; **Bus 131** ab Bozen, umsteigen in Kaltern in **Bus 130** nach Tramin oder **Bus 120** ab Bozen, umsteigen in Auer in **Bus 122.**
- **Anfahrt Kurtatsch:** Bis Tramin s. o., ab Tramin **Bus 122** oder **Bus 123.**
- **Anfahrt Margreid: Direktzug** ab Bozen bis Margreid-Kurtatsch; diverse **Buslinien** ab Kurtatsch nach Margreid.
- **Anfahrt Kurtinig: Bus 124 oder 125** ab Margreid.

Unterland – östlich der Etsch

Salurn/Salorno E7

Slow

Die Gemeinde **Salurn a. d. Weinstraße/Salorno sulla Strada del Vino** setzt auf Entschleunigung und ist die erste Città-slow-Gemeinde in Südtirol. Ehrwürdige Renaissance-Palazzi und verwinkelte

TOUR
Unterwegs im Naturpark

Auf dem E5 von Gfrill zum Trudner Horn

Infos

14 km, je 562 m Auf-/Abstieg, Gehzeit ca. 4,5 Std. hin/zurück, leichte Wanderung mit einem anspruchsvolleren Abschnitt

Start/Ziel: Gfrill bei Salurn, F 7

Hornalm: T 338 102 23 42, Juli–Mitte Sept. tgl., Mitte Sept./Okt. Di–So 9–21 Uhr, €–€€

Am Wegesrand: Beim **Hucketen Stein,** einem scheinbar hockenden Felsblock, stoßen vier Gemeindegrenzen aufeinander.

Zwischen den Gemeinden Truden, Montan, Neumarkt und Salurn erstreckt sich der **Naturpark Trudner Horn/Parco Naturale Monte Corno,** kleinster und zugleich artenreichster Naturpark Südtirols. Von der Talsohle bis zur Baumgrenze, aber alles unter 2000 m Höhe: Hochmoore, 60 verschiedene Orchideenarten und Aussicht auf die Lagorai- und Palagruppe. Auch geologisch ist die Gegend interessant. Zwei gegensätzliche Gesteinsarten treffen hier aufeinander: helle Dolomitenkalke und ein bräunlich-roter Quarzporphyr.

Startpunkt der Tour ist das Bergdörfchen **Gfrill/Cauria,** das wir vom Hauptparkplatz an einem Spielplatz vorbei leicht aufwärts auf dem Europäischen Fernwanderweg **E5** hinter uns lassen. In einer weiten Schlaufe geht es um einen bewaldeten Geländerücken herum: zunächst auf einem alten Pflaster- und einem wurzeligen Waldweg bis zum verlandeten **Weißensee/Lago Bianco** (1670 m), dann auf einem breiten Forstweg weiter zur **Hornalm.** Weg **Nr. 483** bringt uns noch kurz hinauf zum **Trudner Horn/Monte Corno,** dem eigentlichen ›Gipfel‹.

Anschließend geht es retour auf dem Hinweg bis zur Wegmarkierung **Nr. 3,** die zum Gfrillner Sattel weist. Ein kurzer Abstecher zum mystischen **Schwarzensee/Lago Nero,** der im Unterschied zu seinem ungleichen Zwilling, dem Weißensee, wenigstens noch ein See ist. Einheimische erzählen, hier soll einst eine Frau ins Wasser gegangen sein.

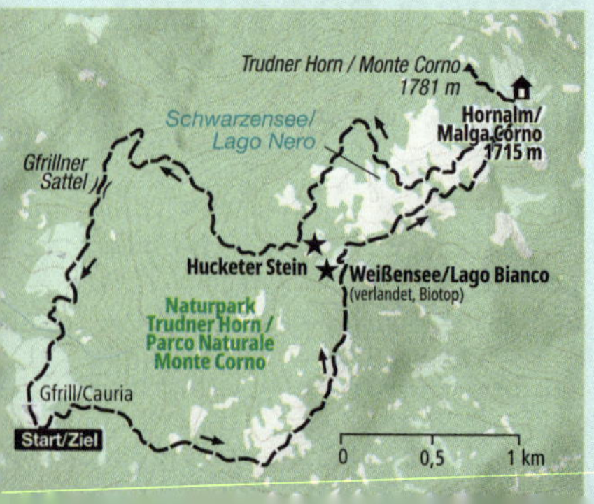

Manchmal steinig und steil geht es durch den Wald zum **Gfrillner Sattel** (1400 m) hinab. Am Sattel, der rechts nach Gschnon, Bergfraktion von Montan, führt, halten Sie sich links, **Weg Nr. 4** führt an einem Bach entlang zurück nach **Gfrill**, wo am Südende des Dörfchens eine Kneippanlage Abhilfe bei müden Füßen verspricht.

Gassen: Salurn lebt von seiner Vergangenheit, bröckelnde Fassaden inklusive, der gute Wille zum Aufbruch ist da. Im **Rathaus** gibt es die überschaubare **Ausstellung Abenteuer Haderburg,** die auf der Haderburg privat ausgegrabene oder gefundene Objekte zeigt.

Abenteuer Haderburg: Rathausplatz 2, T 0471 81 02 31, Sommersaison Di/Mi, Fr/Sa 9–12, Do 9–12, 15–18 Uhr

Verwittert …

… thront die – auch über einen Rundwanderweg erreichbare – **Haderburg/Castel Salorno** als Wächterin der Salurner Klause auf einem Felssporn hoch über dem Dorf. Um das Jahr 1160 zum ersten Mal erwähnt, war sie nie ein Burgfräuleinschloss, sondern rein zu Verteidigungszwecken angelegt. Audioinstallationen und Beschilderungen klären über das frühere Leben auf der heutigen Ruine auf. Im Burghof wartet eine **Schenke** mit einfacher, aber nicht ganz ritterlich günstiger Hausmannskost auf.

Zugang am südlichen Ortsende, 20 Min. Aufstieg auf breitem, teils steilem Schotterweg, frei zugänglich während der Öffnungszeiten der Burgschenke (Spende erbeten); **Schenke:** www.zum18tenfass.it, T 334 777 58 43, März Fr–So 11–17, Mitte April–Mitte Okt. Mi–So 11–17, Mitte Okt.–Mitte Nov. Fr–So 11–17 Uhr, €€

»Bis zur Salurner Klaus'«

So wird die Talenge bei Salurn im Südtiroler Bergsteigerlied, der heimlichen Landeshymne, besungen. Die **Salurner Klause/Chiusa (oder: Stretta) di Salorno** markiert Sprachgrenze, Provinzgrenze und auch manche Sperre in den Köpfen der Menschen. Dabei – von oben betrachtet – ist sie gar keine Talenge. Machen Sie sich die Mühe und fahren oder gehen Sie nach oben. Einen der besten Blicke haben Sie von der Salurner Fraktion **Buchholz/Pochi** aus. Schauen Sie nach Süden. Ein Augenöffner …

Neumarkt/Egna ⚲ F7

Dorf der Lauben

Neumarkt besticht durch seine gut erhaltenen **Lauben,** erbaut zwischen 1300 und 1600, unter denen sich Geschäfte und Lokale befinden. Das Leben spielt sich mitten am **Hauptplatz** ab.

An der nördlichen Ortseinfahrt zeigen **Mauerreste** den möglichen Standort der römischen Straßenstation Endidae an. Der Marktflecken hingegen ist eine mittelalterliche Gründung von 1189.

Neumarkter Blauburgunder

Mittlerweile ringen mehrere Lagen um den Blauburgunder, dennoch bleibt die Neumarkter Fraktion **Mazon/Mazzon** die Toplage. Der Pinot Nero, wie er gerne auch vermarktet wird, diese nicht ganz einfache Traube, findet auf der sanften Mittelgebirgsterrasse ideale Bedingungen vor. Die lange Abendsonne und der kühle Wind aus dem Trudner Tal bringen hervorragende Weine hervor. Wie lange noch lässt der Klimawandel dieses besondere Mikroklima zu? Am besten diskutieren Sie das mit einem der Winzer vor Ort, natürlich bei einem guten Glas Blauburgunder aus Mazon.

Montan/Montagna ⚲ F7

Die Konkurrenz schläft nicht

Auf der gegenüberliegenden Talseite von Mazon liegt mit Montan gleich schon das erste Blauburgunder-Konkurrenzdörfchen. Dessen Fraktion **Pinzon/Pinzano** hat außerdem in der **Kirche St. Stephan** einen außergewöhnlichen Hans-Klocker-Altar aus der Zeit um 1490 zu bieten – einer der schönsten Flügelaltäre Südtirols.

Kirche: bei Gottesdiensten, sonst auf Anfrage: T 339 619 29 39

Auer/Ora F6

Mauern gegen Wasser

Trotz verkehrsberuhigter Zone bleibt Auer etwas unscheinbar. Sehenswert ist das **Oberdorf** mit Ansitzen und seinen von mächtigen Mauern eingerahmten Gassen. Über Jahrhunderte boten die Mauern Schutz vor den Wassermassen des Schwarzenbachs. Wie weit das gehen kann, sieht man an der **Kirche St. Peter,** Auers ältestem Sakralbau, am Südeingang des Dorfes. 5 m tiefer als das umliegende Gelände liegt die gotische Kirche mit dem romanischen Turm. Um in den Himmel zu kommen, muss man nach unten steigen.

Castelfeder F6/7

Tirols Arkadien …

…, so hat man **Castelfeder,** einen 405 m hohen Porphyrhügel zwischen Neumarkt, Montan und Auer, aufgrund seiner bukolischen Landschaft genannt. An ihm lässt sich der Lauf der Zeit von der Ur- und Frühgeschichte bis ins hohe Mittelalter ablesen. Frühgeschichtliche Wohngruben, Schalensteine, römische Kastellreste, germanische Mauern und die Ruine der Barbarakapelle – Castelfeder ist ein Freilichtmuseum, nicht nur der Geschichte, sondern auch der Natur. Großflächige Gletscherschliffe und mächtige Eichen laden zum Abenteuer mit Rutsche: Neben den sogenannten Kuchelen, römischen Fortifikationsresten, kann man auf einer schiefen Felsformation hinunterrutschen – angeblich eine sogar später mit christlichem Kreuz gebannte heidnische Fruchtbarkeitsrutsche.

Frühling und Herbst sind die idealen Jahreszeiten, um sich den Ziegen gleich, die Castelfeder bevölkern, auf dem naturgeschützten Trockenrasen und zwischen den Ruinen zu tummeln.

www.castelfeder.info, frei zugänglich; Wanderwege erschließen den Zugang von Auer oder Montan aus, bei Anfahrt mit dem Auto: Parkmöglichkeit am Sportplatz von Montan an der Landesstraße zwischen Montan und Auer

Schlafen

Auf Noldins Spuren

Jugendhaus Dr. Josef Noldin: Eine Jugendherberge mit Suiten? Ja doch. Im historischen Ortszentrum, frisch renoviert und dem großen Sohn Salurns gewidmet, da in seinem Geburtshaus eingerichtet. Es gibt auch Standard-Doppelzimmer.

Dr.-Josef-Noldin-Str. 20, Salurn, T 0471 88 43 56, www.noldinhaus.org, €€

Da geht die Post ab?

Hotel zur Post: Neumarkt war historische Poststation, vor dem Siegeszug der Eisenbahn daher wichtiger Umschlagplatz für Handel und Reisende. Das Gasthaus zur Post blickt damit auf eine lange Tradition zurück. Es scheint etwas in die Jahre gekommen zu sein. Die Einrichtung ist einfach, manche Zimmer haben Terrasse oder Balkon. Die Mankos werden von der zentralen Lage und dem Preis wettgemacht.

Rathausring 29, Neumarkt, www.gasthofzurpost.it, T 0471 81 31 41, €€

Essen

Stimmiges Interieur

Johnson & Dipoli: »Fine Wines« heißt es im ›Untertitel‹ des Hauses – trotzdem gehört manch mundartlich-italienische Zote bei Vincenzo Degasperi dazu. Enzo, wie ihn die Leute kennen, versteht etwas

Prähistorische Urnengräber, antike Reste einer Ringmauer, frühmittelalterliches Mauerwerk und mittendrin die Ruine der Barbarakapelle, deren Vorgängerbauten auf das 6. Jh. zurückgehen.

von Weinen, serviert schöne Speisen und transportiert wie wenig andere das Unterlandler Lebensgefühl. An einem guten Abend bezahlt man nicht nur für das Essen, sondern auch für Theater. Innen etwas eng, draußen eingerahmt von Oleandern unter den Lauben. Kleine Speisekarte mit vorwiegend italienischen Gerichten oder Neuinterpretationen traditioneller Tiroler Küche.

Andreas-Hofer-Str. 3, Neumarkt, https://johnson-dipoli.it, T 0471 82 03 23, tgl. 10–1.30 Uhr, €€€

Daheim in Ingrids Kräutergarten

Pension und Restaurant Fichtenhof: Etwa 12 km nordöstlich, hoch über Salurn, liegt der kleine Weiler Gfrill/Cauria. Hier, direkt am Fernwanderweg E5, zaubert Ingrid frische, lokale und saisonale Gerichte aus ebensolchen Zutaten, ganz im Sinne der Cittàslow-Philosophie. Im Fichtenhof sind der Service und die Kommunikation manchmal recht unkonventionell, das kann man für Hirschcarpaccio, Knödelvariationen und Kalbsbraten in Kauf nehmen. Auch komfortable Zimmer, Ferienwohnung, Sauna etc. Für Hausgäste gibt es vielleicht einen Knödelkochkurs oder Ähnliches.

Gfrill 23, Salurn, 📍 F 7, T 0471 88 90 28, www.fichtenhof.it, Pension Jan.–10. Nov., Restaurant: März–10. Nov. Di–So, mittags, abends (gerne anmelden), für Hausgäste wird auch im Jan./Feb. gekocht, €€

… ruft's aus dem Wald

Kuckuckshof: Der Wald ist hier nicht weit weg. Der letzte Hof ganz oben in Mazon wird als Hofschank geführt und serviert einfaches, gutes Essen ohne großen Schnickschnack. Traditionelle Tiroler Küche: Knödel, Schlutzkrapfen und Schweinsbraten.

Bergstr. 1, Mazon, T 339 186 43 91, auf Facebook, März–Mitte Juni, Mitte Sept.–Ende Nov., Sa/So ab 11 Uhr durchgehend, Sonderöffnung für Gruppen, besonders im Herbst Reservierung nötig, €

Einkaufen

Upcycling

Somstig Shop: Im Oberdorf von Auer gibt es Handtaschen, Rucksäcke und sogar Clutches. Die Auerin Doris Niedermayr verwendet ausschließlich ausrangierte Lkw-Planen für deren Herstellung.

Schlossweg 6, T 339 187 32 25, www.somstig.com, geöffnet nach tel. Vereinbarung

Bewegen

Im Tal

Themenwege bei Salurn: Kleine Themen-(Spazier-)Wege (Kapellenweg, Quellenweg etc.) sollen das spärliche Angebot im Tal aufpeppen, aber fürs Wandern muss man nach oben.

Fernluft schnuppern

Auf dem Fernwanderweg E5 bei Salurn: Am Bergkamm an der Provinzgrenze zwischen Südtirol und dem Trentino führt der E5 von Venedig kommend vorbei. Ihn erreicht man **von Salurn aus** über einen am Beginn recht steilen Anstieg via **Nothdurfter Höfe** (Markierung 409). Der **Saúchsattel** mit dem **Rifugio Saúch** (Sommersaison, tagsüber) und der **Roccolo,** eine ehemalige Vogelfangstelle, sind hier die Höhepunkte. In zwei Stunden (von Salurn aus) überwindet man 700 Höhenmeter. Dann eröffnen sich verschiedene Möglichkeiten, immer auf dem E5, z. B. Richtung Norden über die **Schutzhütte/Rifugio Potzmauer** zum Dörfchen **Gfrill/Cauria** (weitere 3–3,5 Std. Gehzeit, per Bus 127 retour nach Salurn). Vom Saúchsattel erreichen Sie gen Süden in etwa einer Stunde auch den **Heiligen See/Lago Santo** – Salurns Haussee, auch wenn er schon im Trentino liegt. Alternativ bietet sich eine Wanderung ins Trentiner **Cembratal** an, das für Porphyr und Wein bekannt ist.

Auf Dürers Spuren

Dürerweg: Auch Albrecht soll hier in der Nähe vorbeigezogen sein, die überschwemmte Talsohle ließ ihn den Weg über den Saúchsattel und über das Cembratal nehmen. Ein paar Aquarelle dienen als Beweis. 40 km ist der gesamte Weg lang, er beginnt beim sehenswerten **Klösterle,** einem ehemaligen Pilgerhospiz, in **Laag/Laghetti** bei **Neumarkt** und geht bis zu den **Erdpyramiden von Segonzano. Südlich von Laag** an den Tennisplätzen geht es bergan, über die imposante **Römerbrücke** nach **Buchholz/Pochi,** von dort über **Weg 3a** am **Skulpturengarten/Giardino di sculture** (ganzjährig, Eintritt frei) der Künstlerin Tatz-Borgogno vorbei wieder Richtung Tal. Bei der **Baita Garba** (Mühlenstr. 96, Salurn, T 0471 88 44 92, www.baitagarba.it, Mitte März–Okt. Mi–Mo ab 9, Küche 12–22.30 Uhr), einem Ausflugslokal am Bergfuß, Richtung Norden nach Laag oder Richtung Süden nach Salurn, abwechlsungsreich in etwa drei Stunden zu bewältigen.

Anfahrt: mit Auto oder Bus 120, 121 ab Salurn oder Neumarkt

Burgruine und Wasserfall

Rundwanderung im Mühlental, Neumarkt: 7 km (via Glen), 3 Std. Am Spielplatz Schlafender Riese (Vill/Villa, Neumarkt; Parkplatz) geht es hinein ins **Mühlental/Valle dei Molini,** an dessen Eingang die **Burgruine Caldiff** zu entdecken ist – mit einer der ältesten Darstellungen des Südtiroler Adlers. Weiter geht es

Lieblingsort

Den Überblick gewinnen

Durch einen lichten Mischwald geht es auf den majestätischen Aussichtspunkt hoch über **Neumarkt** zu: Die **Kanzel** – ein Synonym für vorspringende Geländeteile – thront erhaben über dem Unterland. Himmel oben und Himmel unten: Steil unter einem liegt der Blauburgunderhimmel Mazon, Fraktion der Gemeinde Neumarkt, der Kalterer See schimmert herüber, scharf wie kaum sonst trennt der Mitterberg das Überetsch vom Unterland, die Etsch glitzert. Der Mendelkamm ist zum Greifen nah. Die Kanzel zeigt alles, was das Unterland und Überetsch zu bieten haben, ganz ungeschminkt und nicht frei von Schönheitsfehlern: Der ungetrübte Blick geht auf Berge und See, Hagelnetze und den Durchzugsverkehr in der Talsohle. Unten wuselt es, oben empfängt einen doch die Ruhe der Höhe – und alles andere wird ganz klein (Kanzel: F 7; erreichbar zu Fuß ab dem Dorfnerhof in Gschnon, hin/zurück ca. 2 Std., 5–5,5 km, je 146 Höhenmeter im Auf- und Abstieg).

durchs Tal am Trudner Bach entlang immer auf **Weg Nr. 3** zum **Glener Wasserfall/ Cascata di Gleno.** Entweder nun ins hoch gelegene **Gschnon/Casignano** – hier gingen schon die Kapuzinerpater in die Sommerfrische – oder aber über die Brücke und nach **Glen/Gleno,** einem kleinen Streuweiler der Gemeinde Montan. Kurz auf der **Glener Brücke** das technische Bauwerk und die Aussicht bestaunen, dann über die **Glener** und **Pinzoner Egger,** ausgewiesene Naturdenkmäler, wieder zum Ausgangspunkt zurück.

Für Wagemutige

Katzenleiter: 540 Steinstufen aus Porphyr und fast schon spektakulär steil geht es hoch über **Auer** hinauf Richtung **Aldein/ Aldino.** Die Katzenleiter, wie sie genannt wird, kann über die Sportzone Schwarzenbach (Markierung Nr. 1) angegangen werden. Zurück folgt man **Weg 1a** (2 Std.) oder nimmt die längere Route (**Markierung 3;** 3 Std.) entlang der alten Fleimstaler Bahntrasse (s. u.) über **Kalditsch/Doladizza** und **Montan,** am Montaner Friedhof und dem Aurer Kiechlberg vorbei zurück nach **Auer. Trittsicherheit** absolut erforderlich, im Sommer kann es sehr heiß werden.

Mit dem Rad

Von Auer ins Fleimstal: Wem es entlang der Etsch zu eintönig ist, kann von **Auer** über den **Castelfeder-Hügel** Richtung **Fleimstal/Val di Fiemme** in die Pedale treten. Der breite Weg, auf dem man in weiten Schleifen die Höhe erklimmt, ist eine ehemalige Eisenbahnstrecke. Die **Fleimstalbahn** wurde in den Kriegsjahren des Ersten Weltkriegs gebaut und diente zur Versorgung der Front. Sie führte von Auer über Montan und Kaltenbrunn bis nach Predazzo. Bis 1963 als Personenverkehr geführt, wurde die Trasse nach der Einstellung der Bahn zum Wandern entdeckt. Seit einigen Jahren wurde der Weg kontinuierlich zur Radroute ausgebaut – mit all seinen Vor- und Nachteilen.

Infos

- **Tourismusgenossenschaft Castelfeder:** Hauptplatz 5, 39040 Auer, T 0471 81 02 31, www.castelfeder.info, Mo–Fr 8.30–12.30 Uhr. Infos zu Salurn, Neumarkt, Montan, Auer und Castelfeder.
- **Bahn und Bus:** Von Bozen aus per **Zug** nach Auer (Hauptbahnhof des Unterlands) oder Neumarkt (Bahnhof Neumarkt-Tramin). **Bus 120** (Überlandlinie) verbindet Salurn, Neumarkt und Auer mit Bozen. Von Auer fährt **Bus 140** nach Montan.

Unterland am Berg

Truden im Naturpark/ Trodena nel parco naturale

F7

Truden liegt hoch über Montan und Neumarkt am oberen Ende des Mühlentals und führt noch gar nicht so lange den Namenszusatz »im Naturpark«. Jedoch zu Recht: Ein Großteil des Gemeindegebiets liegt im Naturpark Trudner Horn/Parco Naturale Monte Corno, der hier am Trudner Horn seinen höchsten Punkt erreicht. Die Gemeinde zählt sich wie Altrei zu den Wanderdörfern.

Mehr als Flechten und Rinden

Sie hätte Mehl für das ganze Fleims- und Etschtal mahlen können, blieb aber nicht lange in Betrieb: Heute ist die dreistöckige Elevatormühle das einzig funktionierende Exemplar in Südtirol und Vorzeigeexponat des **Naturparkhauses Trudner Horn.** Da rücken Flechten und Rinden eben in den Hintergrund. Im Sommer finden Getreidemahltage mit anschließendem Brotbacken im traditionellen Holzofen statt.

Am Kofl 2, T 0471 86 92 47, https://naturparks.provinz.bz.it, außer an Fei ca. April–Juni, Okt. Di–Sa, Juli–Sept. Di–So 9.30–12.30, 14.30–18 Uhr, Eintritt frei

Altrei/Anterivo F7

Im Trentino

Eine Exklave, zumindest funktional: Altrei, spätmittelalterliche Rodungsinsel und damit eine der jüngsten Siedlungen Südtirols, liegt eigentlich im trentinerischen Fleimstal. Hier wird u. a. auch Kürbis und Wein angebaut – so abgeschieden, dass es fast schon zu schade ist, es zu entdecken.

Aldein/Aldino F6

In den Alpen?

Der vielfach gegliederte Bergrücken und das Hochplateau des **Regglbergs/Monte Regolo** zählen sich bereits zu den Fleimstaler Alpen. Abseits der großen Routen liegen behäbige Gehöfte, erstrecken sich goldene Lärchenwiesen im Herbst und die Sonne scheint, wenn es anderswo schon dunkel wird.

ACHTUNG: UR- UND FRÜHGESCHICHTE

In Aldein, aber auch in Altrei und darüber hinaus in jedem zweiten Südtiroler Dorf zu finden: Ein Flurname Burgstall deutet immer auf ur- und frühgeschichtliche Spuren hin, im besten Fall auf Wallburgen. Immerhin hat es das Toponym bis zum Gemeindenamen geschafft.

ARME-LEUTE-KAFFEE

Not macht erfinderisch. Die Altreier Lupine wird als eigentlicher Arme-Leute-Kaffee seit einigen Jahren als Altreier Kaffee (im lokalen Dialekt: Voltruier Kaffee) vermarktet. Getrunken wird das Kaffeesurrogat gemischt mit Weizen oder Gerste, Letztere wird übrigens auch hier angebaut. Mittlerweile gibt es einen Verein und ein Projekt zum Voltruier Kaffee.

Streuweiler

Die längste Brücke Südtirols verbindet **Aldein** mit dem Rest der Welt. Vor dem Brückenbau (1950er-Jahre) war die Berggemeinde nur über Karrenwege erreichbar. Die Häuser und Höfe verlieren sich in Streuweilern wie **Lerch, Kronberg, Mitterstrich oder Eich,** die noch stark von der Berglandwirtschaft geprägt sind.

Es klappert die Mühle …

Erwandert wird das wieder instandgesetzte **Mühlenensemble im Thal** (am Thalbach). Anfang des 20. Jh. zählte man hier unglaubliche 42 Mühlen. Noch heute gewinnt man einen Einblick in die frühere Welt der Selbstversorger: Schmieden, Stampfen, Sägen und Mühlen reihen sich aneinander. Eine besondere Kuriosität sind die **Schiaßermühlen,** die zur Herstellung kleiner Spielmurmeln dienten.

Mühlenweg, Aldein, Markierung 18, T 0471 88 68 32, www.museum-aldein.com, zugänglich Mai–Okt., Führungen (Start: Feuerwehrhalle Aldein) Juli–Anf. Sept. Sa 10 Uhr (ohne Anmeldung), Sonderführungen bei tel. Anfrage ggf. möglich

Dem Klimawandel sei Dank?

Dem Klimawandel sei Dank? Der Weinbau bewegt sich zunehmend in die Höhe. Galt früher das in Fennberg auf

1000 m gelegene Weingut Hofstatt der Schlosskellerei Turmhof (s. S. 170) in Entiklar bei Kurtatsch als höchstes Weinanbaugebiet Europas, erklimmen die Reben am Regglberg neue Höhen. Wo früher Wiesen oder höchstens ein paar mächtige Obstbäume standen, ziehen sich nun feine Reihen von Rebstöcken die Hänge empor. In Aldein pflanzt die Traditionskellerei Franz Haas auf über 1150 m Meereshöhe.

Geoparc Bletterbach  F 6

Zum Mittelpunkt der Erde

Eine Reise durch Jahrmillionen verspricht die imposante **Bletterbachschlucht/Gola del Rio delle Foglie.** Nicht umsonst ist sie UNESCO-Weltnaturerbe. Der geologisch einzigartige Grand Canyon Südtirols ist 8 km lang, 400 m tief und das Ergebnis von Abtragung und Verwitterung des kleinen, namengebenden Bletterbachs – ein Querschnitt durch jede Menge Gesteinsschichten am Abbruch des Weißhorns, das jedes Jahr mehr Besucher anzieht.

Kein Interesse, anderen Wanderern in Flipflops aus der Patsche zu helfen oder auf die Füße zu treten? Dann ist ein Besuch in der Nebensaison ratsam, obwohl es sich in der Schlucht der brütenden Sommerhitze des Tals wunderbar entfliehen lässt. Führungen, Themenwanderungen und verschiedene Programmpakete werden im Geoparc angeboten.

Lerch 40, Aldein, www.bletterbach.info, Bus 145 Radein–Kaltenbrunn–Aldein–Geoparc Bletterbach, Fahrplan s. Website, 9 €, unter 12 Jahren in Familienbegleitung (mindestens

Dass der kleine Bletterbach in der Eiszeit diese Schlucht schuf, mag man kaum glauben. Unten im Bachbett wandernd vergisst man ab und an auch, dass er sich 400 m tief in die Gesteinsschichten gegraben hat.

ein zahlender Erw.) Eintritt frei, Führungen ab 19 € (inkl. Eintritt), Helmpflicht (kostenlose Ausleihe im Besucherzentrum, Ausweis als Pfand); **Besucherzentrum:** Mai–Okt. tgl. 9.30–18 Uhr

Branzoll/Bronzolo und Leifers/Laives F6

Die Bozner Seite

Am Rand des Regglbergs liegt **Branzoll.** Von hier, die Etsch ist flussaufwärts nur bis Branzoll schiffbar, wurde noch bis etwa 1880 Holz nach Verona verflößt. Bekannt ist der Ort außerdem für seine Porphyrbrüche. Von altem Wohlstand zeugen noch einige Palazzi.

Besonders Bozens ›Vorort‹, die Stadtgemeinde **Leifers,** kann den Einfluss der Landeshauptstadt nicht leugnen, obwohl sich Südtirols jüngste Stadt selbst gern mit dem Schlagwort Apfelstadt bewirbt.

Hoch über beiden Orten liegt 8,5 km nördlich von Leifers an der Südflanke des Regglbergs am Übergang zu Kohlern **Seit/La Costa.** Der zu Leifers gehörende Streuweiler kann gut erwandert werden.

Schlafen, Essen

Gutbürgerlich

Gasthaus zur Krone: Die Krone hat das, was ein gediegenes Südtiroler Dorfgasthaus ausmacht, sie steht neben der Kirche. Ansonsten hat sich der Gasthof vom biederen Wirtshaus zu einem charmanten Lokal mit alpin-mediterraner Küche gewandelt. Die Doppelzimmer sind schlicht, aber geschmackvoll eingerichtet.

Dorfplatz 3, Aldein, www.gasthof-krone.it, T 0471 88 68 25, Di–So 12–14, 19–21 Uhr, Zimmer €€–€€€, Lokal €€

Rustikal herzlich

Nigglhof: Herrliche Aussicht auf das Weiß- und das Schwarzhorn und auch auf die Verwüstungen, die Sturm Vaia vor einigen Jahren hier hinterlassen hat. Gute Südtiroler Küche mit teils hofeigenen Produkten und italienischen und internationalen Tupfen. Zwei neu eingerichtete Ferienwohnungen erwarten diejenigen, die länger bleiben wollen.

Oberradein 3, Aldein, T 0471 88 71 65, www.nigglhof.com, Mai–Aug. tgl., Sept.–Anf. Nov. Do–Mo (und Di bis 14), sonst Sa/So, Fei 12–14.30, 18–21 Uhr, Ferienwohnungen €€, Lokal €–€€

Versteckt

Kürbishof: Kaum zu glauben, dass hier im Altreier Ortsteil Guggal, wo sich Fuchs und Hase gute Nacht sagen, eine Ligurierin kocht. Macht sich gut in Kombination mit traditionellen Zutaten wie Kopf und Bries vom Kalb.

Guggal 23, Altrei, T 0471 88 21 40, www.kuerbishof.it, Mo, Do–So 12.15–14 Uhr, 19.15–21, Mi 19.15–21 Uhr, Reservierung erbeten, €€

Bewegen

Almen für Anfänger

Krabes und Cislon: Die Malga Krabes und die Malga Cislon sind die Altreier und Trudner Pendants zu den Aldeiner Almen. Die sommerbewirtschafteten Hütten sind von den jeweiligen Ortszentren aus in leichten bis mittelschweren Wanderungen erreichbar.

Aldeiner Almen: Es ist wie bei den Gipfeln. Auch die Almen sind hier irgendwie kleiner geraten – zu erwandern sind sie trotzdem. Ausgehend von Maria Weißenstein (s. u., Anfahrt über Aldein) oder dem Weiler Lerch lassen sich verschiedene Aldeiner Almen wie **Schönrast, Schmieder** oder **Laner** (auch Lahner geschrieben) ansteuern. Letztere liegt der Bletterbachschlucht am nächsten – entspannend mit großer, freier Wiesenfläche.

Auf altem Pilgerweg

Maria Weißenstein/Pietralba: Südtirols bedeutendster Wallfahrtsort befindet sich am Regglberg. Eine jährliche Wallfahrt nach Maria Weißenstein gehörte früher zum guten Ton der Landbevölkerung. Dabei war die **Route von Leifers nach Weißenstein** besonders beliebt. Vor allem weil das ›wirklich echte‹ Gnadenbild in Leifers aufbewahrt sein soll. Leonhard Weißensteiner – welch passender Name – soll in Weißenstein eine Muttergottesstatuette ausgegraben haben. Die Ursprungskapelle, die ob dieses Wunders errichtet wurde, ist heute mit einem Prachtbau im Barockstil überbaut. Wer es ein wenig morbid mag, ist bei den unzähligen Votivtafeln, die jede mögliche Art an Unfällen mit glücklichem Ausgang darstellen, gut aufgehoben. Im Inneren wird's heiß: In der Ursprungskapelle brennen Tausende Kerzen. **Tipp,** wenn es schon kirchlich zugeht: Auf dem Weg kann man einen kurzen Abstecher zum hochmittelalterlichen **Kirchlein Peterköfele,** dem Wahrzeichen von Leifers, machen.

K

KNEIPPEN, SO WEIT DAS AUGE REICHT

In den letzten Jahren wie Pilze aus dem Boden geschossen sind Kneippanlagen. Es gibt sogar einen Kneippverein, mit Sitz in Eppan, den einzigen Südtirols und Italiens. Er hat es sich zur Aufgabe gemacht, die Philosophie von Sebastian Kneipp sowie seine Methoden unter die Leute zu bringen. Wer dem Kneippen methodisch nichts abgewinnen kann, kommt entspannungsmäßig trotzdem auf seine Kosten – am Fenner Bach in Margreid, im Wald bei Altrei, Truden, Montan und Kaltern oder beim Brunnenkneippen in Tramin. Auch in Leifers wird fleißig gekneippt: am Brantenbach unter dem Peterköfele.

Infos

- **Tourismusverein Trudner Horn Altrei-San Lugano-Truden:** Am Kofl 2, 39040 Truden, T 0471 86 90 78, www.suedtirols-sueden.info, Mo–Fr 8–12 Uhr; Rathausplatz 1c, 39040 Altrei, T 0471 88 20 77, Mo–Fr 8–12 Uhr. Guestcard Aldein&Radein&Jochgrimm, Wandergebiet Naturpark Trudner Horn.
- **Tourismusverein Aldein Radein Jochgrimm:** Dorf 34, 39040 Aldein, T 0471 88 68 00, www.suedtirols-sueden.info, Mo–Fr 8.30–12 Uhr (saisonale Schließtage, s. Facebook oder anrufen). Guestcard Aldein&Radein&Jochgrimm, Wandergebiet Naturpark Trudner Horn.
- **Tourist Info Leifers Branzoll Pfatten:** J.-F.-Kennedy-Str. 88, 39055 Leifers, T 0471 950 420, www.suedtirols-sueden.info, Ostern–Okt. Mo/Di, Do/Fr Mi–Fr 8.30–12.30, 14–18, Mi 8.30–12.30, 15.30–18, Sa 9–12 (Juli/Aug. 8–14), 2. Juni, 15. Aug. 10–12, 1. Nov. (Allerheiligen)–24. Dez., 7. Jan.–Ostern Mo–Fr 8.30–12 Uhr. BozenCard.
- **Anfahrt Aldein:** Ab Neumarkt (s. S. 180) **Bus 142.**
- **Anfahrt Altrei und Truden:** Ab Neumarkt (s. S. 180) **Bus 144.**
- **Anfahrt Branzoll und Leifers:** Ab Bozen per **Zug** oder **Bus** nach Leifers (Bus 110, 111, 112, 120) und Branzoll (Bus 111, 112, 120). **Bus 120** verbindet beide Orte auch mit dem südlichen Unterland. Die Linie bedient die Strecke Bozen–Leifers–Branzoll–Neumarkt–Salurn (weitere Stopps s. www.suedtirolmobil.info).
- **Vor Ort in Leifers und Branzoll:** In **Leifers** verkehrt die **Rundlinie 116, Leifers, Branzoll** und **Seit** sind durch **Bus 117** verbunden.

Zugabe
Unterlandler Hausberge

Schwarz- und Weißhorn

Ein Strauben – eine in Fett gebackene ringförmige Süßspeise – auf der Gurndinalm essen zu dürfen ist eine der ersten Erinnerungen, die Kinder der Umgebung mit dem Joch verbinden.

Majestätisch überragen das Schwarzhorn/Corno Nero (2439 m) und das Weißhorn/Corno Bianco (2317 m), die ungleichen Zwillingsberge, das Etschtal. Die sogenannte Trudener Linie trennt die beiden Hausberge des Unterlands geologisch. Dolomitgestein sorgt für die Helligkeit des Weißhorns, rötlich-grauer Bozener Quarzporphyr dunkelt das Schwarzhorn.

Zwischen ihnen breitet sich ein Geländesattel aus, der zwar offiziell Jochgrimm heißt, aber im Volksmund nur das Joch genannt wird. Sein Name soll sich vom Riesen Grimm ableiten, der in fernen Vorzeiten hier sein Unwesen getrieben haben soll. Der Geländesattel zwischen der Südtiroler Gemeinde Aldein und dem trentinerischen Fleims mutet aber gar nicht so wild an. Sanft steigt die Zufahrtsstraße vom Lavazèpass zu einem ausgedehnten Almgebiet an, das sich auf der anderen Seite wieder gegen das Aldeiner Bergdörfchen Radein hin absenkt. Eine klassische Almlandschaft mit Hütten und Almböden, sogenannten Legern.

Sein Name soll sich vom Riesen Grimm ableiten.

Dort, wo sich früher höchstens Südtiroler und Trentiner Weidevieh begegnete, herrscht heutzutage reges – aber nicht überreges – Treiben. Gasthäuser oder Almhütten, die vor allem der Verköstigung der Wanderer im Sommer dienten, gab es aber schon früher. Im Berghotel Jochgrimm, bekannt für seine Heubäder, ist man stolz darauf, seit mehr als 100 Jahren Gäste zu bewirten. Eine Sommerfrischefahrt hinauf zum Joch gehörte für die Bauern des Unterlands zum guten Ton.

Wo der Riese Grimm geblieben ist? Der Überlieferung zufolge schlummern solche Sagenwesen gerne im Berg. Hier hätte er gleich zwei zur Auswahl. ■

Meran und Umgebung

Ballkleid und Bergwelt — Meran mag nur die zweitgrößte Stadt Südtirols sein; das Ambiente aus Zypressen und Jugendstil ist jedoch einzigartig. Das Gleiche gilt für den Kontrast zu den ursprünglichen Tälern in der Nähe und zu eisigen Pässen.

Seite 189

Meran 

Wo sich einst der Adel traf, lockt nicht nur die nahe Bergwelt. Auch Kultur und Kreativität sind hier zu Hause.

Seite 194

Zu den Gärten von Schloss Trauttmansdorff

Auf Sissis Spuren von der Therme Meran vorbei an Ansitzen und Schlössern zu den Gärten.

Seite 199

Dorf Tirol

Sonnig über Meran gelegen – aber was haben die (19)68er im Schloss verloren?

Trinken, was die Quellen hergeben.

Seite 200

Von Meran nach Bozen

Auf dem Abschnitt des Fernwanderwegs E5 auf dem Tschögglberg erleben Sie, was Alpenüberquerer meist verpassen: den Blick von Schlern bis Ortler.

Seite 205

Tschögglberg

Oberhalb der Äpfel und unter der Sonne.

Seite 206

Lana

14 m … sind so hoch wie ein Altar. Doch Lana hat kulturell noch mehr zu bieten – und ist sommers etwas kühler als Meran.

Seite 207

Vigiljoch

Von Lana, einer Kurfrische des 19. Jh., führt der Weg per Seilbahn, Sessellift und zu Fuß weiter hinauf zur schönen Naturnser Alm oberhalb des Vinschgau.

Seite 209

Ulten

Innovation und Tradition, das muss sich doch verbinden lassen. Wer Beweise sucht, findet sie in dem abgelegenen Tal zuhauf. Dazu ein Kräuterreich und Urlärchen.

Seite 213

St. Martin in Passeier

Wo Andreas Hofer um seinen Bart wettete und eine Malerschule stand.

Seite 216

Pfelders

Wer von hier weiter will, muss zu Fuß gehen.

Seite 216

Der Sound des Hochgebirges

Wird das Wetter halten? Klassische Alpenmusik gepaart mit Jazz und Blues lässt Herbert Pixner am Flécknersee beim Jaufenpass erklingen.

Wer hat unsere Helden gemacht?

Ideal in den Bergen – in der Umgebung von Meran können Sie ihn reiten, den Haflinger. Der Erste seiner Art wurde im Vinschgau geboren.

Auf Promenaden und Waalwegen

B

»Bei einem Wetter, bei dem in Prag fast die Pfützen gefrieren, öffnen sich vor meinem Balkon langsam die Blüten.« So war es, als Franz Kafka 1920 in Meran in Kur weilte. Und so ist es heute. Meran kann vieles, vor allem ist hier alpin-mediterranes Ambiente nicht nur ein Klischee, sondern gelebte Realität. Kein Wunder, dass sich die 40 000-Einwohner-Stadt im Talkessel von Etsch und Passer zunehmend zu einem Großraum auswächst. Seit Jahren wird sie aufwendig untertunnelt, um den Verkehr in erträglichere Bahnen zu lenken.

Wer die Stadt Richtung Süden verlässt, erlebt Südtirols Vegetation im Zeitraffer. Bis St. Leonhard geht es moderat bergauf, von dort nur noch hoch hinauf: ins Hinterpasseier nach Pfelders, von wo es nur noch per pedes weitergeht. Oder auch, dann wieder motorisiert, in über 2000 m Höhe über den Jaufenpass oder das Timmelsjoch.

Der Weg von Bozen nach Meran führt durch Europas größtes Apfelanbaugebiet. Doch westlich und östlich der Strecke liegen, auf dem Tschögglberg ebenso wie im Ultental, bäuerlich geprägte Landschaften, die mehr als einen kurzen Blick wert sind.

O

ORIENTIERUNG

Infos: Fast alle Orte in diesem Kapitel gehören zum **Tourismusverband Meraner Land** mit der Website **www.merano-suedtirol.it/de/erlebnisorte.html** (mit Adressen und Öffnungszeiten der Tourismusbüros). **Ausnahme: Terlan** und **Mölten,** die sich auf der Website **www.suedtirols-sueden.info** finden.

Anreise: Der schnellste Weg mit dem Auto führt über Bozen und die Schnellstraße MeBo (Meran–Bozen). Alternativ: ab Sterzing über den Jaufenpass, vom Ötztal über das Timmelsjoch oder über das österreichische Lechtal via Reschenpass im Vinschgau.

Verkehr vor Ort: Von Bozen nach Meran fährt (halb-)stündlich eine **Regionalbahn,** alle anderen Orte sind mit **Bussen** (ab Bozen, Meran oder St. Leonhard) zu erreichen. Von Oktober bis Juni händigen viele Gastgeber die **MeranCard** (bzw. Algundcard etc.) aus, die wie die Mobilcard in ganz Südtirol gilt. Die **Buscard Meran** (ab 6 Jahre 16 €, 7 Tage gültig, Verkauf in Tourismusbüros) ist in Bussen der gesamten Region Meraner Land gültig.

Meran/ Merano

E4

Zwischen Zedern und Zitrus

Wenn wenige Kilometer entfernt noch Ski gefahren wird, zwischen Yucca-Palmen und Agaven, Zitrus- und Bananenbäumen sitzen: Das kann man nur in Meran, das schon im März zum Frühlingsfest ruft, notfalls, das gehört mit zur Wahrheit, in dicken Jacken. Zur bemerkenswerten Flora zählen auch Chinesische Hanfpalmen und Himalaya-Zedern – die hier wachsen, weil sie vor mehr als 150 Jahren nach Europa – und damit auch in Meran – eingeführt wurden. Meran ist ideal, um sich einfach treiben zu lassen, entspannt spazieren zu gehen.

Glanz vergangener Zeiten

Nachdem Tirols Hauptstadt im 15. Jh. nach Innsbruck verlegt wurde, versank Meran zunächst in einem Dornröschenschlaf. Für die Stadt war es ein Segen, dass Adel und Großbürgertum das Klima entdeckten und ihre Leibärzte für die publizistische Verbreitung der heilenden Wirkung sorgten. Und erst recht, dass ab 1870 die österreichische Kaiserin Elisabeth, sprich Sissi, für zwei Winter die Gemächer von Schloss Trauttmansdorff bezog und kurz darauf die erste Bahn von Bozen nach Meran zuckelte. Es wurde gebaut, was das Zeug hält: die Winter- und Sommerpromenaden, Jugendstilvillen und Kureinrichtungen. Bis heute ist die Meraner Symbiose aus Burgen, 1920er-Jahre-Schick und Bergwelt einzigartig. Zunehmend zieht diese außer Reisenden auch kreative Köpfe an.

Flanieren, entspannen, schauen: Merans Promenaden gehören zum Flair der Stadt.

Meran/Merano

Ansehen

1 Kurhaus, Theater in der Altstadt
2 Wandelhalle
3 Steinerner Steg
4 Passeier Tor
5 Steinachgasse 4
6 Pfarrkirche St. Nikolaus
7 Lauben/Portici
8 Landesfürstliche Burg
9 Kafka-Denkmal (Passerpromenade)
10 Gärten von Schloss Trauttmansdorff
11 Frauenmuseum/ Museo delle Donne
12 Jüdisches Museum/ Museo ebraico
13 Palais Mamming Museum

Schlafen

1 Ottmanngut
2 Castel Fragsburg
3 Tannerhof
4 Sittnerhof
5 Köstbamer Gut

Essen

1 Hellweger's
2 Bistro 7
3 Trattoria Al Boia – Gaststube Henkerhaus
4 Partanes
5 Forsterbräu
6 Gasthof Tanner
7 Café Wandelhalle
8 Milchbar
9 Café Villa Bux

Einkaufen

1 Siebenförcher
2 Pur Südtirol
3 Pasta Shop
4 Meraner Markt

Bewegen

1 Sektion Meran des Alpenvereins Südtirol
2 Südtirol Rad
3 Tappeinerweg/ Tappeiner Promenade
4 Therme Meran
5 Early Bird
6 Pferderennen

Ausgehen

1 Enoteca Claudia
2 Meteo Beach Bar
3 Stadttheater

An der Passer

Jugendstil par excellence

Eine Erkundung der autofreien Innenstadt beginnt am **Stadttheater/Teatro Puccini** 3, von dem Münchner

F

FAKTENCHECK

Größe: zweitgrößte Stadt in Südtirol, ca. 40 000 Einwohner
Geografie: auf nur 328 m Höhe gelegen, von Bergen umgeben
Eindruck: Auch ohne passendes Kleid fühlt man sich wie in den 1920er-Jahren.

Jugendstilarchitekten Martin Dülfer erbaut. Im Jahr 1900 wurde es standesgemäß mit Goethes »Faust« eröffnet, 1937 im Zuge der Italianisierung nach Giacomo Puccini benannt – Zeugnisse der wechselhaften Zeiten sind auch in Meran nie weit. Kaum 100 m entfernt steht das **Kurhaus** 1, 1873 errichtet und ab 1910 zu einem der schönsten Jugendstilbauten des Alpenraums umgebaut. Als es 1914 eröffnete, ging den Meranern im Wortsinn ein Licht auf: Als erstes Gebäude wurde es elektrisch beleuchtet. Bis heute residiert hier die **Kurverwaltung.** Vor ihrer Tür findet man eine große Tafel mit Stadterkundungsvorschlägen, Wegweiser nebst Gehzeiten inklusive. Immer quietschlebendig ist der Sandplatz, samstags mit regionalem Markt.

Promenieren

Die **Winterpromenade** an der Passer führt zur **Wandelhalle** ❷, einst ein Ort für Sonnenbäder bei Traubenkuren, von Südtiroler Künstlern mit Malereien von Ortler und Co. versehen. Mitfinanziert hat sie Franz Tappeiner, ein Meraner Kurarzt, der sich auch als Botaniker, Ethnologe und Regionalforscher große Verdienste errang. Er schuf auch die berühmteste Promenade der Stadt (3; s. S. 197): Der **Sissi-Weg** (s. Tour S. 194) führt an seinem einstigen Wohnsitz vorbei. Der **Steinerne Steg** ❸ weiter nordöstlich ist die älteste Brücke (17. Jh.) der Stadt, errichtet wohl an einer Stelle, an der bereits die Römer einen Überweg bauten. Beim Betreten tut sich gen Norden als Teil des Passertals die **Gilfschlucht** auf.

Die Altstadt

Im Aufbruch

Stadteinwärts führt eine steile Treppe nach oben und durch das **Passeier Tor/ Porta Passiria** ❹, das nördlichste der drei erhaltenen Stadttore. Hier oben in **Steinach** wurde Meran im 12. Jh. gegründet, noch heute atmet das Viertel den Geist vergangener Zeiten. Seit ein paar Jahren soll es zum Leben erweckt werden. Das muss bekanntlich nichts Gutes heißen – und die ersten Townhouses und Boutiquehotels sind bereits zu sehen. Vor allem in der **Hallergasse** ist allerdings auch – noch? – das kreative Steinach mit Ateliers und Werkstätten sichtbar.

L

LEBENSELIXIER

Das Meraner Wasser ist radonhaltig, leicht radioaktiv. Klingt nicht gut, macht es aber so heilsam. An 69 Brunnen ist es zugänglich. Elf Brunnen, zu denen eine Geschichte erzählt wird, sind durch den **Brunnenweg** verbunden. Er ist auf einem in der Kurverwaltung erhältlichen Stadtplan eingezeichnet (auch als Download bzw. fürs Smartphone: https://www.merano-suedtirol.it).

Jüdische Geschichte

In der **Steinachgasse 4** ❺ erinnert ein Stolperstein an Elena de Salvo, eine jüdische Meranerin, die im Alter von sechs Jahren in Auschwitz ermordet wurde. Insgesamt erinnern 33 Stolpersteine in Meran an die faschistische Verfolgung und an die einst lebendige jüdische Community der Stadt. Wer mehr über sie wissen will, besucht das **Jüdische Museum** ⓬ (s. S. 193) oder folgt einem an der Kurverwaltung beginnenden Spaziergang durch das jüdische Meran.

Gotik und Barock

Der **Pfarrplatz** mit dem barocken **Palais Mamming** ⓭ (Stadtmuseum; s. S. 193) ist, selbst wenn Meran vor Menschen bebt – und das kommt oft vor –, häufig so ruhig, dass sich der Tag hier gut zum Abend machen lässt. Die **Pfarrkirche St. Nikolaus** ❻ ist eine der ersten gotischen und eine der prächtigsten Kirchen Tirols (1220 erstmals erwähnt, 1465 in der heutigen Form geweiht). Ihr Innenleben ist imposant. Beachtenswert sind der eindrucksvolle Hochaltar, die Fresken im Turmdurchgang und die im 19. Jh. von Meraner Bürgern gestifteten bunten Glasfenster. Wer den Blick nach oben richtet, entdeckt am Kirchturm einen achteckigen Barock-Aufbau.

Unter Arkaden

Im Mittelalter waren die **Lauben/Portici** ❼ (13. Jh.) – Bogengänge, die Teil der Häuser sind und zum überdachten Flanieren einladen – die längsten Tirols, dann spaltete man sie in der Mitte mit der Galileistraße. Erfreulich viele kleine Einzelhändler halten sich bis heute, auch solche, deren Fundus vom Rührlöffel bis zum Hundehalsband reicht.

Durch einen Durchgang im Rathaus geht es zur fast niedlichen **Landesfürstlichen Burg** ❽, die in ihrem Inneren exzellent vermittelt, wie der Adel im Mittelalter lebte. Am Kornplatz enden die Lauben.

Wer Richtung Bahnhof weiterwandert, erlebt ein Meran, das sich ebenfalls lohnt: eine eher dem Wohnen vorbehaltene und italienischer anmutende Gegend.

Burg: Galileistr., T 329 018 63 90, Ostern–Anf. Jan. Mo–Sa 10.30 – 17, So 10.30–13 Uhr, 5 €, bis 18 Jahre Eintritt frei

Kafka in Kur

Schwer tuberkulosekrank, registrierte sich **Franz Kafka** 1920 am Meraner Bahnhof. In der Pension Ottoburg in Untermais (heute privat) entstand ein großer Teil seiner – in ihrer Leidenschaftlichkeit und Selbstzerfleischung verstörend zu lesenden – »Briefe an Milena«, an seine tschechische Übersetzerin. Ein sehenswertes **Denkmal** ❾ wurde dem Dichter am weniger besuchten Ende der Passerpromenade gesetzt. Seit 2015 erinnert das **Projekt MenschenBilder** hier an berühmte Meraner und Meran-Besucher.

Auf Sissis Spuren

❿ **Gärten von Schloss Trauttmansdorff:** s. Tour S. 194.

Museen

50 Prozent des Himmels

⓫ **Frauenmuseum/Museo delle Donne:** Anhand von Mode und Alltagsgegenständen wird europäische Frauengeschichte gezeigt. Interessant, obgleich ohne Bezug zur Geschichte des Feminismus.

Meinhardstr. 2, www.museia.it, Mo–Fr 10–17, Sa 10–12.30 Uhr, 5/4,50 €, bis 10 Jahre Eintritt frei

Nachdenklich

⓬ **Jüdisches Museum/Museo ebraico:** In der 1901 geweihten Synagoge wird daran erinnert, dass das Aufblühen Merans ohne jüdische Hoteliers und koschere Hotels undenkbar gewesen wäre.

Schillerstr. 14, www.meranoebraica.it, Mo–Fr 9–12 Uhr, Eintritt frei

Weltläufig

⓭ **Palais Mamming Museum:** Im Palais Mamming wird die Sammlung des Stadtmuseums von Meran gezeigt. Außer für Meraner Geschichte bietet es viel Platz für anderes, z. B. für eine Totenmaske Napoleons.

Pfarrplatz 6, www.palaismamming.it, Di–Sa 10.30–17, So, Fei 10.30–13 Uhr, 6. Jan.–Ostern geschlossen

Schlafen

Es gibt nichts, was es nicht gibt, allerdings sind günstige Zimmer in Meran unterrepräsentiert. Stadtnah und ruhig lebt es sich in Obermais sowie in der Verdistraße unterhalb der Tappeiner Promenade.

Schön antik

1 **Ottmanngut:** In dem stolze 700 Jahre alten Haus wohnt man in edel renovierten Zimmern – mit Blick in Weinberge oder den mediterranen Garten. Das Frühstück wird den Gästen in mehreren Gängen serviert.

Verdistr. 18, T 0473 44 96 56, https://ottmanngut.it, April–Anf. Dez., €€€

Oberhalb von Meran

2 **Castel Fragsburg:** In einem terrassenförmigen Park fängt das Jagdschloss von 1624 noch Sonnenstrahlen ein, wenn es unten im Tal fast dunkel ist. Burgherr Alexander Ortner und Sternekoch Egon Heiss kümmern sich um das mit 20 Suiten kleinste Fünfsternehotel des Alpenraums und sein Restaurant.

Fragsburgerstr. 3, T 0473 24 40 71, https://fragsburg.com, €€€

Oben in Obermais

3 **Tannerhof:** Freundlicher als Chef Franz Reiterer kann man ein Hotel kaum führen. Die Einrichtung ist etwas in die Jahre gekommen, doch alles ist sehr sauber – und der Preis ist recht günstig. Großer Garten, Pool.

Jobmanngasse 12, T 0473 23 74 94, www.hotel-tannerhof.it, €€

Agriturismo

4 **Sittnerhof:** Die Zimmer in dem 700 Jahre alten Bauernhaus (mit eigenem Weinberg!) sind modern, die Fahrräder für die 2 km ins Zentrum kostenlos. Zum Sittnerhof gehören auch ein Viersternehotel und eine Villa mit Ferienwohnungen.

Verdistr. 60, T 0473 22 16 31, www.sittnerhof.com, €€

THUN'SCHE ENTWÜRFE

Der Bozner Architekt Matteo Thun hat Büros in Mailand und Shanghai, ist in München bekannt als der Gestalter des Promiklubs P1. Nirgends hat er sich so prominent verwirklicht wie in und um Meran: Die Therme 4 (s. S. 197) und den Thun'schen Gucker (s. Tour S. 194) in den Trauttmansdorffer Gärten hat er entworfen, oberhalb von Lana das Vigillius Mountain Resort, in Algund das Hotel Pergola Residence.

TOUR
Auf Sissis Spuren

Zu den Gärten von Schloss Trauttmansdorff

Infos

Gehzeit Therme–Trauttmansdorff ca. 50 Min.

Start/Ziel:
Therme Meran 4/Schloss Trauttmansdorff 10, E 4

Schloss/Touriseum:
St.-Valentin-Str. 51a, www.trauttmansdorff.it, Zeiten, Eintritt: s. Website

Rückfahrt:
Bus 4, alle 15 Min. ab Trautmannsdorff

Schon zu Zeiten der Grafen von Tirol ließen sich Adlige im sanft ansteigenden Obermais nieder, Park reiht sich an Schloss, Villa an Ansitz. Wer dem Sissi-Weg nach Schloss Trauttmannsdorff folgt, fühlt sich in Zeiten von Ballkleidern und Schnabelschuhen zurückversetzt.

Vor der **Therme** 4 starten wir am Ufer der Passer, queren den **Elisabeth-Park** nebst **Sissi** in Marmor und überqueren die Straße ins Passeier. Auf einem **Fußweg** geht es durch den Meraner Stadtteil Obermais vorbei an Villen, die häufig Hotels oder Privatkliniken beherbergen und allesamt den Geist vergangener Zeit atmen. Am Brunnenplatz, leider durch ein modernes Sparkassengebäude nicht attraktiver geworden, lebte Franz Tappeiner auf **Schloss Reichenbach.** Der weitere Weg auf kaum befahrenen Straßen passiert das wildromantische **Schloss Pienzenau** sowie einen fast bäuerlich geprägten Teil von Obermais. Zur Einkehr bietet sich einen halben Kilometer weiter der **Gasthof Tanner** 6 (s. S. 195) an.

Dann erreichen wir unser Ziel: die **Gärten von Schloss Trauttmansdorff** 10, einst Wohnstätte Sissis, heute mehrfach preisgekröntes Paradies aus 80 Gärten, künstlerisch gestalteten Pavillons mit einer spektakulären Aussichtsplattform von Matteo Thun. Das **Touriseum** verbindet Blicke in die Tourismusgeschichte mit aktuellen Ausstellungen. Unbedingt anschauen: den **Verbotenen Garten,** der sich neben der Sissi-Terrasse auf der Südseite des Touriseums versteckt.

Alternativ

5 **Köstbamer Gut:** Die Nürnbergerin Christine Hoseneder hat mit viel Sinn für Natur und Entschleunigung ihren Hof nebst riesigem Garten umgebaut. Es gibt vier Ferienwohnungen, im Haupthaus selbst und im ehemaligen Stadel, alle mit Balkon oder Terrasse. Dazu wird biologisch natürliche Landwirtschaft betrieben und die Gäste kommen in den Genuss der hofeigenen Produkte. Entspannung in der Natur – oder mit leichten Yogaübungen – garantiert. Katzenbesuch ist zu erwarten, Fernseherfreiheit selbstverständlich.

Laurinstr. 81–83, Ortsteil Gratsch, auf Facebook, T 338 804 99 83, €–€€

Essen

Doppelt gut – zwei Klassiker

Im **Hellweger's** 1 (Pfarrplatz 30, T 0473 21 06 36, www.hellwegers.it, Mo–Sa 10–15, 18–23 Uhr, Küche mittags, abends, €–€€€), das in einem Innenhof neben dem Pfarrplatz liegt, gibt es exzellente Pizza, Pasta und Parfait – und auch Hirschgulasch. Das **Bistro 7** 2 (Lauben 232, T 0473 21 25 81, https://sevenmeran.it, Mo–Sa 8.30–22/23 Uhr, Küche mittags, abends, €€–€€€) wiederum setzt auf tirolerisch-internationale Küche und die Lage in den Lauben, auch Barbetrieb.

Zum Henker

3 **Trattoria Al Boia – Gaststube Henkerhaus:** Das Motto im Henkerhaus lautet »No Wurstel«. Hier gibt es ausschließlich italienische, vor allem sizilianische, Küche. Wie es sich gehört, serviert an quadratischen Tischen mit karierten Tischdecken.

Ortensteingasse 9, T 329 878 26 73, www.henkerhaus.it, Di–Sa 12–14.30, 18–24 (Küche 12–14, 18.30–22), So 12–14 Uhr, €€

Tradition am Pfarrplatz

4 **Partanes:** In diesem Traditionshaus wird durchgehend warme Küche serviert – von Spaghetti Bolognese bis Tafelspitz. Innen ist es etwas eng, draußen voller Atmosphäre.

Hallergasse 4, T 0473 23 79 44, Do–Mo 11–21, Di 11–14 Uhr, €–€€

Zünftig

5 **Forsterbräu:** In diesem Gasthof des Algunder Brauhauses Forst gibt es zünftige Wirtshauskost – sogar Leberkäse und Weißwürste – in guter Qualität, und das durchgehend bis in den Abend. Oft schon im Frühjahr kann man den überdachten Biergarten und die Terrasse des Forsterbräu mitten in der Fußgängerzone nutzen.

Freiheitsstr. 90, T 0473 23 65 35, www.forsterbrau.it, tgl. 10–1, Küche 11.30–23 Uhr, €–€€€

In Obermais

6 **Gasthof Tanner:** Im lauschigen Garten (bei schlechtem Wetter drinnen) gibt es im Tanner exzellente Pizza, deren Ruf weit über den Stadtteil Obermais hinausreicht.

Dantestr. 77, T 0473 23 65 58, www.pizzeriatanner.it, Mi–Mo Pizza 12–14, 17–22, sonstige Küche 12–14, 18–21 Uhr, Pizza €, sonstige Gerichte €–€€

An der Passer

7 **Café Wandelhalle:** Wo Palmen wachsen, sitzt man auch im Herbst noch draußen (drinnen nur vier Tische). Spitzen-Apfelstrudel mit Zimteis.

Winterpromenade 25, T 0473 23 66 80, auf Facebook, tgl. Sommer 9–19, Winter 9–17 Uhr

Ein Hauch Italien

8 **Milchbar:** Klassisch-schlichte italienische Bar mit allem, was dazugehört. Meint: Espresso, Grappa, Panini und WLAN.

Freiheitsstr. 146, Mo–Sa 6–1 Uhr

Rückzugsort

9 **Café Villa Bux:** Ruhiges Lese- und Plaudercafé (Zeitungen vorhanden) mit alternativem Flair. Hier können Sie auch frühstücken oder sich mit einem kleinen Gericht (€) stärken.

Karl-Wolf-Str. 19, auf Facebook, Mo–Fr 7.30–19, Sa 8–14 Uhr

Einkaufen

Ideal zum Flanieren, bei Regen überdacht: die **Lauben.** Von italienischem Schick über Outdoorkleidung bis zu Büchern, Wein und Speck gibt es nichts, was es nicht gibt. Auch die Passagen links und rechts des Weges lohnen.

Metzgerei und Feinkost

1 **Siebenförcher:** Auf 300 m² findet man in dieser alteingesessenen Metzgerei Speck und Schinken, Käse und Gewürze. In einem Ableger hinter dem Hauptgeschäft gibt es Naturkost, dort wird für Sie vor Ort Getreide gemahlen.

Lauben 164, www.siebenfoercher.it, Mo–Fr 8.30–19, Sa 8.15–18 Uhr

Langsam und regional

2 **Pur Südtirol:** In Meran befindet sich das Stammhaus der Slow- und Regiofood-Kette. Alles frisch, vieles bio, veganerfreundlich. Natürlich gibt es auch die Produkte der Designlinie Pur Manufactur – entwickelt von Harry Thaler, einem der kreativsten Köpfe Südtirols. Auf der Bistroterrasse des Genussmarkts trifft man sich zur Marende – hier gibt's die typische Südtiroler Aufschnittplatte in Bioqualität – oder zum Frühstück.

Freiheitsstr. 35, www.pursuedtirol.com, Mo–Fr 9–19.30, Sa 9–18 Uhr

Out of Baku

3 **Pasta Shop:** Exzellente handgemachte Pasta, außerdem Weine und Kräuter mit einer Filiale in Baku, Aserbeidschan.

Lauben 29, www.pastashop-merano.com, Mo–Sa 9–19 Uhr

Natürlich regional

4 **Meraner Markt:** Bauern- und Handwerkermarkt, alles regional, vieles biologisch.

Obere Freiheitsstr./Sandplatz, Ende März–Ende Okt. Sa 9–13 Uhr

Bewegen

Professionell begleitet

MeranAlpin: Die Spezialisten der Berg(steiger)- und Wanderschule **MeranAlpin** (www.meranalpin.com) führen über Höhenwege sowie auf Gipfel und Klettersteige. Auch Kletter(steig)kurse werden angeboten. Für Alpenvereinsmitglieder bietet die **Sektion Meran des Alpenvereins Südtirol** 1 (AVS; Galileistr. 45, https://meran.alpenverein.it) ein umfangreiches Tourenprogramm.

Kostenlos radeln

Bikesharing: An sieben Stationen (Kornplatz, Sandplatz, Hauptbahnhof/Bushaltestellen und Hbf/Ausgang Unterführung, Bahnhof Untermais, Piavestr./Therme, Krankenhaus-Haupteingang) stehen Räder für eine kurzzeitige kostenlose Nutzung (maximal 5 Std.) bereit. Für die Ausleihe benötigen Sie die App MOQO (Android und Apple) und eine Kreditkarte. Das Rad kann an jeder der Stationen zurückgegeben werden. Weitere Infos: www.gemeinde.meran.bz.it/de/Bikesharing.

Radverleih

2 **Südtirol Rad:** Vom Touren- bis zum E-Bike, vom Kinderrad bis zum Tandem werden Sie hier fündig. Erwachsenenräder ab 25 €/Tag.

Meinhardstr. 172 (Nähe Hauptbahnhof/Bushaltestellen), www.suedtirol-rad.com, April–Juli, Sept./Okt. tgl. 9–12, 13–18, Aug. 8–12, 13–18 Uhr

Stein, Holz, Stahl und Glas prägen den Charakter der Therme Meran. Gestaltet hat den Bau der in Bozen geborene Stararchitekt Matteo Thun.

Zu Fuß oberhalb von Meran

3 **Tappeinerweg/Tappeiner Promenade:** Fast eben führt die vom gleichnamigen Kurarzt angelegte Promenade auf rund 4 km oberhalb Merans nach Gratsch (Abkürzungen möglich). Eine schöne **Rundtour** entsteht, wenn man von Gratsch über den Gnaidweg nach Dorf Tirol wandert und über den Tiroler Steig zurück. Unterwegs gibt es zahlreiche Einkehrmöglichkeiten, persönlicher Favorit: **Café Schlehdorf** (Tappeiner Promenade 12, T 0473 44 34 48, Frühjahr–Herbst tgl. 10–17, warme Küche 11–15 Uhr) mit exzellentem Kuchen und Kaiserschmarrn, Tagesgerichte €.

Entschleunigung

4 **Therme Meran:** Je nach Jahreszeit stehen 15 Innen- und von Mitte Mai bis Mitte September zusätzlich zehn Außenpools, dazu acht Saunen, Kneipp-Parcours, Fitnesscenter, Spa, Sonnenbaden etc. den Besuchern zur Verfügung. Bei ihrem Bau war die Meraner Therme keineswegs unumstritten. Doch heute zieht sie Gäste magisch an. Bei schlechtem Wetter heißt es: früh kommen.

Thermenplatz 9, www.termemerano.it, Zeiten/Preise, Wellnesspakete s. Website

Frühsport

5 **Early Bird:** Das Angebot variiert, mal gibt es Gesundheitstipps, mal Morgenyoga, immer von Profis angeboten, immer kostenlos und ohne Anmeldung – und immer ist der Treffpunkt die Sissi-Statue im Elisabeth-Park. Anf. März–Okt. Sa 7.30–9, Nov.–Anf. Jan. 8–9.30 Uhr. Nähere Infos bei der Kurverwaltung (s. S. 198).

Hut nicht vergessen

6 **Pferderennen:** Rennsaison Mai–Okt., meist So. Highlights sind das Haflinger Galopprennen am Ostermontag sowie der Große Preis von Südtirol Ende September.

Gampenstr., T 0473 446222, www.merano galoppo.it

Ausgehen

Nähe Theater in der Altstadt (s. u.) haben mehrere Bars bis in die Nacht geöffnet.

Atmosphärisch

1 **Enoteca Claudia:** Mit Blick auf den Pfarrplatz lässt sich hier ideal bei Wein oder Veneziano der Abend einläuten.

Pfarrplatz 13, T 0473 23 06 93, Mo–Sa 9–maximal 18.30 Uhr (Sa immer kürzer)

Hip – Restaurant und Beach Bar

2 **Meteo Beach Bar:** ›The place to be‹ an heißen Sommertagen, direkt am Passerufer gelegen. Gespielt wird Klubmusik. Und sonst: auch hip als (teures) Restaurant mit kreativer Küche.

Winterpromenade 51, https://cometometeoba by.it, als Restaurant (Frühjahr–Spätherbst): Do 19–21.30, Fr–Mo 12–14.15, 19–21.30 Uhr, €€–€€€, Beach Bar (Sommer) s. Website

Unter Kronleuchtern

3 **Stadttheater/Teatro Puccini:** Die Zeiten des Ensembletheaters sind vorbei. Doch wenn Gastspiele stattfinden, lohnt der Besuch, auch wegen des Jahrhundertwenden-Flairs.

Theaterplatz 2, www.kurhaus.it

Engagiert

1 **Theater in der Altstadt:** Das Repertoire reicht von Kafka über die Gebrüder Grimm bis zu Stücken mit politischem Anspruch, wie z. B. Stefano Massinis »7 Minuti« (»7 Minuten Betriebsrat«).

Kurhaus, Freiheitsstr. 27, www.tida.it

Feiern

- **Stadt der Feste:** Vom **Frühlingsfest** im März bis zum **Weinfest** im November feiert Meran fast durch: Es gibt ein **Yogafestival,** ein **Straßenkünstler-,** ein **Brass-,** und ein **World Music Festival,** zudem Feste anlässlich von Radrennen und Halbmarathon. Die **Meraner Musikwochen** (Aug./Sept.) ziehen Klassikfans von weit her an, das Traubenfestival im Oktober ist in der Region fest verankert. Den **aktuellen Kalender** finden Sie in dem jährlichen **City Guide,** den die Kurverwaltung veröffentlicht. Es gibt ihn vor Ort auf Papier, im Internet über eine Suche nach ›City Guide Meran pdf‹ mit der entsprechenden Jahreszahl.

Infos

- **Kurverwaltung Meran:** Freiheitsstr. 45, 39012 Meran, T 0473 27 20 00, www.meran.eu, Hauptsaison Mo–Fr 9–17, Sa 9.30–16, So 10–13 Uhr, Nebensaison s. Website. Freundlicher Ort mit zahlreichen Mitarbeiterinnen und viel Material. Allerdings liegt der Fokus auf Meran, nicht auf der ganzen Region.
- **Bahn und Bus:** Von Bozen bis Mals sowie ins Passeier und in die umliegenden Orte ist Meran gut via **Bahn- und Busverbindungen** angeschlossen. Auch das **innerstädtische Busnetz** ist gut ausgebaut. Größter Knotenpunkt ist der **Bahnhof mit Busbahnhof** (Europaallee 7) vor der Tür. In der Kurverwaltung erhalten Sie das hilfreiche Faltblatt »Bushaltestellen und Netzplan«. Die Website **https://mobility.meran.eu** zeigt außer Busfahrplänen auch Radverleihe, Ladestationen, Rad- und Spazierwege etc.
- **Parken:** Zentral und groß, in der Hochsaison dennoch oft voll, sind das Parkhaus unter der Therme sowie der Parkplatz Karl-Wolf-Straße.

Rund um Meran

Fast ein Großraum

An den Hängen rund um Meran, meist inmitten von Apfelfeldern und Weingärten, liegen eine Reihe einladender Dörfer. Hier wohnt es sich ruhiger, oft auch günstiger, und die Stadt ist oft nicht mehr als einen Wander- oder Waalweg entfernt.

Dorf Tirol/Tirolo E4

Meran aufs Dach gestiegen

Auf rund 600 m Höhe spuckt man von **Dorf Tirol** aus den Meranern fast auf den Kopf. Wer schnell hinunter in die Kurstadt will, kann in den Sessellift steigen. Reizvoll: Die Sonne scheint hier oben länger als unten im Tal, das wissen Einheimische wie Gäste zu schätzen. Die Besucherzahl übersteigt die der Bewohner, 2500 an der Zahl, oft um ein Vielfaches.

Vom 12. bis ins 15. Jh. wurde Tirol von hier regiert. Als mit Margarete Maultasch die letzte Gräfin von Tirol starb, ging das Land an die Habsburger und Innsbruck wurde Hauptstadt der Region.

Sessellift: Segenbühelstr., www.panoramalift.it, Anf. April–Okt. tgl. 9–17/18/19 Uhr je nach Saison, Berg- und Talfahrt 7,50/4,50 €

Hier lebte Ezra Pound

Lohnend ist ein Abstecher zur 1250 unterhalb von Schloss Tirol erbauten **Brunnenburg/Castel Fontana.** Hier lebte einst der US-amerikanische Dichter Ezra Pound, heute unterhält sein Enkel hier ein sehenswertes **Museum,** das sich dem »Leben am Steilhang« widmet, also der regionalen Bauern-, Bergbauern- und Handwerkskultur. Im angeschlossenen **Ezra Pound Literaturzentrum** studieren Nachwuchswissenschaftler die Arbeiten des Dichters.

Ezra-Pound-Str. 3, www.brunnenburg.net, April–Okt. So–Do 10–17 Uhr, 6 €, ermäßigt 2,50–5 €, bis 6 Jahre Eintritt frei

Museen

Im Schloss

Südtiroler Landesmuseum für Kultur- und Landesgeschichte: Überraschend lange wurde das Schloss Tirol dem Verfall preisgegeben. Erst im Jahr 2003 wurde es saniert als Südtiroler Landesmuseum für Kultur- und Landesgeschichte der Öffentlichkeit zugänglich gemacht. Im Bergfried wird seither die Geschichte des 20. Jh. dargestellt: von der K.-u.-k.-Monarchie über die Italianisierung bis zur Bedeutung des Tourismus und über die – Achtung, Zitat – »aufmüpfigen 68er«.

Schlossweg 24, www.schlosstirol.it, Mitte März–Mitte Nov. Di–So 10–17 Uhr, 8 €, ermäßigt 5,50 €, bis 6 Jahre Eintritt frei

Algund/Lagundo E4

Vom Tal bis hoch hinaus

Von der Staatsstraße über das alte Dorf und Plars zieht sich **Algund** bis hinauf in seine Fraktion **Vellau/Velloi** auf 900 m Höhe (auch mit einem sehenswerten Einer-Sessellift zu erreichen). Algund ist nahezu das ganze Jahr hindurch ein Wanderparadies, zwischen den einzelnen Ortsteilen sowie in den Vinschgau und nach Meran gibt es ungezählte schöne Wege.

Sessellift: Huebenweg 11, www.gasteiger.it, tgl. April–Anf. Nov. 8.30/9–12.30, 13.40–17.10/17.40/18.10 Uhr (je nach Monat, Nachfrage und Witterung ggf. abweichend), Berg- und Talfahrt 11/5 €

TOUR
Von Meran nach Bozen

Der E5 auf dem Tschögglberg

Infos

6–7 Std. reine Gehzeit bis Jenesien, technisch leicht, ca. 200 Höhenmeter bergauf, 1000 Höhenmeter bergab, je nach Schneelage ab April/Mai begehbar

Start:
Bergstation Meran 2000, E/F4

Wer die Alpen überquert, tut das meist auf dem kürzesten Weg, dem Fernwanderweg E5 von Oberstdorf im Allgäu nach Meran. Dabei kann man sich die Fortführung des Weges über den **Tschögglberg/Monzoccolo** eigentlich nicht entgehen lassen. Die Aussicht ist sensationell, das Gelände auf dem Hochplateau so flach, dass sich diese auch genießen lässt. Von Meran aus lässt sich das Teilstück gut als Tagestour (oder mit einer Übernachtung) begehen.

Der Tag beginnt mit einer **Seilbahnfahrt** nach **Meran 2000.** Dort ist die Aussicht großartig, die Atmosphäre skigebietsüblich eher weniger. Doch von dort braucht man nur eine gute halbe Stunde auf dem **Weg 18a** bis zur **Meraner Hütte** auf 1960 m. Sie ist die Klassikerin unter den Alpenvereinshütten und Quartier für E5-Weitwanderer, die bis Bozen durchhalten möchten.

Nach der Hütte rückt das Skigebiet schnell in weite Ferne. Auf besten **Wegen (4/E5)** geht es zunächst leicht bergan durch eine Landschaft, die mehr an die schottischen Highlands als an die Alpen erinnert. Nach ca. einer Stunde ab der Meraner Hütte ist der höchste Punkt der Tour erreicht: das **Kreuzjoch/Giogo della Croce** (2084 m), mit Gipfelkreuz und Panoramaplattform. Hier lässt sich prima über die Gipfelwelt von Ortler bis Sella fachsimpeln.

Wenig später lohnt von der weiten Fläche des **Auener Jöchl/Giogo dei Prati** unbedingt der kaum längere **Abstecher** über die **Stoanernen Mandln/**

Omini di Pietra. Mehr als 100 Steinmännchen thronen hier oben an einem markanten Ort gleich oberhalb des Sarntals. Wer sich warum die Mühe machte, sie zu errichten, ist nicht ganz klar. Möglich, dass sie kultischen Charakter hatten, vielleicht diente ihr Bau aber auch schlicht dem Zeitvertreib der Hirten. Der Platz und die Männchen gelten noch heute als Kraftort. Nicht selten trifft man hier auch auf einheimische Besucher.

Bäuerlich geprägt ist insbesondere das letzte Teilstück vor Jenesien.

Fortan geht es leicht bergab, immer näher rücken Schlern, Rosengarten und Latemar in den Blick. Wer eine Stärkung braucht, kann in der **Alm Möltner Kaser** einkehren. Im Stärkungsangebot sind exzellente Strudel und mehr.

Nicht weit hinter der Alm überqueren wir am **Parkplatz Schermoos** die Tschögglberg-Straße (wer will, kann hier abkürzen und den **Bus 157** nach Falzeben oder Jenesien nehmen). Für alle anderen geht es noch wenige Minuten durch den Wald, dann gerät auch schon das entzückende romanische **Kirchlein St. Jakob auf Langfenn/S. Giacomo sul Lavenna** in den Blick. Das **Gasthaus Langfenn** nebenan, in dem es tagsüber wegen notorischen Hochbetriebs oft hektisch zugeht, ist abends kaum besucht und ein guter Ort für eine Nacht, wenn man die Wanderung unterbrechen möchte.

Der Schlussakkord auf dem Hochplateau – hier **Salten/Salto** genannt – führt durch Pferdeland, an Reiterhöfen vorbei nach **Jenesien/S. Genesio.**

Von Jenesien aus gelangt man per **Bus** (Linie 156 ab Jenesien, Oberdorf) hinunter nach Bozen. Wer noch Energie hat: Auch zu **Fuß** lohnt der Abstieg durch die Weinberge, bei stetem Blick auf die Landeshauptstadt Südtirols.

Bergbahn Meran 2000: Talstation, Naifweg 37, www.meran2000.com, Zeiten/Preise s. Website

Möltner Kaser, Jochweg 10, T 349 129 07 80, www.moeltner-kaser.com, tgl. Ende April–Anf. Nov., tagsüber, Winter s. Website, €–€€
Gasthaus Langfenn: Langfennweg 1, T 0471 66 82 18, www.langfenn.it, fast ganzjährig tgl. (s. Website), Hotel/Lokal €–€€

Schenna/Scena

E4x

Unter dem Hirzer

Auf der anderen Seite des Talkessels, unterhalb des höchsten Gipfels der Sarntaler Alpen, dem Hirzer (2781 m), liegt **Schenna.** Ein beeindruckendes **Schloss** gibt es auch, 1350 gebaut als Wohnsitz der Herren von Schenna. Sehenswert ist vor allem ein Renaissancesaal mit Fayenceofen aus dem frühen 18. Jh. Schenna ist ein guter Ausgangspunkt für das Wandergebiet Hirzer.

Schlossweg 14, www.schloss-schenna.com, nur mit Führung und Online-Anmeldung, ca. April–Okt., Di–Fr 11.30, 15 Uhr, Do auch 21 Uhr, nicht für Kinder im Vorschulalter, 12 €, bis 14 Jahre 5 €

Marling/Marlengo

E4

Mit Wasser und Wein

Auf einer kleinen Anhöhe im Norden von Meran liegt **Marling.** Der wohl berühmteste Waalweg – der **Marlinger Waalweg** von Töll nach Lana – verläuft hier, außerdem hat der Vinschgauer Architekt Werner Tscholl ein sehenswertes lichtdurchflutetes Heim für Wein geschaffen: die **Kellerei Meran.**

Kellerei: Kellereistr. 9, T 0473 44 71 37, www.kellereimeran.it, Mo–Fr 8–19, Sa 8–18 Uhr, Führungen auf Anfrage

Schlafen, Essen

Schlicht und gut

Fernblick im Weinberg: Wenige Meter vom Tappeinerweg macht das Café (die Jausenstation) den Trend zu trendy nicht mit. Es gibt Omelettes, Würstel, Knödel, alles günstig. Schlichte Zimmer (€).

Segenbühelstr. 13, Dorf Tirol, T 0473 236 906, www.dorftirol.com/fernblick, Di–So, Hochsaison oft nur Di–Sa 10–18 Uhr, €

Kunst- und Kulturhotel

Maratscher: Doris Moser ist Kunstliebhaberin, das merkt man jedem der nur zehn Zimmer an. Auf der luftigen Terrasse lässt sich auf Sofas und bei Schallplattenmusik (!) entschleunigen.

Mitterplars 30, Algund, T 0473 44 84 69, www.maratscher.com, €€€

Hoch oben

Gasthof Hochwies: Freundliches Haus weit oberhalb von Schenna, mit fantastischem Blick über das Passeiertal, blitzsauberen Zimmern und guter Küche. Zusätzlich gibt es eine Sauna.

Obertall, Schenna, T 0473 94 94 62, www.hochwies.com, €€

Ausflugstipp

Oberlechner: Bei exzellenten Ausblicken auf Meran finden Sie eine ebensolche saisonale Südtiroler Küche.

Vellau 7, Algund, T 0473 44 83 50, www.gasthofoberlechner.com, ca. April–Herbst Do–Di 10–23, warme Küche 12–14, 18–20.30 Uhr, Winter nur Sa/So 11–17 Uhr geöffnet (aktuelle Zeiten s. Website), €€

Törggelen und Co.

Schnalshuberhof: Schon in den 1990er-Jahren stellte Christian Pinggera auf Biowirtschaft um. Wein, Grappa, Wurst, Knödel – all das wird auf dem 700 Jahre alten Hof selbst produziert. Statt einer Speisekarte wird erzählt, was es gibt. Unbedingt reservieren, besonders in der Törggelen-Saison!

Oberplars 2, Algund, T 0473 44 73 24, Do–Sa ab 18 Uhr, €–€€

Bewegen

Wandern über dem Tal

Waalwege: Angelegt zur Wartung der Bewässerungskanäle – der Waale – bieten die Wege Wandermöglichkeiten für einen ganzen Urlaub: Die **Meraner**

Waalrunde (www.merano-suedtirol.it/de/meraner-land/meraner-waalrunde.html) erstreckt sich in acht Etappen über mehr als 80 km. Die schönsten Teilstücke sind der Marlinger sowie der Algunder Waalweg. Der **Marlinger Waalweg** verläuft nahezu eben entlang des Wasserkanals durch Apfelplantagen und Kastanienhaine mit grandiosen Aussichten auf Meran und die Sarntaler Appen mit vielen Einkehrmöglichkeiten am Wegesrand.

Per pedes um die Texelgruppe

Meraner Höhenweg: www.meraner-hoehenweg.com. In etwa sechs Tagen können Sie auf dem Höhenweg die Texelgruppe (s. u. und Tour S. 223) umrunden. Die **Seilbahn Hochmuth** (www.seilbahn-hochmuth.it, Mitte März–Juni, Okt.–Mitte Nov. 7.30–18, Juli–Sept. 7.30–19 Uhr, Wintermonate s. Website, einfache Fahrt 9/5 €), der **Korblift Vellau–Leiteralm** (ca. Anf. April–Anf. Nov. 8–12, 13–17/18 Uhr, einfache Fahrt 9,50/4,50 €) sowie alle 1–2 Std. der **Bus 224** von Dorf Tirol zu den Bergbauernhöfen Vernuer sind gute Einstiege für Tagesetappen, gegebenenfalls mit Abstieg nach St. Martin in Passeier oder Partschins. Nur den Schwindelfreien vorbehalten ist der Abschnitt Hochmuth–Leiteralm.

Es wird alpin

In die Texelgruppe: Von der Seilbahn Hochmuth (s. o., Meraner Höhenweg) geht es auf Merans Hausberg, die **Mutspitze** (2292 m, ab Bergstation Hochmuth und zurück 4–5 Std.) sowie zu den **Spronser Seen** (2100 bis 2500 m, 6–7 Std.) Die Mutspitze ist ein leichter Gipfel – teils mit Handlauf! –, oft schon im April zu begehen. Die funkelnden Spronser Seen sind das Juwel des Naturparks Texelgruppe.

Schwimmen

Freibad Am Wasserpark (Lido Tirol): Das Freibad bietet ein 33-m-Becken, ein Kinderbecken und dazu tolle Ausblicke. Gnaidweg 2, Dorf Tirol, T 0473 92 34 12, auf Facebook, tgl. Mai–Mitte Juni, Sept. 10–19, Mitte Juni–Anf. Sept. bis 21 Uhr

Infos

- Die umliegenden Dörfer sind mit regelmäßigen Bussen, auf längeren Spaziergängen oder per E-Bike zu erreichen, nur der Weg nach Marling führt quer durch die Stadt.

Etschtal und Tschögglberg

Äpfel, soweit das Auge reicht

Im fruchtbaren **Etschtal/Val d'Adige** (E 4–F 5) liegt das Herz der Südtiroler Apfelproduktion. Zur Blütezeit im Frühjahr ist das hübsch anzusehen, allerdings stellen sich auch Eindrücke ein, die Massenproduktion so hinterlässt. Sichtbar wird das auf dem Abschnitt Bozen–Meran, vor allem in den Orten entlang der alten Straße, die seit dem Bau der Schnellstraße (MeBo) kaum noch

ARABISCHE WURZELN

Der blonde **Haflinger** ist ein Araber, jedenfalls zur Hälfte. Folie, das erste, 1874 in Schluderns (Vinschgau) geborene Exemplar, stammte von einem arabischen Hengst und einer galizischen Stute ab. Bald wurden Nachkommen der robusten Kleinpferdrasse gezüchtet, um entlegene Höfe zu versorgen und an steilen Hängen zu arbeiten. Der Name entstand wohl, weil die Städter aus Meran die Pferde rund um Hafling (s. S. 205) häufig sahen.

Lieblingsort

Einfach nur da sitzen …

Wer je bei wechselhaftem Wetter am Berg war (und wann ist das Wetter dort nicht wechselhaft?), bleibt ein Leben lang fasziniert: Wie ein Film ziehen die Wolkenformationen an einem vorbei. Bei **Vöran** hat der Rittener Künstler Franz Messner diesem Schauspiel einen Ort geschaffen: ein **Knottnkino** *(Knottn* heißt Fels) mit 30 ›Sesseln‹ aus Stahl und Kastanienholz und freiem Blick bis in den Nationalpark Stilfserjoch. Der perfekte Ort zum Gedanken-Ziehen-Lassen! Das Knottnkino erreichen Sie in wenigen Minuten zu Fuß vom Parkplatz oder von der Bushaltestelle Egger aus. Kontemplativer ist eine Wanderung ab Vöran (E4; hin/zurück ca. 2,5 Std.).

jemand nimmt: Von **Terlan/Terlano** bis **Sinich/Sinigo** gehen eine angenehm unaufgehübschte und wenig touristische Atmosphäre eine illustre Mischung mit riesigen Hallen ein, Saisonarbeiter mit Südtirolern. Terlan ist zudem Spargelhochburg.

Auf dem Hochplateau

Eine Welt für sich ist der lang gezogene Bergrücken östlich des Etschtals: der **Tschögglberg/Monzoccolo** (E/F 4/5), eine Kulturlandschaft voller Weiden, Wiesen und Lärchenwäldern. Wer wandern will und Ruhe sucht, ist hier richtig. Die Meran am nächsten liegende Gemeinde ist **Hafling/Avelengo.** Sie zieht sich über mehrere Kilometer und rund 500 Höhenmeter bis zum Örtchen **Falzeben** auf über 1600 m – nahezu jedes Haus mit Blick bis zum Ortler. Weiter Richtung Süden erreicht man zunächst die Gemeinde **Vöran/Verano**, dann **Mölten/Meltina,** die beide auch mit Seilbahnen aus dem Etschtal zu erreichen sind. Alle Orte auf dem Tschögglberg sind durch eine schmale Straße von Falzeben bis Jenesien/S. Genesio miteinander verbunden.

Schlafen

Panorama I

Avelina: In einem Infinity-Pool schwimmt man hier König Ortler entgegen. Gewohnt wird (schöner) in einem neuen Holzbau oder dem Altbau. Für ein Viersternehotel geht es leger zu.

Hinterdorferweg 14, Hafling, T 0473 27 94 84, www.hotel-avelina.com, €€€

Panorama II

Etschblick: Neben der Seilbahnstation wohnt man mit Blick ins Etschtal. Die nette Wirtin Hannelore Reiterer kocht vorzüglich, allerdings nur für Übernachtungsgäste.

Bahnweg 26, Mölten, T 0471 66 80 58, www.etschblick.com, €–€€

Essen

Wanderziel

Wurzer Alm: Mit Pfau und exzellenter Küche zu demokratischen Preisen – die mühsam gesammelten Steinpilze kosten so viel wie Pellkartoffeln mit Frischkäse.

Wurzer Str. 38, oberhalb von Hafling, T 339 60 96 926, www.wurzer-alm.com, ca. April–Okt./Anf. Nov., tgl. 10–18 Uhr, Wintersaison s. Website, €–€€

Dorfgasthaus

Friedheim: Ob griechisch, tirolerisch oder klassisch, die Pizza ist fantastisch. Auf ihr liegt der Schwerpunkt der Küche, aber es gibt auch andere, tirolerische Gerichte.

Möltenerstr. 44, Mölten, T 0471 66 80 58, auf Facebook, Do–Mo 9–23 Uhr, in der Saison auch Di (s. Facebook), €

Einkaufen

Summ, summ, summ

Imkerei Hieslerhof: Imker Christian Eschgfäller verschreibt sich der artgerechten Bienenhaltung. Seinen Völkern begegnet man auch bei Waldspaziergängen.

Hinterdorferweg 24, Hafling, auf Facebook, Mo–Fr 9–18, Sa 9–12 Uhr

Bewegen

Zu Fuß rund um Hafling

Drei-Almen-Rundwanderung: Am Tschögglberg liegen einige der schönsten Almen der Region. Drei von ihnen verbindet ein Rundweg ab Hafling Dorf (Wege 16/11/2a): Leadner Alm, Vöraner Alm, Wurzer Alm. Für die Rundwanderung benötigen Sie gut 4 Std. (ohne Einkehr).

Auf dem Haflinger

Reiterhof Saltner Edelweiß: Auch den Pferden soll es gut gehen, viel Wert wird auf die »feine englische Reitweise« gelegt. Geführte Ausritte, Reitrunden, -unterricht, Kutschfahrten. Mit Hotel und Restaurant.

Saltenweg 6, Jenesien, https://haflinger-reiten.com/de/reiterhof

Ohne Chlor und Chemie

Naturbad (Gargazon): Nicht nur für Allergiker ein Paradies, Libellen inklusive.

Bahnhofstr. 37, Gargazon/Gargazonne, www.naturbad-gargazon.it, Mitte/Ende Mai–Anf. Sept., Kernzeiten tgl. 11–18/19, teils ab 10 Uhr, Tageskarte 7 €, 4–13 Jahre 3,50 €, weitere Preise s. Website

Infos

- **Tourismusverein Mölten:** Möltnerstr. 1, 39010 Mölten, T 0471 66 82 82, auf Facebook, Ostern–Allerheiligen Mo–Fr 8–16.30, Sa 8–13, Winter Mo–Fr 8–12 Uhr.
- **Bus:** Von Meran aus fährt mindestens stündlich **Bus 225** nach Hafling. Von dort fährt **Bus 204** nach Mölten und **Bus 157** von Mölten nach Jenesien.
- **Seilbahn:** Die Seilbahnen von Vilpian nach Mölten (Mo–Sa 7–19, So 8–19, Winter erst ab 9 Uhr) und von Burgstall nach Vöran (Mo–Sa 7–19.40, So 8.20–12, 13–18.40, Sommer bis 20 Uhr) sind durch die Mobilcard (s. S. 259) abgedeckt.

Lana

E4

Weit verstreut

Festivals, Theater, Klubs, Chöre – in **Lana** bietet man dem nur wenige Kilometer entfernten Meran kulturell die Stirn. Allerdings ist der Ort auch, nimmt man all seine Teile von Niederlana/Lana di Sotto bis Völlan/Foiana in 700 m Höhe zusammen, die siebtgrößte Gemeinde Südtirols. Von der Nord-Ost-Lage profitiert es vor allem im Sommer, wenn es hier spürbar kühler ist als z. B. in Meran. Im Frühjahr und Herbst mag man es, außer im hohen Völlan, als eher kühl empfinden. Außerdem ist der Ort DIE Apfelmetropole in einer Region, in der sich ohnehin vieles um Äpfel dreht: Nahezu 500 Betriebe ernten jährlich rund 70 000 t Äpfel.

Mega-Altar

Die etwas versteckt gelegene **Fußgängerzone Am Gries** in **Oberlana** ist ein lauschiger Ort, um an heißen Nachmittagen Schatten zu finden. Sehenswert ist der Schnatterpeckaltar in der **Pfarrkirche Niederlana:** Mehr als acht Jahre arbeitete der schwäbische Künstler Hans Schnatterpeck zu Beginn des 16. Jh. an einem Flügelaltar, der bei 14 m Höhe und 7 m Breite eine überbordende Menge an Figuren und Reliefs enthält. So viel war er den Einwohnern Lanas wert, dass sie ihn mit dem Gegenwert von drei Höfen und acht Fuhren Wein selbst bezahlten.

Kirche: Schnatterpeckstr., nur mit Führung, Ostern–Allerheiligen Mo–Fr 11–15, Sa 11 Uhr, vergewissern Sie sich beim Tourismusverein (s. S. 208)

Gartenlabyrinth

Der **Kränzelhof** in **Tscherms/Cermes** ist ein kontemplativer Ort mit sieben Gärten mit ganz unterschiedlichen Bepflanzungen, von alpin bis mediterran, in denen sich außerdem von Menschen gemachte Kunst bestaunen lässt. In der Mitte ist ein Labyrinth aus Weinreben, die natürliche mit menschlich gemachten Kunstwerken verknüpfen. Es gibt auch einen feinen Weinladen sowie ein edles Restaurant.

Gampenstr. 1, T 0473 56 45 49, www.kraenzelhof.it; **Gärten/Weinladen:** April–Sept. 9.30–19, Okt./Nov. 10.30–18 Uhr, 12 €, Kinder in Begleitung der Eltern 4,50 €; **Restaurant Miil:** T 390 473 56 37 33, www.miil.it, Di–Sa 12–14, 18.30–21.30 Uhr, €€€

TOUR
Über das Vigiljoch

Wanderung von Lana auf die Naturnser Alm

Infos

Gehzeit ca. 4 Std., technisch einfach, ca. 350 Höhenmeter im Auf-, 670 Höhenmeter im Abstieg

Start: Bergstation Seilbahn Vigiljoch, **E 4**

Seilbahn Vigiljoch: Talstation Lana, Villerweg 3, T 0473 56 13 33, www.vigiljoch.com, geplante Wiederinbetriebnahme Juli 2023, aktuelle Infos s. Website
Naturnser Alm: T 328 434 66 59, April/Mai–Okt. tgl. 10–18 Uhr, €
Bärenbadalm: T 338 991 82 24, https://baerenbadalm.com, ca. Mai/Juni, Sept./Okt. Fr–Mi, Juli/Aug. tgl. tagsüber, €

Für eine Kur in luftigen Höhen braucht es ein Verkehrsmittel. So wurde Anfang des 20. Jh. Europas zweitälteste **Seilbahn** errichtet, von Lana auf das Vigiljoch. Bis Sommer 2023 wird sie allerdings neu gebaut. An der **Bergstation** steht zudem das erste Hotel, das Matteo Thun in Südtirol baute, das **Vigilius Mountain Resort** (www.vigilius.it). Wir nehmen mit unserem Kombiticket auch noch den anschließenden **Sessellift.** Fast eben schweben wir – sehr langsam! – hinauf bis auf 1814 m.

Dann geht es zu Fuß auf dem **Weg 4** zunächst sanft bergab, zu dem entzückenden, oft von Haflingern umringten **St.-Vigil-Kirchlein/Chiesetta S. Vigilio.** Im 12. Jh. wurde es an diesem ungewöhnlichen Ort errichtet, vermutlich – wie so häufig – an einem heidnischen Kraftplatz. Ab dem **Vigiljoch/Monte S. Vigilio** wenige Meter westlich der Kirche folgen wir dem **Weg 30** Richtung Naturnser Alm. Wenig später wird aus dem Fahr- ein schöner Fußweg. Immer wieder gibt der Fichten- und Lärchenwald den Blick auf Etschtal, Tschögglberg und Schlern frei.

An der **Naturnser Alm/Malga di Naturno** am nördlichen Rand der Hochebene (geografisch bereits im Vinschgau) ändert sich das Bild komplett: Bis zu den Gletschern im Ötztal reicht der Blick. Wer ihn nicht hungrig genießen möchte: Die Marillenknödel sind sensationell!

Der Rückweg (Weg 9a, später 2, 34b) führt durch Wald und über Wiesen vorbei an der **Bärenbadalm** wieder zur Bergstation der Seilbahn. Je mehr man sich ihr nähert, desto stärker wähnt man sich in einer großbürgerlichen Sommerfrische alter Zeiten.

Kreativ

Das **Industriezentrum** in Lana hat sich als Treff moderner Südtiroler Künstler und Architekten etabliert, u. a. arbeitet hier der Designer Harry Thaler in einem Turmatelier. Die **Kunsthalle West** (Industriezone 1/5, auf Facebook) präsentiert zeitgenössische Kunstmessen und Ausstellungen.

Schlafen, Essen

Wie im Mittelalter

Ansitz Thalerhof: In reizvollem Ambiente vergangener Jahrhunderte wohnt man hier in blitzsauberen Zimmern und superzentral. Mehr Bed-and-Breakfast-, denn Hotel-Charakter.

Am Gries 20, T 335 20 38 18, https://ansitzthalerhof.wordpress.com, €€ (kein Frühstück!)

Wellness und Slow Food

Hotel Schwarzschmied: Künstlerisch-modernes Wellnesshotel mit Zimmern und Suiten, das auch Yoga-Retreats anbietet. Übernachten können Sie auch in der exklusiven **Villa Arnica.** Im Slow-Food-Restaurant **La Fucina** (Die Schmiede) im Schwarzschmied ebenso wie im schnörkellos schlichten Slow-Food-Lokal **1477 Reichhalter** in der Fußgängerzone werden u. a. vegetarische und vegane Speisen angeboten.

Hotel Schwarzschmied, La Fucina: Schmiedgasse 6, T 0473 562800, www.schwarzschmied.com, Lokal tgl. 18.30–21 Uhr, beide €€€; **Villa Arnica:** Andreas-Hofer-Str. 8, T 0473 05 10 51, www.villaarnica.it, €€€; **1477 Reichhalter:** Metzgergasse 2, T 0473 56 30 28, www.1477reichhalter.com, Mo–Sa 7.30–22.30 Uhr, vegan/vegetarisch €–€€, sonst €€–€€

Rustikal

Forsterbräu: Braugaststätte mit großem Garten, Spitzenpizza (Teig mit eigener Bierhefe hergestellt) und Tiroler Küche.

Maria-Hilf-Str. 17, T 0473 56 12 57, www.forst.it/de/brauereien/forsterbraeu-lana, Mitte Feb.–Juni, Okt.–Anf. Jan. Mi–So, Juli–Sept. Mi–Mo 10–23, Küche 10–14.30, 17–21.30, Pizza Mitte Feb.–Mai 16–22.30, Juni–Okt. 12–22.30 Uhr, €€

Bewegen

Mit dem Rad

Bikeacademy Lana: Im Angebot sind z. B. (E)-MTB-Touren und ein Techniktraining (auch nur für Frauen). Auch Radverleih.

Meraner Str. 7, Handy/WhatsApp 349 253 46 76 (Hannes), 347 404 19 25 (Kathi), www.bikeacademy-lana.it; **Touren:** März–Nov., **Verleih:** ganzjährig Mo–Fr 10–17, Sa 8–12 Uhr, Hochsaison auch Sa nachmittags; **Radreservierung:** www.mtb-suedtirol.com/radverleih

Feiern

- **Gaudi Bar:** Mitte Juli–Mitte Aug. In der (ohnehin sehenswerten) Gaulschlucht finden Konzerte, Sportevents, Kinovorführungen und mehr für Menschen jeden Alters statt.
- **Keschtnriggl:** Mitte Okt.–Anf. Nov. In dieser Zeit dreht sich von Lana bis Tisens und Prissian alles um die Echte oder Ess-Kastanie. *Keschtn* heißt Kastanie – *Riggle* der Rüttelkorb, in dem die Kastanien geröstet werden (Infos beim Tourismusverein).

Infos

- **Tourismusverein Lana und Umgebung:** Andreas-Hofer-Str. 9/1, 39011 Lana, T 0473 56 17 70, www.merano-suedtirol.it/de/lana-und-umgebung, ca. Anf. April–Anf. Nov. Mo–Fr 9–18, Sa 9–12.30 (Mitte Juli–Mitte Okt. auch 15–17.30), Winter Mo–Fr 9–12.30, 14–17 Uhr.
- **Bus:** Tgl. 6–21 Uhr verbindet die **Buslinie 211** Lana mindestens alle 30 Min. mit Meran.

Ulten/Ultimo D/E4/5

Tradition und Innovation

Ulten – auch **Ultental/Val d'Ultimo** genannt – ist eines der besten Beispiele für das für Südtirol so typische Verknüpfen von Tradition und Innovation. Maßgeblich dazu bei trägt die Winterschule in St. Walburg, die sich der nachhaltigen Weiterentwicklung zahlloser Techniken widmet, die die Täler über Jahrhunderte geprägt haben. Bereits seit 1994 schafft man Bauern und ihrem Nachwuchs hier Perspektiven, indem man Dinge lehrt, die anderswo längst in Vergessenheit geraten sind: Filzen, Klöppeln und Weben, Holzverarbeitung, Permakultur und Kräuterkunde.

Auf den Spuren der Heilkräuter

Zentrum des rund 40 km langen, ursprünglichen Tales ist **St. Walburg/S. Valburga:** ein kompakter Ort, mit einem Dorfgasthaus in der Mitte und allem, was es noch so braucht, will man nicht ständig nach Lana oder Meran pendeln. Am Ortsausgang führt die Winterschule-Gründerin Traudl Schwienbacher mit ihrer Tochter Franziska das **Kräuterreich Wegleit** – ein beeindruckender Kräutergarten, den man kontemplativ allein oder auf einer Kräuterführung (die über die Hofgrenzen hinausgeht, Themen variieren saisonal) besuchen kann, mit angeschlossenem Laden.

Kräuterreich: Wegleit 315, http://kraeuterreich.com; **Laden:** Di, Do, Sa 16–18 Uhr; **Kräuterführungen auf Deutsch:** mit Anmeldung bis zum Vorabend (T 371 324 71 63, info@kraeuterreich.com oder beim Tourismusverein), Anf. Mai–Okt. Di 10 Uhr, kostenlos

Entlang alter Höfe

Hinter dem Zoggler Stausee beginnt der **Ultner Höfeweg,** auf dem sich Ulten am besten erkunden lässt: Entlang jahrhundertealter Höfe geht es zu Fuß in 2,5–3 Std. bis St. Gertraud. Am Weg liegen **Bio-Kräutergärten,** die großartige **Ziegenhofkäserei Baschtele** und das **Ultner Talmuseum** (Abb. S. 210). Das Volkskundemuseum im ehemaligen Volksschulhaus des hübschen Ortes **St. Nikolaus/S. Nicolò** stellt u. a. eine Räucherküche vor und führt in das lokale Brauchtum ein.

Käserei: Mittergraben 63, auf Facebook, tagsüber meist geöffnet; **Talmuseum:** St. Nikolaus 107, Mi, So 15–17, Sa 10–12 Uhr, Spende erbeten

LITERATENTREFF

Gleich drei Mitglieder der Familie Mann – Thomas, Heinrich und Carla – besuchten Ulten, ebenso Christian Morgenstern und Sigmund Freud. Sie kurten in der Villa Hartungen in St. Nikolaus, einem stattlichen Holzhaus im Jugendstil, heute ein ganzheitliches Gesundheitshaus (www.therapie-bz.com/villa-hartungen-ulten).

Zu den Urlärchen

Letzter Ort im Tal ist **St. Gertraud/Santa Gertrude,** wo die Einheimischen noch weitgehend unter sich sind. Am Ortseingang steht eines von fünf Besucherzentren des **Nationalparks Stilfserjoch/Parco Nazionale dello Stelvio.** Dort können Sie dienstags und donnerstags um 15 Uhr erleben, wie mit einer 200 Jahre alten Venezianersäge ein Baumstamm in Bretter zersägt wird. Vom Besucherzentrum aus erreicht man in 20 Minuten zu Fuß eine Reihe **Urlärchen** (ausgeschildert). 2000 Jahre alt sind sie, anders als zuweilen kolportiert, wohl nicht, 800 Jahre schon.

Besucherzentrum: Lahnersäge 62, www.nationalpark-stelvio.it, Mai–Okt. Di–Sa 9.30–12.30, 14.30–17.30, Ende Dez.–Ende

Die ehemalige Volksschule von St. Nikolaus beherbergt heute ein Museum für Volkskunde. Hinter den hölzernen Wänden wird manches über das frühere Leben und die Bräuche im Ultental erzählt.

März wie oben, aber nur bis 17 Uhr, 3/2 €; Nationalpark selbst frei zugänglich

Schlafen, Essen

Modern-luftig nächtigen

Waltershof: Sympathisches Wanderhotel, mit Spa und netter Bar. Angeboten werden auch morgendliches Yoga und geführte Touren.

Dorf 59, St. Nikolaus, T 0473 790 144, www.waltershof.it, €€€

Traditionsreich

Eggwirt: Hier steht nicht die Kirche im Dorf, dafür aber seit dem 13. Jh. der Eggwirt. Die Zimmer (alle mit Balkon) sind ebenso holzgetäfelt wie die Gaststube. Draußen sitzt es sich lauschig unter Nussbäumen – das finden auch die Dorfbewohner.

St. Walburg 112, T 0473 79 53 19, www.eggwirt.it, Mitte/Ende Mai–Allerheiligen, Weihnachten–Ostern, €€–€€€; **Restaurant:** Monate wie oben, warme Küche Mo, Mi–Fr 18–20.30 (Sommer auch mittags, kleine Karte), Sa/So mittags, 18–20.30 Mi–Mo 18–20.30 (Bar 6–23) Uhr, €–€€

Zünftig schmausen

Gasthaus Edelweiß: Wo heute der Bus wendet, betreibt Familie Kainz seit 1590 ein traditionelles Gasthaus mit ebenso traditioneller Alpenküche: von Gerstlsuppe über Knödel bis Kalbsgulasch.

St. Gertraud 58, T 0473 79 81 14, Do–Di 7–19 Uhr, €–€€

Einkaufen

Gute Sache

Wollmanufaktur Bergauf: Aus chemikalienfrei gewalkter und gefilzter Schafwolle werden hier farbenfrohe Pantoffeln und Westen, Taschen, Yogamatten und vieles mehr von Hand gefertigt. Die Sozialgenossenschaft bietet Menschen mit Beeinträchtigungen einen Arbeitsplatz – und der Schafwolle einen schönen Nutzen.

Schmiedhof 349, St. Walburg, www.bergauf.it, Mo–Sa 10–12, 14.30–17.30 Uhr

Biobäcker Nr. 1

Ultner Brot: Stammhaus des in ganz Südtirol bekannten Biobäckers.

Hauptstr. 114, St. Walburg, www.ultnerbrot.it, Mo–Fr 5.30–12, 15–19, Sa 5.30–12 Uhr

Bewegen

Wandern mit Blick auf 3000er

Zur Höchster Hütte: Vom Talschluss in Weißbrunn/Fontana Bianca auf 1885 m Höhe geht es über den Grünsee/Lago Verde zur Höchster Hütte/Rifugio Canziani (T 0473 79 81 20, www.rifugiocanziani.it, ca. Juni–Okt.) auf 2560 m und dann wieder nach Weißbrunn. Für die Runde benötigt man ca. 3 Std. Zum Start des Weges gelangen Sie von ca. Ende Juni–Anf. Okt. (halb-)stündlich mit Bus 243 ab St. Gertraud oder per Pkw (Parkplatz vorhanden).

Ursprünglich

Zum Schusterhüttle: Inmitten von Wacholder liegt auf 2310 m Höhe eine der schönsten Hütten weit und breit, das Schusterhüttl (ca. Juni–Okt., gegebenenfalls im Besucherzentrum des Nationalparks nachfragen; s. S. 209). Erreichbar von St. Gertraud aus, hin und zurück ca. 3 Std.

Feiern

- **Ultner Lammwochen:** 2. Sept.-Hälfte. Mit Almabtrieb, Vieh- und Krämermarkt (Kuppelwieser Markt), Lammgerichten und mehr; Infos beim Tourismusverein.

Infos

- **Tourismusverein Ultental-Proveis:** St. Walburg 104, 39016 Ulten, T 0473 79 53 87, info@ultental.it, Mo–Fr 8.30–12, 15–18.30, Sa 8.30–12 Uhr.
- **Bus: Bus 245** fährt (halb-)stündlich von Meran und gen Süden reisend via Lana bis St. Gertraud.

Tisens und Prissian

E5

Kraftvolles Kirchlein

Noch bevor – aus Lana kommend – die beiden malerischen Orte Tisens und Prissian erreicht sind, scheint das romanische Kirchlein **St. Hippolyt** aus dem 13. Jh. fast über dem Etschtal zu schweben. Der Hügel, auf dem es steht, ist einer der am besten erforschten prähistorischen Siedlungsplätze Südtirols und als mystischer Kultplatz bekannt. Zu erreichen ist St. Hippolyt von einem Parkplatz südlich von Lana (hinter dem Tunnel). Schon von der Straße Richtung Lana aus ist der Blick auf die kleine Kirche eindrucksvoll.

Alter Wein

Tisens/Tesimo ebenso wie seine Fraktion **Prissian/Prissiano** sind ursprüngliche, kompakte Orte, so eng gebaut, dass die Straße fast durch die Häuser hindurchzuführen scheint. Hinter Prissian liegt **Schloss Katzenzungen,** an dessen Fuße die wohl größte Rebe Europas wächst: Über 300 m² hat sich der **Rebstock Versoaln** während der vergangenen ca. 300 Jahre ausgebreitet. Jedes Jahr bringt er einen Ertrag von ca. 700 kg Trauben. Auch Tisens und Prissian sind wie Lana Kastanienland und laden im Herbst zum Keschtnriggl (s. S. 208).

Essen

Frauenpower

Zum Löwen: Anna Matscher, Quereinsteigerin auf dem elterlichen Hof, ist die einzige Sterneköchin Südtirols. Es gibt edel-regionale Küche – und Kochkurse. Hauptstr. 72, Tisens, T 0473 92 09 27, www.zumloewen.it, Küche Mi/Do 19–21.30, Fr–So 12–13.30, 19–21.30 Uhr, €€€

Infos

- **Bus: Bus 216** fährt Mo–Fr 7–19, So 9–19 Uhr stündlich von Lana nach Tisens.

Deutschnonsberg

📍 D–E5–6

Schöne Aussichten

Zwischen Lana und Tisens verbindet der **Gampenpass/Passo delle Palade** das Etschtal mit dem Nonstal/Val di Non, das bereits im Trentino liegt. Mit 1518 m ist der Pass eher niedrig und wenig spektakulär, doch der Weg dorthin eröffnet so manch schönen Ausblick auf Bozen. Jenseits des Passes liegen drei deutschsprachige Gemeinden, die zu Südtirol gehören und zusammen **Deutschnonsberg/Alta Val di Non** bilden: Unsere Liebe Frau im Walde-St. Felix, Proveis/Proves und Laurein/Lauregno.

Wallfahrt

Die Fraktion **Unsere Liebe Frau im Walde/Senale** (📍 E5) liegt auf ca. 1350 m Höhe und ist ein bekannter Wallfahrtsort. Bereits für das 12. Jh. sind für dieses Örtchen eine Kirche und ein Hospiz erwähnt. Die heutige Kirche geht auf das 15. Jh. zurück, wurde aber wiederholt umgebaut. Ihr Turm (1432) allerdings stammt noch aus dieser Zeit. Weiter südlich liegt der Hauptort **Unsere Liebe Frau im Walde-St. Felix/Senale-S. Felice** (1225 m).

Südwestlich der Gampenpassstraße liegen die Dörfer **Proveis/Proves** und **Laurein/Lauregno,** die bis 1998 nur aus dem Trentino erreichbar waren. Heute verbindet sie ein Tunnel mit dem Ultental.

Bewegen

Gipfelsturm

Rundwanderung: Vom Gampenpass können Schwindelfreie in 5–6 Std. über den Laugensee/Lago Monte Luco auf die Große Laugenspitze (2434 m) und zurück über die Laugenalm (T 340 258 28 53, auf Facebook, Juni–Okt., über Weihnachten/Silvester, Zeiten s. Facebook) wandern.

Infos

- **Bus:** Alle 2 Std. fährt **Bus 246** von Meran über Lana nach Unsere Liebe Frau im Walde und St. Felix, letzter Halt Fondo.

Das Vorderpasseier

Annäherung

Riffian/Rifiano und **Kuens/Caines** (📍 E4), die ersten Orte im Passeier/Passiria (auch: **Passeiertal/Val Passiria**) sind noch stark von Meran geprägt. Einen Blick verdient die barocke Wallfahrtskirche **Zu den Sieben Schmerzen Mariens** (Riffian, Kirchweg 24). Lohnend sind Abstecher zu den hoch gelegenen

Bergbauernhöfen von **Gfeis/Gaveis** und **Vernuer/Vernurio** (E 3; Vernuer ist auch ein guter Einstieg in den Meraner Höhenweg).

Der erste echte Passeierort ist **Saltaus/Saltusio** (E 3), eine Fraktion von St. Martin in Passeier. Von hier erschließt eine Seilbahn das **Wandergebiet am Hirzer** (s. S. 215), der bis in den Juni schneebedeckt über dem Passeier thront.

St. Martin in Passeier/ S. Martino in Passiria E3

Herausgeputzt

Mit seinem verkehrsberuhigten Dorfkern und den Reminiszenzen an malerische Zeiten macht **St. Martin** etwas her. Wo einst Autos auf dem Dorfplatz parkten, steht heute ein Architekturpreis-gekürtes **Dorfhaus,** als Freiluftbühne ebenso zu nutzen wie als geschlossener Saal. Das **Gasthaus Lamm** (s. S. 214) empfing bereits den Tiroler Freiheitskämpfer Andreas Hofer. Sehenswert sind auch die **Kirche St. Martin** von 1266 und ein Denkspruch auf einer Häuserwand über dem Friedhof: »Mensch, nütze deine Zeit. Denn es ist später, als du denkst.« Etwas oberhalb des Friedhofs steht das freskengeschmückte **Malerhaus** (Malerstr. 3, nur von außen): Die Werke der Passeirer Malerschule waren im 18. und 19. Jh. in ganz Tirol gefragt.

St. Leonhard in Passeier/ S. Leonardo in Passiria E3

Sommerfrisch

Im Vergleich zu Meran weht in St. Leonhard (693 m) ein spürbar frischerer Wind, die 400 Höhenmeter machen sich bemerkbar. Gemäß seiner Rolle als Passeier Zentrum hat der 3500-Einwohner-Ort mehrere kleine Zentren: Oberhalb der Hauptstraße liegt der alte Dorfkern, der Großteil der Gastronomie gruppiert sich um den neueren Dorfplatz.

Museum mit Denkanstoß

Andreas Hofers **Sandwirt** kurz vor St. Leonhard ist bis heute ein Gasthaus. Das angeschlossene **MuseumPasseier/ MuseoPassiria** gehört zu den interessantesten Südtirols und verweigert sich konsequent profaner Heldenverehrung. Denn erstens wird das Leben Hofers, zu dessen Freiheitskampf auch jener für klerikale Privilegien und gegen aufklärerische Werte gehörte, facettenreich beleuchtet. Zweitens regt die Ausstellung »Helden & Wir« zum Nachdenken darüber an, wer die eigenen Helden sind, wofür man sie benötigt und was all das mit Zivilcourage zu tun hat. Zu Fuß lässt sich das Museum gut auf dem **Andreas-Hofer-Weg** von St. Leonhard (ca. 45 Min.) erreichen. Wer von dort weiter auf Hofers Spuren wandern will, erreicht in ca. 3,5 Stunden (je 700 Höhenmeter hin/zurück) die Pfandler Alm (s. Kasten Andreas Hofer, S. 214) oberhalb von St. Martin.

H

WEHRHAFTE HÖFE

Eine Besonderheit des Passeier sind die im 12.–14. Jh. errichteten **Schildhöfe** auf der Ostseite des Tales. Wer auf einem Schildhof lebte, verpflichtete sich dazu, im Auftrag des Grafen von Tirol den Weg Richtung Jaufenpass zu sichern, galt dafür steuerrechtlich als adelig und führte ein Siegel. Heute werden elf Schildhöfe durch den **Passeirer Schildhöfeweg** verbunden. Start: Schildhof Saltaus, Hotel Saltauserhof, Pseirerstr. (Passseier Str.) 6.

H

WER WAR ANDREAS HOFER?

Dem Mythos Andreas Hofer entkommt man im Passeier schwer. Kurzgefasst geht seine Geschichte so: 1767 nahe St. Leonhard geboren, übernahm der Pferde- und Weinhändler im Gasthaus Sandwirt die Führung im Kampf Tirols gegen die französisch-bayerischen Truppen Napoleons, der schließlich verlorenging. Nach einem Winter im Versteck auf der Pfandler Alm (1350 m) verriet ihn ein Bauer. 1810 wurde Hofer in Mantua/ Mantova hingerichtet.

Museum: Passeirer Str. 72, www.museumpasseier.it, April–Okt. Di–So 10–17 Uhr, 10 €, bis 18 Jahre Eintritt frei

Jaufenpass/Passo di Monte Giovo

F3

Die schon von den Römern erstmals ausgebaute **Jaufenstraße** – über Jahrhunderte bewacht von der Jaufenburg kurz oberhalb von St. Leonhard – lohnt nicht nur wegen der kurzen Verbindung ins 40 km entfernte Sterzing im Wipptal. Auf dem **Jaufenkamm** in 2000 m Höhe ist die Aussicht grandios, die **Wandermöglichkeiten** sind zahlreich. Wer sich hier für den **Passeirer Höhenweg** entscheidet, erreicht auf ihm Stuls bei Moos (Bus 241 nach St. Leonhard). Ein Parkplatz, von dem aus in ca. 20 Minuten zu Fuß die fantastisch gelegene Flecknerhütte zu erreichen ist, geht von St. Leonhard kommend kurz unterhalb der Passhöhe links ab, achten Sie auf das P(arken)-Schild.

Jaufenpass: geöffnet je nach Wetterlage (Infos: www.passeier.it), Nachtfahrverbot 18–8 Uhr

Schlafen

Freundlich

Das Bergland: Eine beachtliche Freitreppe im Foyer lässt auf großzügige Zimmer hoffen, und so ist es dann auch. Hinzu kommen Sauna, Pool und Liegewiese. Interessante Angebote.

Schlossweg 2, St. Leonhard, T 0473 65 69 49, www.das-bergland.com, €€

Essen

Am Höhenweg

Berggasthaus Magdfeld: Oberhalb von St. Martin liegt auf 1150 m dieser Stützpunkt am Meraner Höhenweg. Schöne Terrasse, gute Küche und Streichelzoo. Auch übernachten können Sie hier, in einfachen in Zwei- bis Vier-Bett-Zimmern (Bettenlager).

Magdfeld 2, St. Martin in Passeier, T 338 486 50 21, www.gasthaus-magdfeld.com. Ostern–Ende Okt., Di–So 10–22 Uhr, €

Historisch

Gasthaus Lamm: Ein Haus mit Tradition – hier soll der Tiroler Volksheld Andreas Hofer einst eine Wette um den schönsten Bart abgeschlossen haben, hier wurden aber auch Tiroler Aufständische verhört. Heute wird hier exzellente Südtiroler Küche serviert, wobei auf regionale Produkte, oft in Bioqualität, Wert gelegt wird.

Dorfstr. 36, St. Martin in Passeier, T 0473 64 12 40, www.gasthaus-lamm.it, Di–Sa 12–14.30, 18.30–21, So 12–14.30 Uhr, €–€€

Brauereiambiente

Brauhaus Brückenwirt: Rustikale Einkehr mit hausgemachter Pasta, prima –

auch veganer – Pizza, guten Salaten und selbst gebrautem Bier.

Breitebnerstr. 2, St. Leonhard, T 0473 65 61 91, https://hoellenbraeu.com, Juli/Aug. tgl., sonst Mi–Mo 11–23, warme Küche 12–14.30, 18–20.30, Pizza 11.30–22 Uhr, €-€€

Bewegen

Auf Schusters Rappen

Wandergebiet Hirzer/Punta Cervina: F3. In diesem Gebiet liegen zahlreiche Wanderwege, auch in Kombination mit Seilbahnen, die Richtung Schenna führen. An den Seilbahnstationen liegt ein hilfreicher Flyer aus (»Hirzer Wanderparadies«). Ab Saltaus fährt die **Hirzer-Seilbahn** (Ende März–So nach Allerheiligen, Zeiten, Preise: www.hirzer.info) nach Prenn auf 1404 m Höhe und Klammeben (1980 m).

Spektakuläre kleine Wanderung

Passerschlucht: Von St. Leonhard aus verläuft ein 6,5 km langer Weg oberhalb der wilden Passer nach Moos. Mit Bus 241, zu Fuß auf der Tal-Nordseite über den E5 oder über den Weg Nr. 7 geht es zurück nach St. Leonhard.

Mit dem Rad

Passer-Radweg: Meran, St. Martin und St. Leonhard sind durch einen Fluss-Radweg verbunden (Meran–St. Martin 16,5 km, St. Martin–St. Leonhard 3,5 km). Fahrradverleih beim Tourismusverein erfragen bzw. in Meran: s. S. 196.

Feiern

- **Psairer Freitage:** Mitte Juli–Ende Aug. Fr-Abende. In der Hochsaison wird im Dorfzentrum von St. Leonhard musiziert, gegessen und getrunken.
- **Johannesprozession:** Letzter Juni-Sa. Alljährlich wird eine lebensgroße Statue des Wasserheiligen Nepomuk aus dem Waltner Bach geborgen und in einer Prozession zum großen Fest am Wanser Kirchlein getragen (nähere Informationen erhalten Sie beim Tourismusverein Passeier).

Infos

- **Tourismusverein Passeier:** Der Tourismusverein unterhält Infobüros in Riffian-Kuens/Rifiano-Caines, St. Martin und St. Leonhard (Passeirerstr. 40, 39015 St. Leonhard in Passeier, T 0473 65 61 88, www.passeiertal.it, aktuelle Zeiten und Adressen der übrigen Büros s. Website). Das Büro in St. Leonhard hat am häufigsten geöffnet – und seinen Sitz in einem preisgekrönten Bau. Selbstverständlich erteilt es Informationen zum gesamten Passeiertal.
- **Bus:** Von Meran fährt alle 30–60 Min. **Bus 240** nach St. Leonhard, wo Sie stündlich nach Moos in Passeier, seltener nach Pfelders umsteigen können. Im Sommer fährt **Bus 239** 4 x tgl. zum Jaufenpass.

Das Hinterpasseier

Moos in Passeier/ Moso in Passiria E3

Moos in Passeier mit den Fraktionen Pfelders, Stuls, Platt und Rabenstein ist der Hauptort des alpinen Hinterpasseier. Während Stuls und Platt in der Höhe die Sonne einfangen, liegt Moos häufig im Schatten. Dafür ist der kleine Ort ein gutes Beispiel für eine regionale Infrastruktur, wie es sie in Südtirol so häufig gibt: Für 2000 Einwohner werden eine Grundschule, eine Bibliothek, ein Seniorenclub, eine Metzgerei und ein Krämermarkt offen gehalten.

Mit Steinböcken

Touristisches Highlight – neben dem Stuller Wasserfall, der von Stuls/Stulles ins Tal tost – ist das **Bunker Mooseum** (Dorf 29a, https://museum.hinterpasseier.it, April–Okt. Di–So 10–17, letzter Einlass 16 Uhr, 10 €, 6–14 Jahre, Schüler und Studenten 5 €) in Moos selbst. Ein topmoderner oberirdischer Stahlbau sowie Lagerstollen aus den 1940er-Jahren vermitteln Einblicke in den Naturpark Texelgruppe, die über 10 000 Jahre alte Besiedlungsgeschichte sowie in das nördlich gelegene Bergwerk Schneeberg. Highlight für alle Jüngeren: eine ausgewilderte Steinbockkolonie hinter dem Museum. Festes Schuhwerk erforderlich.

Verkehr verbannt

Die Mooser Fraktion **Pfelders/Plan** ist die höchste Dauersiedlung im Passeiertal und ein (kleines) Skigebiet mit Nachhaltigkeitsanspruch. Passend dazu ist der Ort atmosphärisch eine illustre Mischung aus Skiresidenzen, nachhaltiger Landwirtschaft und einigen verfallenden Bergbauernhöfen.

Spektakulär

Beeindruckend ist die **Timmelsjochstraße** von Moos ins Ötztal. Wer sich auf 2500 m hochschraubt, wählt zwar den im Vergleich zur Fahrt über den Jaufenpass mühsameren Weg nach Österreich (Pkw-Maut auf österreichischer Seite 18 €, Motorräder 16 €), dafür aber ist die Aussicht auf Ortler und Co. phänomenal. Es lohnt sich, auf einem der höher gelegenen Parkplätze zumindest einmal anzuhalten oder, noch besser, zu einer kleinen Wanderung aufzubrechen. Bevor die Passhöhe erreicht ist, verschwindet die Straße recht plötzlich in einem Tunnel und erblickt erst auf der (weniger beeindruckenden) Nordseite wieder das Tageslicht.

Einkaufen

Hofläden

In **Zeppichl** (zu Pfelders) gibt es zwei exzellente lokale Produzenten: den **Seppnerhof** (Pfelders 13a, Christian: T 349 601 79 87, www.kaeserei-pfelders.com) mit **Bergkäserei** und **Hofladen** sowie nebenan **Martins Hofladen** (Pfelders 15d, Martin: T 349 703 68 10, www.zeppichl-bauernguet.com) mit Speck und Fleisch von eigenen Tieren. Beide Höfe haben auch Ferienwohnungen.

Bewegen

Auf die Alm

Faltmaralm: Mehrfach zur »schönsten Alm Südtirols« gekürt, ist sie von Pfelders in ca. 2 Stunden zu Fuß erreichbar (Weg Nr. 5/5b), vom Parkplatz Bergkristall (zwischen Moos und Pfelders) in rund 30 Min.

T 339 777 44 21, auf Facebook, Mitte Mai–Anf. Okt. tagsüber, €

Zu Fuß gen Vinschgau

Zum Eisjöchl: Das Eisjöchl auf 2875 m bildet die Verbindung in das Vinschgauer Pfossental. Ab Pfelders wird nach rund vier Stunden die 2022 neu eröffnete Jöchl-nahe **Stettiner Hütte/Rifugio Petrarca** (www.alpenverein.de, Übernachtung möglich, T 0473 42 42 44, Juli–Sept.) auf 2875 m erreicht.

Infos

- **Bus:** Von St. Leonhard geht es regelmäßig mit **Bus 241** nach Moos und Pfelders.

Zugabe
Der Sound des Hochgebirges

Herbert Pixners jährliches Heimspiel

Wie kein anderer mixt der Südtiroler Herbert Pixner klassische Alpenmusik mit modernem Jazz und Blues. Auch in Deutschland ist er damit längst so bekannt, dass er von der Hamburger Elbphilharmonie bis zum Leipziger Gewandhaus die Hallen füllt. Sein spektakulärstes Konzert findet seit Jahren wenige Kilometer von seinem Heimatort Walten (St. Leonhard in Passeier) statt: In mehr als 2000 m Höhe tritt er mit seinem Herbert Pixner Project an einem Wochenende im August auf einer selbstgezimmerten Bühne am Flecknersee beim Jaufenpass auf. Für 1200 Zuhörer, in Schlafsäcke oder Wolldecken gehüllt, ein weit unvergesslicherer Abend als im bequemen Konzerthaussessel! ■

Der Vinschgau

Entlang der Via Claudia Augusta — Auf den Spuren der alten Römer zieht sich der Vinschgau vom Reschensee bis fast nach Meran: entlang romanischer Burgen, zwischen zwei Gletschern und fast immer bei Sonne und Wind.

Seite 222

Naturns

Wer die St.-Prokulus-Kirche besucht, findet grinsende Kühe und einen Schaukler aus vorromanischer Zeit.

Seite 223

Meraner Höhenweg

Über 1000 Stufen von Giggelberg nach Katharinaberg und zu alten Bergbauernhöfen.

Seite 226

Das Schnalstal

Gebetsfahnenumweht wacht Schloss Juval über das Tal. Das führt vom Obstgarten des Vinschgau bis in Ötzis Welt.

Denkmalschutz schlägt Wohnrecht.

Eintauchen

Seite 231

Sulden

Trotz Michael Jackson und Angela Merkel: Das Bergdorf am Ortler ist ursprünglicher, als man meinen könnte.

Seite 234

Schlanders

Schaufensterbummel, Co-Working, kreative Küche. Der Hauptort des Vinschgau ist innovativ-urban.

Seite 236

Laas

Aus welchem Stoff werden U-Bahnhöfe und Grabkreuze gemacht? In Laas finden Sie die Antwort.

Seite 239

Glurns

Lauben, Stadtmauer, Stadttore – und nur 900 Einwohner. Das ist die kleinste Stadt Südtirols. Aber auch ›Highlander‹ treffen Sie hier.

Seite 240

Mals und Umgebung

Für seine Bio-Bewegung ist Mals heute bekannter als für seine Türme und Kirchen. In der Nähe leben seit über 800 Jahren Mönche im Benediktinerkloster Marienberg.

Seite 244

Der Vinschger Radweg

An einem Tag von Reschen nach Naturns. Auf diesem leichten Teilstück des Via-Claudia-Augusta-Radwegs erreichen Sie u. a. den versunkenen Kirchturm von Graun, Glurns, Schluders, Prad, Laas, Schlanders und Latsch.

Seite 247

Schafe auf Gletscherkurs

Unter Einsatz ihres Lebens halten Tausende Schafe eine uralte Tradition aufrecht und ziehen mit Gebimmel übers Eis aus dem Schnalstal ins Ötztal.

Im ›Obstgarten‹ des Vinschgau wächst auch eine uralte Obstsorte, die Palabirne.

»Ritter und Mönche haben immer gewusst, wo die Welt am schönsten ist.« Kurt Tucholsky

Zwischen Ortler und Obstgärten

V

Von Töll bei Meran bis nach Österreich und in die Schweiz erstreckt sich der Vinschgau, auf Italienisch das Val Venosta: Im Norden führte der Reschensee bei seiner Entstehung zu viel Leid und verführt heute Wassersportler. Im Westen zieht König Ortler Bergsportler aller Art in seinen Bann, im Süden finden sich die ältesten Fresken im deutschsprachigen Raum. Und im Osten fand vor 5300 Jahren der wohl berühmteste Vinschgauer aller Zeiten den Tod: Ötzi.

Heute leben im Vinschgau kreative Köpfe, die längst nicht nur in Tourismus machen. Je weiter man auf der einstigen römischen Via Claudia Augusta gen Norden fährt, desto ruhiger geht es zu. Und man trifft auf zahlreiche Menschen, die auf der Suche nach nachhaltigen Konzepten sind: in der Landwirtschaft, in der Wirtschaft, beim Wohnen und beim Arbeiten.

Die wichtigsten Orte sind, von Meran kommend, Naturns, Schlanders und Mals – alle westlich gelegen. Von dem mal breiten, mal schmalen Etschtal, das sich auch bestens zum Radfahren eignet, führen zahlreiche Täler nach Osten wie Westen.

ORIENTIERUNG

O

Partschins-Töll, Naturns und Schnals: Die Orte gehören zum **Tourismusverband Meraner Land** (hier gilt noch die Buscard Meran), **www.merano-suedtirol.it/de/erlebnisorte.html** (mit Adressen, Zeiten der Tourismusbüros). **Alle anderen Orte: Tourismusregion Vinschgau, www.vinschgau.net.**
Anreise: Per **Zug** führt der einfachste Weg über Bozen und Meran in den Vinschgau. Per **Auto** (oder Motorrad) aus Deutschland bietet sich je nach Zielort eine Anreise über den ganzjährig geöffneten Reschenpass an. Auch die Anreise mit dem **öffentlichen Nahverkehr** ist möglich: Von Innsbruck bis Landeck mit dem Zug, zzt. per Bus-Umsteigeverbindung über Martina nach Mals, ab Dez. 2023 voraussichtlich 14 x tgl. Direktbus von Landeck nach Mals.
Vor Ort: Die **Vinschger Bahn,** www.suedtirolmobil.info, Zugnr. 250) fährt mindestens 1 x/Std. von Meran nach Mals und hält in fast allen Tal-Orten. Von dort geht es mit **Bussen** weiter, ab Naturns, Latsch, Schlanders, Spondinig, Mals auch mit Leihrädern (www.suedtirol-rad.de, www.papinsport.de).

Partschins/ Parcines

📍E4

Wasser und Wein

Bis zu 10 000 l pro Sekunde donnern im Frühjahr das Zieltal hinunter. Kein Wunder, dass der fast 100 m hohe **Wasserfall** des Zielbachs bekannter ist als der Ort. Dabei ist **Partschins,** an den Südhängen der Texelgruppe und kaum 10 km von Meran, lebenswert. Dorfladen, Metzgerei, Pizzeria, Weingut: Dem kompakten Ort um eine spätgotische Pfarrkirche fehlt es an nichts, auch nicht an Ruhe. Der unterhalb im Tal liegende Ortsteil **Töll/Tel** ist ein guter Einstieg für den Nörderberg, das Vigiljoch und den Marlinger Waalweg.

Eine Schreibmaschine? Wozu?

Mitte des 19. Jh. tüftelte hier ein gewisser Peter Mitterhofer daran, das Schreiben statt mit einem Stift mit einer Maschine zu erledigen. Leider vermochte der Herzog von Innsbruck die Vorzüge nicht zu erkennen. Der Zimmermann starb verarmt und unterschätzt. Das **Schreibmaschinenmuseum Peter Mitterhofer** hält ihn in Ehren und schlägt einen weiten Bogen bis ins digitale Zeitalter.

Kirchplatz 10, www.schreibmaschinenmuseum.com, April–Okt. Mo 14–18, Di–Fr 10–12, 14–18, Sa 10–12, Juni–Okt. auch 1. So/Monat 14–18, Nov.–März Di 10–12 Uhr, 7 €, 6–16 Jahre und Studenten 2 €, Juni–Okt. 1. So/Monat Eintritt frei

Schlafen

Mittendrin

Die Sonne: Die Terrasse grenzt an die Kirche, vom Infinitypool blickt man fast unendlich über das Etschtal. Im historischen Altbau geht es traditionell-tirolerisch zu, im Neubau topmodern.

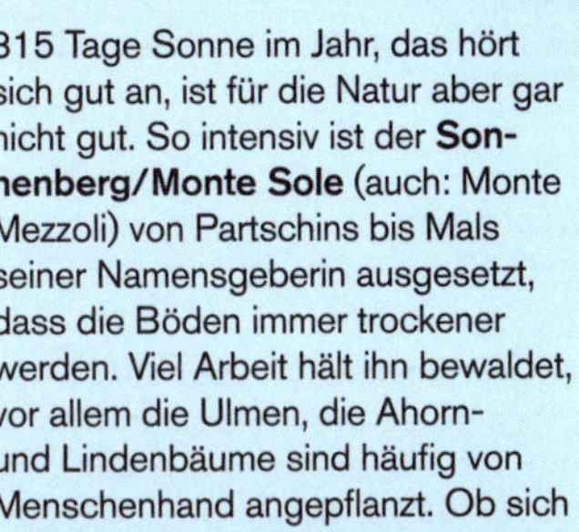

S

ZU VIEL SONNE?

315 Tage Sonne im Jahr, das hört sich gut an, ist für die Natur aber gar nicht gut. So intensiv ist der **Sonnenberg/Monte Sole** (auch: Monte Mezzoli) von Partschins bis Mals seiner Namensgeberin ausgesetzt, dass die Böden immer trockener werden. Viel Arbeit hält ihn bewaldet, vor allem die Ulmen, die Ahorn- und Lindenbäume sind häufig von Menschenhand angepflanzt. Ob sich in Zeiten des Klimawandels noch einmal so viele Bergbauern hier oben niederlassen würden, ist fraglich.

Peter-Mitterhofer-Platz 8, T 0473 96 71 08, www.hotel-sonne.it, €€–€€€

Essen

Illuster

Onkel Taa: Wenn der Vinschgau voller liebenswerter Querköpfe ist, sind Karl Platino und seine Frau Janett gute Beispiele. 35 000 Kuriositäten versammelt Platinos K.-u.-k.-Museum, weitere finden sich im Restaurant. Janett baut unzählige Kräuter an und kocht modern-kreative Habsburger Küche. Spezialität sind Schnecken, doch auch Vegetarier werden glücklich, z. B. mit Weißweinsuppe mit Artischocken.

Bahnhofstr. 17, Töll, T 0473 96 73 42, www.onkeltaa.com; **Museum:** s. Website; **Restaurant:** Di–Sa 12–15 (Küche bis 14), 18.30–23 (Küche bis 21) Uhr, So nur mittags, €€–€€€

Einkaufen

Biowein

Stachlburg: Seit den 1990er-Jahren baut Baron von Kripp organische Weine an. Von August bis Oktober wird donnerstags um 17 Uhr ein kleines Weinseminar mit Verkostung angeboten.

Peter-Mitterhofer-Str. 2, www.stachlburg.com, Ostern–Allerheiligen Mo–Sa 9–12, 15–19 Uhr

Bewegen

Zu Fuß

Den **Partschinser Wasserfall/Cascata di Parcines** erreicht man vom Dorf aus in ca. 1,5 Std. (oder mit Bus 265). **Weitere Wanderrouten** lassen sich per Seilbahn gut erreichen: Meraner Höhenweg (s. Tour S. 223), Zieltal, Zielspitze per Texelbahn, Aschbach am Nörderberg und weiter oben die Naturnser Alm (s. Tour S. 207) per Seilbahn Aschbach.

Meraner Höhenweg schnuppern

Von Giggelberg (1565 m) nach Katharinaberg (1245 m): s. Tour S. 223.

E-Bike erproben

Ab Aschbach: Eine beliebte 25-km-Übungsstrecke führt von der Bergstation über das Vigiljoch, Schwarze Lacke und die Eggerhöfe ins Tal.

Lama-Trekking

Pirchhof: Wandern mit Lama? Der Pirchhof bei Aschbach (nicht zu verwechseln mit dem Hof am Meraner Höhenweg) – macht es möglich.

Birchberg 5, Plaus, T 348 751 22 15, www.pirchhof-lamas.com, März–Nov. nach vorheriger Absprache

Infos

- **Tourismusverein Partschins, Rabland und Töll:** Spaureggstr. 10, 39020 Partschins, T 0473 96 71 57, www.partschins.com, Mitte April–Mai Mo–Fr 9–12, 13–18, Sa 10–12, Juni–Okt. Mo–Fr 9–12, 13–18, Sa 10–12, 15–18 Uhr, Nov.–Mitte April Mo–Fr 9–12, 14–18 Uhr.
- **Bus:** www.suedtirolmobil/info. **Bus 213** ab Meran nach Partschins (Parkdeck).
- **Texelbahn:** Zielstr. 11, www.texelbahn.com, April–Anf. Nov. 8–18, Juni–Sept. bis 19 Uhr, Berg-/Talfahrt 15,50 €, 6–13 Jahre 6 €.
- **Seilbahn Aschbach:** Saringstr. 36 (am Bhf. Rabland), www.aschbach.it, tgl. 8–12, 13–18.30/19 Uhr, Mai–Mitte Okt. durchgehend, Bergfahrt 9 €, Berg-/Talfahrt 12,50 €, 6–14 Jahre 3/4 €, Radtransport 5/6 €.

Naturns/ Naturno

D4

Basislager mit Charme

Ana duron, das ist Keltisch, heißt Siedlung am Sumpf und soll der Ursprung des Namens Naturns sein. Heute muss man schon nach schweren Gewittern hier sein, um den quietschlebendig-charmanten Ort mit einem Feuchtgebiet zu assoziieren: Naturns ist der wohl einzige Ort in Südtirol, dessen Zentrum von einer Freilichtbühne bestimmt wird. Im Sommer treten regelmäßig Blues- und Kleinkünstler auf. Und auch sonst ist Naturns mit zwei Hauptstraßen, auf denen sich das Treiben beobachten lässt, ein guter Ort zum Verweilen.

1300 Jahre alte Fresken

Die größte Attraktion versteckt sich am südlichen Ortsrand: Die **Kirche St. Prokulus** (7. oder 8. Jh.) birgt die wohl ältesten Fresken im deutschen Sprachraum. Das berühmteste Bild zeigt einen Mann auf einer Schaukel, vermutlich den ehemaligen Bischof Prokulus von Verona, auf der Flucht. Warum das Bild so

TOUR
Meraner Höhenweg schnuppern

Von Giggelberg (1565 m) nach Katharinaberg

Infos

Gehzeit ca. 5–6 Std., ca. 14 km, technisch mittel, ca. 900 Höhenmeter bergan, 1200 Höhenmeter bergab

Start/Ziel: D 4; **Bergstation Giggelberg** der Texelbahn (1565 m, s. S. 222)/ **Katharinaberg** (1245 m). Von dort fährt Bus 261 alle 1–2 Std. nach Naturns und Meran

Essen: Zahlreiche Hofschanke, ca. April–Okt., Fr–Mi 10–17 Uhr (**Wald:** T 335 522 87 00, https://hofschank-wald.com, Sa–Do)

Wer den **Meraner Höhenweg/Alta Via Meranese (Weg 24)** komplett geht, braucht fünf bis sieben Tage. Doch fast alle Teilstrecken geben schöne Tagestouren her. Die von der Bergstation **Giggelberg** nach Katharinaberg ist eine der abwechslungsreichsten und hat ein frühes Highlight: Nach einer Stunde ist die **1000-Stufen-Schlucht/Gola di 1000 Gradini** (Abb. S. 224) erreicht, die man verfluchen mag, aber nicht vergessen wird. Weit (aber keine 1000 Stufen) geht es hinab und, so ist das in den Bergen, auch wieder hinauf.

Danach wird es angenehmer: In leichtem Auf und Ab führt der Weg entlang des **Sonnenbergs/Monte Sole** gen Schnalstal. Kurz vor dem Tal zweigt ein Weg zur **Seilbahn Unterstell** ab, die nach Naturns fährt. Wir folgen der **24** – der weithin bekannten Markierung des Meraner Höhenwegs. Das Schloss, das bei Innerunterstell weit unterhalb in den Blick gerät, ist **Schloss Juval,** der Sommerwohnsitz von Reinhold Messner.

Nach dem hübschen **Hofschank Wald** geht es eine kurze Steintreppe hinunter und über einen Bergbach. In **Unterperfl** lassen wir die Kapelle rechts liegen, bald folgt der **Abzweig 10a** gen **Katharinaberg/Monte Santa Caterina.** Verfehlen können wir es nicht. Der kompakte Ort nebst prägnantem Kirchturm ist längst in den Blick geraten.

Es sind zwar nicht exakt 1000 Stufen, aber dennoch: Wer den Meraner Höhenweg zwischen Giggelberg und Katharinenberg (s. Tour S. 223) geht, hat diese Hürde – die 1000-Stufen-Schlucht – zu meistern.

berühmt ist? Schauen Sie auf die Hände der Hauptfigur! Das moderne, unterirdisch angelegte **Prokulus Museum** thematisiert u. a. die Fleckfieberepidemie im 17. Jh. und zeigt einige der gotischen Fresken aus der Kirche.

St.-Prokulus-Str., Kirche/Museum: Ende März–Ende Okt. Di, Do, So (auch Sonderöffnungen). Aktuelle Zeiten/Preise: www.merano-suedtirol.it/de/st-prokulus-kirche-museum.html

Schlafen

Vegan

La Vimea: Ein Viersternehotel, nur für Veganer? Der Zeitenwandel macht es möglich, die kreative Küche hilft. Geschlafen wird in Betten aus mondgeschlägertem Holz, entspannt am Naturbadeteich und im Yoga-Garten.

Kleebergstr. 7, T 0473 05 50 35, www.lavimea.com, Mitte April–Ende Okt., nur mit Halbpension, Mindestaufenthalt 3 Nächte, €€€

Schräg

Kleinkunst-Hotel Kreuzwirt: Mit den überhängenden Balkonen oberhalb der Freilichtbühne ein Hingucker! Drinnen gehen topmodern und antik Hand in Hand. Sind keine Künstler im Haus, ist «Kunst im Koffer« zu bewundern. Dachterrasse, kostenlose Räder, Spezialwochen.

Hauptstr. 47, T 0473 66 71 10, www.kleinkunsthotel.com, €€(–€€€)

Essen, Ausgehen

Klein und fein

Weißes Rössl: Verjüngtes Traditionsgasthaus. An wenigen Tischen in modernem Ambiente gibt es saisonale südtirolerische Küche. Reservierung empfohlen.

Hauptstr. 57a, T 0473 66 71 47, www.roessl-naturns.it, warme Küche Fr–Mi 18–21.30 (Bar 17–24), Sa/So auch 12–14 (Bar 10–14.30, 17–24) Uhr, €€–€€€

Superfreundlich

Dorfcafe: Ab 6 Uhr gibt es bei Hubi im Dorfcafe (ja, nicht Dorfcafé), Espresso und Frühstück (bis 12 Uhr), den ganzen Tag Strudel, Sandwich, Cuba Libre, alles zu günstigen Preisen. Der Blick auf die Dorfstraße und Zeitungen sind gratis.

Hauptstr. 18, T 335 831 69 33, auf Facebook, Mo–Sa 6–19 Uhr, Betriebsferien s. Facebook

Hugos Wiege

San Zeno: Hier wurde einst der Trenddrink Hugo erfunden. An der langen Bar wie im Hof unter dem Birnbaum sitzt es sich fantastisch. Exzellente Weine und Cocktails (auch ohne Alkohol).

Bahnhofstr. 20, Di–Sa 8–23, So bis 14 Uhr

Einkaufen

Alles regio, viel bio

Vinschger Bauernladen: Neben der Schloss-Juval-Auffahrt verkauft die Genossenschaft Vinschger Bauern Bestes von ihren Höfen.

Staatsstr. 78, T 0473 667723, www.bauernladen.it, tgl. 9/10–17/18 Uhr

Bewegen

Auf den Sonnenberg

Auch von Naturns aus bieten sich eine Wanderung auf dem **Meraner Höhenweg** oder **Touren zu alten Bergbauernhöfen** an. Ein **schöner Rundweg** führt z. B. in gut 5 Std. über Moarhof, Dickhof und Dickalm (10a, 24, 10a, 10). Den Einstieg zu diesen Touren erreichen Sie mit der Seilbahn Unterstell.

Geführte Radtouren

Ötzi Bike Shop: Die Mountainbike-Experten bieten von März bis Oktober jede Woche ca. 20 Touren (ab 40 €/Tour) sowie Techniktrainings (ab 50 €) an. Es gibt auch Wochenangebote, und wer in einem Partnerhotel wohnt, fährt sogar etwas günstiger mit. **Verleih:** Zeiten s. Website, Trekkingrad ab 22 €, MTB ab 25 €, E-MTB ab 59 €, Kinderräder und für Partnerhotel-Bewohner etwas günstiger.

Hauptstr. 25, www.oetzi-bike-academy.com

Feiern

- **Festivals:** Im August zieht **Naturns lacht** Clowns, Kabarettisten und Comedians auf die Bühne (www.naturnslacht.com) und das **Naturns Blues Festival** versammelt Musiker aus ganz Südtirol.

Infos

- **Tourismusgenossenschaft Naturns:** Rathausstr. 1, 39025 Naturns, T 0473 66 60 77, www.naturns.it, Mo–Fr 9–12, 13–18.30, Sa 9–12, 14–17 Uhr, Nov.–März nur Mo–Fr. Hier gibt es gutes Kartenmaterial (Wandern, MTB) und einen exzellenten kostenlosen Wanderführer.
- **Naturparkhaus Texelgruppe:** Feldgasse 3, T 0473 66 82 01, https://naturparks.provinz.bz.it/texelgruppe/naturparkhaus.asp. Neben einer Ausstellung (März bis Okt. Di–Sa 9.30–12.30, 14.30–18 Uhr, Juli–Sept. auch So) bietet das Haus ein interessantes Programm, u. a. zum Gletscherschwund in Schnals.
- **Bahn, Bus:** www.suedtirolmobil.info. Von Meran und Mals mit der **Vinschger Bahn** (s. S. 220). Aus Meran **Bus 251,** ins Schnalstal **Bus 261.**

- **Seilbahn Unterstell:** Schießstandstr. 2, www.unterstell.it, April–Okt. 8–19, Nov.–März Mo–Sa 8–17, So 8–18 Uhr, Mi Abendfahrten, einfache Fahrt 11 €, Berg- und Talfahrt 15,50 €, 6–13 Jahre 5/6 €. Berg- und Talfahrt gilt auch als Kombiticket mit der Texelbahn.

Das Schnalstal/ Val Senales C/D 3/4

Durch die Schlucht

Schnals ist kein Tal, sagen die Schnalser, Schnals ist eine Schlucht. Vor allem die ersten Kilometer sind so schmal, dass die wenigen Häuser weit oberhalb der Sohle liegen. Unten im Tal stehen lediglich einige wenige Gasthäuser, hier und da sieht man das eine oder andere Schäfchen. Auch das hübsche, allerdings gen Norden ausgerichtete **Katharinaberg/ Monte Santa Caterina** (D 4; 1245 m) thront hoch oben.

Historische Umnutzung

Wer oberhalb der gegenüberliegenden Talseite, auf der Nordseite, **Karthaus/ Cartosa** (D 4) besucht, mag rätselnd in dem rechteckigen Ensemble stehen, das den winzigen Ortskern bildet. Die Auflösung ist so charmant wie kreativ: Sie stehen inmitten des **Kartäuserklosters Allerengelberg,** das bis 1782 fast 500 Jahre von Mönchen bewohnt wurde. Dem Vernehmen nach gab es Streit; die Menschen im Tal hatten genug damit zu kämpfen, sich selbst zu versorgen und wollten nicht auch noch Mönche verpflegen. Als diese das Kloster räumten, übernahmen Bauern und Handwerker die Räume – eine perfekte Umnutzung! Heute gibt es jeden Sommer eine Ausstellung Südtiroler Künstler. Zwischen 8 und 20 Uhr erzählt zudem ein kurzer Film regelmäßig die Geschichte.

Ötzis Welt und alte Höfe

Bis zum Talschluss in **Kurzras/Maso Corto** (C 3) wird Schnals von zwei gegensätzlichen Eindrücken bestimmt: Von 700 Jahre alten **Höfen,** die zu den ältesten und schönsten des Alpenraums gehören. Und von einer Eventisierung, die dem weit älteren Mann gewidmet ist, über den 1997 am Tisenjoch zwischen Schnals- und Ötztal ein Ehepaar aus Nürnberg nahezu stolperte und der seither **Ötzi** heißt. Ernsthaft befasst man sich mit der 5300 Jahre alten Mumie besser in Bozen (s. S. 137). Im Schnalstal werben Ötzis Hochseilgarten, Ötzis Archeopark, seit 2020 sogar die Aussichtsplattform Iceman Ötzi Peak in 3212 m Höhe (in der Nähe der Gletscherbahn von Kurzras) um Besucher.

ALPENWESTERN

Auf dem wunderbar ursprünglichen **Marchegg-Hof** (www.marcheggho f.com, auch Zimmer) bei Kurzras zog 2013 das Filmteam des Alpenwesterns »Das Finstere Tal« ein, inklusive Sam Riley und Tobias Moretti.

Schlafen, Essen

Familiär-gediegen

Goldene Rose: Traditionshotel und -gasthaus mit guter Südtiroler Küche und schöner Terrasse. Der Familie gehört auch die Schöne-Aussicht-Hütte (s. S. 247) auf 2845 m oberhalb von Kurzras.

Karthaus 29, T 0473 67 91 30, www.goldenerose.it; **Hotel:** €€€; **Bar/Café:** Pfingsten–Allerheiligen, Mitte Dez.–1 Woche nach Ostern tgl. 7–23 Uhr; **Restaurant:** warme Küche Mo–Sa (teils So) 12–14, 18–21 Uhr, €€–€€€

Lieblingsort

Das privateste Messner Mountain Museum

Als Reinhold Messner erstmals durch den Zugang der mittelalterlichen Burg **Schloss Juval** stolperte, zog ihn – natürlich! – eine Himalayazeder in den Bann. Heute ist das gebetsfahnenumwehte Privatschloss eins der sechs Messner Mountain Museen; der Schlossherr selbst lebt – wenn er dort ist – in einer kleinen Wohnung. Zu sehen sind im **MMM Juval** Bergbilder aus aller Welt, Bergbücher in Messners originalem Arbeitszimmer, viel Kunst aus Tibet und eine Maskensammlung. Bei der Besichtigung assistiert Messner selbst: über die Locandy-App, einen virtuellen Guide. Um die Bergbauernhöfe rund um das Schloss kümmert sich übrigens Sohn Simon Messner; zu den Abnehmern gehört das Gasthaus Schlosswirt mit guter Küche (Besuch Juval: 📍D 4; Shuttle, https://juvalshuttle.com, ab Parkplatz beim Vinschger Bauernladen, s. S. 225, einfache Fahrt 4 €; zu Fuß bietet sich ein Rundweg über den Tscharser und Stabener Waalweg an, ab/bis Bhf. Tschars/Bhf. Staben; Schloss: 4. März–So–1. Nov.–So Do–Di 10–17, Einlass bis 16 Uhr; Schlosswirt: Juval 2, T 0473 66 80 56, www.schlosswirtjuval.it, Ende März–Mitte Nov. Do–Di 10–18, warme Küche bis 16 Uhr, Ferienwohnungen €–€€).

Kreativ-biologisch

Oberniederhof: Der Hof war schon Zechstube, Gefängnis und Gericht. Seit eine Berlinerin und ein Schnalser ihn bewirtschaften, geht es fast ebenso vielseitig zu: mit alten Haustierrassen und Käseworkshops, historisch renovierten Ferienwohnungen, Seminarraum und Hofladen.

Unser Frau 34, T 0473 66 96 85, www.oberniederhof.com, €€; **Hofladen:** Mo–Fr 10–12, Fr 16–18, Sa 9–12 Uhr und auf Anfrage

Bewegen

Auf wilden Spuren

Pfossental/Val di Fosse: Das weitgehend unbewohnte Tal zweigt hinter Katharinaberg ab. Eine schöne 3-Std.-Wanderung führt vom Vorderkaser (1693 m, Parkplatz, Mi auch Wanderbus, 10 €, von Naturns, Auskunft: Touristengenossenschaft Naturns, s. S. 225) bis zum Eishof (2071 m) und zurück. Vor allem früh und spät hat man die Chance, Steinböcke zu sehen.

Auf Ötzis Spuren

Ötzi Glacier Tour: Auch wenn bis auf 3212 m Höhe die Gletscherbahn fährt, ist der Marsch zur Ötzi-Fundstelle nicht zu unterschätzen (7–8 Std., nur für Erfahrene). Geführte Touren (ab 140 €): www.archeoparc.it/oetzi-glacier-tour/anmeldung.

Zu alten Höfen

Finailhof und Montferthof: Verpassen Sie keinesfalls eine Wanderung zu alten Bergbauernhöfen! Zu den schönsten und leicht zu erreichenden gehören der **Finailhof** (1973 m, Madonna 9, T 0473 66 96 44, bewirtschaftet, www.finailhof.com, ganzjährig, tgl. 10–19 Uhr, €–€€) oberhalb des Vernagter Stausees und der **Montferthof** (keine Bewirtung, meist aber Getränkeverkauf, auch Zimmer/Lager, Katharinaberg 14, T 0473 67 92 36, www.montferthof.it, €) oberhalb von Katharinaberg.

Kastelbell/ Castellbello

D4

So war das bei den Römern

So eng ist das Etschtal in **Kastelbell,** dass das gleichnamige Schloss (1238) wie ein Riegel wirkt. Mit dem mächtigen Felsblock, auf dem es thront, scheint es geradezu verwachsen zu sein. Zu sehen sind wechselnde Kunst- sowie eine Dauerausstellung zur Via Claudia Augusta.

Schlossweg 1, www.schloss-kastelbell.com, Zeiten/Eintritt s. Website

Essen

Sterneküche

Kuppelrain: Noch vor dem Michelin-Stern wurde Jörg Trafoier die Auszeichnung »Wirtschaften mit der Natur« verliehen. Inzwischen hat er das Restaurant an seine Kinder übergeben, die es in seinem Sinne weiterführen. Draußen sitzt man in einem Rosengarten, drinnen klassisch. Im Bistro können Sie mittags à la carte – oder ein im Verhältnis günstiges Mittagsmenü (drei Gänge, ca. 45 €) – genießen.

Bahnhofstr. 16, T 0473 62 41 03, www.kuppelrain.com; **Küche:** Bistro Di–Sa 12–14.30, Restaurant ab 19 Uhr, €€€

Bewegen

Wandern

Zirmtalseen: Die Seen mit der Zirmtaler Alm gehören zu den malerischsten Orten im Vinschgau. Zu erreichen am besten mit dem Pkw: von Kastelbell/Freiberg zum Parkplatz Alte Säge (1487 m), von dort zu Fuß über einen Forstweg zur Marzoner Alm, dann über mehrere Lichtungen zu den Seen (2114 m). Ca. Ende Mai–Okt., Gehzeit hin/zurück ca. 4 Std.

Latsch und das Martelltal
B5–C4

In **Latsch/Laces** (C4) trifft das **Martelltal/Val di Martello** auf die Obstgärten des Vinschgaus; deshalb war der kleine Ort schon immer von Bedeutung. In der **Spitalkirche** steht einer der ältesten spätgotischen Flügelaltäre Südtirols (1524, von Jörg Lederer, Besichtigungsinfos beim Tourismusbüro Latsch: T 0473 62 31 09).

Genossenschaftliches Schloss

Burgen und Schlösser sind ein Pfund für Südtirol, oft würde man sich freuen, sie wären ein größeres Pfund für die Menschen vor Ort. In **Goldrain/Coldrano** (C4) ist das geglückt: Das weithin sichtbar von vier Türmen eingerahmte **Schloss** (15. Jh.), ist ein genossenschaftliches Bildungs- und Kulturzentrum.

Schlossstr. 33, www.schloss-goldrain.com, Führung auf Anmeldung: T 0473 74 24 33

Öko-Schloss

Ein Schloss anderer Art betreiben Annemarie und Urban Gluderer an der Straße ins Martelltal: das **Kräuterschlössl,** geführt von zwei engagierten Kämpfern für eine biologische, bienenfreundliche Landwirtschaft und gegen den Einsatz von Pestiziden. Zusätzlich zu dem exzellenten Laden gibt es einen Schaugarten und ein Buch, das jedes Kraut erklärt.

Schanzenstr. 50, Goldrain, www.kraeuterschloessl.it, Mo–Fr 8–18, Sa 9–17, März–Okt. auch So 9–17 Uhr

Freskenparadies

Gerade weil die **Burgen Unter- und Obermontani** bei **Morter** (C4; 13. Jh.) dem Verfall preisgegeben werden, haben sie, leicht zu erwandern von Morter aus (beschildert), ein spezielles Flair. Sehenswert ist nebenan die **Kapelle Stephani,** fast am Abgrund stehend und mit gotischen Fresken bedeckt. In Obermontani wurde eine Nibelungen-Handschrift gefunden (heute in der Berliner Staatsbibliothek).

Kapelle: Ostern–Ende Okt. Fr/Sa 14.30–17.30 Uhr, 3/2 €

IN DER SCHWEBE (FAST)

S

Der Architekt Werner Tscholl hat sich im Vinschgau von Schloss Sigmundskron bis Kloster Marienberg verwirklicht. Oberhalb von Morter schuf er sich selbst ein Heim: ein Marmorquader, der über dem Wald zu schweben scheint (er wird von einem Sichtbetonsockel gehalten).

Ins Erdbeertal

Wer bei Erdbeeren an Ebenen denkt, täuscht sich, jedenfalls im **Martelltal/Val Martello.** Serpentinen führen hinter Morter bergauf, dann fallen die ersten, erstaunlich großen Stauden ins Auge. An der Straße liegt mitten im Nationalpark Stilfserjoch das **Nationalparkhaus culturamartell,** in dem Bergbauern per Audio-und Videodateien zu Wort kommen. Vom einzig größeren Ort, **Martell** (C5), etwas abseits der Hauptstraße, führt der **Waldbergbauer-Weg** (7 km, 2–3 Std., Infotafel in Martell) zu schönen Bergbauernhöfen.

Nationalparkhaus: Trattla 246, www.nationalpark-stelvio.it, Mai/Juni, Sept./Okt. Di–Sa 9.30–12.30, 14.30–18 Uhr, Juli/Aug. auch So, 3 €, 6–14 Jahre 2 €

Zu Almen und Hütten

Der Talschluss **Hintermartell** (2050 m) ist ein exzellenter Ausgangspunkt für Wanderungen. Allerdings ist er auch sehr beliebt, entsprechend schnell füllt sich der Parkplatz. Ein **Almenrundweg** führt z. B. in 2–3 Std. über die Zufallhütte und drei Almen (beschildert, große Infotafel am Parkplatz). Die **Zufallhütte** (2265 m) liegt inmitten von Ruinen aus dem Ersten Weltkrieg und ist eine gute Basis für Touren in die beeindruckende **Cevedale-Gruppe** nahe dem Ortler.

Anfahrt Hintermartell: Pkw, alternativ Bus 265 ab Bhf. Goldrain; **Zufallhütte:** T 335 630 66 03, https://zufallhuette.com, ca. März–Mitte Mai, Mitte Juni–ca. Mitte Okt., €€ (Halbpension), Gerichte €–€€, beachtliche Rotweinauswahl!

Schlafen

Radfahreraffin

Bamboo Activ Resort: Optisch erinnert die Unterkunft an Thailand, im Schwimmbad fühlt man sich wie im Tropenhaus.

Schanzenstr. 5, T 0473 74 20 69, www.bamboo-hotel.it, April–Anf. Nov., €€–€€€ (Halbpension)

Bewegen

Radfahren

Latsch hat sich zum **Mountainbike-Zentrum** entwickelt. Zu den Pionieren gehört die **VinschgauBIKE Schule** (Bamboo Activ Resort, Alte Vinschger Str. 3, https://vinschgaubike.com) nahe dem Bahnhof Goldrain, die viele Touren anbietet.

Trafoier Tal und Suldental

Prad am Stilfserjoch/ Prato allo Stelvio B4

»König Ortler« nennen die Südtiroler ihren mit 3905 m höchsten und bis heute vergletscherten Berg. Wer ihn erreichen will, reist durch das erst recht breite, dann sehr schmale **Trafoier Tal/Val di Trafoi,** das bei **Prad am Stilfserjoch** beginnt. Der Ortsname ist im Grunde irreführend: Zwischen Prad und Joch liegen 26 km und fast 2000 Höhenmeter. Interessant ist die am Ortsrand gelegene **Kirche St. Johann** aus dem 13. Jh. mit ihren romanischen und gotischen Fresken. Der Malser Künstler Karl Plattner steuerte 1948 zwei Fresken bei.

Schamanenkunst

Am Ortsausgang Richtung Stilfserjoch hat sich ein spezieller Südtiroler Künstler eine sehr spezielle Welt geschaffen: Lorenz Kuntner nennt sich Schamane, lebt in seinem Haus zwischen der Straße und dem Suldenbach inmitten seiner Outdoor-Galerie aus Totempfählen, Eisenkunst und bemalten Flusssteinen. Nur ausgewählte Gegenstände stehen zum Verkauf (das aber zuweilen dringend). Öffnung und Preise sind Verhandlungssache (1 € Spende).

Heimische Fische

Das **Nationalparkhaus aquaprad** (NP Stilfserjoch) führt unter dem Motto »Unter Fischen – eine Reise in fremde Welten« in die Fische der Region ein.

Kreuzweg 4c, www.nationalpark-stelvio.it, Jan.–Okt. Di–Fr 9.30–12.30, 14.30–17.30, Sa/So 14.40–18 Uhr, Nov. drei Wochen geschlossen, 6 €, 6–14 Jahre 2 €

Stilfs/Stelvio B4

Amalfi-Flair in Almnähe

Gäbe es nicht so viele Alm-Wegweiser, man könnte **Stilfs** (1300 m) für ein Dorf an der Amalfiküste halten, sogar an das Treppenviertel in Hamburg-Blankenese fühlt man sich erinnert. Die verschachtelten Häuser am Hang sind nur durch Gässlein und Durchgänge getrennt, so manche Parkbucht schwebt fast über dem Tal. Der Grund für das Haufendorf ist wohl nicht, dass alle möglichst nah bei der Sonne leben wollten, sondern in der Nähe eines der acht, jüngst künstlerisch restaurierten, Dorfbrunnen.

Geschichte kommt ans Licht

Dem Idyll zum Trotz leidet Stilfs unter Abwanderung. Hinzu ziehen vor allem Kreative und Künstler – ein Lichtblick, der sich zunehmend bemerkbar machen dürfte. Seit 2018 gibt es eine kleine **Ausstellung** zu Bergbau und Siedlungen am Ortler, gebaut in einen Einstieg zu einem Knappenloch, der erst 2009 beim Umbau der alten Feuerwehrhalle entdeckt wurde. Auch eine interessante Broschüre liegt aus. Ebenfalls ziemlich neu sind die Straßenschilder, die allerdings nicht unbedingt zur Vereinfachung beitragen: Manche Häuser haben nun zwei Hausnummern.

Ausstellung: Stilfs Dorf 15, Di–So 9–17 Uhr, Eintritt frei

Trafoi B5

Der Thöni, tönt es

Bei der 46. der 48 Kehren zum Stilfserjoch (2757 m) liegt **Trafoi,** auf dessen anderer Seite es – in der Regel von Ende Mai bis Ende Oktober – steil hinab in die Lombardei geht. Damit ist klar: Verkehrsarm geht es nicht zu. Spektakulär gelegen ist der Ort, die Heimat eines der besten Skirennläufer aller Zeiten, allemal. Wer das Hotel von Gustav Thöni und seiner Familie besucht – das Einheimische nur Thöni nennen, der richtige Name ist Bella Vista (Trafoi 11, www.bella-vista.it) –, bekommt dort außer grandioser Bergsicht Hunderte Pokale und Skier zu Gesicht. Nebenan führt das **Nationalparkhaus naturatrafoi** in das »Leben an der Grenze« ein.

Trafoi 13a, www.nationalpark-stelvio.it, Mai–Okt., Ende Dez.–Ende März Di–Sa 9.30–12.30, 14.30–18, Juli/Aug. auch So 14.30–18 Uhr, 3 €, 6–14 Jahre 2 €

Sulden/Solda 

Mit Blick auf die Gletscher

Bei Gomagoi mündet das **Suldental/Val di Solda** ins Trafoier Tal. Hier trainiert die italienische Skielite, urlaubte (Ex-) Bundeskanzlerin Angela Merkel, war Michael Jackson zu Gast. Dabei hat sich der grandios von Ortler-Nordwand, Königsspitze und Zebru eingerahmte 400-Einwohner-Ort auf fast 2000 m Höhe viel Bergdorf-Feeling erhalten. Längst nicht jeder Meter ist verbaut, so mancher Hof seit Jahrhunderten erhalten, und am Dorfplatz lässt sich der Blick auf die Berge so gut genießen wie kalte und warme Getränke.

Hoppla, ein Tausendsassa

Dabei schickten bis ins 20. Jh. Eltern ihre Kinder nach Baden-Württemberg zum Arbeiten – Schwabenkinder wurden die genannt, die in jüngstem Alter in die Ferne zogen, um ihre Familien über Wasser zu halten. Ab den 1970er-Jahren bot der Skitourismus eine Chance – und es gab Menschen, die das früh erkannten. Der unermüdliche Netzwerker Paul Hanny holte den Jackson und manch anderen nach Sulden. Auch die Idee, ein Stück Himalaya zu importieren, stammt von ihm: »Reinhold, wenn du ein paar Yaks mitbringen könntest«, sagte Hanny dem Vernehmen nach, »das würde Sulden wirklich bekannt machen.« Heute sind die Yaks neben dem kleinsten der sechs **Messner Mountain Museum** – vor dem sie oft auch anzutreffen sind – die größte Attraktion unterhalb der Nordwand.

Mythos Nordwand …

Dem Bergpfarrer Josef Horton, ein Slowake, der 1960 mit seinem Mofa nach

Schon 1985 brachte Reinhold Messner Yaks nach Sulden. Seither ist der alljährliche Almauftrieb Ende Juni ein Ereignis. Die Tiere kehren übrigens Ende August alleine ins Tal zurück.

Sulden kam, ist zu verdanken, dass vor der alten **Dorfkirche** ein Messingbuch Ortler-Verunglückter gedenkt. Vor allem die **Nordwand** nimmt an Gefährlichkeit zu; in Zeiten des Klimawandels schlagen aus ihr nicht nur Eis, sondern auch Steine. Reinhold Messner meint, dass heute nur Dummköpfe die Ortler-Nordwand besteigen – was aber seinen Sohn Simon z. B. nicht abhielt, sie erfolgreich abzuhaken.

Auf sicheren Wegen nähert man sich ihr ab der **Dorfkirche** auf Weg 4 (der Langensteinsessel in Sichtweite kürzt den Weg um rund 400 Höhenmeter ab). Zunächst geht es durch den Wald, dann direkt unterhalb der eindrucksvollen Wand zu der spektakulär gelegenen **Tabarettahütte/ Rifugio Tabaretta** (2556 m; www.tabaretta.com, T 347 261 48 72, Mitte Juni–Mitte Okt., €). Bis zum Reschensee blickt man von hier, außer der üblichen Hüttenküche bekommt man Hirschbraten, Spätzle und Blaukraut. Wer mag, steigt weiter auf bis zur **Payerhütte/Rifugio Julius Payer** (www.payerhuette.com) auf 3029 m.

Museen

Gletscher auf Leinwand

MMM Ortles: Mithilfe einer Auktionatorin, die weltweit nach Bildern fahndete, ist hier die vermutlich größte Gemäldesammlung zum Thema Eis versammelt. Begonnen, sich der kalten Welt zu nähern, hat man demnach erst im späten 18. Jh. Eines der jüngsten und beeindruckendsten Bilder stammt von dem österreichisch-argentinischen Maler

Helmut Ditsch (geb. 1962). Es zeigt auf 2 x 12 m den Perito-Moreno-Gletscher in Patagonien. Entworfen wurde das MMM Ortles von dem Suldener Architekten Arnold Gopp wie eine Gletscherspalte: Nur an einer Seite fällt Licht hinein. Lassen Sie sich den Punkt zeigen, von dem man durch die ›Gletscherspalte‹ die Ortler-Spitze sieht!

Forststr. 28, www.messner-mountain-museum.it, Zeiten s. Website, 12 €, 6–18 Jahre 6 €, Kombiticket: s. S. 62 Bruneck

Schlafen, Essen

Für jeden etwas

Die Post: Traditionelles Alpin Spa mit Garten, Sauna und Naturteich. Die 52 mit viel Holz eingerichteten Zimmer und Suiten sind groß genug, um auch Schlechtwettertage auszusitzen. Die hochgelobte Küche kocht auch vegetarisch. Für Menschen mit kleinerem Budget gibt es den – italienischsprachigen – Ableger **Kleine Post.** Dort teilt man sich den Balkon mit den Nachbarn, doch alles ist sauber und freundlich, das Frühstück exzellent.

Sulden, www.hotelpost.it, Mitte Juni–Mitte Okt., Weihnachten–Mitte/Ende April; **Die Post:** Hauptstr. 22, T 0473 61 30 24, €€€; **Die kleine Post:** Hauptstr. 25, Sulden, T 0473 61 36 50, €€

Hostel-Style

Nives: Vom Doppelzimmer mit Wohnecke bis zu Stockbett-Zimmern gibt es ein buntes Angebot in unprätentiöser Atmosphäre. Die Bar mit langer Theke und großer Terrasse ist der In-Treff Suldens. Außer guter Pizza gibt es Burger und einen Alpen-Kebab, auch vegetarisch mit Ziegenkäse und Zucchini.

Hauptstr. 21, Sulden, www.marlet.com/nives-sulden, ca. Mitte Juni–Mitte Sept., ca. Mitte Dez.–Mitte April, €–€€; **Barbetrieb:** dann tgl. 7.30–22.30 Uhr, Snacks durchgehend, warme Küche mittags, abends, €

Neben dem MMM

Yak & Yeti: Ob das Bauernhaus das älteste oder zweitälteste Suldens ist, darüber ist man sich nicht einig. Fest steht: Die Küche ist exzellent und abwechslungsreich – von Hausnudeln mit Yaksalami bis Thai-Curry.

Forststr. 28, T 380 657 4967, auf Facebook, aktuelle Zeiten s. Facebook, €–€€€

Einkaufen

Ethischer Konsum

Bio-Dorfsennerei: Die nachhaltig orientierte Bürgergenossenschaft Obervinschgau hat die alte Sennerei wiederbelebt. Den Käse findet man in Bio- und auf Wochenmärkten, Direktverkauf auf Anfrage.

Silberstr. 16, Prad, T 338 314 24 31, https://bio-dorfsennerei.it, Juni–Sept. 1 x/Woche Führung mit Käseverkostung (10 €)

Bewegen

Auf die Alm

Prader Alm/Malga di Prato: Oberhalb von Stilfs lassen Kleinbauern ihre Kühe gemeinschaftlich weiden und die Milch auf gut 2000 m Höhe zu Käse und Butter verarbeiten. Ein Schauraum bietet Einblicke in die Almwirtschaft. Das Nationalparkhaus naturatrafoi (s. S. 231) bietet kostenlose Führungen an. Sie erreichen die Alm zu Fuß von Trafoi oder dem Wildgehege Fragges (Stilfs) aus in ca. 2 Std. Verkürzen lässt sich der Aufstieg mit dem Sessellift Trafoi.

Mitte Juni–Anf. Okt. jederzeit

Yaks und Gipfel

Ab Schaubachhütte/Rifugio Città di Milano: In dem Skigebiet zwischen der Bergstation der Seilbahn Sulden (2581 m) und der Madritschhütte (ca. 40 Min.) sind im Sommer fast immer Yaks in Sichtweite. Von der Hütte ist es eine weitere halbe Stunde zum Madritschjoch mit famosem Blick ins Martelltal. Trittsichere und Schwindelfreie wagen sich noch einmal 200 Höhenmeter (30 Min.) zur Hinteren Schöntaufspitze (3325 m) vor.

Durchs Martelltal

Von **Hintermartell** führt eine exzellente Tour über Zufallhütte und Madritschjoch nach Sulden (5–6 Std.). Diese Tagestour ist Teil des siebentägigen Ortler-Höhenwegs (www.vinschgau.net/de/aktivurlaub/wandern-bergtouren/ortler-hoehenweg.html), bei dem 120 km und über 8000 Höhenmeter bewältigt werden.

Radfahren

Stelvio Bike Day: Leider nur an einem Tag im Jahr ist die Stilfser-Joch-Straße autofrei, der aber ist legendär. Geladen wird zum kollektiven Radfahren (kein Rennen) von Spondinig/Spondigna zum Stilfser Joch. Nach einem Frühstück für alle auf dem Prader Dorfplatz warten 1869 Höhenmeter und rund 27 km auf die Aktiven.
Radtransport: Von Mitte Juni bis Anfang Sept. bringt **Südtirolbike** Sie und Ihr Rad von Mals oder Glurns tgl. zum Stilfser Joch. Buchung: www.suedtirolbike.info/news/bikeshuttle-zum-stilfserjoch.html.

Feiern

- **Countryfest Prad:** Anf. Aug., Facebook. Das Innicher Rodeo stand Pate für das längst weit berühmtere Fest in Sacramento City, Prad (Nähe Sportzone).
- **Yak-Auftrieb:** Anf. Juli. Reinhold Messner führt – vor viel Publikum – einen Teil seiner Yakherde den Berg hinauf.

Info

- **Tourist-Info:** Hauptstr., 23, 39029 Sulden, T 0473 61 30 15, Mo–Fr 8.30–12.30, 15–18 Uhr.
- **Bus:** www.suedtirolmobil.info. Ab Spondinig/Prad stündlich mit **Bus 271** nach Stilfs, alle 2 Std. weiter nach Sulden.
- **Seilbahnen:** Aktuelle Infos für alle Bahnen: www.seilbahnensulden.it.

Schlanders/ Silandro

C4

Klein, aber oho

Terrassenförmig ist der Hauptort des Vinschgau an eine Steilstufe gebaut. Ein hügeliger Pfad führt vom Bahnhof in das kleinstädtisch anmutende Zentrum von **Schlanders.** Viele Geschäfte in der Fußgängerzone halten sich seit Jahrzehnten, auch das Café Schuster (Hauptstr. 60) gibt es seit über 60 Jahren.

Hoch gebaut, tief gesunken

Der spitze Turm der barockisierten **Pfarrkirche Mariä Himmelfahrt** in der Hauptstraße ist mit über 90 m der höchste in Tirol. Im **Pfarrwidum** (Pfarrhaus) arbeiten heute soziale Einrichtungen.

500 m entfernt steht in der Mühlenstraße die 1519 geweihte **Spitalkirche,** in die man regelrecht hinabsteigen muss. Über die Jahre schwemmte der Schlandraunbach so viel Schutt an, dass die Straße immer höher wurde und die Kirche nun unterhalb des heutigen Straßenniveaus liegt. In direkter Nachbarschaft steht übrigens das einzige Krankenhaus im Vinschgau (zu ihm gehört die Kirche).

Bei der Führung wird auch die **Schlandersburg** besucht – ein um 1600 gebauter Ansitz im Renaissancestil, zu dem Sie auch schön wandern können (s. S. 236). Im Sommer finden in der Burg regelmäßig Konzerte statt.

Spitalkirche: Mühlenstr., nur im Rahmen einer kunsthistorischen Führung, April–Okt., Infos beim Tourismusverein (s. S. 236)

Schlandersburg: Schlandersburgstr. 6, Mo, Do/Fr 9–12, 14–18, Di 9–12, 14–19, Mi, Sa 9–12 Uhr, beim Tourismusverein nachfragen, bevor Sie hinlaufen!

Kreative Köpfe

Am vielleicht innovativsten zeigt sich der 5000-Einwohner-Ort auf einem überwucherten Kasernengelände: An langen Schreibtischen denken und designen Solo-Selbstständige in sehr ostberlinerisch anmutendem Ambiente. **Basis Vinschgau Venosta** (Kortscher Str. 97, T 338 718 12 91, https://basis.space) will mehr als nur das Dach über dem Kopf teilen, das Motto lautet: »Austausch, Entwicklung, Inspiration«. 2019 übernahm das Projekt die renommierten Churburger Wirtschaftsgespräche und stellt bei diesen Transformation und Nachhaltigkeit ins Zentrum. Im Sommer finden Konzerte statt.

Kirchlein am Fels

Über einen **Wanderweg am Ilswaal** erreicht man in etwa einer Stunde die kleine Kirche **St. Ägidius** (Fr 10–17 Uhr) am Sonnenberg. Teils ist ihre romanische Bausubstanz noch erhalten, ihre Fresken stammen aus romanischer und gotischer Zeit. Steigt man von dort hinab, erreicht man das hübsche, inmitten von Obstwiesen gelegene **Kortsch/Corces.**

Mutter aller Kirchen

Wie aus Blöcken gewürfelt steht die **Kirche St. Martin** da, eine tiefblaue Uhr schmückt ihren Turm. Sie gilt als Mutterkirche der Gotteshäuser im Mittelvinschgau, mit einem Einzugsgebiet von Prad bis Vent im Ötztal.

Kirchweg, Göflan/Covelano, So 8.15–9 Uhr

Schlafen, Essen

Hip und downtown

Zum Schwarzen Widder: Cool designte, individuelle Zimmer (12–26 m^2, größere Studios) mit Anschluss an ein weinüberwachsenes Café und Restaurant. Spezielle Mountainbike-Wochen.

Fußgängerzone 96, T 0473 73 00 00, www.schwarzerwidder.com, €€

DER ZEHENSCHUH

Ein Schlanderer erfand eins der hipsten Schuhwerke: Aus Badeanzügen nähte Robert Fliri die ersten Zehenschuh-Prototypen zusammen, schnell ging das Barfußschuh-Modell in Serie. Bis in die New York Times schaffte es der Vinschgauer 2007: mit einer der »besten Erfindungen des Jahres«.

Sattel und Bett

Bio-Landhotel Anna: Zentral gelegene Pension mit großem Garten, Demeter-Biohof mit Kräuteranbau und Pferdestall bzw. Reiterhof. Gekocht wird hochgelobtes Bioessen. Wer nicht reiten will, kann sich ein Motorrad (BMW) leihen.

Hauptstr. 27, T 0473 73 03 14, www.vill.it, €€

Traditionsreich

Goldene Rose: So regional wird in dem Gasthof/Hotel in der Fußgängerzone gekocht, dass die Herkunft jeder Tomate verzeichnet ist. Exzellentes Risotto mit Rote Bete und Ziegenkäse. Unter der Woche mittags auch Tagesgerichte.

Hauptstr. 73, T 0473 73 02 18, www.hotel-goldenerose.it; **Hotel: €€€, Restaurant:** auch auf Facebook, Mo–Sa 12–14, 18–21 Uhr, **€–€€€**

Mal was anderes

Burger-Bar: Kreative Burger, auch vegetarisch, es gibt sogar Palabirn-Burger. Die Atmosphäre ist locker, geliefert wird auch.

Andreas-Hofer-Str. 6d, T 0473 62 04 18, www.streetfood-fantasy.it, Mo–Sa 10.30–14, 17–21 Uhr, Lieferservice Di–Sa 17–21 Uhr, €

Einkaufen

Die **Fußgängerzone** in Schlanders lädt zum einzigen Schaufensterbummel im Vinschgau. Von April bis Oktober findet hier donnerstags im Bereich Stainerplatz und Plawennpark von 8 bis 12 Uhr ein **Bauernmarkt** statt, ganzjährig wird ein **Wochenmarkt** abgehalten.

Bewegen

Reiten

Der **Reiterhof Vill** (s. Bio-Landhotel Anna) bietet verschiedene geführte Ausritte an.

Wandern

Eine schöne Tour (Trittsicherheit vonnöten) führt in ca. 4,5 Std. und über 1200 Höhenmeter über die **Schlandersburg** (s. S. 235) und an alten **Bergbauernhöfen** vorbei nach **St. Martin im Kofel/San Martino al Monte.** Von dort geht es mit der Seilbahn nach **Latsch** (www.bergbahnen-latsch.com) und mit der Vinschger Bahn (www.suedtirolmobil.info) zurück nach Schlanders.

Infos

- **Tourismusverein Schlanders-Laas:** Kapuzinerstr. 10, 39028 Schlanders, T 0473 73 01 55, www.schlanders-laas.it, Mo–Fr 8.30–12.30, 14–18, April–Okt. auch Sa 8.30–12.30 Uhr.
- **Nationalparkhaus Stilfserjoch:** Hauptstr. 67, Mai–Okt., Ende Dez.–Ende März Di–Sa 9.30–12.30, 14.30–17.30 Uhr. In Schlanders steht das fünfte der Nationalparkhäuser Stilfserjoch, **avimundus,** das in die Welt der Vögel einführt.
- **Bahn, Bus:** www.suedtirolmobil.info. **Vinschger Bahn** (s. S. 220) durchs Etschtal, **Bus 262** ins Martelltal.

Laas/Lasa

C4

Weißes Gold …

Hoch über Göflan liegt ein Steinbruch, der das 2000-Seelen-Dorf zu einem der wertvollsten in Südtirol macht: Die Pfarrkirche, der Dorfplatz, die Gehwege – Laas glänzt nur so vor kristallinem Marmor. Dafür geht es überraschend ruhig zu: In den Restaurants unter der **Kaiserlinde** am Hauptplatz – gepflanzt zum Kronjubiläum von Franz Joseph 1908 – trifft man oft vor allem auf Via-Claudia-Augusta-Radler (s. Tour S. 244). Das weiße Gold reist um die Welt, davon zeugen ungezählte Meter Marmorblöcke rund um den Bahnhof. US-amerikanische Soldatengräber erhalten ein Kreuz aus Laaser Marmor, auch der nach dem 11. September 2001 neu gebaute U-Bahnhof am One World Center in New York wurde von hier ausgestattet. Lohnend ist eine Führung mit dem ehemaligen Leiter der Steinmetz-Fachschule Franz Waldner. Die ca. zweieinhalbstündige Führung umfasst einen Diavortrag, einen Rundgang in Laas, einen Blick ins Blocklager des Marmorwerks und den Besuch einer Bildhauerwerkstätte.

www.marmorfuehrung.com, deutschsprachige Führungen April–Okt. Di 13.30, Mi 9.30, Do 13.30 Uhr, ggf. Anmeldung erforderlich, s. Website, 9,50 €

… und woher es stammt

Dem Marmorbruch (nicht zu besichtigen) kann man sich – die entsprechende Kondition vorausgesetzt – mit einem Mountainbike nähern: von Laas ein Stück den Vinschger Radweg hinunter, dann über Tarnell hinauf, zurück geht es über die Göflaner Alm (32 km, 1400 Höhenmeter). Fitte Wanderer brauchen über den Göflaner Marmorweg, Start am Haslhof oberhalb von

Göflan (Parkplatz) hin und zurück ca. 4 Std. (1075 Höhenmeter).

Schlafen

Individuell

Fohlenhof: Der schöne Obstbauernhof nebst Brennerei vermietet schöne, unterschiedlich gestaltete Ferienwohnungen, teils mit Balkon. Für Gemütlichkeit sorgen zusätzliche Holzöfen.

Bahnhofstr. 2, T 349 193 61 30, www.fohlenhof.it, €€, Frühstück 15 €/Pers.

Feiern

• **Marmor & Marillen:** Sa/So Anf. Aug., www.marmorundmarillen.com. An einem Wochenende verbindet dieses Straßenfest Kulinarik mit Kultur.

Schluderns/ Sluderno

B4

Alte Stadel neu gedacht

So verwinkelt ist **Schluderns,** dass so mancher kopfsteingepflasterte Weg mitten durch Häuser und Stadel hindurchführt. Ein idealer Ort zum Wandeln, an einem Bach gelegen, fast an den Sonnenberg geschmiegt. Ginge es nach den Stadtentwicklern, würde hier allerdings mehr Leben einziehen: Wie viele Orte im Obervinschgau ist Schluderns mit Leerstand konfrontiert; 41 leerstehende Stadel wurden 2020 gezählt, bei 1500 Einwohnern. Gründe dafür gibt es viele: Bauern geben ihre Arbeit auf, der Nachwuchs möchte den Hof nicht übernehmen, erbende Kinder können sich nicht einigen. Nun versucht man, die Höfe anders nutzbar zu machen: als

Marmor ist das weiße Gold von Laas – noch heute, wie die gestapelten Blöcke eindrücklich belegen.

Wohnhäuser, Coworking-Spaces, Gastro-Betriebe, Werkstätten. Gut geglückt ist das bereits im **Dorflodn,** der einen exzellenten Regiomarkt mit einem Hofcafé vereint.

Dorflodn Vinschgau: Churburggasse 3a, auf Facebook, aktuelle Zeiten s. dort

Reise durch die Geschichte

Das **s'Vintschger Museum** lädt zu einer Reise durch 5000 Jahre ein: von den Rätern, die noch vor den Römern hier siedelten, über die Schwabenkinder (s. S. 231) bis zur Bedeutung vom *Wosser* – des Wassers zum Wässern, das durch die Waale fließt. Hier gibt es auch Infos zu einer lohnenden Wanderung zum zugehörigen **Freilichtmuseum Ganglegg,** einer bronze- und eisenzeitlichen Siedlung mit rekonstruierten Hütten und Ausgrabungsstätten.

In Privatbesitz, aber zu besichtigen: Von einer mittelalterlichen Wehrfeste entwickelte sich die Churburg zu einer Renaissanceresidenz mit prächtigen Innenräumen.

s'Vintschger Museum: Meraner Str. 1, www.vuseum.it, Mai–Nov. Di–So 10–12.30, 14–18 Uhr, Juli/Aug. durchgehend, 6 €, Schüler 2 €

Auf der Churburg

Die um 1250 als wehrhaftes Renaissanceschloss errichtete **Churburg/Castel Coira** ist seit 500 Jahren im Besitz der Familie Trapp, die bis heute hier lebt. Graf Trapp holte mit den Churburger Wirtschaftsgesprächen über Jahrzehnte internationale Debatten in die Region. Das Trapp'sche Familiengrab finden Sie an der Schludernser Kirche. Berühmt ist die Burg vor allem wegen ihrer Rüstkammer. Sehenswert sind auch der Renaissance-Arkadengang und die romanische Kapelle.

Churburg 1, www.churburg.com, nur mit Führung (ca. 50–60 Min.) und nach Anmeldung (T 0473 61 52 41), Ende März–Anf. Nov. Di–So, Zeiten s. Website, 12 €, Eltern mit Kindern 6–17 Jahre 28 €, unter 6 Jahren Eintritt frei

Schlafen, Essen

Am Bach

Alte Mühle: In diesem familiär geführten Viersternehaus wohnt und isst es sich idyllisch und auch in der Hochsaison ohne Touristenströme. Große Zimmer, Wellnessbereich, Ortlerblick, exzellente Pizza (€) am Mühlrad.

Matscher Winkel 24, T 0473 61 52 38, www.hotel-alte-muehle.com, €€

Trendy

Bar Loki: Untirolerisch, mit großer Terrasse und gelegentlich Livemusik. Hier kann man auch mal länger sitzen.

Vinschgauer Str. 22a, T 348 881 45 07, auf Facebook, Mo–Fr ab 7, Sa ab 8 Uhr bis spätabends, €

Glurns/ Glorenza

B4

Stadt des Mäusegerichts

Allein gelassen hat man die Mäuse nicht: Ein Verteidiger plädierte in ihrem Namen auf das Recht auf Nahrungssuche. Genutzt hat es nichts: Die Mäuse müssen die Stadt verlassen, urteilte ein Richter in **Glurns,** der Vorwurf: Erntevernichtung. Wie bitte? Den Prozess gab es wirklich, im 16. Jh. Über das Warum ist man uneins, die wohl schlüssigste Erklärung ist ein Ablenkungsmanöver. Vom Krieg mit den Engadinern gebeutelt, konnten die Bauern ihren Zehent nicht bezahlen, so suchte man einen Schuldigen. Dass Tieren eine Rechtspersönlichkeit zugesprochen wurde, passt zwar in die heutige Debatte. Doch ist es realistisch?

900 Menschen, eine Stadt

Heute verteilen sich rund 900 Einwohner in der kreisrunden mittelalterlichen Ministadt; sagen Sie bloß nicht Dorf, Glurns erhielt 1304 die Stadtrechte! Die **Lauben** sind die kleinsten in Südtirol, die Tore der **Stadtmauer** heißen so wie die Orte, in deren Richtung sie führen: **Malser Tor, Schludernser Tor, Tauferer Tor.** Letzteres, auch Kirchtor genannt, liegt leider an der Straße zum Ofenpass, auf dessen anderer Seite die Schweiz liegt. Und so führt, was nur ein weiteres Kuriosum ist, eine Staatsstraße mitten durch das kleine Glurns.

Mit spitzer Feder

Im **Kirchtorturm (Tauferer Torturm)** erinnert eine **Ausstellung an Paul Flora,** der bis in die 1970er-Jahre Tausende Karikaturen für die Wochenzeitung Die Zeit zeichnete. Auch aus der Ferne setzte er sich für die Sanierung seiner Heimatstadt ein, denn in den wenig traditionsbewussten 1970er-Jahren gab es auch Stimmen für einen Abriss so manchen Gebäudes. Paul Floras Grab ist auf dem benachbarten Stadtfriedhof.

www.glurns.eu, Mai–Okt. Di–So 10–13, 14–17 Uhr, 5 €, 11–15 Jahre 2,50 €

Bei den Highlandern

Östlich der Stadtmauer ist Neu-Glurns entstanden. In einem extravaganten ziegelroten Kubus von Werner Tscholl brennen die ersten ›Highlander Italiens‹ in ihrer **Puni Distillery** die einzigen Whiskys weit und breit. Die Gärung erfolgt in Fässern aus Südtiroler Lärche. Mit Besucherzentrum, Laden, auch Führungen.

Am Mühlbach 2, www.puni.com, Öffnungszeiten/Führungen/Verkostungen s. Website

Schlafen, Essen

Atmosphärisch

Flurin: Im historischen Gerichtsgebäude von Glurns kocht ein junges Team kreativ und mit Leidenschaft. Die Karte ist klein und wechselt regelmäßig. Aus ihr können sich Gäste auch Drei- bis Fünf-Gänge-Menüs zusammenstellen. Es gibt z. B. heimischen Hirsch, Matscher Saibling, aber auch Vegetarisches, außerdem Bio- und Naturweine aus der Region. Übernachten können Sie in edlen Suiten.

Laubengasse 2, T 0473 42 81 36, www.flurin.it, Mi–So 12–14.30, 18–20.30, Bar 10–23 Uhr, €€–€€€

Hier gibt es Mäuse

Café Riedl: 22 Jahre war Alois Riedl Bürgermeister, nun widmet er sich ganz den berühmten Glurnser Mäusen, gefüllt mit Nougat und Haselnüssen. Nur im Hochsommer verkauft er sie nicht: »Dann laufen sie in der Tasche davon.«

Malser Str. 9, T 0473 83 13 48, Mo–Sa 8–18 Uhr

Infos

- **Informationsbüro Glurns:** Tauferer Torturm, Florastr. 1, Mitte April–Mitte/Ende Juni, Okt.–Anf. Nov. Mo–Sa 9–12.30, 14–18, Mitte/Ende Juni–Sept. Mo–Sa 9–18 Uhr. Änderungen vorbehalten.
- **Bus:** www.suedtirolmobil.info. Tgl. **Bus 272** ab Mals, **Bus 274** ab Schluderns nach Glurns.

Mals/Malles Venosta und Umgebung

Fünf Kirchen sollst du sehen

Am schönsten nähert man sich **Mals** von dem riesigen Schwemmkegel, der Malser Haide heißt und vom Reschensee erstaunlich steil hinabführt. Schon von Weitem fallen fünf **Türme** ins Auge; es waren übrigens einmal sieben, woher der einstige Namen Siebenkirchen rührt.

Am Ortsrand, nur wenige Meter von der Hauptstraße, steht **St. Benedikt** (Infos zur Besichtigung beim Tourismusverein, s. S. 242), eine der schönsten romanischen Kirchen (s. auch Kasten S. 242) weit und breit. Um 800 wurde sie als Filialkirche des Klosters in Müstair (Schweiz) gegründet. Ihr Inneres schmücken karolingische Fresken. Der Kirchturm wurde vermutlich im 12. Jh. ergänzt.

Regelmäßig offen steht die zentrale **Pfarrkirche Maria Himmelfahrt** (Spitalstr. 2) mit ihren Jugendstilfresken von der Geburt Christi. Auf dem **Friedhof der St.-Michael-Kirche** am zentralen Peter-Glückh-Platz sind zwei Fresken des berühmten Malser Künstlers Karl Plattner zu sehen: eine am Grab seiner Familie und eine an einem Mahnmal für Gefallene. Plattner war ab den 1940er-Jahren von Mals über Berlin nach Brasilien und wieder zurück nach Italien gezogen.

B

HEILENDE BIRNE

Eine alte Obstsorte, die im Vinschgau angebaut wird, ist die **Palabirne.** »Wenn die Palabirnen reif sind, kann ich in Urlaub gehen«, soll ein Malser Arzt einmal gesagt haben. Früher nannte man sie auch Sommerapothekerbirne. Sie wächst auf großen, knorrigen Bäumen, ihre Schale ist eher rau, ihr Aroma intensiv. Besonders gut eignet sich die Palabirne als Dörrobst und zum Backen, halten Sie Ausschau nach Palabirnbrot. In Glurns finden im September die **Palabira-Tage** statt.

Das Wunder von Mals

Wer etwas über das heutige Mals erfahren möchte, könnte mit einem Blick in die **Stadtapotheke** am Peter-Glückh-Platz beginnen: Nicht zuletzt dank des Apothekers Johannes Fragner-Unterpertinger ist Mals heute das Zentrum der Südtiroler Umweltbewegung. 2017 erklärten sich die Malser via Volksabstimmung zur »pestizidfreien Gemeinde«, um die immer raumgreifendere Apfelindustrie fernhalten zu können. In den Folgejahren entspann sich ein wüster Streit um Zuständigkeiten, u. a. strengte die Landesregierung gegen Alexander Schiebel, den Autor des Buches und des Dokumentarfilms »Das Wunder von Mals« einen Prozess wegen übler Nachrede an – und scheiterte. Immer mehr Malser setzen auf biologische Landwirtschaft, es gibt ein Samenfest, ein Festival für nachhaltige Regionalentwicklung und vieles mehr.

Mönche und Gäste

So leuchtend kommt Einkehr selten daher: In strahlendem Weiß zieht einen das **Benediktinerkloster Marienberg** oberhalb des kleinen Ortes **Burgeis/Burgusio** (knapp 4 km nördlich von Mals) schon von Weitem in den Bann. Seit mehr als 800 Jahren leben hier Benediktinermönche, wenn auch 2020 nur elf an der Zahl.

Der aus dem Rheinland stammende Abt Markus haucht Europas höchstgelegener Benediktinerabtei seit Jahren neuen Schwung ein. Jüngst eröffneten eine riesige **Bibliothek** sowie das **Klostercafé Invito,** bei beiden war der Architekt Werner Tscholl am Werk. Gäste aller Geschlechter werden in acht Einzel- und einem Zweibettzimmer beherbergt, Männer gern als ›Kloster-auf-Zeit‹-Gäste aufgenommen, persönliches Wecken um 5.45 Uhr inklusive. Auch wer nur für eine Stippvisite vorbeikommt, findet einen Ort, der Ruhe und Inspiration ausstrahlt, außerdem eine **Klosterkirche** aus dem 12. Jh. nebst romanischem Portal und ein **Museum.** Bibliothek und Krypta sind nur bei Führungen zu besichtigen.

Schlinig 1, www.marienberg.it, zu Fuß ab Burgeis via Benediktweg (20 Min.), Bus 277, Pkw; weitere Infos s. Website

Schlafen

Aussichtsreich

Das Gerstl: Hoch über Kloster Marienberg gelegenes schickes Hotel, mit Wanderprogramm und gesunder Küche. Mehrmals täglich Bus 277 nach Mals.

Schlinig 4, T 0473 83 14 16, www.dasgerstl.com, €€€

Mönchisch

Benediktinerkloster Marienberg: s. oben

Essen

Altstadt-Pizza

Restaurant Pizzeria Lampl: In kleinen Stuben wird hier exzellente Pizza und meist sardische Küche serviert, z. B. Hirschragout mit Polenta. Fototipp: Vor dem Nachbarhaus haben Sie das mittelalterliche Mals im Vorder- und den Ortler im Hintergrund.

Dr.-Heinrich-Flora-Str. 4, Mals, T 0473 83 10 85, auf Facebook, Fr–Di mittags, abends, €–€€

Ökologisch

Bistro Vinterra: Nicht nur auf der Terrasse der Sozialgenossenschaft versammeln sich nachhaltig denkende Menschen zu vegetarischer Küche, Kaffee und Austausch.

Gerbergasse 18a (im Gebäude des Bauernladens, s. u.), Mals, www.vinterra.it, Mo, Mi–Fr 11–15, Küche 12–14.15, Sa/So 11–16, Küche 11–15 Uhr

Einkaufen

Regionales

Bauernladen: Nebenan bietet ein großer Bauernladen beste Südtiroler Produkte – inklusive handgefertigte Lederwaren, die das ursprüngliche Gewerbe der Familie Pobitzer sind.

Gerbergasse 18, Mals, www.pobitzer.org, Mo–Fr 8.30–12, 14.30–18.30, Sa 8.30–12, 14.30–18 Uhr

Glückliche-Kühe-Käse

Hofkäserei Englhorn: Als Sonja und Alexander Agethle ihren Biokäse-Betrieb starteten, hatten sie eine inzwischen mehrfach kopierte Idee: Zur Finanzierung verkauften sie Käseaktien; wer 500 € einzahlte, bekam im Anschluss über Jahre Käse. Der schmeckt exzellent und stammt von Kühen, die Namen tragen.

ROMANIK

Der Vinschgau ist bekannt für romanische Burgen und Kirchen (schlicht aus dem Grund, dass in der armen Region für aufwendige Umbauten oft das Geld fehlte). Verbunden werden sie durch eine **Alpine Straße der Romanik** (www.stiegenzumhimmel.it), die von der **St.-Prokulus-Kirche** in Naturns (s. S. 222) über **St. Benedikt** in Glurns (s. S. 240) und das **Kloster Marienberg** bei Burgeis (s. S. 241) durch das **Münstertal** bis in die Schweiz führt. Nur 1 km hinter der Grenze liegt dort das **Kloster St. Johann** (www.muestair.ch) in Müstair, seit seiner Gründung durch Karl den Großen im 8. Jh. ununterbrochen bewohnt und UNESCO-Weltkulturerbe. Klosterkirche, Museum und Klosterladen stehen Besuchern offen.

Schleis 8, Schleis, www.englhorn.com, Mo–Sa 8–12 Uhr, im Sommer Führungen (via Tourismusverein, s. u.)

Bunt und groß

Markt: Am Mittwoch ist in Mals Markt(vormit)tag: Um den Peter-Glückh-Platz findet der **Wochen-**, in der Fußgängerzone der **Bauernmarkt** statt.

Bewegen

Sagenumwoben

Zum Tartscher Bichl/Collina di Tarces: Der 1077 m hohe Hügel westlich der Staatsstraße Richtung Schluderns, nahe dem Abzweig nach Matsch, war schon in vorchristlicher Zeit ein Kultplatz. Heute steht dort ein romanisches Kirchlein (Infos zur Besichtigung beim Tourismusverein, s. u.) mit dem ältesten Christus-Fresko in Südtirol. Eine Rundtour zu Fuß ab Tartsch (Start beim Michlwirt) dauert ca. 1,5 Std.

Im Bergsteigerdorf

Wandern ab Matsch/Mazia: Das Dorf (1600 m) im lang gezogenen und naturbelassenen Matscher Tal war das erste Bergsteigerdorf (s. Kasten S. 103) Südtirols. Zu den exzellenten Wandermöglichkeiten gehört eine Tour auf den Hausberg **Spitzige Lun** (2324 m) sowie eine **Talwanderung zu den Glieshöfen** (auch Übernachtung) und zur **Matscher Alm.** Mehr Tipps gibt es in Broschüren des Tourismusvereins. **Bus 278** fährt stdl. von/bis Mals, in der Hochsaison fährt morgens und abends ein **Wanderbus** zu den Glieshöfen.

Weitwandern

360 Grad Obervinschgau: Der Rundwanderweg führt in acht Tagen über und durch die Dörfer. Karte mit Anregungen für Teilstrecken in den Tourismusbüros.

Vinschger Höhenweg: Von Staben bei Naturns bis zum Reschen führt ein sechstägiger Weg für Ambitionierte über 100 km und mehr als 5000 Höhenmeter. Auch Teilstrecken sind interessant, z. B. die von Matsch nach Planeil/Planol. **Info/Download:** www.vinschgau.net/de/aktivurlaub/wandern-bergtouren/vinschger-hoehenweg/10010201-vinschger-hoehenweg-reschen-staben.html#detail. Für die Gesamtstrecke bietet der Malser Anbieter **Vinschgau Touristik** (www.vinschgau-touristik.com) Gepäcktransport.

Infos

- **Tourismusverein Mals/Obervinschgau:** St.-Benedikt-Str. 1, 39024 Mals, T 0473 83 11 90, www.vinschgau.net, Mo–Fr 8.30–12, 15–18, Sa 8.30–12 Uhr (Nebensaison Sa nur vormittags). Hier gibt es auch Informationen zu den aktuellen Öffnungszeiten der Kirchen.

- **Bahn, Bus:** www.suedtirolmobil.info. In Mals endet die **Vinschger Bahn** (s. S. 220) ab Meran. Vor dem Bahnhof im tiefer gelegenen Süden der Altstadt fahren zahlreiche **Busse** in alle Orte des Obervinschgau, in die Schweiz, nach Österreich – und ins Zentrum von Mals. Obacht: Oft wechseln Busse bei der Ankunft ihre Nummer, halten Sie die Augen offen!

Rund um den Reschensee B3

Durch den Wind

Der legendäre Vinschger Wind weht so stark über die Malser Haide, dass die Bäume zeigen, aus welcher Richtung er meist bläst – sie alle scheinen gen Süden zu kippen. Staunend schraubt man sich in Serpentinen den eigentümlichen Schwemmkegel hinauf, oben angekommen hat man 500 Höhenmeter hinzugewonnen und steht in einem Wasserparadies.

Naturparadies

Als erstes Gewässer erreicht man den naturbelassenen **Haidersee/Lago di S. Valentino alla Muta,** der viele Fischer anzieht. Wer ihn umrundet, kann u. a. Enten, Haubentaucher und Blesshühner beobachten; Tafeln führen in Fauna, Flora und Landschaft ein. Am Seeende liegt St. Valentin auf der Haide, nebst Bergbahn zur Haideralm (s. S. 246).

Am Reschensee B3

Der versunkene Turm

Der **Reschensee/Lago di Resia** steht an Berühmtheit dem Pragser Wildsee kaum nach – wenn auch aus einem Anlass, der zu viel Unmut führte. Auf Betreiben eines Chemiekonzerns stimmte die italienische Regierung 1939 der Stauung des Sees zu, auf Kosten des alten Dorfes **Graun** und von 150 Familien, die so ihre Häuser verloren. Die Annahme, Derartiges könne nur im Faschismus geschehen, stimmt leider nicht: Wegen des Zweiten Weltkriegs wurde das Projekt erst 1950 richtig begonnen. Bizarr: Dass der **Kirchturm** aus dem See ragt, liegt daran, dass er – anders als die Wohnhäuser – unter Denkmalschutz stand und steht. Kein Wunder, dass sich viele Alteingesessene dem See bis heute mit Wehmut bis Ingrimm nähern.

Am Ufer entstand das neue Dorf **Graun im Vinschgau/Curon Venosta.** Hier herrscht heute im Sommer Beachflair: Menschen in bunten Hemden, manche mit Kiteboards unter dem Arm, flanieren von Café zu Café, vor allem am Wochenende ist kaum ein Parkplatz zu bekommen. Am Seeufer klärt ein Info-Point über die Geschichte auf.

Hier entspringt die Etsch

In dem lang gezogenen Ort **Reschen/Resia** (1497 m), nur wenige Kilometer vor dem ganzjährig geöffneten Pass, geht es gemeinhin ruhiger zu. Im Osten des Ortes können Sie zur **Etschquelle** (ca. 30 Min.) wandern, im Westen in das Skigebiet **Haideralm** (s. S. 246). Vor allem an heißen Tagen gibt es allerdings kaum einen Grund, das Ufer zu verlassen. Dann trauen sich regelmäßig auch Menschen in das immer kalte Wasser.

In der Umgebung B3

In ein stilles Tal

Bei Graun zweigt eine Straße in das wunderschöne **Langtauferer Tal/Vallelunga** ab, das durch viel Natur und vereinzelte

TOUR
Der Vinschger Radweg

Von Reschen nach Naturns

Als wäre die Zwangsumsiedlung der Bewohner von Graun nicht gruslig genug, setzte die Netflix-Serie »Curon« noch eins oben drauf: Rund um den einsam im See stehenden Kirchturm ranken sich mythische Ereignisse. Wer ein Läuten der nicht mehr vorhandenen Glocken hört, ist dem Tod geweiht.

Der **Vinschger Radweg** ist Teil des Via-Claudia-Augusta-Radwegs, der über 700 km von Donauwörth bis südlich von Verona führt. Auf unserer Tour, die wir uns für einen halbwegs sonnigen und nicht allzu heißen Tag vornehmen, gibt es viel zu sehen, ein Frühstart lohnt sich! Um 8 Uhr besteigen wir die Vinschger Bahn nach Mals, dort um 9 Uhr den Bus nach **Reschen/Resia**. Flugs wird das vorab reservierte Fahrrad ausgehändigt – und los geht es! Am Ostufer des Reschensees kommen wir schon bald noch vor dem neuen Dorf **Graun/Curon** sehr nah an dem berühmten versunkenen **Grauner Kirchturm** (s. S. 243) vorbei; eine Infotafel am Ufer erzählt die Geschichte.

Hinter dem bald folgenden **Haidersee/Lago di S. Valentino alla Muta** fühlen wir uns für einige schnelle Minuten wie Rennradfahrer: Durch nummerierte Kehren sausen wir auf der alten Autostraße die **Malser Haide/Muta di Malles** hinab. Im rechten Augenwinkel taucht das fantastische **Benediktinerkloster Marien-**

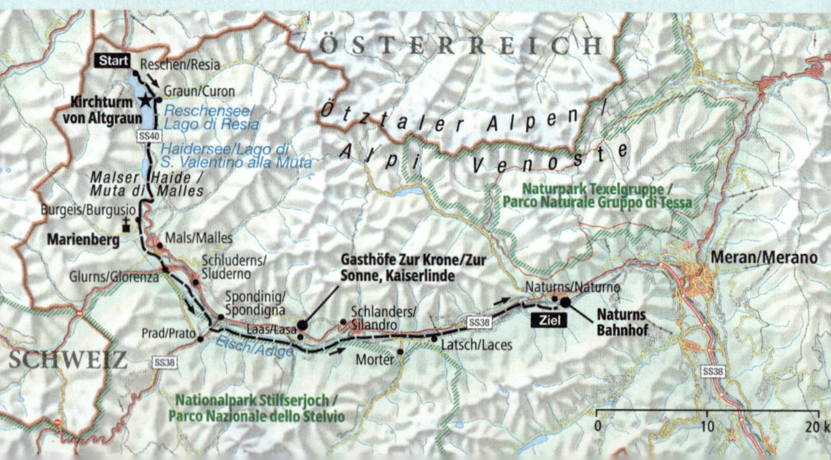

Infos

65 km, reine Fahrzeit 3–4 Std., leicht

Start/Ziel: Südtirol Rad, Reschen, B 3/ Naturns, D 4

Radverleih: **Südtirol Rad,** Hauptstr. 24, Reschen, T 0473 20 15 00, www.suedtirol-rad.com, Juni–Sept. 9–13, 14–17 Uhr, Abgabe bei Südtirol Rad am Bhf. Naturns bis 18 Uhr. Ein Basic Bike (25 €) reicht aus.

Bike-Shuttle: Wer ein Rad hat, nimmt am besten von Naturns nach Graun einen Bike-Shuttle, Anmeldung bis 18 Uhr am Vortag, z. B. beim Tourismusbüro Naturns (T 0473 66 60 77, 19 €). Shuttles fahren auch von anderen Orten, fragen Sie bei den jeweiligen Tourismusvereinen! Start der Saison ist April/ Mai. Schneefrei ist die sonnige Strecke meist früh im Jahr.

berg (s. S. 241) auf, wenig später fahren wir mitten durch das idyllische Dörfchen **Burgeis/Burgusio** hindurch. Wer ein bergtaugliches Rad hat oder die Kondition für einen etwa 20-minütigen Fußmarsch, lässt das Kloster nicht einfach nur rechts liegen, sondern schaut es sich an.

Zurück auf dem Radweg ist – nach einem kurvigen Abschnitt, auf dem wir uns gelegentlich die Strecke mit Traktoren teilen, Obacht! – der nächste Stopp **Glurns/ Glorenza** (s. S. 239) erreicht. Hier ist eine kurze Besichtigung ein Muss, ein kühles Getränk an der Etsch überfällig, vielleicht locken ja auch die Schokoladenmäuse der Bäckerei Riedl. Im nahen **Schluderns/Sluderno** (s. S. 237) ist das Zentrum schnell durchstreift. Allerdings: Im **Vintschger Museum** gibt es einiges zu entdecken!

Hinter Schluderns geht es bis **Spondinig/Spondigna** weiter leicht abfallend an der Etsch entlang. Von dort führt der Weg zunächst abseits der Etsch und eher bergauf Richtung **Prad/Prato** (s. S. 230), von dort nach **Laas/Lasa** (s. S. 236). In dem Marmordorf gibt es im Schatten der Kaiserlinde – spätestens jetzt ist doch Zeit für eine Pause! – in gleich zwei Restaurants gute Küche, und eines hat immer geöffnet: im **Gasthaus Zur Krone** (www.krone-laas.it, Di–So, morgens bis abends, auch nachmittags kleine Speisen, €–€€) und im **Gasthaus Zur Sonne** (www.sonnelaas.com, Mi–Sa mittags, abends, Di mittags, €–€€).

Hinter Laas geht es, sehr passend zur Mittagsträgheit, angenehm bergab. Wer gut in der Zeit liegt (was allerdings nicht sehr wahrscheinlich ist), nimmt wenig später den Abstecher nach **Schlanders/Silandro** (s. S. 234) mit.

Der weitere Weg folgt erst der Etsch, führt dann durch Obstfelder über **Morter** (Vorsicht, Steigung!) nach **Latsch/Laces** (s. S. 229). Ab hier düsen wir nur noch am Fluss entlang und geben pünktlich vor 18 Uhr am **Naturnser Bahnhof** (vom Etsch-Radweg nur durch den Bahnübergang getrennt; Naturns: s. S. 222) unsere Räder ab.

D

WEG MIT DEN DÄMONEN

Der **Tartscher Bichl** (s. S. 242) ist einer der besten Orte, das **Scheibenschlagen** zu erleben, mit dem im Obervinschgau am Sonntag nach Aschermittwoch die Dämonen der Kälte und der Finsternis ausgetrieben werden: Glühend heiße Scheiben werden ins Tal geschleudert und bilden leuchtende Ringe am dunklen Himmel.

Gehöfte, geprägt ist. Hauptort ist **Pedross/Pedrossi,** wo es, südtiroltypisch, für die wenigen Talkinder sogar eine Grundschule gibt. Am Ende des Tales liegt der Weiler **Melag/Melago** nebst Bergführerbüro und Käserei. Der Parkplatz füllt sich zur Hochsaison schnell – früh oder mit Bus Nr. 277 ab Graun anreisen! Die **Melager Alm/Malga di Melago** (40 Min.) sowie die **Weißkugelhütte/Rifugio Pio XI** (ca. 2 Std.) sind beliebte Wanderziele.

Zu einer entlegenen Kirche

Westlich vom Reschensee schraubt sich eine der am wenigsten befahrenen Straßen Südtirols durch märchenhaften Wald bis auf 2000 m Höhe in das Drei-Familien-Dorf **Rojen** (A 3). Ausgerechnet hier steht eine der schönsten Kirchen der Region: die aus einem romanischen Langhaus und einer gotischen Vorhalle bestehende **St.-Nikolaus-Kirche.** Ihr gesamter Altarraum wurde – wohl im frühen 15. Jh. – mit Fresken ausgemalt! Den Schlüssel bekommen Sie im **Gasthaus Bergkristall** (Rojen 35, T 340 585 76 12, tgl. 10–18, warme Küche ab 11.30 Uhr, €), in dem es auch gute einfache Gerichte gibt. Rojen ist außerdem ein ideales Ziel für Mountainbiker.

Schlafen, Essen

Biologisch

Giernhof: Auf dem Biohof am ruhigen Westufer des Reschensees gibt es großzügige Ferienwohnungen (eine mit Seeblick), Frühstück und Halbpension zubuchbar. Der Hofschank serviert, was die Saison hergibt.

Giern 1, T 0473 42 08 71, www.giernhof.it, Ferienwohnung €, Küche Hochsaison meist Fr–Mi 12–15, 18–21 Uhr (aktuell: s. Website), €

Im Strohhaus

Biobauernhof Fliri: Tief im Langtauferer Tal vermietet Richard Fliri baubiologisch errichtete Ferienwohnungen – darunter zwei in einem Strohhaus.

Langtaufers 11a, T 0473 63 34 32, www.fliri.net, Wohnungen €€

Den Sternen nahe

Berghaus Maseben: Wunderbare Hütte auf 2267 m über Langtaufers mit Zwei- und Mehr-Bett-Zimmern. Highlight ist eine Sternwarte: Ohne Lichtverschmutzung können Besucher Orion und Co. betrachten.

Langtaufers, T 0473 63 31 06, www.maseben.it, Mitte Juni–Ende Okt., Mitte Dez.–Anf. April, Shuttleservice gegen Gebühr, €–€€

Bewegen

Mit Seeblick

Über die Haideralm: Ein schöner Höhenweg führt von der Haideralm/Malga S. Valentino nach Schöneben/Belpiano. Ohne Auf- und Abstieg geht es von St. Valentin auf der Haide/San Valentino alla Muta mit der Seilbahn (www.schoeneben.it, Ende Mai–Anf./Mitte Okt. 9–16.30 Uhr, Winterzeiten und Preise s. Website) hinauf und in Schöneben nach Reschen hinab. Gehzeit 2–2,5 Std., 300 Höhenmeter.

Zugabe
Schafe auf Gletscherkurs

Von Schnals ins Ötztal

Fragt man die Schnalser, warum sie ihre Schafe einer lebensbedrohlichen Reise aussetzen, antworten sie: Das war schon immer so. Und weil es schon immer so war, bestehen uralte Weiderechte, die man nicht aufgibt. Auch wenn es nur noch so wenige Schafe in Schnals gibt, dass diese keinen Gletscher überqueren müssten, um frisches Gras zu finden.

Anfang Juni und Mitte September wandern Hirten und Hunde mit 3000 Schafen auf zwei Routen vom Südtiroler Schnals- ins Tiroler Ötztal und wieder zurück. Die Rückkehr der Herden wird mit großen Festen begleitet.

In vier Hütten an der Strecke ist bei (sehr rechtzeitiger) Anmeldung eine Übernachtung vorab möglich: Schöne-Aussicht-Hütte, Hochjochhospiz, Martin-Busch-Hütte, Similaunhütte. Nur die Schöne-Aussicht-Hütte (www.schoeneaussicht.it) liegt in Südtirol, Frühaufsteher erreichen sie auch mit der Gletscherbahn von Kurzras und einer halben Stunde Fußmarsch: Vor 11.30 Uhr trifft der Schaftrek dort nicht ein. ■

Das Kleingedruckte

Keschtn, Esskastanien, sind zwischen Brixen und Bozen allgegenwärtig, vor allem am Keschtnweg.

Anreise

… mit dem Flugzeug

Der kleine Bozner Regionalflughafen (www.skyalps.com) hat Verbindungen von/nach Berlin, Hamburg und Düsseldorf sowie zwei Linien nach Süditalien. Weitere Flughäfen in der Nähe befinden sich in Innsbruck (120 km; www.innsbruck-airport.com) oder Verona (150 km; www.aeroportoverona.it). Von dort geht es per Zug oder Shuttledienst weiter.

… mit der Bahn

Im Herzen Europas gelegen, ist Südtirol mit den Zügen der Deutschen Bahn (DB), der Österreichischen (ÖBB) sowie der Schweizer Bundesbahn (SBB) sehr gut zu erreichen. Die direkte Bahnlinie über den Brenner führt von München über Innsbruck, Franzensfeste, Brixen nach Bozen (knapp 4 Std.), dann weiter über Verona und Padua/Padova nach Venedig. Den Sparpreis Europa der DB bzw. die Sparschiene der ÖBB gibt es – bei rechtzeitiger Buchung – ab 19,90 €/Strecke. Im Zug können Sie das Anschlussticket Südtirol für 5 € erwerben und damit alle öffentlichen Verkehrsmittel in Südtirol am Tag der Anreise nutzen. Die Busverbindung zwischen Zernez (Graubünden) und Mals (Vinschgau) verbindet das Südtiroler und das Schweizer Bahnnetz.

DB: www.bahn.de, T 030 29 70
ÖBB: www.oebb.at, T 05 17 17
SBB: www.sbb.ch, T 0848 44 66 88 (0,98 CHF/Min.)

… mit dem Bus

Der Flixbus-Knotenpunkt in München ermöglicht Verbindungen in alle Städte Deutschlands und in 26 weitere Länder. Flixbusse halten in Sterzing, Brixen, Klausen, Bozen, Lana, Marling und Meran. Oft günstiger als der Zug, viele Nachtfahrten, frühzeitige Buchung ist ratsam.

www.flixbus.de

STECKBRIEF

Lage: Südtirol ist die nördlichste Provinz Italiens und liegt in den Alpen.
Größe: 7400 km²
Geografie: Hochgebirge der Alpen mit den Hauptflüssen Etsch, Eisack und Rienz, vielen Seen und Gebirgstälern. Haupttäler sind Etsch-, Eisack- und Pustertal. Der Ortler ist mit 3905 m der höchste Berg.
Einwohner: 533.000 Einwohner (Stand: 2022) bei einer Bevölkerungsdichte von 72 Einwohnern/km².
Hauptstadt: Bozen/Bolzano
Staat und Politik: Mit der Provinz Trient bildet Südtirol die Autonome Region Trentino-Südtirol/Trentino-Alto Adige. Die Südtiroler Landesregierung besteht zzt. aus Landeshauptmann Arno Kompatscher (SVP) und sieben Landesräten.
Amts- und Umgangssprachen: Deutsch, Italienisch, Ladinisch
Währung: Euro
Vorwahl: +39
Landwirtschaft: Weintrauben (2021: ca. 25 000 t/Jahr) und Äpfel (2021: ca. 935 000 t/Jahr, Apfelernte 2022 wohl geringer)
Tourismus: 2022 wurden in Südtirol 7,9 Mio. Ankünfte und 34,9 Mio. Übernachtungen registriert.

… mit dem Auto

Die mautpflichtige **Brenner-Autobahn** ist die Hauptroute nach Südtirol. Parallel zur Autobahn verläuft die alte **Brennerstraße** kurvenreich, dafür weniger staugefährdet. Den **Vinschgau** erreicht man direkt durch das obere Inntal (Österreich) und dann über den **Reschenpass,** von der Schweiz aus über das **Münstertal.** Ins **Pustertal** gelangt man von Österreich aus auch über Sillian und den Grenzübergang Winnebach. **Alle weiteren Straßen** sind serpentinenreiche Hochgebirgsstraßen und nur im Sommer befahrbar (Umbrailpass/Stilfser Joch, Timmelsjoch, Staller Sattel). Für die Fahrt durch Österreich bzw. die Schweiz sind **Mautvignetten** erforderlich! Von Hamburg und Düsseldorf bieten die **Autoreisezüge** von Urlaubs-Express eine entspannte und umweltfreundliche Anreise mit dem eigenen Auto quasi im Schlaf bis Innsbruck.

https://urlaubs-express.de, T 0221 80 02 08 20

Bewegen und Entschleunigen

Baden und Rafting

Neben den zahlreichen öffentlichen Freibädern bieten diverse **Badeseen und Badeweiher** erfrischende Abwechslung. Der Kalterer See und die beiden Montiggler Seen sind die wärmsten und beliebtesten. Auf den Flüssen Rienz, Ahr, Eisack und Passer werden **Rafting-Touren** angeboten.

Klettern

Südtirol ist ein Eldorado für Indoor- und Outdoor-Kletterer. Die Kletterhalle **Salewa Cube** (www.salewa-cube.com) in Bozen öffnet bei gutem Wetter ihr riesiges Tor und lässt die Bergkulisse hinein, während draußen auf der großen Freitreppe die Community zuschaut und fachsimpelt. Auch Brixen hat mit der **Vertikale** eine super Kletterhalle (www.vertikale.it). Übersichtlich präsentiert der Kletterführer »Sportklettern in Südtirol« von Vertical-Life Klettergärten und Routen in der freien Natur (www.vertical-life.info, auch als App).

Radfahren und Mountainbiking

In den Tälern kann auf ausgebauten Radwegen abseits des Autoverkehrs und ohne große Steigungen geradelt werden. Echte Klassiker sind die Strecken vom Brenner nach Bozen, der **Pustertal-Radweg** und der **Etsch-Radweg** entlang der Via Claudia Augusta. **Bozen. Meran** und **Brixen** sind ideale Städte zum Radfahren. **Radkarten** gibt es vom Verlag Esterbauer (www.esterbauer.com) in der Reihe bikeline. Die **bikemobilCard** gibt es bei Tourismusbüros, an Bahnhöfen und Busstationen (1-/3-/7-Tageskarte, 25/30/35 €). Inkludiert ist die Nutzung des öffentlichen Nahverkehrs im gewählten Zeitraum und die kostenlose Ausleihe eines Rades bei den in ganz Südtirol gut vernetzten Anbietern **Südtirol Rad** (www.suedtirol-rad.com), **Papin Sport** (www.papinsport.com) oder **Südtirolbike** (www.suedtirolbike.info; Mals) für einen Tag. Der **Transport des Leihrads** in den öffentlichen Verkehrsmitteln ist nicht erlaubt, dafür können die Räder an unterschiedlichen Standorten (bei Südtirol Rad inkludiert, bei Papin 7 € Aufpreis) wieder abgegeben werden. **Leihräder** kosten ab ca. 21 € (Papin) bzw. 25 € (Südtirol Rad) pro Tag. Im Reiseteil sind **Radverleihstationen** angegeben. Sinnvoll ist es aber, sich auf den jeweiligen Websites über die aktuellen Öffnungszeiten zu informieren und gegebenenfalls ein Rad vorab online zu reservieren.

Sobald man die Täler verlässt, wird es steil und sportlich. Für Fans des **Mountainbikens** ist Südtirol das ideale Revier für ausgedehnte Touren und spannende Trails, z. B. an der **Plose** bei Brixen (www.plosebike.com) oder in der Gegend um den **Ortler.** In **Brixen** präsentieren an vier Tagen im September Radfirmen ihre aktuellen Bike-Modelle bei geführten Touren und im Brixen Bikepark (www.mountainbike-testival.de). In vielen **Seilbahnen** dürfen Räder mitgeführt werden, aber nicht alle Wege sind für Radfahrer erlaubt. Infos, **Karten und Tour-Empfehlungen** bei den örtlichen Tourismusämtern.

Wandern (und Bergsteigen)

Mehr als 16 000 km markierte **Wanderwege** schlängeln sich in Südtirol durch Weinberge und Apfelwiesen, vorbei an Burgen und Schlössern, entlang alter Waal-Bewässerungspfade, um Seen und natürlich hinauf zu aussichtsreichen Höhenwanderungen, mehrtägigen Berghüttentouren oder anspruchsvollen Gipfelbesteigungen. Einige der **Seilbahnen** sind auch im Sommer geöffnet und können lange Anstiege erleichtern. Wer hoch hinauf will, wandert am besten zwischen Mitte Juni und Mitte Oktober. Davor und danach liegt in Höhen über 2000 m oft Schnee und etliche Berghütten haben geschlossen. Die Tourismusämter geben Auskunft über **geführte Wanderungen und Gipfelbesteigungen.** Besondere Highlights in Südtirol sind die **Waalwege,** die **Militärwege** aus dem Ersten Weltkrieg, die **Krokuswiesen** im Frühling und die etwa 50 **Klettersteige. Tourenvorschläge** gibt es auch auf www.roterrucksack.com, www.suedtirol.info, www.suedtirolerland.it.

Voraussetzung für Wanderungen

Für Wanderungen in den Bergen sind gute **Wanderkarten** (für Südtirol: Kompass oder Tabacco) Pflicht. Karten, Führerliteratur, Internet, GPS und Apps informieren über Länge, Höhendifferenz, und Schwierigkeit der Tour und helfen bei der Orientierung. Wichtig ist die Vorab-Information über das **Wetter** und dessen ständige Beobachtung auf der Tour. Vor allem bei drohendem Gewitter lieber rechtzeitig umkehren als Risiken in Kauf nehmen. Achten Sie auf angemessene **Kleidung** und ausreichend Pausen, Essen und Trinken. Die Ausrüstung soll stets der Wanderung angepasst werden und der Rucksack nicht zu schwer sein. Regen-, Sonnen- und Kälteschutz, ein Erste-Hilfe-Paket und ein Mobiltelefon gehören immer zur **Grundausrüstung**. Gehen Sie am besten nicht allein oder informieren Sie jemanden über den Verlauf Ihrer Tour, die Notrufnummer ist die 112. **Verhalten bei Sichtung von Bären oder Wölfen:** s. Kasten S. 292.

Wellness und Entschleunigung

Der erholsame Kururlaub hat in Südtirol eine lange Tradition. Wo sich im 19. Jh. die ›besseren Kreise‹ aus ganz Europa trafen, kann man sich auch heute noch vorzüglich entspannen. Die Konkurrenz der Anbieter ist groß, das Niveau der Wellness-Angebote hoch. **Meran** und das **Eisacktal** sind Wellness-Hochburgen.

Wintersport

Die fast 30 Skigebiete in Südtirol haben sich zu zwei großen Verbünden zusammengeschlossen: **Dolomiti Superski** (www.dolomitisuperski.com) und **Ortler Skiarena** (www.ortlerskiarena.com).

Knapp 1300 km **Loipen** in verschiedenen Tälern und auf den Hochalmen wie der Seiser Alm stehen den Langläufern zur Verfügung. In allen Tälern gibt es **Rodelbahnen,** präparierte **Winterwanderwege** und **Eislaufplätze.** Schlittschuhlaufen auf der schnellsten Freilufteisbahn der Welt geht in der **Ritten-Arena** (www.rittenarena.com). Mit der entsprechenden Ausrüstung und einem erfahrenen Guide können auch **alpine Skitouren** gegangen werden. Die Tourismusämter haben Empfehlungen und Kontakte.

Einreisebestimmungen

EU-Bürger und Schweizer, auch Kinder und Jugendliche, müssen einen gültigen Personalausweis oder Reisepass mitführen.

Im privaten Reiseverkehr in der Europäischen Union dürfen Waren zum eigenen Verbrauch mitgeführt werden. Allerdings gibt es Beschränkungen in Bezug auf Tabakwaren und ihre Substitute und alkoholische Getränke (von Alkopos über Bier und Wein bis zu Spirituosen), Kaffee – und Geld (10 000 €). Nähere Informationen auf der Website des Zolls: www.zoll.de. **Achtung:** Bei Fahrt durch die Schweiz gelten geringere Freimengen.

Essen und Trinken

In den letzten Jahren hat sich in Sachen kreativer Küche viel getan. Die Hotel- und Restaurantbetreiber bzw. die Köche schöpfen aus dem Reichtum der regionalen Produkte und verarbeiten sie gekonnt zu Gerichten, die inspiriert sind von den Einflüssen aus Nord und Süd. Gourmetführer loben viele Lokale in den höchsten Tönen.

Restaurantzeiten

Die Restaurants öffnen landestypisch zum Mittagstisch 12–14 Uhr und am Abend zwischen 18.30 und 21 Uhr. Es gibt in der Regel vier Gänge: *Antipasti* als Vorspeise, *primi piatti* als ersten Hauptgang, *secondi piatti* als zweiten Hauptgang und *dolci* – Dessert – als Nachspeise.

Wein und anderes

Egal, in welchem Lokal Sie landen, die Qualität der lokalen Weine ist ausgezeichnet. Typische **Rotweinsorten** der Provinz sind der leichte Vernatsch und der kräftigere Lagrein. Berühmt sind die eigenwilligen **Weißweine** aus dem Eisacktal oder der Gewürztraminer aus dem Unterland. Als **Aperitif** empfiehlt sich ein Glas Südtiroler Sekt, **nach dem Essen** einer der exzellenten lokalen Obstbrände. Und wer Bier bevorzugt: Seit ein paar Jahren erlebt die alte Tradition der **Gasthaus-Bierbrauereien** eine Renaissance.

Küchenvielfalt von Gasthaus über Pizzeria bis Restaurant

Da fast alle Hotels ihre eigenen Restaurants haben, ist die Auswahl an Lokalen riesig und auch die Dichte an Sterne-Restaurants ist hoch. In Südtirol wird nach wie vor viel mit Fleisch gekocht, besonders wohlschmeckend ist das Lammfleisch vom Villnösser Brillenschaf. Daneben stehen jedoch auch Pasta-Gerichte aller Art, raffinierte Antipasti, Meeresfrüchte und Fisch gleichberechtigt auf der Karte. Zu den Hauptgerichten werden oft Bratkartoffeln und Knödel, aber auch Polenta gereicht, die ihren Ursprung in Norditalien hat. Wer italienisches Flair sucht, ist in den Pizzerien und Osterien genau richtig und wird ebenfalls gut bekocht.

(Nicht nur) Deftiges in Berghütten

Gute Bergluft macht hungrig! Nach einer langen Wanderung die Füße hochlegen und ein gutes, kräftigendes Mahl zu sich nehmen, das geht in Südtirol fast überall. Gereicht werden Schlutzkrapfen, Suppen, Knödel und hausgemachte Kuchen. So manch eine Hütte schwingt sich zum Gourmettempel auf. Hier ein paar Tipps von der Insiderei: www.insiderei.com/listen/gourmet-huetten-in-suedtirol

Törggelen in Buschen- oder Hofschänke

Schon vor Jahrzehnten luden die Bauern im Herbst zum Verkosten des neuen Weines, zum Törggelen, und reichten dazu bäuerliche Gerichte. In den Buschenschänken kommen Knödel in allen Variationen, über dem Feuer geröstete Kastanien sowie herzhafte Marenden mit würzigem Käse und Südtiroler Speck (Schinken), geräucherten Würsten und luftgetrocknetem Schüttelbrot auf den Tisch.

Bars, Cafés und Bistros

Wann welcher Kaffee? Südtiroler wählen wie alle Italiener den Cappuccino nur morgens, später bestellen sie einen Espresso oder Macchiato.

Lust auf einen Aperitif? Auch in Sachen *aperitivo* sind die Südtiroler durch und durch Italiener. Das alkoholische Getränk, vorzugsweise ein Spritz oder Hugo, soll den Magen für ein ausgiebiges Essen öffnen. Dafür trifft man sich mit Freunden, Familie oder Kollegen nach der Arbeit in den Freisitzen und Bars der Städte und Dörfer. Mit der Erweiterung *lungo* wird der Aperitif etwas ausgedehnt: Kleine Snacks kommen zusätzlich auf den Tisch und stillen den ersten Hunger.

Lokale Produkte

Viele Bauernhöfe bieten ihre Produkte direkt zum Verkauf an: Äpfel und Apfelsaft, Wein, Südtiroler Speck, Eier, Kräuter, Marmeladen, Gemüse und Obst, aber auch Woll- und Filzprodukte sowie Schnitzkunst. Vieles davon zusammengetragen hat die Plattform Pur, die in Meran, Bozen, Bruneck, Brixen und Lana eigene Geschäfte betreibt (www.pursuedtirol.com). In den größeren Dörfern und in den Städten finden regelmäßig Märkte statt. Ein echtes Highlight ist der Besuch des Samstagsmarkts auf dem Siegesplatz in Bozen.

Feiertage

1. Januar: Neujahr
6. Januar: Dreikönigstag
März/April: Ostersonntag, Ostermontag
25. April: Tag der Befreiung vom Faschismus
1. Mai: Tag der Arbeit
Mai/Juni: Pfingstsonntag, Pfingstmontag
2. Juni: Nationalfeiertag
15. August: Mariä Himmelfahrt *(Ferragosto)*
1. November: Allerheiligen
8. Dezember: Mariä Empfängnis
25./26. Dezember: Weihnachten (bzw. 26. Dez.: Stephanstag)

Informationsquellen

Italienische Zentrale für Tourismus (ENIT)

www.italia.it

... in Deutschland
Schaumainkai 87, 60596 Frankfurt/M., T 069 68 60 47 65

... in Österreich
Mariahilfer Str. 1b/XVI, 1060 Wien, T 01 505 16 39

... in der Schweiz
c/o Italienisches Generalkonsulat, Tödistr. 65, 8002 Zürich, T 044 544 07 97

Südtirol Information vor Ort

Südtiroler Str. 60, Bozen, T +39 0471 99 99 99, www.suedtirol.info, Mo–Fr 9–17, Sa 9.30–17 Uhr
Örtliche Fremdenverkehrsämter: im Reiseteil bei den jeweiligen Orten

Im Internet

www.suedtirol.info: Tourismus-Hauptseite von Südtirol, erstellt von der Organisation IDM, die sich u. a. dem Tourismusmarketing widmet. Informationen zu den einzelnen Regionen, zu Übernachtungen (mit Buchungsmöglichkeiten), zu Sehenswürdigkeiten, zu Essen und Trinken etc.
www.provinz.bz.it: Südtiroler Bürgernetz mit Infos zu Politik, Verwaltung und Gesellschaft
www.salto.bz: unabhängiges Nachrichtenportal für Südtirol
www.museen-suedtirol.it: Übersicht mit Infos zu den Südtiroler Museen
www.franzmagazine.com: das mehrsprachige Online-Magazin für zeitgenössische Kultur und Gesellschaft in Südtirol, Tirol und im Trentino

Regionale Websites
Diese finden Sie auf der Einleitungsseite zum jeweiligen Reisekapitel bzw. unter Infos bei den einzelnen Orten.

Internetzugang

Ein sehr nützlicher Service ist das Projekt **Piazza Wi-Fi Italia,** ein nationales Netzwerk für kostenfreien Internetzugang. Vor der Abreise ist es ratsam, die App wifi.italia.it (verfügbar für iOS und Android) herunterzuladen und sich zu registrieren. Dank der geolokalisierten Karte (die auch für die Offline-Nutzung heruntergeladen werden kann) ist es möglich, die nächstgelegene Piazza Wi-Fi Italia leicht zu finden.

Kinder

Südtirol ist ein Paradies für Familien. Besonders die Nähe zur Natur und zu Tieren, die Herzlichkeit der Alpenbewohner und die gute Infrastruktur machen einen Südtirolurlaub für Kinder attraktiv. Fast jedes Dorf bietet zumindest in den Ferienzeiten spannende **Kinderangebote** für alle Altersstufen, es gibt Stadtrundgänge und Museumsführungen speziell für Kinder. Vor allem aber ist die Auswahl an Outdoor-Erlebnissen zu allen Jahreszeiten schier grenzenlos.

Neben den Seen locken viele Freibäder, es gibt Hochseilgärten, Spielplätze auf Hütten als perfektes Ziel einer Wanderung und das Dolomiti Ranger Programm, das in den sieben Naturparks und dem Nationalpark Südtirols geführte Familienwanderungen anbietet. Im Winter sind die Familienskigebiete und viele Rodelbahnen ideal für den Urlaub mit Kindern.

Tipps für kinderfreundliche Unterkünfte und Familienhotels unter www.suedtirol.info, für Aktivitäten unter www.suedtirol-mit-kindern.com.

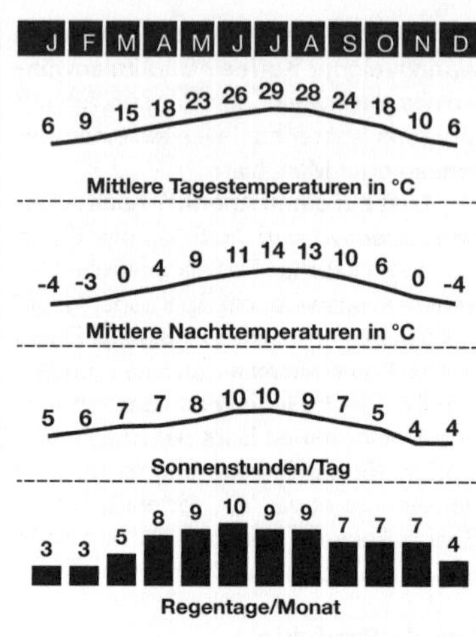

Und so ist das Wetter in Meran.

Klima und Reisezeit

Südtirol ist ein Reiseziel für das ganze Jahr. Die Sonne scheint hier an durchschnittlich 300 Tagen und die Höhenunterschiede zwischen den Tälern und den Hochgebirgsgipfeln machen es möglich, dass man zwei Jahreszeiten gleichzeitig erleben kann. Gerade die weniger frequentierten Monate wie **März/April** oder **November** sind tolle Reisemonate, weil man sich das Land dann fast nur mit den Einheimischen teilt. Ein kleiner Wermutstropfen: In dieser Zeit haben viele Restaurants und Hotels geschlossen. Im **Frühjahr** lockt die Obstblüte in den Tälern, der **Sommer** ist die richtige Zeit für Hochgebirgstouren, der **Herbst** mit den bunten Blättern, dem reifen Wein und anderen in der Region gereiften Köstlichkeiten ist die Zeit fürs Genießen. Der **Winter** gehört natürlich den Wintersportlern: den Langlauf- und Abfahrtsskifahrern, den Schlittschuhläufern, Rodlern und Schneewanderern.

Lesetipps

Eva schläft, Francesca Melandris: Der Roman umspannt die Jahre 1919 bis 1992 und schildert das Familiendrama um Gerda, drittes Kind eines Südtiroler Optanten (also jemand, der sich zu Zeiten des Faschismus entschieden hatte, ins NS-Deutschland auszuwandern), Schwester eines Terroristen und eine Ausgestoßene während einer explosiven, kämpferischen Zeit, in der man ein Volk systematisch verdrängen wollte. Ein großer Liebes- und Mutter-Tochter-Roman dazu.
Ich bleibe hier, Marco Balzano: Der Roman handelt von einem idyllischen Bergdorf in Südtirol – doch die Zeiten sind hart. Von 1939 bis 1943 werden die Leute vor die Wahl gestellt: entweder nach Deutschland auszuwandern oder als Bürger zweiter Klasse in Italien zu bleiben. Trina entscheidet sich für ihr Dorf, ihr Zuhause. Als ein Energiekonzern für einen Stausee Felder und Häuser überfluten will, leistet sie Widerstand – mit Leib und Seele.
Commissario-Grauner-Krimis, Lenz Koppelstätter: Der bekannteste Krimiautor in Südtirol lässt in seinen bisher acht Romanen Kommissar Grauner die eher dunklen Seiten Südtirols durchforsten. Ganz nebenbei ist in den Büchern allerhand Wissenswertes über die Region verpackt.

Preiskategorien

Schlafen

€	bis 80 Euro
€€	80 bis 170 Euro
€€€	über 170 Euro

Die Preise beziehen sich auf Doppelzimmer mit Frühstück, in Ferienwohnungen auf eine Übernachtung für zwei Personen ohne Frühstück.

Essen

€	bis 15 Euro
€€	15 bis 25 Euro
€€€	über 25 Euro

Die Preise beziehen sich auf den Preis eines Hauptgerichts.

Reisen mit Handicap

Die offizielle Website für barrierefreien Tourismus in Südtirol:
www.altoadigepertutti.it (Südtirol für alle)

Reiseplanung

Südtirol für Einsteiger (drei Tage)

Den Reiz dieses Landstrichs machen nicht nur die Berge aus, von denen viele zu den schönsten Fels- und Landschaftsformationen der Welt zählen. Es ist auch die wechselvolle Geschichte, die dazu führte, dass Südtirol seit dem Ende des Ersten Weltkriegs nicht mehr zu Österreich, sondern zu Italien gehört. Der mühsam errungene Autonomiestatus macht es möglich, dass die drei Sprach- und Kulturgruppen in Südtirol zu einer multiethnischen Gesellschaft zusammengewachsen sind, die bei der UN als Vorbildregion gehandelt wird.

Vor allem in den Städten kommt es zu einem interessanten Kultur- und Sprachmix, der die Lebensweise, das Essen und das soziale Miteinander bestimmt. **Bozen** liegt so ziemlich genau in der Mitte von allem: der warme, **mediterrane Süden** mit den schönen **Waalwegen** um die **Kurstadt Meran** und der **Vinschgau** sind genauso schnell erreicht wie der **kühlere Norden** mit den hohen Bergen des Alpenhauptkamms und der **Dolomiten,** wo im Winter in Sachen **Wintersportmöglichkeiten** kaum Grenzen gesetzt sind und im Sommer rund **16 000 km markierte Wanderwege** Naturerlebnisse für jeden bieten.

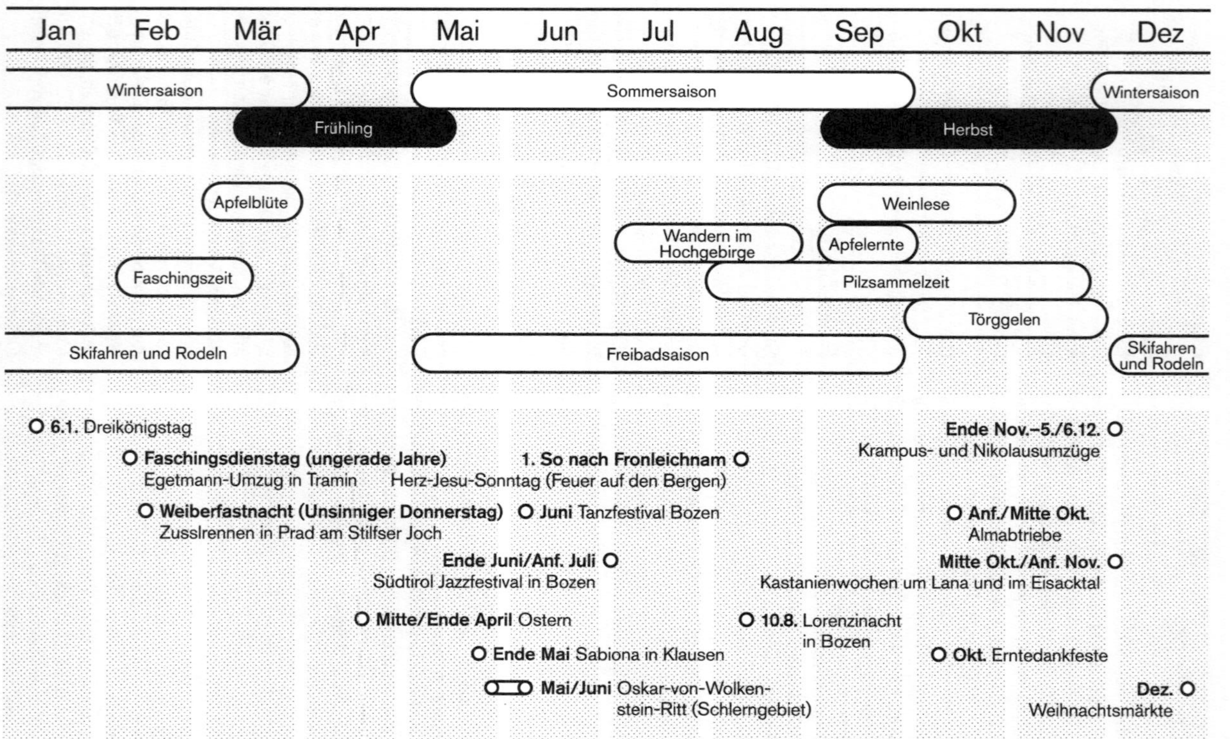
Jan
Feb
Mär
Apr
Mai
Jun
Jul
Aug
Sep
Okt
Nov
Dez
Wintersaison
Sommersaison
Wintersaison
Frühling
Herbst
Apfelblüte
Weinlese
Wandern im Hochgebirge
Apfelernte
Faschingszeit
Pilzsammelzeit
Törggelen
Skifahren und Rodeln
Freibadsaison
Skifahren und Rodeln
6.1. Dreikönigstag
Faschingsdienstag (ungerade Jahre) Egetmann-Umzug in Tramin
Weiberfastnacht (Unsinniger Donnerstag) Zusslrennen in Prad am Stilfser Joch
Mitte/Ende April Ostern
Ende Mai Sabiona in Klausen
Mai/Juni Oskar-von-Wolkenstein-Ritt (Schlerngebiet)
1. So nach Fronleichnam Herz-Jesu-Sonntag (Feuer auf den Bergen)
Juni Tanzfestival Bozen
Ende Juni/Anf. Juli Südtirol Jazzfestival in Bozen
10.8. Lorenzinacht in Bozen
Ende Nov.–5./6.12. Krampus- und Nikolausumzüge
Anf./Mitte Okt. Almabtriebe
Mitte Okt./Anf. Nov. Kastanienwochen um Lana und im Eisacktal
Okt. Erntedankfeste
Dez. Weihnachtsmärkte

Die Landeshauptstadt **Bozen** ist das urbane Epizentrum der Region, sie wollen wir am **ersten Tag** erkunden. Sie verführt mit viel Charme und feinem Essen, gibt sich gerne auch wild und zukunftsorientiert. Den Charme findet man in den Bozner Altstadtgassen unter den **Lauben,** beim Gletschermann Ötzi im **Archäologiemuseum,** auf dem **Obstmarkt,** bei einem Aperol Spritz auf dem **Waltherplatz** oder auf den sommerlich bevölkerten **Talferwiesen.** Wild ist sie im Kunst-**Museion,** bei den Graffiti-Sprayern an der Palermo-Brücke und unter den Arkaden der Freiheitsstraße am **Freiheitsplatz,** wo sich Jung und Alt, laut schnatternd, lachend und herausgeputzt, am Abend zum *aperitivo lungo* treffen. Der **Gerichtsplatz** mit seinen klaren, weißen Rationalismus-Bauten ist ein interessantes Mahnmal zur Aufarbeitung des italienischen Faschismus. Bozen ist die perfekte Stadt, um mit dem **Fahrrad** erkundet zu werden – flach, von Radwegen durchzogen und überschaubar. Wer noch mehr Zeit in Bozen verbringen möchte: Die **Oswaldpromenade** führt durch die Weinberge bei Bozen. Nicht zu vergessen: **Schloss Sigmundskron** mit dem (Messner Mountain Museum) **MMM Firmian** gehört ebenfalls zu Bozen, liegt direkt vor den Toren der Stadt.

Aber vor allem ist man ja wegen der Berge und der Natur hier, und da hat man am **zweiten Tag** die Qual der Wahl. Die Berge bringen es mit sich, dass man für die Ausflüge und Erkundungstouren zwischen den Klimazonen und Jahreszeiten wählen kann. Wenn im März in **Meran** die Obstbäume blühen und im **Fabiontal bei Kaltern** die Märzenbecher, wird am **Kronplatz im Pustertal** noch Ski gefahren. An heißen Sommertagen ist man mit den Bergbahnen schnell auf den umliegenden Sommerfrischen **Mendel** und **Ritten.** Berghütten in allen Höhenlagen laden nach Wanderungen und Klettertouren zur Rast mit lokaler Küche auf hohem Niveau. Wirklich nicht verpassen darf man die Bergwelt der Dolomiten mit **Rosengarten, Schlern, Geislerspitzen, Drei Zinnen** und der **Seiser Alm.** Aber nicht alles in drei Tagen. Ich schlage für den Einstieg einen Besuch und eine Wanderung auf der **Seiser Alm** vor, z. B. eine Tour, quasi von Einkehr zu Einkehr, von Compatsch zur Gostner Schwaige, dann weiter über den Hans-und-Paula-Steger-Weg und die Laranzer Schwaige hinüber nach Saltria.

Am **dritten Tag** wollen wir entspannt auf einem **Waalweg bei Meran** wandern. Lohnend ist z. B. der **Marlinger Waalweg,** der bei Töll beginnt und via Marling nach Lana führt (12 km). Für Kinder ist die Wanderung ein Traum, weil sie – im und mit dem Wasser spielend – die Wegstrecke als solche gar nicht realisieren. Alternativ: ein Besuch von **Schloss Trauttmansdorff mit seinen Gärten,** das für Kaiserin Elisabeth (Sisi/Sissi) renoviert und eingerichtet wurde. Der letzte Abend schließlich gehört einem der tollen Restaurants oder Bistros in **Bozen.**

Sicherheit und Notfälle

In allen Gegenden Südtirols ist es sehr sicher, wenn man die allgemeinen Regeln zur Achtsamkeit auf das eigene Gepäck an touristisch stark frequentierten Orten berücksichtigt.

Notrufnummern

Allgemeiner Notruf: T 112 (für Polizei, Feuerwehr, Carabinieri, Ambulanz, Bergrettung)
ACI-Pannenhilfe (ital. Automobilclub): T 803 116 (ital. Fest-/Mobilnetz)
ADAC-Auslandsnotruf: T 0049 89 22 22 22
Sperrung von Handys, Bank- und Kreditkarten: T 0049 116 116
Deutsches Honorarkonsulat: T 0471 97 21 18 (Bozen), www.italien.diplo.de

Österreichiches Generalkonsulat: T 02 77 80 78-0 (Mailand), www.bmeia.gv.at
Schweizer Generalkonsulat: T 02 777 91 61 (Mailand), www. eda.admin.ch

Sprache

Südtirol ist offiziell zweisprachig, in den beiden ladinischen Tälern (Grödnertal, Gadertal) sogar dreisprachig. Alle Bekanntmachungen und die meisten Beschilderungen sind daher mehrsprachig. Überall kann man sich auf Deutsch gut verständigen. Während in Brixen nur 25 % der Bevölkerung Italienisch sprechen, sind es in Meran schon 50 % und in Bozen 75 % – in Bozen wird es selbst mit Englisch manchmal schwierig. Besonders in den abgelegenen Tälern kann einem der Südtiroler Dialekt wie eine weitere Fremdsprache erscheinen. Wundern Sie sich nicht, wenn Sie mit »Hoila« begrüßt werden, es ist nett gemeint!

Übernachten

Die Übernachtungsangebote in Südtirol lassen keine Wünsche offen. Trotz diskutiertem Bettenstopp entsteht doch immer wieder Neues an der Stelle von Altem und die Qualitätskurve schraubt sich weiter nach oben. Die Südtiroler nehmen die Gastfreundschaft mit der Muttermilch auf, denn viele Hotels und Gasthäuser werden im Familienbetrieb geführt.

Die Übernachtungspreise in Südtirol sind generell hoch. Sie variieren oft wochenweise und erreichen ihren Höhepunkt im August. Auch in den Winterferienzeiten sind die Preise sehr hoch.

Unterkünfte suchen und buchen

Unterkünfte findet man über die **Südtirol Information** (www.suedtirol.info) und über die **Homepages der einzelnen Ferienregionen.** Hotels kann man auf entsprechenden **Buchungsportalen** wie www.booking.com suchen und buchen. Aus Berlin stammt das Konzept von **www.welcomebeyond.com,** einem Portal mit ausgefallenen oder hippen Unterkünften für Individualisten. ›Handverlesene‹ Hotels sind auch die Spezialität von **www.de.escapio.com.** Günstigere **Privatzimmer** finden sich auf www.airbnb.de. Besonders **nachhaltige Unterkünfte** finden sich auf www.ecobnb.com.

Übernachten auf dem Bauernhof

Zahlreiche Bergbauernbetriebe bieten Urlaub auf dem Bauernhof an, inklusive privatem Anschluss an die Gastgeberfamilie und Nähe zu den Tieren. Viele Höfe listet das Portal www.roterhahn.it.

Berghütten

Der **Alpenverein Südtirol** (www.alpenverein.it) und der italienische **Alpenverein CAI** (www.cai.it) betreiben zahlreiche Berghütten, mit sehr unterschiedlichem Ausstattungsniveau. Sie sind saisonabhängig geöffnet, teils auch in den Wintermonaten, im Hochgebirge im Sommer oft erst ab Ende Juni/Anf. Juli und bis Mitte/Ende Sept. Mitglieder anderer Alpenvereine erhalten bei der Übernachtung, teils auch bei der Verpflegung, Ermäßigungen.

Daneben gibt es auch zahlreiche **privat geführte Berghütten,** die in der Regel deutlich teurer sind.

Jugendherbergen

Jugendherbergen (www.jugendherberge.bz) gibt es in Bozen, Meran, Brixen, Toblach und Salurn. Die Häuser sind nicht Mitglied im Internationalen Jugendherbergsverband, sodass auch die Besucher nicht Mitglied sein müssen.

Campen

Während Wildcampen in den Naturparks streng verboten ist, kann man sein Zelt auf etwa 40 Zeltplätzen in Südtirol relativ preiswert aufbauen (www.campingsuedtirol.com).

Der Umwelt zuliebe – nachhaltig reisen

Ohne Auto nach Südtirol

Probieren Sie es doch einfach mal aus und reisen Sie ohne Auto nach Südtirol! Viele Hotels und Bauernhöfe bieten einen **Shuttleservice** zur Unterkunft an oder man nimmt diesen Dienst in Anspruch: www.suedtiroltransfer.com. Das **Nahverkehrsnetz** ist so gut ausgebaut, dass Sie praktisch jeden noch so abgelegenen Wanderausgangspunkt gut erreichen können (www.greenmobility.bz.it). Bei vielen Hotel-Gästekarten ist die **Mobilcard** inklusive, die für die Dauer des Aufenthalts die Nutzung des gesamten Nahverkehrs abdeckt.

Alpine Pearls: Viele Südtiroler Gemeinden haben sich den Alpine Pearls (www.alpine-pearls.com) angeschlossen. Der Verein hat sich ganz dem Konzept des nachhaltigen Tourismus und der umweltfreundlichen und innovativen Mobilität verschrieben, dort ist die Fortbewegung ohne eigenes Auto besonders leicht. Entsprechend wird auch der **Radtourismus** gefördert, sowohl im Nahverkehr (bikemobil Card) als auch in bestimmten Hotels, die sich als Bike-Hotels (www.bikehotels.it) zusammengeschlossen haben.

Wasser

Die vielen Sonnenstunden in Südtirol bringen es mit sich, dass selbst hier das Wasser knapp werden kann. Achten Sie immer auf einen sorgsamen Umgang mit dieser lebensnotwendigen Ressource.

Verkehrsmittel

Bahn und Bus

Fahrplaninfos: T 0471 22 08 80, www.suedtirolmobil.info, bzw. die entsprechende App. Fahrplan-Broschüren gibt es an Bahnhöfen, Busbahnhöfen und in den Tourismusbüros.

Tickets: Die **Mobilcard** (www.mobilcard.info) ermöglicht es, an einem, drei oder sieben aufeinander folgenden Tagen (20/10, 30/15 oder 45/22,50 €) sämtliche öffentlichen Verkehrsmittel in Südtirol unbegrenzt zu nutzen. Neben Einzelfahrscheinen können die übertragbaren Wertkarten zu 10, 25 oder 50 € genutzt werden, die auf allen Stadtbus- und Überlandbusstrecken sowie allen Bahnlinien und in vielen Seilbahnen gültig sind.

Bahn

Regionale Zugverbindungen bestehen im Eisack- und Etschtal vom Brenner über Bozen bis nach Salurn, im Pustertal von Franzensfeste über Bruneck und Innichen nach Lienz/Osttirol. Außerdem zwischen Bozen und Meran und weiter durch den Vinschgau nach Mals.

Bus

Zwischen nahezu allen Dörfern und Tälern besteht gut ausgebauter regelmäßiger Linienverkehr. In den großen Städten wie Bozen, Meran, Brixen und Bruneck verkehren Stadtbusse.

Mietwagen/eigener Pkw

Die Reservierung über die internationalen Mietwagenfirmen im Heimatland ist meist günstiger als die Buchung bei lokalen Anbietern vor Ort. Die Autobahnen sind in Italien gebührenpflichtig und die Promillegrenze liegt bei 0,5. Zahlreiche Passstraßen werden auch im Winter freigehalten, müssen aber gegebenenfalls mit Schneeketten befahren werden.

Aktuelle Verkehrsinfos: www.provinz.bz.it/verkehr (auch zu eventuellen Pass-Sperrungen)

Tanken: Bleifreies Benzin *(senza piombo)* ist an so gut wie allen Tankstellen erhältlich.

E-Mobilität: Infos zu den Ladestationen in Südtirol und ihrer Auslastung finden Sie auf: www.greenmobility.bz.it/green-mobility/ladesaeulen.

Radfahren: s. S. 250.

Das

Eines der Top-Highlights in den Südtiroler Dolomiten sind die Drei Zinnen. Entsprechend beliebt ist ihre Umrundung in einer recht gemütlichen Wanderung. Für sich allein hat man die Berge hier quasi nie.

Magazin

Südtirol, quo vadis?

Nachhaltiges Waldbaden oder ultimatives Megaerlebnis — Der Anspruch, dem sich der Tourismus Südtirols verpflichtet fühlt, ist nicht immer auf einer Linie. Wo will Südtirol hin?

Immer höher und weiter, immer mehr: Dem Tourismusland Südtirol schienen lange Zeit keine Grenzen gesetzt. Dann kam Corona, mit der Krise ein langer Weg zurück in die Normalität, und nun doch ein Umdenken, Nachdenken, oder was?

Inzwischen zählt man in Südtirol Betten: die erlaubten, die tatsächlichen, die noch verfügbaren. Seit sich die Landesregierung auf den Bettenstopp – was auch immer das dann in der Umsetzung heißen mag – einigen konnte, läuft der Hotel- und Gastwirteverband Sturm. Quintessenz: ohne Quantität keine Qualität. Wenn Junghoteliers keine Möglichkeit hätten, ihre Bettenanzahl aufzustocken, würden sie über kurz oder lang das Handtuch werfen.

Südtirol ist nachhaltig

Auf den Nachhaltigkeitszug ist selbstverständlich auch Südtirol aufgesprungen und die Bemühungen klingen recht schön: Agenda 2030 im Weinbau, *apple sustainability* bei den Äpfeln.

»Damit die Landschaft und ein gesundes ökologisches Gleichgewicht erhalten bleiben, legen wir in Südtirol Wert auf einen respektvollen Umgang mit den Ressourcen. Südtirol setzt auf eine sanfte Mobilität, auf Energiegewinnung aus den erneuerbaren Quellen Wasser und Sonne und den Erhalt der Flora und Fauna …«, liest man auf Südtirols Tourismusseite (www.suedtirol.info/de). Tatsächlich? Die nördlichste Provinz Italiens profiliert sich gern als Modellregion in Sachen Autonomie, jetzt nun auch für Nachhaltigkeit.

Ist das Hotspotmanagement, ein System, Touristenströme zu lenken, etwa nachhaltig? »Nein«, sagt Werner Zanotti, Geschäftsführer des Tourismusvereins Brixen, in einem Gespräch mit mir, »sondern die Mobilität so zu organisieren, dass der Gast nicht mehr mit dem Auto fährt.«

Höher, edler, spektakulärer und dabei mitten in der Natur: Ist das die neue Nachhaltigkeit? Infinitypool des Alpin Panorama Hotels Hubertus, Olang.

Weniger ist mehr

Die kräftige Speckknödelsuppe – wo ist sie geblieben? Die Botschaft von »Weniger ist mehr« ist noch nicht überall angekommen. Auf den Mainstreamhütten – ja, genau die, zu denen direkt eine Aufstiegsanlage hinführt und von denen man gleich an der Bergstation das atemberaubendste Panorama auf die Gipfelwelt genießen kann – kommt man in den kulinarischen Genuss von *bruschette*, *rare* gebratenen Fiorentinasteaks und Nugatknödeln. Ein Prosecco dazu, oder doch ein Glas richtigen Champagner?

Wandergebiete schmücken sich mit drolligen Maskottchen, die entfernt an Bergadler oder Murmeltiere erinnern, und mit noch drolligeren Namen, und zwischen Alpin-Bob und Mountaincart bleiben in den Freiluft-Abenteuerparks und auf den Erlebnisbergen keine Wünsche der Touristen, die Fun und Action suchen, offen. Aber es geht auch anders.

Zukunft Kreislaufwirtschaft?

Regional und authentisch, so will es der Gast. Gedankenexperiment: Die lokalen Kreisläufe werden dahingehend gestärkt, dass die Landwirte der Umgebung direkt die Gast- und Hotelbetriebe beliefern. Die Gäste leben natürlich nicht nur von Äpfeln oder Wein, also würde wahrscheinlich ein Prozess in Gang gesetzt, weg von der Monokultur hin zu mehr Produktvielfalt. Südtirol bietet die besten Voraussetzungen dafür, von Oliven und Tomaten des mediterranen Südens bis zum Korn aus der Getreidekammer Pustertal. Eine Gegenüberstellung: Im Rahmen des Projekts Regiokorn werden zzt. auf 100 ha verschiedene Getreidesorten angebaut, die Weinbaufläche beträgt an die 5500 ha, auf sage und schreibe 18 400 ha oder 25 000 Fußballfeldern stehen Apfelbäume. Sich mit dem größten zusammenhängenden Apfelanbaugebiet Europas zu brüsten, ist das bei solchen Plantagen noch zeitgemäß? Zanotti fordert den Zusammenschluss von Landwirtschaft und Tourismus: »Gastronomie und Landwirtschaft sollen ernsthaft miteinander reden. Dann, glaube ich, kann der Bauer morgen auch Karotten anpflanzen. Wenn wir nur in Äpfeln denken, wird es schwer.«

Urlaub auf dem Bauernhof

Äpfel über Äpfel: Was in Meransen die Hotelbauten, sind im Unterland die zum Schutz vor Hagel mit Netzen überspannten Apfelplantagen. Den Streuobstwiesen mit den riesigen Bäumen nachtrauern heißt aber, auf einen höheren Pflanzenschutzmitteleinsatz verzichten, meint z. B. Otmar Clementi, Landwirt und Obmann einer Obstgenossenschaft. Das ist die andere Seite der Medaille: Es muss sich rechnen.

Das, was in diesem Sinn als Rettungsanker für Bergbauernhöfe gedacht war, der Urlaub auf dem Bauernhof, nimmt sich in manchen Tallagen eher wie ein Wellnesshotel aus, Hauptsache abkassiert. Aus dieser Ecke kommt gerade der Tipp »Draußen ist das neue Drinnen«. Urlaub auf dem Bauernhof müsse sich durch eine tolle Ausstattung im Außenbereich abheben. Aber meint man damit, wieder einen Backofen aufzustellen – wie man sie früher als Zugebäude an den Höfen hatte – und dort Brot zu backen, oder doch eher eine bunte Hüpfburg für die kleinen Gäste?

Was will der Gast?

Will er Lamatrekking oder Kühe melken, Cabrioseilbahn oder Waldbaden? Auf der Website www.idm-suedtirol.com finden sich Statistiken zu Tourismuszahlen, u. a. sortiert nach Tourismusvereinen und Erlebnisräumen. Es wird Zeit, darüber zu reden, was Südtirol wirklich unter Letzterem verstehen will. ■

Hilfe am Berg

Stall ausmisten und Heu rechen — Freiwillige Arbeitseinsätze am Berg sorgen für entlastete Bauernfamilien und entspannte Großstädter.

Es sind Rentner oder Studierende, aber auch Familienmütter mit Kindern. Wie der 77-jährige Günther oder Thekla, die, wie sie berichtet, trotz teils schwerer Arbeit glücklich und nie gestresst war (Erlebnisberichte auf der Website der Bergbauernhilfe, s. Kasten S. 266). Rauskommen aus dem Alltagsstress, Ruhe genießen, abschalten: eine nicht untypische Motivation, um »freiwillig helfen am Berg« zu googeln.

Bergbauernalltag leben

Ruhe sieht anders aus: Der Tag auf dem Hof beginnt meistens vor 6 Uhr morgens

Nicht nur, wenn es ums Heumachen geht, sind in Südtirol viele helfende Hände gefragt.

INFO

Verein Freiwillige Arbeitseinsätze: c/o Südtiroler Bauernbund, Leegtorweg 8, 39100 Bozen, www.bergbauernhilfe.it

und endet oft erst nach 20 Uhr. Kühe versorgen, Stall ausmisten, beim Melken helfen: Auch wenn vieles mittlerweile maschinell erledigt werden kann, allein ziehen sich die Kühe das Melkgeschirr noch nicht an. Neben der Stallarbeit werden helfende Hände vor allem bei der anstrengenden Heuernte gebraucht. Heu, Grummet, Pofel – das kleine Einmaleins der drei Grasschnitte. So viele vertragen die Wiesen in guten Jahren und guten Lagen. Manche von ihnen sind schlicht zu steil, um mit Maschinen bearbeitet zu werden.

Gemäht werden müssen sie trotzdem. Heu ist kostbar, die Tiere über den Winter zu bringen, ohne Heu hinzukaufen zu müssen, das Ziel. Mähen, wenden, rechen – früher, als eine tiefe Bräune noch attraktiv war, sagte man, die Meeresbräune könne mit der Bräune, die man bei der Heumahd am Berg bekommt, nicht mithalten. Um mithalten zu können, wird heute angeraten, die Sonnencreme nicht zu vergessen. Außerdem gehören Bergschuhe, Gummistiefel und Arbeitshandschuhe ins Reisenecessaire.

Sehnsuchtsort Berg

Die Bergbauernhilfe ist der falsche Ort für idealistische Träumer oder gestresste Manager, die im Yogakurs oder beim Jour fixe aufgeschnappt haben, um den Kopf freizukriegen, solle man mal auf einen Berg steigen. Die Spreu vom Weizen zu trennen ist Aufgabe des Vereins für die freiwilligen Arbeitseinsätze am Berg. Das Anmeldeformular prüft auf Herz und Nieren. Motivation und Gesundheitszustand, Erfahrungen in der Landwirtschaft werden abgefragt. Zugleich darf sich der zukünftige Helfer seinen Einsatzbereich und seine Einsatzzeit auswählen. Ahrntal oder doch lieber in den Vinschgau?

Trotz relativ hoher Verlustrate – ein Drittel bis die Hälfte derjenigen, die sich anmelden, kommen dann doch nicht – ist die Bergbauernhilfe eine Erfolgsstory. An die 2000 Freiwillige arbeiten hier alljährlich mit, die meisten aus Deutschland und im Alter von 40 bis 70 Jahren, sind an die 20 000 Stunden vorwiegend im Sommer im Einsatz. 300 Familien kann so geholfen werden, hauptsächlich im Vinschgau. 1,5 Mio. € beträgt der wirtschaftliche Wert, den die geleisteten Stunden – berechnet auf den Stundensatz eines Tagelöhners – generieren.

Mindestens eine Woche Zeit sollte man sich für den Einsatz nehmen, Gruppeneinsätze gehen tageweise. Bergausflug mal anders: Statt mit Blasen an den Füßen kehrt man am Abend glücklich und zufrieden mit Blasen an den Händen zurück. Wie war das noch mal mit den Arbeitshandschuhen?

Berg allmächtig

»Die Vermittlung von freiwilligen Helfern an bedürftige Bergbauernfamilien in Südtirol steht nach wie vor im Mittelpunkt der Tätigkeit«, sagte der Vorsitzende des Vereins Georg Mayr auf einer Hauptversammlung. Der langjährige Obmann des Bauernbunds, des mächtigsten Wirtschaftsverbands im Land, muss es wissen. Mächtig? Im Tal vielleicht, dort oben am Berg ist dieses Mächtig oft ganz weit weg. Vielleicht macht das den Reiz eines Freiwilligeneinsatzes aus. Dass einfach alles mal weg ist. Ausgeblendet zwischen Gummistiefeln an den Füßen und Mistspritzern im Gesicht (Erlebnisbericht): »Begeistert, glücklich, erschöpft, mit einem neuen Blick komme ich zurück.« ■

Die drei großen M

Als erster Mensch auf allen 14 Achttausendern — Reinhold Messner war schon immer ein Mann der Superlative. Das gilt auch für sein Messner Mountain Museum, MMM.

Ob mit dem österreichischen Bergsteigerkollegen Peter Habeler 1978 oder zwei Jahre später allein – Reinhold Messner stand als erster Mensch ohne Flaschensauerstoff auf dem höchsten Berg der Welt, dem Mount Everest. Er hat den alpinen Stil geprägt, läutete eine neue Ära des Bergsteigens ein und machte auch abseits der Gipfelkreuze von sich reden. Der 1944 geborene Wahlsuldner, der auch auf Schloss Juval oder in München anzutreffen ist, wächst mit acht Geschwistern in Villnöss auf und bleibt irgendwie doch ein Einzelkämpfer. Am Nanga Parbat verliert er 1970 seinen Bruder Günther, dessen Gebeine, die Einheimische gefunden hatten, 2005 am Fuß der Diamir-Wand beigesetzt werden.

M

MMM-STANDORTE

MMM Firmian: Schloss Sigmundskron, Bozen; s. S. 138
MMM Corones: Kronplatz, s. S. 60
MMM Ripa: Schloss Bruneck, Pustertal; s. S. 62
MMM Juval: Schloss Juval, Vinschgau; s. Lieblingsort S. 62
MMM Ortles: unterhalb des Ortles (unterirdisch), Sulden; s. S. 232
MMM Dolomites: auf dem Monte Rite, südlich von Cortina d'Ampezzo
Infos: www.messner-mountain-museum.it

Solo für Messner

Auf die großen Bergbesteigungen folgen u. a. die Durchquerungen der Antarktis, Grönlands oder der Wüste Gobi. Messner wird zum gefragten Interviewpartner, hält Seminare, spricht an Unis, sitzt für die Grünen im EU-Parlament. Schließlich erfüllt er sich einen weiteren Traum: Der manchmal unbequeme, aber berühmteste Sohn Südtirols pflanzt sich mitten in dessen Herz. Geografisch und geschichtlich symbolische Plätze wie Sigmundskron, Ortler, Schloss Bruneck wählt er für sein Messner Mountain Museum, MMM, aus. Die Museumskette, deren Geschäftsführung heute Tochter Magdalena innehat, bezeichnet er als seinen 15. Achttausender.

Von Sigmundskron entlang der Etsch

Gegenwind aus der lokalen Tagespresse schlägt ihm entgegen, Sigmundskron soll nicht für Messner hergegeben werden. Er kann es sich dank seiner Popularität erlauben, gegen das Medienmonopol der Athesia-Gruppe zu wettern. Über seine Museen zieht Messner noch immer Menschen an. Er fasziniert so, wie er polarisiert, zuletzt bei der Fridays-for-Future-Bewegung oder beim Thema Flughafenausbau.

Messner ist ein Phänomen: Geld ist ihm nicht wichtig. Allerdings, so sagte er selbst bei »Markus Lanz«, brauchte er relativ viel davon, um sein Museum zu realisieren – architektonisch und konzeptuell visionär, ein Superlativ, den Messner selbst kaum mehr übertreffen wird. ■

Georg Kaser – Gletscher und Klima

(Noch) Von allen Seiten von Gletschern umgeben: die Veneziaspitzen auf der Grenze zwischen Südtirol und Trentino im Nationalpark Stilfserjoch.

Ferner — nennt man die Gletscher in Südtirol. Von ihrem Schwund sind sie deshalb nicht weiter entfernt als ihre internationalen ›Kollegen‹. Georg Kaser kennt sie fast alle.

In Südtirol gibt es zwei Georg Kaser: Der eine ist ein weltweit führender Glaziologe, der andere Schauspieler und Regisseur aus Brixen. Beide sind 1953 geboren. Fragt man einen Südtiroler, ob er einen Georg Kaser kenne, bekommt man wahrscheinlich zur Antwort: »Der tut schauspielern, oder? Ja, der ist lustig.« Außerhalb Südtirols denkt man hingegen zuerst an Georg Kaser, einen der »einflussreichsten Klimaforscher«. Letzterem ist nicht nach Theater zumute, im Gegenteil, es ist ihm sehr ernst. Eine Ernsthaftigkeit, die er bei manch anderen Akteuren in Südtirol vermisst. Ich hatte die Gelegenheit, mit ihm ein Gespräch zu führen, wegen der Coronabeschränkungen per Videomeeting.

Dass er vielleicht nicht der richtige sei, bemerkt Georg Kaser gleich zu Beginn, eigentlich sei er ja doch immer weg gewesen. Ja, jetzt, jetzt ist er in Karthaus, dort wo er auch die ersten Gehversuche in Sachen Gletscher gemacht hat. Das Labor hat er vor der Haustür. Der Hintereisferner ist zwar auf Nordtiroler Seite und damit österreichisch, aber was klingt besser als Schnalser Gletscher für ein Skigebiet.

Der renommierteste Südtiroler Glaziologe fühlt sich nicht berufen, über die Südtiroler Gletscher zu sprechen? Pardon, Ferner, wie sie in Tirol und Südtirol genannt werden. Warum sollte man auch? Es gibt ja fast keine mehr. Einer der letzten, der Weißbrunnferner, wurde in einer Pressekonferenz symbolisch zu Grabe getragen. Zu klein, um noch vermessen zu werden. Eine schmerzvolle Aufgabe.

KlimaLand?

In Südtirol setzt man gerne mitten in ein Wort einen Großbuchstaben, es gibt das KlimaHaus, KlimaPlan oder KlimaFaktory. Klima wird richtig großgeschrieben.

»Wusstest Du, dass die Gletscher in Südtirol ca. 90 km² Fläche bedecken?«, lautet die Eingangsfrage auf der Seite von KlimaLand Südtirol (www.klimaland.bz). Was denn ein KlimaLand sei, wird auch erklärt: Ein KlimaLand ist ein Gebiet, das es schafft, achtsam mit Ressourcen umzugehen, klimafreundlich zu wirtschaften und gesunde Lebensbedingungen zu schaffen.

Georg Kaser sieht die Widersprüche. Im Rahmen der Toblacher Gespräche (s. Kasten S. 85) zeigte er sich sichtlich genervt bei der Frage des Moderators nach dem Klimawandel. Extremereignisse wie in den letzten Jahren sind nicht Vorboten, sondern Zeichen, dass wir schon mittendrin seien. Fragen stellt er sich schon länger: »Es sind einfach Fragestellungen aufgetaucht.« Er maßt sich nicht an, der Erste gewesen zu sein, er hat es aber zusammen mit Kollegen und Kolleginnen zum Thema gemacht. Das bedeutete einen Riesensprung hin zum heutigen Verständnis der globalen Gletscher. Um überhaupt erst die Vorgänge zu verstehen, ging es zunächst einmal um das Wissen. »Die Gletscher zu inventarisieren war ein erster Schritt.«

Wie viele Gletscher gibt es, wo sind sie? Diese Fragen bildeten die Basis für alle Modellierungen. Im nächsten Schritt galt es, ihr Volumen zu bestimmen.

GLETSCHERMONITORING

Das interregionale Projekt GLISTT (Glacier Inventory South Tyrol – Tyrol) beschäftigte sich intensiv mit der Schrumpfung der Gletscher in Süd- und Nordtirol. Als Vergleichswerte dienten u. a. Informationen über die Ausdehnung der Gletscher während der Kleinen Eiszeit (Mitte 14.–Mitte 19. Jh.) sowie aktuelle Erkenntnisse aus Satellitenbildern und Videomonitoring: 1997–2005 verringerte sich die Gletscherfläche um fast 15 %, bis 2016/17 um weitere ca. 19 % – ein Rückgang von rund zwei Dritteln im Vergleich zur größten Ausdehnung während der Kleinen Eiszeit. Den im November 2021 vorgelegten Abschlussbericht finden Sie hier: www.uibk.ac.at/geographie/projects/glistt/glistt_final_report_de.pdf.

Gletscher und Klimawandel

»Klimaschwankungen sind zyklisch, nicht regelmäßig, und es hat sie immer schon gegeben«, sagt Kaser. Klimawandel ist etwas anderes. »Klimawandel ist das Umlegen von Grundbedingungen, wie wenn man einen Hebel umlegt«, erklärt der Glaziologie. »Schwankungen gehen mit auf ein höheres Energieniveau. Und das ist wirklich etwas Kontinuierliches. Die Gletscher hinken hinterher.« Der Vergleich hinkt hingegen nicht: »Wenn ich aus dem Eiskasten einen Eisklotz herausnehme, dann ist er ja nicht weg, es dauert eine gewisse Zeit, bis er schmilzt. Wenn sich das Klima verändert, dann ist der Gletscher nicht von heute auf morgen weg. Das braucht.« Kaser rechnet vor: Kleine Gletscher werden in 10 Jahren, vielleicht 15–20 Jahren weg sein, große Gletscher werden 100–150 Jahre dafür brauchen. Ein interregionales Projekt zum Gletschermonitoring in Tirol und Südtirol hat gezeigt, dass die Südtiroler Gletscher in 10 Jahren um rund 20 % geschrumpft sind: von 103 km² im Jahr 2005 auf 84 km² 2016/17, so die ernüchternde Bilanz (im österreichischen Tirol sind die Werte vergleichbar).

Der aus Südtirol stammende Glaziologe Georg Kaser gilt als einer der weltweit führenden Klimaforscher. Seit 2017 ist er Mitglied der Österreichischen Akademie der Wissenschaften.

Rein zahlenmäßig werden die Gletscher paradoxerweise eigentlich mehr. »Bricht ein Gletscher auseinander, dann entstehen aus einem drei oder vier. Sehr viele sind entstanden, sehr viele verschwunden – ein Pyrrhussieg für das Klima.«

Gletscher sind Indikatoren des Klimawandels. Mit aller Konsequenz ist Georg Kaser deshalb zugleich international ausgezeichneter Glaziologe und weltweit bekannter Klimaforscher.

Gletscher, Klima, Zukunft: Zuletzt wendet sich Kaser in unserem Gespräch mit einem Zukunftspakt und einem Manifest wieder seiner Heimat zu. Jetzt sollte Südtirol nur zuhören können. ■

K

GEORG KASER

1953 in Meran geboren, studiert er Meteorologie, Geophysik und Geografie in Innsbruck, nachweislich auch, um möglichst häufig auf Berge zu steigen. Er promoviert 1984 über »Die Verdunstung von Eis und Schnee«, das führt ihn zu Beginn seiner wissenschaftlichen Karriere in die tropischen Hochgebirge Südamerikas und Afrikas. 1996 folgt seine Habilitation über »Gletscher in den Tropen«. Schließlich führt ihn der Weg von den Messfeldern auf anderen Kontinenten zurück ums Eck an den Hintereisferner. Er bleibt der Leopold-Franzens-Universität Innsbruck treu, wo er 2010 u. a. die Professur für Klima- und Kryosphärenforschung antritt. Forschungsmäßig ist er international unterwegs, vernetzt sich, gründet die International Association for Cryospherich Sciences, ist Sprecher von Forschungsprojekten und -zentren, Mitglied von wissenschaftlichen Kommissionen und erlebt als zweimaliger IPCC-Leitautor (IPCC = Intergovernmental Panel on Climate Change, UN-Klimarat) mit der Verleihung des Friedensnobelpreises an Al Gore und den IPCC im Jahr 2007 einen Höhepunkt seiner Tätigkeit.

Das zählt

Zahlen sind schnell überlesen — aber sie können die Augen öffnen. Nehmen Sie sich Zeit für ein paar überraschende Einblicke. Und lesen Sie, was in Südtirol zählt.

61

Tätowierungen soll Ötzi haben. Die Strichbündel oder Kreuze wurden durch feine Schnitte, eingerieben mit pulverisierter Holzkohle, geschaffen. Wohl kein Körperschmuck, sondern eine Art frühe Akupunktur. Das Geheimnis ist zwar noch nicht vollständig gelüftet, aber vermutlich dienten sie wirklich therapeutischen Zwecken.

15.000.000

Tonträger haben die Kastelruther Spatzen, Südtirols bekanntester volkstümlicher Schlagerexport, bereits verkauft. Damit zählen sie zu den erfolgreichsten Gruppen der Volksmusikbranche.

17.000

Menschen waren in den vergangenen Jahren an Spitzentagen am Pragser Wildsee, d. h. durchschnittlich 7000 Menschen wuselten gleichzeitig um den See. Mit den seit 2019 und 2020 greifenden Maßnahmen – Verlagerung auf öffentlichen Nahverkehr und Besuchermanagement (erste digital buchbare Autozufahrtsberechtigung in Südtirol) – erhofft man sich die Senkung auf ein verkraftbares Maß.

5.679

Hektar Land waren 2021 in Südtirol mit Reben bepflanzt. Funde von Traubenkernsamen im Raum Brixen belegen den Weinanbau bereits um 500 v. Chr. Heute produziert Südtirol jährlich 300.000 bis 350.000 Hektoliter Wein – rund 46 Millionen Flaschen!

550

Jahre gehörte Tirol zum Habsburgerreich, ab 1363 – mit kurzer napoleonischer Unterbrechung. Südtirol, wie wir es heute kennen, existiert erst seit dem Friedensvertrag von Saint-Germain 1919.

40.000

Quadratmeter Laaser Marmor sind im größten U-Bahnhof der Welt als Boden- und Wandplatten, Sockel, Treppenstufen, Wandabdeckungen und andere Sonderformteile verbaut. Von 2012 bis 2016 wurden von Laas im Vinschgau aus rund 3.000 Tonnen Marmor für den World Trade Center Transportation Hub am Ground Zero nach New York gebracht.

16.000

Kilometer markierte Wander- und Bergwege gibt es in Südtirol. Um ihre Instandhaltung kümmern sich u. a. ehrenamtliche Mitglieder des Alpenvereins Südtirol und des CAI, des Club Alpino Alto Adige. Nicht nur eitel Sonnenschein an der schönen freien Luft: Immer wieder gibt es Diskussionen über das Durchqueren von Privatgründen, über freilaufende Hofhunde oder den Umgang mit dem Weidevieh: Eine Alm ist kein Streichelzoo!

934.799

Tonnen Äpfel wurden 2021 von Südtirols Bauern geerntet. Südtirol, Europas größtes zusammenhängendes Apfelanbaugebiet, produziert damit jeden zweiten Apfel Italiens und jeden zehnten Europas. Mit 40 Prozent Marktanteil ist Südtirol auch europäischer Spitzenreiter bei Bioäpfeln.

5.784,7

Gigawattstunden – und damit 87,5 Prozent seiner Gesamtstromproduktion erzeugte Südtirol 2019 über seine Wasserkraftwerke. Wie das größte Werk, das weithin sichtbare von Kardaun nördlich von Bozen, sind sie durchweg beeindruckende Denkmäler der Technikgeschichte. Während der Attentatswelle der 1960er-Jahre waren sie Ziel von Sprengstoffanschlägen, um die Stromversorgung Norditaliens lahmzulegen.

100

Dukaten soll der reiche Bozner Kaufmann Menz dem berühmten Giacomo Casanova geliehen haben, der nach seiner spektakulären Flucht 1756 aus dem Kerker des Venezianer Dogenpalasts einen Zwischenstopp in Bozen einlegte. Er benötigte neue, seinem Ruf gemäße Garderobe. Seine Bozner Bleibe soll Casanova nur verlassen haben, um seinen Schneider aufzusuchen.

390

Meter lang ist die Laubengasse in Meran und damit rund 100 Meter länger als die Bozner Lauben. Meinhard II. ließ die Meraner Lauben um 1280 erweitern, als ein Zeichen gegen das von Trient kontrollierte Bozen.

3.905

Meter hoch ist der höchste Berg Südtirols, der Ortler. Über 350 weitere Gipfel und Nebengipfel übertreffen die 3000er-Marke.

5.000.000

Euro hat die IDM 2022 aus dem Fördertopf des Landes Südtirol für Film- und Fernsehproduktionen ausgeschüttet. Zuvor hatte man bereits international erfolgreiche Produktionen wie »Honig im Kopf« oder »Das finstere Tal«, die u. a. in Südtirol gedreht wurden, unterstützt. Der ›Südtiroleffekt‹, die Wertschöpfung im Land, soll den Wert von 11 Millionen Euro übersteigen.

Über die Alpen

Der Brenner — vom mittelalterlichen Hof zur Verkehrshauptschlagader: Zwischen Blüte und Niedergang, Schlagbäumen und einem Europa ohne Grenzen bleibt der Pass ein Ort auf der Suche nach seiner Identität.

Früher wollte man den Namen Brenner in Zusammenhang mit den sagenhaften Breonen bringen. Das vielleicht rätische Volk wurde wie die Isarken – Isarco ist der italienische Name des Eisack, seine Quelle ist am Brenner zu bewundern – und die Venosten, von denen sich der Name Val Venosta, Vinschgau, herleitet, in den römischen Alpenfeldzügen besiegt.

Ein Hof namens Brenner

Meinhard II. war ein gewichtiger und ziemlich resoluter Tiroler Landesfürst. In einem seiner Urbare (darin war notiert, wer welches Land zu welchen Konditionen bewirtschaften durfte) wird 1288 ein Prennerius de Mittenwalde genannt, 1299 ist ein Chunradus Prenner belegt. Belegt ist auch, dass das Land durch Brandrodung zu Nutzland wurde. Es wäre wohl bei wenigen Höfen geblieben, wenn sich nicht genau an diesem Ort das Wipptal – so heißt es nämlich dies- und jenseits der Grenze – zu dem wenig hohen Alpenübergang erheben würde. Der Brenner ist keiner dieser spektakulären Bergpässe, mit Endloskehren und spektakulärem Panoramablick am höchsten Punkt. Gäbe es keine Siedlung und die Reste der Grenzhäuschen, man würde ihn glatt verpassen.

Wenige Tiroler Orte erlebten im Lauf der Zeit solch eine Transformation: vom einzelnen Hof zum wichtigsten Alpenübergang, vom Kurflecken zum Grenzort. Ein Ort voller Symbolkraft. Am Brenner fordert man das Selbstbestimmungsrecht ein – Südtirol ist nicht Italien–, am Brenner randalieren ›Linksradikale‹ gegen österreichische Grenzschließungen.

R

IN DIE RÖHRE GUCKEN

BBT-Infopoints: www.bbtinfo.eu. Einblick in das Jahrhundertprojekt Brennerbasistunnel erhalten Sie in **Steinach am Brenner** (A) und in **Franzensfeste** (s. S. 35), dort mit 200 m² großer Dauerausstellung zu verschiedenen Themen – von technischen Aspekten bis zu umweltrelevanten Fragestellungen.
Baustellenführung: Besichtigungsstart Infopoint Franzensfeste, mit Voranmeldung, Fr 10, 14 Uhr, 8–20 Pers. je Besuchergruppe, Alter 18 (Schüler 14)–75 Jahre, guter Gesundheitszustand erforderlich, Schwangere und Personen mit Herzschrittmachern nicht zugelassen, 10 €, Schüler/Senioren 5 €. Ausgestattet mit Sicherheitsstiefeln, Helm und Warnweste geht es mit Kleinbussen zur Baustelle nach Mauls, Gemeinde Freienfeld, zur Tunnelführung.

Aufschwung und Abstieg

Dem Brenner haftet etwas Morbides an. 1920 wird Südtirol durch den Vertrag von St. Germain endgültig Italien zugeschlagen, wenig nördlich der Wasserscheide die Grenze gezogen, der Ort ist plötzlich nicht mehr nur als geomorphologischer Übergang bedeutend. Polizei, Militär, ein Skigebiet – Brenner im Aufschwung. 80 Jahre später, 1998, tritt Schengen in Kraft, der letzte Reisepass wird kontrolliert. Schlagbäume verschwinden, Grenzhäuschen verfallen, am Brenner selbst bleiben traurige Mietshäuser aus der Zeit, als es hier mehr »Finanzer und Karpf«, die Südtiroler Bezeichnungen für die hiesigen Finanzbeamten und Carabinieri, als andere Einwohner gab. Dagegen kommt auch das Outletcenter, das 2007 für Belebung und Aufwertung sorgen sollte, nicht an. In einem Jahrhundert steigt die Bevölkerungsanzahl am Pass von 250 auf über 1500, um dann wieder auf 250 zu sinken. Heute leben im Ort, die Mieten sind durch die Leerstände günstig, mehr pakistanische Familien als Einheimische.

Der Verkehr rollt

Währenddessen fahren Tausende von Pkw und Lkw täglich, Millionen jährlich über die Autobahn Richtung Süden und Norden. Dem Brenner und den angrenzenden Gemeinden macht der Verkehr zu schaffen. Lastwagen um Lastwagen, oft Stoßstange an Stoßstange, ein einziger Stau von Bozen bis Brenner. Ein verkehrstechnischer Supergau bahnt sich an, wenn erst die Luegbrücke auf Nordtiroler Seite ab 2025 repariert werden soll. Die italienischen Frachtunternehmen beklagen das herrschende Nachtfahrverbot in Tirol, für die günstigere Maut über den Brenner nehmen Lkw sogar Umwege in Kauf, ein zukünftiges kontingentorientiertes Buchungssystem sorgt für Empörung. Ohne das Zusammenspiel der Akteure funktioniert kein Übergang, der freie Warenverkehr fordert seinen Tribut. Abhilfe soll ein Tunnel schaffen.

Erst wird gebohrt und dann gesprüht: Ein Arbeiter steuert einen Betonsprüh-Roboter an der Tunnelbohrmaschine im Brennerbasistunnel.

Wann kommt der BBT?

Seit 1867 verkehrt der Zug, 100 Jahre später wird die Brennerautobahn eröffnet, jetzt gerade entsteht unter dem Brennerpass die längste unterirdische Eisenbahnverbindung der Welt für den Güter- und Personenverkehr, der Brennerbasistunnel, kurz BBT. 55 km lang, von Innsbruck nach Franzensfeste, am Scheitelpunkt 580 m unter dem Pass. Wie lange der Bau noch dauern wird, ob er wirklich die notwendige Entlastung bringen wird, was passiert, wenn der Tunnel zwar fertig, die Zulaufstrecken aber noch nicht gebaut sind – viele Fragen bleiben bei solchen Megaprojekten offen. Megaprojekten ist zu eigen, dass sich die Fertigstellungszeiten ständig nach hinten und die Baukosten nach oben verschieben. ■

Namen über Namen

Südtirols Namen bleiben interessant — Hier zweisprachig, dort einnamig, hier und da stehen sogar drei Namen auf einem Ortsnamenschild. Die Südtiroler Toponomastik bleibt interessant – und umstritten.

So viele Grauns: Graun im Vinschgau, Graun bei Kurtatsch im Südtiroler Unterland, auf der gegenüberliegenden Seite des Tals das bereits im trentinerischen Cembratal liegende Grauno: Sie alle lassen sich auf ein romanisches Etymon *corona* zurückführen. Trotzdem haben sie im Italienischen drei verschiedene Namen: Curon Venosta, Corona und das nur italienische Grauno. *Corona* bedeutet ›Krone‹, und mit diesem Beispiel wurde vor Jahren gegen die Unsinnigkeit der italienischen Namen in Südtirol protestiert. Weniger anrüchig als Penone, Penon ebenfalls Teil der Unterlandler Gemeinde, das publikumswirksam von einer sonst bieder auftretenden deutschen Rechtspartei als ›Großpenis‹ präsentiert wurde. Gerechterweise muss man dazu sagen, dass immerhin in Kurtatsch auch die italienischen Rechtsparteien anno dazumal aufmarschiert sind, um die einsprachigen Beschilderungen des Bürgermeisters gegen zweisprachige auszutauschen. Schildbürgerstreich, Possentheater, politisch impliziert und immer noch ungelöst. Und gar nicht mal mehr so Thema. Oder doch?

Toponomastische Wanderungen

Anscheinend haben einige Wanderer in Südtirol den Eddingstift immer griffbereit im Rucksack. Beschmierte Wanderschilder sind keine Seltenheit. Mal ist die italienische Bezeichnung durchgestrichen, mal wird eine italienische hinzugefügt. Manchmal sind der AVS, der hiesige Alpenverein und für die Schilder zuständig, und Mussolini »stupidi«, also dumm, manchmal wird mit »italiano?« auf die fehlende italienische Beschilderung hingewiesen.

Toponomastik (Ortsnamenskunde/-forschung), die ganze Südtiroler Namensangelegenheit, ist mittlerweile zum geflügelten Wort ex negativo geworden. Sie sollte das regeln, was seit Jahrzehnten einer Lösung harrt. Rein politisch gesehen. Von den Scharmützeln auf den Wanderschildern einmal abgesehen, muss einem doch das Herz aufgehen, wenn man im Herzen der Dolomiten in allen drei Landessprachen begrüßt wird. Trotzdem regelt noch immer kein Landesgesetz die Toponomastik, ein Begriff, den jeder Durchschnittssüdtiroler vermutlich besser und schneller buchstabieren kann als Gemüsesuppe. Und so treiben die Namen mitunter seltsame Blüten.

Deutsch-italienisch unter den Gipfeln

Unter dem Latemar, unbestreitbar Ladinisch, tummelt es sich mal deutsch, mal italienisch. Obereggen, Wander- und Skigebiet, gibt sich deutsch, das von dem nationalistischen Politiker und Senator Ettore Tolomei, Verfechter der Italianisierung Südtirols, eingebrachte San Floriano ist kaum bekannt und werbetechnisch wohl nicht attraktiv. Für das ums Eck liegende Karerseegebiet hat man sich hingegen für das italienische Carezza entschieden. Weniger sperrig und funktioniert auch ohne den Zusatz Pass oder See, Karer allein tut sich da schon schwerer.

So schwer wie anscheinend auch die Talbezeichnungen ohne Tal. Ulten, Schnals, Passeier, Ridnaun, Ratschings und etliche andere funktionieren erst mal ohne den Zusatz. Man fährt nach Ridnaun oder nach Ulten, nicht ins Ridnauner- oder ins Ultental. Ganz groß punkten Sie bei Einheimischen, wenn Sie die Frage »Wo machen Sie denn Urlaub?« mit »Ich bin in Psaier« beantworten. Probieren Sie es nicht mit Pustertal, da funktioniert es nicht.

Von den Tälern zu den Gipfeln. Verwirrung vorprogrammiert: Bei den Berg- und Schutzhütten wird es nochmals brisant. Die eigentliche Magdeburger Hütte in Pflersch präsentiert sich mit einem eleganten Logo ausschließlich als Rifugio Cremona alla Stua, die neue, architektonisch herausragende Stettiner Hütte zwischen Pfelders und Pfossental nennt sich nach dem italienischen Dichter Rifugio Petrarca all'Altissima. Und so geht es munter zwischen deutschen und italienischen Städten weiter.

Welche Sprache darf's denn sein? Gar nicht so einfach in Südtirol.

Vetta d'Italia

»Restituire, sostituire, creare« – zurückgeben, ersetzen, erschaffen, so simpel liest sich die Methodik Ettore Tolomeis, des ›Totengräbers Südtirols‹, wie er gerne apostrophiert wird. Heute liegt er selbst unter der Erde, in Montan am Ortsfriedhof steht sein beeindruckendes Grabmal am äußersten Rand, damit, so will es die Legende, er sehen könne, wie der letzte deutsche Einwohner Südtirols über den Brenner das Land verlasse. Mit dem Titel Conte della Vetta geadelt, hatte er 1904 den Klockerkarkopf im hinteren Ahrntal bestiegen, sich kurzerhand als Erstbesteiger bezeichnet und den Gipfel zur Vetta d'Italia, der ›Spitze Italiens‹, gekürt. In den Jahren danach machte er sich daran, den deutschen Namen Südtirols italienische zu geben. Als die Faschisten 1922 an die Macht kamen, hatte er sein Namenskompendium, den »Prontuario dei nomi locali dell'Alto Adige«, schon fertig.

Sieg oder Frieden

Namen stiften Identität. Der Siegesplatz in Bozen, an dem auch das Siegesdenkmal steht, war im November 2001 durch Gemeinderatsbeschluss in Friedensplatz umgetauft worden. Vielleicht hat die Stadtverwaltung von Bozen Sensibilität vermissen lassen, vielleicht hat die populistische Kampagne von Seiten italienischer Rechtsparteien den Nerv des viel zitierten *disagio* – etwa: des ›Unbehagens‹ – der italophonen Bevölkerung Südtirols getroffen. Die Schilder mit »Friedensplatz« mussten nach kurzer Zeit wieder entfernt werden. Ironie des Schicksals: In Italien werden ehemalige Bezeichnungen auf Straßenschildern ebenfalls angeführt, so steht nun auf dem Schild: »Siegesplatz (ehem. Friedensplatz)«. Das gibt zu denken. ■

Die Anderen

Deutsch, Italienisch oder Ladinisch — Dass Südtirol ein dreisprachiges Gebiet ist, ist im öffentlichen Diskurs immer noch nicht richtig angekommen. Obwohl auch genau dies an dem kleinen Land fasziniert.

Mit »Die Walsche« hat Joseph Zoderer (1935–2022) 1982 der neueren Geschichte Südtirols ein literarisches Denkmal gesetzt: die Geschichte einer Frau aus einem Bergbauerndorf, die mit einem Italiener in der Stadt lebt und ihre Identität zwischen den beiden Welten finden muss. In den 1980er-Jahren kommt Francesca Melandri (geb. 1964) 2010 mit ihrem viel beachteten Debütroman »Eva dorme« (» Eva schläft«) auf das Motiv ›Einheimische Frau verliebt sich in fremden Mann‹ zurück – und auf die Gegensätze des deutschen und italienischen Südtirol. Zwei Welten, die zu durchbrechen auch heute noch schwierig scheint und die auch heute nach einem gemeinsamen Weg suchen müssen – wenn sie es denn wollen.

Bun dì Ladinia?

Aber hallo, und die Grödner und Abteitaler? Die Ladiner, die älteste Sprachgruppe im Land, werden in dem Diskurs darüber, ob die Deutschen mit der Landnahme der Bajuwaren über den Brenner nach 500 n. Chr. oder die Italiener als Nachkommen der Römer, die ja schon ein halbes Jahrtausend vorher dagewesen waren, mehr Anrecht auf Südtirol hätten, gerne vergessen. Noch heute nennt man ihre Sprache im deutschen Dialekt Krautwallisch, unter dem Faschismus wurde es als italienischer Dialekt verunglimpft – nur um sie zu den Italienern schlagen zu können.

Vergessen in der Diskussion wird, dass es auch im Vinschgau lange Zeit Bevölkerungsteile gab, die eine Variante des Ladinischen – und damit einer (räto?-) romanischen Sprache – pflegten. Doch das gehört nicht zu Südtiroler Allgemeingut.

Warum auch? In einer Zeit, in der die Geschichtsforschung darum bemüht war, die lange Geschichte des Deutschtums in Südtirol darzustellen, als eine Reaktion auf den von italienischer Seite schon im 19. Jh. vorgebrachten Anspruch auf das Gebiet südlich des Brenners, war das nicht en vogue. Mehr als 100 Jahre später ist die Festschreibung Deutsch oder Italienisch in den Köpfen der Menschen tief verwurzelt.

Proporz: Who is who?

Drei Amtssprachen für 520 000 Menschen. Knapp 70 % gehören der deutschen, gut 25 % der italienischen Sprachgruppe an und fast 5 % der ladinischen. Zusätzlich leben 46 000 Personen mit Migrationshintergrund im Land, 31 000 davon aus anderen EU-Staaten. Die Ladiner leben überwiegend in den Tälern Gröden und Abtei, die Italiener primär in den Städten, die Deutschen überall.

Sprachgruppenzugehörigkeitserklärung: Mit diesem Zungenbrecher muss man sich mit 18 Jahren zu einer der drei Sprachen bekennen. Diese wird in einem persönlichen Umschlag am Landesgericht

Im Kultur- und Sprachzentrum Trevilab wird nicht nur Ladinisch, Italienisch und Deutsch gesprochen, hier ist Multilingualität angesagt.

hinterlegt. Für die öffentliche Berufslaufbahn unabdingbar, schließlich sind die öffentlichen Stellen prozentual auf die Sprachgruppen aufgeteilt. In Südtiroler Juristendeutsch auch: Ein komplexes und ausdifferenziertes Rechtssystem, Ämterrotation, paritätische Gremienbesetzung und die proportionale Vertretung aller Sprachgruppen sind die Garanten für das friedliche Miteinander von Deutschen, Italienern und Ladinern …

Zweigeteilte Kultur und Bildung

… so friedlich wie eine Schneeballschlacht zwischen ›deutschen‹ und ›italienischen‹ Grundschülern im Pausenhof zweier Schulen, die sich zwar das Schulgebäude teilen, aber nicht die Klassenzimmer. Wie soll das Miteinander gehen, wenn die Lehrpläne unterschiedlich sind und jeder sein eigenes Süppchen kocht? Eine gemeinsame Behörde sucht man in Bozen vergeblich, es gibt das deutsche Schulamt und das italienische, die Ladiner werden zu den Deutschen geschlagen, sind wieder nur Anhängsel. Das zieht sich durch bis zur Kultur, in Südtirol gibt es eine deutsche, eine ladinische und eine italienische Kultur. Anscheinend keine gemeinsame. Deshalb tut man sich auch so schwer, eine gemeinsame Geschichte zu finden, geschweige denn eine gemeinsame Identität.

Die Südtiroler Struktur, weltweit Modell für Minderheitenschutz und Autonomien, zeigt ein wenig das Dilemma eines Systems auf, das aus einer sicherlich historisch begründeten Sorge vor dem Miteinander nicht mehr aus dem Nebeneinander herauskommt. Man brüstet sich mit einer dreisprachigen Universität, aber fürchtet sich vor der zweisprachigen Schule. Die heiligen Kühe der Autonomie treiben manchmal seltsame Blüten.

Diese werden aber weder der rätoromanischen Vergangenheit des Gebiets gerecht noch den historisch gewachsenen deutsch-italienischen Dörfern Richtung Trentino hin und schon gar nicht mehr der modernen, ethnisch vielfältigen und mehrsprachigen Gesellschaft Südtirols. ■

Maschggra!

Fasching, nicht Karneval — keine Jecken und kein Alaaf. Südtiroler Fasnachtsbrauchtum lebt von archaischen Motiven, ursprünglichen Figuren und übermütig wildem Treiben.

Beim traditionellen Zusslrennen in Prad hüllen sich junge Burschen in weiße Gewänder, die mit bunten Papierblumen verziert sind, und hängen sich schwere Kuhglocken um.

Ein Metzger führt das Schnappvieh im Traminer Egetmann-Umzug und schlachtet es am Brunnen. Ob der Metzger für den Frühling und das Vieh für den ›bösen Winter‹ steht?

Politically incorrect: Nur Männer nehmen am Egetmann-Umzug teil. Zu den traditionellen Figuren gehört diese Frauengestalt. Sie schleppt im Buckelkorb stets Mann und Kinder mit.

Auch reine Männersache: der Latscher Fastnachts-umzug mit ›Bauersleuten‹

Perkeo (oben), trinkfester Zwerg und Fasswächter im Heidelberger Schloss, ist die zentrale Figur der Salurner Maschggra und herrscht mit seinem Gefolge (unten: die Waschweiber) fünf Tage über die Stadt. Er wurde, so heißt es, 1702 als Clemens Pankert oder Giovanni Clementi in Salurn geboren. Auf die Frage »Möchtest du noch ein Glas Wein?«, lautete seine Antwort stets: »Perchè no?« (Warum nicht?)

Kunst in Südtirol

Kunst in Südtirol — scheint sich manchmal nur an einigen großen Namen festmachen zu lassen – das ist schade, denn gerade aus dem Traditionellen entsteht oft erstaunliches Neues.

2023: In Schlanders stehen alte Militärkasernen leer, wie auch am Brenner, in Bozen oder Innichen. Langsam gehen die ausrangierten Komplexe aus Staats- in Provinzbesitz über. So wie das Areal im Vinschgau: Basis (s. S. 235) nennt sich ein Kollektiv, das sich dort niedergelassen hat. Abrissarbeiten in einer Nacht- und Nebelaktion lassen nun die Kunstdiskussion um die Bauten selbst aufflammen: schützenswert oder Schandfleck? Was kommuniziert Südtirol?

Südtirols große Maler

Karl Plattner wurde nur eine halbe Stunde Autofahrt entfernt 1919 in Mals geboren, er gilt als der bedeutendste Südtiroler Künstler der Nachkriegszeit. Zu seinen zentralen Themen zählen

Unter feindlichem Dauerbeschuss und entindividualisiert – Albin Egger-Lienz durfte mit Erlaubnis des K.-u.-k.-Kriegspressequartiers an der Front malen: »Den Namenlosen, 1916« (Ausschnitt), Tempera auf Leinwand, 475 x 246 cm, Heeresgeschichtliches Museum, Wien.

Kommunikationslosigkeit, Tod und Isolation. Bekannt wurde er insbesondere für seine Wandmalereien. Einige seiner Fresken sind auf dem Malser Friedhof (s. S. 240), an der Europakapelle kurz vor dem Brenner oder im Sitzungssaal des Südtiroler Landtags in Bozen zu bewundern. Eine Auswahl seiner Werke ist in der Sammlung Eccel-Kreuzer (Silbergasse 10, www.eccel-kreuzer.it) in Bozen zu sehen.

Bei manchen Werken Plattners glaubt man, er hätte Egger-Lienz' Figuren figürlich weiterentwickelt. 1926, 60 Jahre vor Plattners Tod, starb Albin Egger-Lienz in St. Justina bei Bozen. Der aus Osttirol (Österreich) stammende Maler sagte von sich, dass er Formen, keine Bauern male. Eindringlich hat er sie trotzdem gemalt, die Bauern. Beim Mittagessen, auf dem Feld – ernste, fast feierliche Momente, die von einer merkwürdigen Stille begleitet werden: das sich auf das Essen(zielle) Reduzierende der bäuerlichen Welt. Ein Bild genügt, um das, was sich einst Tirol nannte, zu verstehen. Seinen Ruhm als bedeutendster Maler dieser alpinen Moderne, zugleich seine gebrochene Rezeption verdankt er den Werken, die von den Nationalisten rund um den Ersten Weltkrieg geschätzt wurden. Seine Totentanz-Bilder zeigen immer noch Tiroler, jedoch Bauern als Soldaten. Die, die vorher mit Ernst die Sense geschwungen haben, folgen nun mit gleichem Ernst, Gleichmut und Aufopferungsbereitschaft dem Sensenmann in den Tod. Andererseits gehörte Egger-Lienz zu den Gründungsmitgliedern des Bozner Künstlerbunds von 1923, dem im Faschismus keine Fortune beschieden war.

1946 gründete sich dann der Südtiroler Künstlerbund (www.kuenstlerbund.org), der größte Verband einheimischer Kunstschaffender aus Bildender Kunst, Architektur, Literatur und Musik. Ausgestellt wird u. a. in der Galerie Prisma, in den Kellergewölben des Deutschhauses in der Weggensteinstraße in Bozen. ›Italienisches‹ Pendant ist die Associazione degli artisti della Provincia Autonoma di Bolzano - Alto Adige (www.associazione-artisti.com) von 1922.

WIDER DEN FASCHISMUS?

Der Laurinbrunnen von Kompatscher und Winder, aus touristischen Gründen Anfang des 20. Jh. auf der Bozner Wassermauer aufgestellt, wurde von den Faschisten zerstört und landete in einem Graben. 1996 erhielten der deutsche Dietrich von Bern und sein Gegenspieler, der romanische Laurin, wieder einen gebührenden Platz – so die heutige politische Lesart – direkt vor dem Landtag, während die faschistischen Adler von der Drususbrücke in einem Eck der Stadtgärtnerei verwittern.

Unverkennbare Wurzeln

Bäuerlich und sakral: Manchmal tut sich die Südtiroler Kunst schwer, ihre Wurzeln zu verbergen – und will es manchmal auch nicht. Kunst speist sich aus dem, was man um sich hat. In Gröden sind das viel Holz und lange Winter. Seit 1994 vereinigt die Unika, die Kunstmesse in St. Ulrich/Runggaditsch (1. Sept.-Wochenende), u. a. einiges, was an moderner Holzschnitzkunst entsteht. Willy Verginer (www.verginer.com), 1957 in Brixen geboren, ist einer, der es ihnen vorgemacht hat. Er verkauft von Israel bis Taiwan, stellt international aus. Lois Anvidalfarei (geb. 1962; www.loisanvidalfarei.it) kommt aus dem Tal nebenan, aus Abtei. Beide haben die Kunstschule in Gröden besucht. Was Verginer aus Holz macht, schafft Anvidalfarei aus Bronze.

2023: In Südtirol bleibt wenig Zeit, um zu entscheiden, was mit den Militärkasernen passieren soll. Wo bleibt der Platz für die junge Kunst? ■

Steigen Sie im Grand Hotel ab?

Zwischen Verfall und Renaissance —Toblach, Karerpass, Meran oder Gossensass: Die Geschichte des Tourismus in Südtirol lässt sich nicht ohne seine frühen Luxushotels schreiben.

Gehobener Komfort, fließendes Wasser und an den europäischen Palästen orientiert: Die ersten Luxushotels entstanden dort, wo der europäische Adel und die bürgerliche Oberschicht ihre Sehnsucht nach den Alpen und nach dem Süden glaubten stillen zu können. Reizvolle Landschaften hat Südtirol ja genug: Kurorte, Alpenpässe und Eisenbahnlinien waren ebenso ausschlaggebend wie die Entdeckung der Bergwelt.

Grand Hotel im Kleinen

Zeno Bampi ist ein relativ bekannter Architekt in Südtirol, in Radein hat er sich sein eigenes Refugium geschaffen. Der Berghof – nun als Die Berghoferin geführt von Bampis Tochter – ist eines jener Hotels, die als typischer Sommerfrischebetrieb, Grand Hotel in Miniatur, galten, daneben der berühmtere Zirmerhof, von dem Richard von Weizsäcker schrieb: »Paradies der Weite und Freiheit«.

Ramba Zamba im Norden

Abgeschiedenheit am Regglberg, Orchester nahe dem Brenner. In Gossensass pulsierte zur selben Zeit das Leben. Wenn man den Marktflecken heute sieht, will man es kaum glauben, dass sich hier um die Wende zum 20. Jh. internationale Gäste die Klinke in die Hand gaben. Österreichisches Davos, Chamonix Tirols nannte man den Ort, der seine Fortune auch den Thermalquellen der St.-Zacharias-Quelle von Brennerbad verdankte.

Nicht umsonst heißt der Ort, 6 km nördlich von Gossensass, Brennerbad. Schon den Römern bekannt, suchten hier u. a. der mittelalterliche Tiroler Landesfürst Sigismund der Münzreiche oder die Operettenkönige Richard Strauss und Franz Lehár Linderung ihrer Wehwehchen. Ab 1902 stand den 2000 jährlichen Gästen ein Grand Hotel mit 150 Zimmern und höchstem Komfort zur Verfügung. Das Glück war von kurzer Dauer: Weltkrieg, Einquartierung von Truppen, die Loslösung von Österreich. Den letzten Rest gaben dem einstigen Vorzeigehotel die schwierigen Zwischenkriegsjahre.

»Vom alten Glanz ist wenig geblieben«

So besingt Rainhard Fendrich seine Heimat Österreich. Umrahmt von Autobahn, Zug und dem ständigen Durchgangsverkehr, mag man bei Gossensass dasselbe denken. Kaum vorstellbar, dass die Gemeinde in der Belle Époque neben Meran als einer der wichtigsten Kurorte galt. Dem berühmtesten Gast, Henrik Ibsen, sind heute ein Platz, ein Wanderweg und ein Dokumentationszentrum gewidmet. 1945 brannte das Grand Hotel Gröbner ab – kein Einzelfall unter den damaligen Nobelhotels –, das Palasthotel immerhin hat 2004 nach 40 Jahren Stillstand und Verfall als Palace wieder eröffnet. In Brennerbad – heute gibt es dort eine Kapelle, eine Mineralwasserabfüllanlage und ein Umspannwerk der Treni Italia – haben einmal Schnellzüge gehalten. Wo will man anknüpfen?

Kultur in Toblach

In Toblach heißt anknüpfen, einen Prachtbau, ein ehemaliges Hotel, öffentlich zu nutzen. Man nehme einen berühmten Komponisten und Landesgelder und richte diverse Einrichtungen ein: Jugendherberge, Kongresszentrum, Naturparkhaus. Platz ist ja genug. Last but not least instituiere man einen Wettbewerb. Gustav Mahler hat zu Beginn des 20. Jh. drei Sommer im von der Südbahngesellschaft errichteten Grand Hotel Toblach (s. S. 85) verbracht. Hier soll er die Symphonie Nr. 9 und das Lied an die Erde komponiert haben. Die Gustav-Mahler-Wochen sind mittlerweile als zwar kleines, aber anspruchsvolles Klassikfestival anerkannt. Nicht alle Grand Hotels haben das Glück, in Landesbesitz überzugehen.

Superlative am Karerpass

Im Juli 1897 eröffnete unterhalb des Karerpasses ein Hotel, das neue, ungeahnte Maßstäbe setzen sollte. Zeitweise über 500 Handwerker beschäftigte der Bau des Grand Hotel Karersee, elektrischer Strom auf 1630 m Höhe, Tennisplätze und ein Golfplatz. Sissi feierte hier Geburtstag, Arthur Schnitzler und sogar Winston Churchill stiegen im Hotel ab.

Das Bozner Stadtarchiv bewahrt auch Pläne und Zeichnungen vieler Luxushotels aus den Anfangsjahren der Südtiroler Tourismusgeschichte.

Doch heute präsentiert sich das ehemalige Hotel als zerstückelte *multiproprietà*, in der man von der Ausstattung her zwar eher jugendherbergsmäßig, aber immer noch Urlaub machen kann. Superlativ nur mehr in der Anzahl der Miteigentümer.

Überleben in der Stadt

In Meran und Bozen konnten die früheren Grand Hotels die Stürme der ersten Jahrhunderthälfte besser überstehen als die überdimensionierten Prachtbauten, die versiegenden Thermalquellen, die dem ein oder anderen Brand oder dem Bau der Autobahn zum Opfer fielen. Vielleicht hat Zeno Bampi recht: »Die Geschichte des Tourismus unseres Landes hat schon mit Grand Hotels zu tun, aber mit zehn und nicht mit 50, für die wir weder das Personal noch die Qualifikation der Hoteliers haben«, sinniert der Neumarkter Architekt mir gegenüber und fügt schmunzelnd hinzu: »Darf ich das sagen?« ■

Während des Tiroler Bauernaufstands kam es am 13. Mai bei Wörgl (Österreich, zwischen Kufstein und Innsbruck) zum Gefecht zwischen Österreich und Bayern. »Die Schlacht bei Wörgl am 13. Mai 1809« (Ausschnitt), Peter von Hess (auch: Heß; 1792–1871), Öl auf Leinwand, Bayerisches Armeemuseum, Ingolstadt

Reise durch Zeit und Raum

Zwischen Norden und Süden — Seit je lebt die Geschichte Südtirols von den politischen, kulturellen oder wirtschaftlichen Einflüssen nicht nur des Alpenraums.

Ötzi – der erste Südtiroler?
ca. 10 000–15 v. Chr.

Er zählt zu den ältesten bekannten menschlichen Mumien der Welt, der älteste ›Südtiroler‹ aber ist Ötzi damit nicht. Neandertaler, frühe *Homines sapientes* und schließlich Jäger und Sammler der späten Altsteinzeit waren vor ihm da. Diese hatten zu Ötzis Zeiten bereits begonnen, sesshaft zu werden, Vieh zu halten und Ackerbau zu betreiben. Die Fritzens-Sanzeno-Kultur der Eisenzeit fasste erstmals Norden und Süden zusammen, die Raeti, die Räter, waren geboren.

Zum Anschauen:
Südtiroler Archäologiemuseum, Bozen, S. 137

Römer zum Ersten
15 v. Chr.–550 n. Chr.

Drusus kam, sah und siegte. 15 v. Chr. zog Rom gegen Norden, auf dem Weg wurden die Gebiete der Isarken, Venosten und Breonen dem römischen Imperium einverleibt. Räter und Romanen wurden zu Rätoromanen. Der römische Kaiser Augustus ließ die Via Claudia Augusta als Kriegs- und Handelsstraße bauen, von Süden durch den Vinschgau und über die Alpen. Der Boden für politische Diskussionen um die Zugehörigkeit des späteren Südtirol war damit vorbereitet.

Zum Anschauen:
Museo Masio Sebatum, St. Lorenzen, S. 57; Via-Claudia-Augusta-Ausstellung, Kastelbell, S. 228

Völkergemenge und Streitstoff
550–1253

Die Völker waren auf Wanderschaft, das Römische Reich zerfiel. Im heutigen Südtirol trafen Langobarden auf Franken (Vinschgau), Slawen auf ›deutsche‹ Bajuwaren (Pustertal) – und die ansässige rätoromanische Bevölkerung. Spätestens mit dem Einfall der Bajuwaren war der Garten der Diskussionen bestellt. Die rätoromanische Bevölkerung etwa wurde entweder germanisiert oder zog sich in entlegenere Täler zurück. Im 8. Jh. wurde die Region Teil des Karolingerreichs, doch nach dem Tod Karls des Großen (814) wurde sie aufgeteilt, zwischen dem Herzogtum Trient bzw. dem Königreich Italien und dem Herzogtum Bayern und damit dem Heiligen Römischen Reich Deutscher Nation.

Meinhard II., Schöpfer Südtirols
13. Jh.–1918

Im Mittelalter schließlich wurden Nägel mit Knöpfen gemacht. Meinhard II. (um 1239–95), Graf von Tirol, betrieb eine energische Expansionspolitik, der bedeutende Fürst gilt als Begründer

Tirols, ein lokaler Adelstitel stand nun für ein Herrschaftsgebiet von Trient bis Bayern. Meinhard taktierte auch hochzeitspolitisch vorausschauend, über die Heirat seiner Tochter erklärten sich die Herrschaftsansprüche der Habsburger. Mit der Übergabe der Regierungsgewalt an die Habsburger durch die letzte Gräfin von Tirol, Margarete (Maultausch), sollten sie diese dann auch von 1363 bis zum Ende des Ersten Weltkriegs wahrnehmen – mit einigen kleinen Intermezzi.

Zum Anschauen:
Brunnenburg bei Dorf Tirol, S. 199

Mander, es isch Zeit!

1809–1813/14

Es war das Jahr 1809, als die Stunde des Tiroler Volkshelden Andreas Hofer schlug. Der Tiroler Volksaufstand, das Aufbegehren gegen Napoleon und seine bayrischen Verbündeten, die gegen das Habsburgerreich zogen, mündete in vier Schlachten am Bergisel, einer Anhöhe in der Nähe von Innsbruck. Die vierte verlor der charismatische Sandwirt aus dem Passeier. In Mantua – verewigt in der Tiroler Nationalhymne – wurde er hingerichtet. Am Ende regelte sich doch noch alles: Zwischenzeitlich dem Königreich Italien zugeschlagen, kam Tirol 1813/14 wieder zu Österreich.

Zum Anschauen:
Gasthaus Lamm, St. Martin in Passeier, S. 214; Museum Passeier und Andreas-Hofer-Weg, St. Leonhard in Passeier, S. 213

Römer zum Zweiten

1918–1939

100 Jahre später entschied sich das Schicksal Südtirols endgültig. Nach dem Ersten Weltkrieg wurde mit dem Staatsvertrag von St. Germain Südtirol der Siegermacht Italien zugesprochen, die Tiroler selbst sprachen von der Zerreißung ihrer Heimat. Am sogenannten Bozner Blutsonntag erlebte die rauer werdende Stimmung einen ersten traurigen Höhepunkt: Am 24. April 1921 wurde der Lehrer Franz Innerhofer – Vater der berühmten Mundartdichterin Maridl Innerhofer – vom faschistischen Mob erschossen. Er gilt als erstes Opfer des Faschismus in Südtirol.

Die Italienisierungspolitik Roms, forciert durch die Machtergreifung Mussolinis, schlug sich u. a. in der Unterdrückung bis hin zum Verbot der deutschen Kultur und Sprache und Schließung der deutschen Schulen nieder. Italienisierung der Ortsnamen und (vorerst) der Vornamen folgten. Der Zuzug italienischer Arbeiter wurde mit dem Bau der Industriezone Bozens und der Subventionierung von Niederlassungen italienischer Industrieunternehmen massiv gefördert. Die Katakombenschulen entstanden, in denen die Kinder (illegal) in ihrer deutschen Muttersprache unterrichtet wurden.

Heim ins Reich?

1939–1957

Im Jahr 1939 schlossen Mussolini und Hitler ein Abkommen, um die Südtiroler umzusiedeln. Die sogenannte Option gerät zur Schicksalsfrage: Gehen oder bleiben? Über 85 % der Südtiroler entschieden sich schließlich fürs Gehen. Der Fortgang des Zweiten Weltkriegs, der Sturz Mussolinis und der Einmarsch der Wehrmacht brachten die Option ab 1940 schließlich zum Stocken. Nach Kriegsende kam es nicht zur Wiederangliederung an Österreich und auch nicht zum Selbstbestimmungsrecht. In der Kompromisslösung, dem sogenannten Gruber-De-Gasperi-Abkommen, wurden jedoch die Weichen für die Autonomie gestellt. Die Umsetzung des Pariser Vertrags ging schleppend bis gar nicht voran. In der neu geschaffenen Region Trentino-Südtirol (Trentino-Alto Adige, bis 1972 Trentino-Tiroler Etschland) befand sich Deutsch-Südtirol wieder in einer Minderheitenposition,

Forderungen konnten nicht umgesetzt werden. Die Bestrebungen, italienische Arbeitsmigranten anzusiedeln, gingen weiter. Der Unmut der Bevölkerung äußerte sich in der »Los von Trient«-Kundgebung auf Schloss Sigmundskron 1957. Silvius Magnago, späterer Landeshauptmann, stieg zur Symbolfigur auf. Der Protest gilt als Auftakt des Emanzipationsprozesses der Südtiroler und der langwierigen Verhandlungen zum Ausbau der Autonomie.

Zum Anschauen:
Neues Bozen, S. 137; Schloss Sigmundskron, S. 138

Bomben und Pakete

1957–1972

Bis es aber so weit kam, sorgten die Attentate der 1960er-Jahre für Schrecken. In der Feuernacht 1961 wurden an die 40 Strommasten gesprengt, Folterungen von Seiten der Staatsgewalt und aufsehenerregende Prozesse folgten. 1972 wurde – trotzdem oder genau deshalb? – das Paket geschnürt, das Zweite Autonomiestatut trat in Kraft. Seither heißt die italienische Region Trentino-Südtirol/Trentino-Alto Adige), als Provinz Autonome Provinz Bozen–Südtirol/Provincia Autonoma Bolzano–Alto Adige, und Südtirol wird bis heute als Vorbild für die Umsetzung von Minderheitenrechten und Modellregion in Sachen Autonomie dargestellt.

Armes reiches Südtirol

bis heute

Auch auf dem Weg ins 21. Jahrtausend wurde das wirtschaftlich reiche, mehrsprachige Südtirol von alten Problemen eingeholt. Ethnischer Proporz, getrennte Schulen, entfremdete Sprachgruppen: Wann werden realpolitisch und gesellschaftlich längst schon ausgehöhlte Dinosaurier der Autonomiegeschichte von zukunftsfähigeren Modellen abgelöst? ■

H

STILLE HELDINNEN

Die Geschichte Südtirols ist eine Geschichte der Männer: von Ötzi über Andreas Hofer bis zu Reinhold Messner. Wie könnte es in einem kleinen Land voller enger Täler, Kirchen und Bauernhöfe auch anders sein? Es gibt sie aber doch. Etwa die Frau Andreas Hofers, Anna Ladurner, die, während ihr Mann Kriegsgeneral spielte, zu Hause die Wirtschaft weiterführte und nach dem Tod des Tiroler Nationalhelden bis zum Kaiser nach Wien fuhr, um sich für den Tod ihres Mannes entschädigen zu lassen. Oder Katharina Lanz, das Mädchen von Spinges und die Jeanne d'Arc Tirols, die mit Heugabeln Napoleons und Bayerns Truppen in die Flucht schlug. Margarete von Tirol verstieß ihren Ehemann, heiratete neu, der päpstliche Bann sorgte in ganz Europa für Aufsehen. Paula Wiesinger, die Bergsteigerpionierin, kletterte in der ersten Hälfte des 20. Jh., als man kaum Frauen am Berg sah, sensationelle Passagen und schwierigste Dolomitenrouten. Fast 100 Jahre später stand die Ausnahmekletterin Tamara Lunger mit 23 als jüngste Frau auf dem Lhotse, Lilli Gruber machte als etablierte und manchmal unbequeme Nachrichtensprecherin im italienischen Fernsehen Karriere. Es sind bescheidene Heldinnen, wie Maria Hueber, Pionierin der Mädchenbildung und Ordensgründerin, oder die Katakombenlehrerinnen, die in der Zeit des Faschismus im Untergrund Kinder unterrichteten. Zwar stille Heldinnen, aber es gab und gibt sie.

Muss der Wolf weg?

Der Jäger kehrt zurück — Ende des 19. Jh. war der Wolf nach Jahrhunderten der Verfolgung ausgerottet. Seine Rückkehr, gemeinsam mit dem Bären, wird mit gemischten Gefühlen beobachtet.

Ob Märchen oder Jägerlatein: Schon immer war der Wolf für Schauermärchen gut. Ende des 19. Jh. wurde der letzte Wolf in Südtirol erlegt, nachweislich 1896 in Villnöss. Genau dort, wo das berühmte Villnösser Brillenschaf weidet, treibt er 125 Jahre später wieder sein Unwesen. Eines der Rudel, das sich in Südtirol festgesetzt hatte, war um Lüsen und Rodeneck zu finden. Verschreckte Wanderer, aber vor allem Bilder von ausgeweideten Schafskadavern beherrschen die Tagesmedien. Dramatischer Anstieg der Opferbilanz, kaltblütiges Morden und grausam zugerichtete Leichname: Die Rückkehr des Wolfes liest sich mittlerweile wie ein echter Kriminalfall.

RICHTIGES VERHALTEN

In der Regel sind Bär und Wolf sehr scheu und ziehen sich vor dem Menschen zurück. Bei **Sichtung eines Bären** in nötiger Distanz heißt es erst einmal: Begegnung genießen. Ruhe bewahren, Spuren nicht folgen, keine Abfälle hinterlassen, Hunde an die Leine, sich langsam entfernen, indem man dem Tier einen Fluchtweg freilässt. Bei einer **Wolfsbegegnung** langsam rückwärts gehen, laut auf sich aufmerksam machen. In die Hände klatschen, schreien und sich groß machen, sollte sich der Wolf nähern.

Bauern auf den Barrikaden

An die 500 Schafe fallen mittlerweile jährlich Isegrim zum Opfer, die meisten in den Sommermonaten. Die Konsequenz(en): Die Bauern holen die Tiere von der Alm, viele werfen das Handtuch. Sie fühlen sich von der Politik, auch auf europäischer Ebene, im Stich gelassen. Der Bauernbund, die lokale Organisation der Landwirte, fordert die Entnahme der Tiere.

Fünf Wolfsrudel halten sich zzt. in Südtirol auf, allesamt provinzüberschreitende Grenzgänger. Das Eisacktaler Rudel ist weg – oder wurde es zerschlagen? Darauf soll die relativ hohe Anzahl an Einzeltieren hindeuten. An die 50 Individuen sollen sich mittlerweile auf Südtiroler Gebiet tummeln. Doch der Wolf wildert nicht allein. Auch der Bär ist häufiger Gast in Südtirol.

Bärenprogramme im Trentino

Seit dem tödlichen Angriff auf den jungen Trentiner Andrea Papi sind auch die Bären wieder ins Visier geraten. Der südwestliche Landesteil Südtirols ist inzwischen als ihr ständiges Durchzugsgebiet einzustufen. Einzelne Exemplare halten sich regelmäßig im Grenzbereich zwischen dem Nonsberg und dem Ulten- und Etschtal auf. Sichtungen am Mendelkamm sind nicht selten. Sie tappen in Fotofallen und plündern Bienenstände.

Dass es überhaupt Bären in Südtirol gibt, liegt an dem seit Mitte der 1990er-Jahre laufenden Bärenprogramm Life Ursus im angrenzenden Trentino. Bereits zehn Jahre später hatte das erfolgreiche Programm seinen ersten Problembären, der schließlich als Bruno in die Geschichte einging – erschossen in Bayern und heute ausgestopft im Münchner Museum Mensch und Natur zu sehen.

Ein Bär lässt aufhorchen

Mittlerweile wird gegen Life Ursus Sturm gelaufen, auch weil es aus dem Ruder gelaufen scheint: viel zu viele Bären, viel zu nahe an den Siedlungen und viel zu wenig Scheu vor den Menschen. Um JJ4, die Bärin, die für den Tod von Andrea Papi im April 2023 mutmaßlich verantwortlich ist, beginnt ein Tauziehen zwischen Regionalpolitik und Verwaltungsgerichte. Die Abschussfreigabe von Problemtieren soll kommen – bei Wolf und Bär.

JJ4 hat andere Sorgen. Mittlerweile eingefangen, wird sie ins Bärengehege Casteller südlich von Trient gebracht. Dort hat sie einen berühmten Zellengenossen. Schon einmal sorgte nämlich ein Bär für ein Politikum zwischen Landespolitik, die ihn zum Abschuss freigegeben hatte, und den staatlichen Institutionen. M49 schaffte es zwischenzeitlich, zweimal aus einem Gehege südlich von Trient auszubrechen. Mittlerweile zum dritten Mal wieder eingefangen, gilt der Bär als Ausbrecherkönig.

Vielerorts, nicht nur in Südtirol, wehren sich Landwirte gegen den Wolf(sschutz), hier sind es die Almbauern.

Viele Bären und viele Wölfe

Namen wie Wolfsgruben am Ritten oder Bärental bei Salurn deuten auf das Vorkommen der Großraubtiere hin. Auf einigen Wanderwegen spaziert man an alten Fallgruben vorbei, mit denen die Tiere erlegt wurden. Bis es sie schließlich nicht mehr gab. Ab 1850 verringerten sich die Bestände deutlich.

Heute muss der Mensch lernen, wieder mit ihnen zu leben. Die Interessenskonflikte sind da, sie betreffen auch den Tourismus. Man kann die Artenvielfalt bewundern oder mit dem Landwirt beim Urlaub auf dem Bauernhof mitleiden, wenn eines seiner Tiere gerissen wurde – ganz sicher lässt die Diskussion um Wolf und Bär niemanden kalt. ■

Wandel ist nötig – nicht nur im Weinbau

Patrick Uccelli — betreibt biodynamischen Weinbau an Rebenhängen, die seit der Jungsteinzeit menschliche Spuren hinterlassen haben. Ein Gespräch über Weinbau? Nein, eigentlich viel mehr.

Wie bist du zum Wein gekommen?

Wein ist eine Freaksache, da kugelst du rein, da geht dir eine Welt auf, ich war gleich davon fasziniert. Ich wollte verstehen. Warum schmeckt auf der einen Seite der Gironde der Wein so und warum auf der anderen Seite anders? Wie macht man das? Kreative Prozesse zu visualisieren ist extrem wichtig. Wo möchte ich morgen sein? Sonst würde auch das hier nicht alles stehen, wenn ich es nicht irgendwann gedacht hätte.

Wann hast du visualisiert, dass der biodynamische dein Weg ist?

Als ich hier am Gut begonnen habe, wurde konventioneller Pflanzenschutz betrieben. Ich habe mir die Datenblätter und Risikosätze der einzelnen Produkte rausgesucht und bin sie durchgegangen. Teratogen, mutagen, krebserregend: Boah, es war beeindruckend, was hier wissentlich, ja vorsätzlich verwendet wird.

War das der Schlüsselmoment?

No way, habe ich mir gedacht, es muss einen anderen Weg geben. Kupfer und Schwefel, das kannte ich bereits von Geißenheim, mein geisteswissenschaftlicher Background hat mir geholfen, ich habe Rudolf Steiner gelesen und mich in vielem wiedergefunden. Es gab große Parallelen zu meiner Sicht auf die Dinge.

Das bedeutete dann konkret?

Ich habe viel in die Landwirtschaft, in die Böden investiert. Wir haben Tiere in den Organismus eingebracht, einen zirkulären Kreislauf geschaffen, die Beweidung baut organische Substanz auf, so viel wie möglich, das bildet die Voraussetzung für die Bodenfruchtbarkeit, das ist eine Conditio sine qua non. Wir versuchen CO_2 zu binden, nicht freizulassen. Von wegen eineinhalb Grad, da kommen ganz andere Zeiten auf uns zu und die Landwirtschaft könnte extrem viel machen.

Welche Veränderungen fallen auf, wie wird reagiert, besonders im Weinbau?

Man merkt es generell, auf viel mehr Ebenen, dass sich etwas verändert, und auch nicht unbedingt qualitativ, sondern erst mal quantitativ. Es ändern sich grundlegende Dinge. Sieh mal, Generationen haben damit gerechnet, dass hier in unserem Eck der Regen von Süden kommt, jetzt kommen die Gewitter von allen Seiten. Im Weinbau beobachten wir, dass sich das Wachstums- und das Reifeverhalten verändern.

Winzer mit Leib, Seele und Liebe zur Natur: Patrick Uccelli betreibt mit Unterstützung seiner Frau Karoline, einer Biologin, mehr als ›nur‹ Weinbau.

Weinbau im Wandel?

Es bleibt keine Wahl. Ich höre Winzerkollegen von Tradition reden. Tradition bedeutet, die Dinge so zu tun, wie wir sie schon immer gemacht haben. Aber genau deshalb sind wir doch in diesen Schwierigkeiten.

Agenda 2030, Green Deal, Ökologisierung und Biodiversität: Geht das noch zu langsam?

Es braucht Zeit, einen Weinberg anzulegen, bis die Reben die ersten Trauben tragen und bis du Wein aus diesen Trauben keltern kannst. Der Landwirtschaft wohnt eine bestimmte Trägheit systembedingt inne. Doch es ist nicht 5 vor 12, es ist 6 nach 12 …

Gehst du ins Gespräch?

Ich werde immer gemütlicher (schmunzelt), ich tu das nicht. Wenn ich gefragt werde, wieso ich biodynamisch arbeite, dann kann man in den Dialog kommen. Jemand ist im Glauben, er macht was Gutes, er ist ja schon nachhaltig, es sind ja nicht mehr die Spritzmittel wie früher.

Aber früher waren Wirkstoffgruppen ausschlaggebend für die Kategorisierung der Giftklassen, heute bestimmt die Konzentration des Wirkstoffs die Kategorie. Bedeutet, dass es sich um sehr giftige Wirkstoffe handelt, aber so viel geringer konzentriert, dass sie in neuer Nomenklatur als nicht schädlich klassifiziert werden – aber mit einer größeren Häufigkeit ausgebracht werden müssen.

Was sollten sich Bauern zu Herzen nehmen? Was wäre wichtig?

Dass sie sich wieder in ihre Arbeit verlieben. Mein Eindruck ist, dass es Landwirte gibt, die nicht ihre Arbeit lieben, weil sie ansonsten ihrer Arbeit, ihren Böden mit einer ganz anderen Würde entgegentreten würden und damit auch mehr Liebe zu sich selbst hätten.

Auch Hühner haben ihren Platz im Rahmen der biodynamischen Landwirtschaft auf Dornach.

Haben wir den Bezug zur Natur verloren?

Das ist irgendwie eine Eigenschaft unserer Zeit, wir haben ganz viele unserer Beziehungen gekappt. Man tanzt nicht mehr zusammen, jeder tanzt für sich. Sehen wir Tiere in der Landwirtschaft? Sie sind alle hinter Mauern, du siehst sie nur als Schnitzel beim Metzger. So schauen auch unsere zwischenmenschlichen Beziehungen aus, es gibt keine Weiterentwicklung, Beziehung aber bedeutet Arbeit. Der Bauer braucht seitens der Gesellschaft Pflege, dann kann er vielleicht Liebe entwickeln, vielleicht ist es auch das.

An seinem Image könnte er im Moment noch arbeiten?

Ein Scheit allein brennt nicht, wir alle haben Aufholbedarf, wir als Gesellschaft könnten mehr Wertschätzung entgegenbringen, und der Bauer könnte mehr für sich tun. Die Bauern müssen wieder an die Kultur anknüpfen, ansonsten sind sie denen ausgeliefert, die die Kontexte anders begreifen können. Es ist eine enorme Kulturarbeit zu leisten in der Landwirtschaft.

Muss ein Landwirt nicht so produzieren, wie es ihm der Markt vorgibt?

Das stimmt schon, aber man hat immer einen Spielraum. Warum nicht genau aus einer vermeintlichen Schwäche eine Stärke machen? Nicht dem Mainstream folgen? Ich habe hier einen Wein um 90 € die Flasche. Jemand sagte mir, den kaufe niemand. Ich habe keine Ahnung, aber wenn ich ihn nicht anbiete, dann werde ich es nie wissen. Ich selbst könnte ihn mir ja nicht einmal leisten (lacht).

Wege entstehen dadurch, dass man sie geht: Wenn du dir etwas vorstellen kannst, dann fängt das Gehirn an, nach Möglichkeiten zu suchen, und dann wird irgendwann jemand auf dem Mond landen.

Womit wir wieder bei der Vorstellungskraft wären …

Es gibt viel ungenutztes Potenzial, da ist noch viel Luft nach oben. ■

PATRICK UCCELLI

Patrick Uccelli wächst in Bozen auf, nach einer abgebrochenen Kochlehre und mehreren abgebrochenen Studien kommt er über die Mitarbeit bei der österreichischen Vinothekkette Wein & Co zum Weinbau. Schließlich studiert er in San Michele all'Adige und Geißenheim Weinbau und beginnt danach auf dem historischen, über die Mutter ererbten Ansitz Dornach oberhalb von Salurn mit dem biodynamischen Weinanbau. Er vergrößert das Gut von 2,5 auf 7 ha, steigert die Produktion von 1800 Flaschen zu Beginn auf 42 000 Flaschen. Heute lebt er mit seiner Familie auf dem Ansitz. Ein Hofladen und ein Gastronomiebereich gehören inzwischen dazu.

Dass die Kirche im Dorf bleibt

Auf dem Land in Südtirol — zwischen Dornröschenschlaf, Abwanderung und neuem Aufschwung. Friedlich weidende Kühe, grüne Wiesen und lustig dahinplätschernde Bäche können nicht darüber hinwegtäuschen, dass das Leben am Berg ganz schön hart sein kann.

»… daß die Kirch in Dorf bleip …«, ist der Titel eines Gedichtbands der bekanntesten Mundartdichterin Südtirols, Maridl Innerhofer (1921–2013). Viele kleine Dörfer hatten in den Jahren des Wirtschafts- und Baubooms und unter den Maximen des Tourismus Mühe mitzuhalten. Erleben sie nun, nach Corona, eine neue Renaissance?

Das Idyll trügt

Je steiler die Wiesen, je höher der Hof: Die Erschwernispunkte nehmen zu, die Kraft und die Freude ab, Landwirtschaft am Berg zu betreiben. Desto schwieriger wird es, auf einem Hof sein Auskommen zu haben. Viele führen die Landwirtschaft nur mehr im Nebenerwerb, pendeln jeden Tag ins Tal, um dort einem ›normalen‹ Job nachzugehen. Oft sind sie auch saisonal beschäftigt – wenn im Winter am Hof weniger Arbeit anfällt, ist der Bauer am Skilift tätig.

Verlassene Gehöfte gibt es auch in Südtirol. Das Schreckgespenst Abwanderung nagt an den Miniaturdörfern – Hof, Stall, Scheune, Nebengebäude, die in schwindelerregender Höhe oft am Hang kleben –, wie der Zahn der Zeit an den restaurierungsbedürftigen Gebäuden.

Sieht idyllisch aus, ist aber zum (Über-) Leben nicht so einfach: abgelegene Höfe oberhalb vom Partschins im Vinschgau.

Die Idylle der Postkartenmotive, die sattgrünen Wiesen, die geranienbehangenen Balkone und dahinter zwei, drei Bergspitzen, trügt. Es gibt Anreize, Subventionen, Urlaub auf dem Bauernhof ist mittlerweile ein fast schon inflationäres Erfolgsmodell. Heilsbringer ist es aber nicht. Hinter dem schlecht übersetzten Titel des staatlichen Fonds für Aufbau und Resilienz, im Italienischen Piano Nazionale di Ripresa e Resilienza, kurz PNRR, verbirgt sich ein Millionenprogramm, das auch Südtiroler Gemeinden ungeahnten Geldsegen bringen soll. Das Vinschger Dörfchen Stilfs mit gerade einmal 400 Einwohnern im Hauptdorf, im Nationalpark Stilfserjoch gelegen und mit der gleichnamigen berühmten Passstraße ausgestattet, darf mit 20 Mio. € das Dorfsterben aufhalten. Es geht auch mit weniger.

Erfolgsmodell Bergdorf

Die Straße, die sich von Montan über den Weiler Glen nach Truden emporschlängelt, ist steil und manchmal verdammt

Wege gegen das Dorfsterben, für die Natur und das Klima: Die Kinder des Klimakreises Feldthurns helfen bei der Feldarbeit auf dem Loamgruberhof mit. Das fürs Dorf angebaute Gemüse ist unbehandelt.

eng. Die Häuser in der Berggemeinde schmiegen sich eng stehend an die südseitige Bergflanke, aus der Truden, von Wald umgeben, mit seinen grünen Wiesen wie eine Insel hervorsticht.

Das Dorf hat eine lange und glorreiche Geschichte, schließlich gehörte die Gemeinde, die sich »im Naturpark« nennt, lange zur Magnifica Comunità di Fiemme, dem auf das Jahr 1111 zurückgehenden Gemeindenverband des in Südtirols Nachbarprovinz Trentino liegenden Fleimstals. Nun meint *magnifica* nicht nur groß im alten Sinn, sondern bedeutet im heutigen Italienisch auch wunderbar, *magnifique!* Nun, so wunderbar ist das Leben hier nicht immer.

Die Arbeitswege sind lang, die Leute arbeiten vielfach außerhalb des Dorfes, die Einkaufsmöglichkeiten sind begrenzt, für vieles muss man ins Tal. Will man nicht über die schmale Zufahrtsstraße, muss man über das Fleimstal fahren. Dennoch hat Truden in den letzten Jahren bewiesen, wie attraktiv eine Berggemeinde sein kann, die ab vom Schuss liegt. Partizipation wird großgeschrieben, es gibt ein Kinderparlament, 2020 erhielt der Ort die Auszeichnung »Kinderfreundliche Gemeinde«. Vier Jahre zuvor, 2016, hatte sie bereits den Preis »'s junge Ehrenamt« erhalten. »Ärmel hochkrempeln«, sagt der 2020 wiedergewählte Bürgermeister der Gemeinde, Michael Epp, und damit meint er die ganze Dorfgemeinschaft. Das Vereinswesen ist eine der Stützen, die Südtirols Gesellschaft so speziell machen. Nirgendwo sonst konzentriert sich eine solche Dichte an Freiwilligenvereinen und Ehrenamtlichen. Von der Feuerwehr bis zur Musikkapelle, den Sportvereinen bis zu den katholischen Organisationen. Letztere sind vielerorts – im 21. Jh. fast unglaublich – noch der Kitt, der alles zusammenhält. Non-Profit-Organisationen sind Südtirols Aushängeschild. Gefühlt jeder Südtiroler ist Mitglied in einem, wenn nicht gleich mehreren Vereinen.

Schulen am Berg

Während Trudens Mittelschüler – in Südtirol gibt es die Einheitsmittelschule – nach Neumarkt, den Hauptort im Unterland, fahren, gibt es in Trudens Grundschule noch genügend Kinder. Nicht so in anderen Bergdörfern.

Weniger als fünf Kinder schulpflichtig? Dann wird die Zwergschule aufgelassen. Im vom Tourismus wenig berührten Planeil, Fraktion der Gemeinde Mals im Vinschgau, mit seinen etwa 150 Einwohnern besuchen 2023 neun Kinder die Grundschule, es waren schon mal weniger. Im zu Laas gehörenden Tanas, eine halbe Stunde entfernt und ebenso viel Einwohner, sind es 2023 noch sechs. Dabei gilt die Schule als allgemeiner Treffpunkt und kultureller Mittelpunkt des Dorfes. Wo Schule, da Leben. Wie lange noch?

Comeback des ländlichen Raums

Davon ist die Plattform Land, eine Allianz verschiedener Verbände, die die Attraktivität der Peripherie steigern will, trotzdem überzeugt. Es ist nicht nur die Sehnsucht nach dem Land, die die Menschen dorthin treibt und die mit der Pandemie nochmals einen Aufschwung erlebt hat. Südtirol ist schlichtweg ein teures Pflaster. Mieten im städtischen Bereich oder in größeren Siedlungszentren sind prinzipiell gestiegen, seit sich das Homeoffice etabliert hat. Ein gewisser Vorteil für die kleineren Ortschaften, wo dadurch zumindest manche Standortnachteile ausgeglichen werden können. Früher als Schlafdörfer verspottet, profitiert vom Zuzug auch das soziale Leben einer Gemeinde. Ob der Trend anhält?

Solange die Kirche im Dorf bleibt, würde Maridl Innerhofer vermutlich meinen. ■

Asimina, Wagyu und Shiitake

Äpfel und Wein — prägen das Landschaftsbild Südtirols. Nicht nur. Dazwischen haben sich auch einige Exoten eingenistet.

Kirnig und echt
Kirnig bedeutet in der Regglberger Mundart vital und kraftvoll. Der Regglberg erstreckt sich vom Bozner Talkessel aus nach Süden. Hier sind auch die Menschen kirnig. Und kernig sind die beiden Aldeiner Andreas Kalser und Josef Obkircher allemal. Auf dem Hof am Thal gedeihen seit 2017 in einem adaptierten Stadel Shiitakepilze und Kräuterseitlinge. Bio, versteht sich. Mit ihrer Idee, abseits von Apfel und Wein etwas Innovatives anzubauen, stehen die jungen Bauern nicht alleine da. Vor allem in den höheren Lagen, wo sich die klassische Berglandwirtschaft nur mehr im Nebenerwerb lohnt, halten auch andere Exoten Einzug.

WO GIBT ES DIE EXOTEN? E

Entweder direkt ab Hof, in ausgewählten Fachgeschäften und Restaurants oder auf Biomärkten. In Bozen, Meran, Brixen, Bruneck und Lana bieten die Pur-Läden nicht nur Speck und Schüttelbrot, sondern auch besonderes Obst und Gemüse an. Auch auf Bauernmärkten sind sie zu finden, z. B. dienstags und freitags am Rathausplatz in Bozen oder samstags in Sarnthein.

Safran unterm Schlern
»Team SaFran« nennen sich Sabine und Franzi Schgaguler scherzhaft. Die zwei Schwestern aus Seis haben auf dem heimatlichen Winklhof ihre Liebe zum teuersten Gewürz der Welt entdeckt. Gegenüber dem Schlernmassiv finden sie genau die Bedingungen vor, die sie für ihre exotischen Pflänzchen brauchen. Kalkhaltig, humusreich und trocken die Erde, die Lage sonnig und windgeschützt. Im Herbst färbt sich der Acker am Hof in ein violettes Blütenmeer. Tausende Krokuspflanzen werden dann frühmorgens geerntet, um ihrem Innersten die drei Safranfäden zu entlocken.

Rotes Gold auch in Altrei oder nicht ganz: Im nahen Capriana wird auf ungefähr derselben Meereshöhe wie in Seis Safran angebaut. Doch das abgeschiedene, etwas versteckte Gebiet punktet mit mehr.

Exotische Traditionen
In der Quasi-Exklave Altrei, einzige deutschsprachige Gemeinde des Fleimstals, hat Innovation Tradition. Wahrscheinlich aus purer Not hat sich hier ein Kaffeeersatz etabliert, der heute unter der Marke Voltruier Kaffee vertrieben wird. Die Samen einer hier heimischen Lupinenart liefern das Surrogat, das zusammen mit einem Gemisch aus Gerste, Weizen oder Feigen aufgebrüht wird.

Von Hand werden die Narben aus den Blüten des Safrankrokus (Crocus sativus) gelöst – und so die Gewürzfäden gewonnen.

Genussmittel waren seit jeher teuer und für die ländliche Bevölkerung meist unerschwinglich. Klimatisch haben mediterrane Obst- oder Gemüsesorten, die weiter nördlich bereits exotisch anmuten, einen guten Stand am Süden des Alpenhauptkamms. Paprika (hier: *Peperoni* vom italienischen *peperone*), Auberginen oder Zucchini sind klassische Gemüsegartensorten, Tomaten in allen Farben und Formen sowieso, Kaki- und Feigenbäume schmiegen sich an die südseitigen Mauern alter Bauernhöfe. Doch auch Besonderes findet ein Plätzchen. Nomen est omen: Die Südtiroler Bergartischocke, eigentlich aus den Anden und angepasst an alpine Gegebenheiten, gedeiht bis ins Pustertal und ins Passeier. Und ist – für die Artischocke untypisch – im Sommer zu haben.

Kilometer-Null-Exotik

Wer Lust auf exotische Früchte hat, wird in Eppan fündig. Simon Werth und Simon Waldthaler, bauen hier die Asimina an, eine Frucht aus Kentucky, die sie auch zu Saft verarbeiten und deren Geschmack an Mango, Papaya und Vanille erinnert. Die Früchte der großblättrigen Bäumchen nennt man auch, *politically incorrect,* Indianerbananen; sie gelten sogar in ihrem Heimatland als *rare fruits.*

Alt und neu und vor allem bunt gemischt geht es am Afingsbruckhof zu. Alte Kartoffelsorten reihen sich neben bunten Paprikaschoten, die eingelegt einen verdächtig italienischen *antipasto* ergeben, die klassischen Beerenfruchtaufstriche gibt es auch von Jostabeere und Physalis. Über 500 Raritäten baut Robert Thurner mit seiner Familie in Niederwangen am Eingang des Sarntals an. Manche der alten Sorten sind mittlerweile so wenig bekannt, dass sie schon wieder exotisch anmuten.

Tierisch japanisch

Nicht nur Obst und Gemüse: Am Oberweidacherhof am Ritten und am Huterhof in Sexten grast das vermutlich ungewöhnlichste Rind Südtirols. Schottische Hochlandrinder sieht man immer wieder, Lamatrekkings durch die Dolomiten sind mittlerweile en vogue, einem japanischen Wagyurind läuft man ganze zweimal in Südtirol über den Weg – ziemlich exotisch und zugleich ziemlich exklusiv. Vom Naturerlebnis her kein Unterschied – Kuh bleibt Kuh. ■

Jeannette Goddar kennt Südtirol seit über 20 Jahren und erkundet es am liebsten zu Fuß. Eine ideale Abwechslung zu ihrer Tätigkeit als freie Journalistin in Berlin.

Sylvia Pollex zog 2020 von Leipzig nach Südtirol. Mit dem besonderen Blick einer Zugezogenen hat sie für uns ihre neue Heimat, das Eisacktal, erkundet.

Cäcilia Wegscheider ist Südtirolerin. Mit allen Sinnen ist sie in der Region unterwegs und fasziniert von deren einzigartiger Landschaft und Vielfalt.

Noch mehr aktuelle Reisetipps der Autorinnen sowie News zum Reiseziel finden Sie auf www.dumontreise.de/suedtirol.

Abbildungsnachweis
Cäcilia Wegscheider, Salorno (IT): S. 158 re., 179, 307 u. **DuMont Bildarchiv,** Ostfildern: 7 re., 10, 52 li., 53 li., 55, 81, 91, 99 li., 101, 114, 128 li., 136, 154, 158 li., 159 re., 161, 164, 182, 186 li., 187 re., 189, 197, 217, 218 li., 219 li., 227, 232, 237, 238, 263, 279 (Frank Heuer); 14 re., 185 (Udo Bernhart) **Egetmann/Antje Braito,** Tramin (IT): S. 282 o., 282 u. **Jeannette Goddar,** Berlin: S. 53 re., 64, 77, 97, 98 li., 105, 125, 186 re., 201, 210; 307 o. (Uwe Proft) **Josef Laner,** Schlanders (IT): S. 280/281, 282 M. **Kellerei Kurtatsch/Oskar Da Riz,** Kurtatsch (IT): S. 171 **Laif,** Köln: S. 265 (Frank Heuer); 110 (Hans-Bernhard Huber) **Lookphotos,** München: Titelbild (Jalag/Gregor Lengler) **Mauritius Images,** Mittenwald: S. 11, 301; 157 (Alamy/M. Ramirez); 117 (Alamy/Robert Jank); 159 li., 177 (ClickAlps/Andrea Contrini); 2/3 (ClickAlps/Massimiliano Broggi); 248 (foodcollection) **Patrick Uccelli,** Salurn (IT): S. 295 (Günther Pichler); 296 (Verena Uccelli) **picture-alliance,** Frankfurt a. M.: S. 288 (Artcolor); 293 (Blickwinkel/M. Woike); 275 (EXPA/picturedesk.com/Johann Groder); 284 (Fine Art Images/Heritage); 98 re. (Gerhard Wild); 268/269 (imagebroker); 271 (KURIER/Jeff Mangione); 187 li. (Martin Huber) **Shutterstock.com,** Amsterdam (NL): S. 23 (maudanros); 129 re. (Nemo1963); 204 (Personal_Travelblog); 52 re., 71 (Simon Dannhauer); 7 u. (Strafim) **Sylvia Pollex/Thomas Rötting,** Leipzig: S. 6, 7 o. li., 8, 12/13, 14 li., 15 li., 15 re., 17, 30, 37, 45, 48, 51, 87, 99 re., 127, 128 re., 129 li., 131, 143, 149, 218 re., 219 re., 224, 247, 260/261, 277, 287, 297, 298 **Thomas Rötting,** Leipzig: S. 307 M. **Udo Giacomozzi,** Kurtinig (IT): S. 283 o., 283 u.

Umschlagfoto
Titelbild: Eiskalt ist das Wasser des Pragser Wildsees

Kartografie
© KOMPASS-Karten GmbH, A-6020 Innsbruck; DuMont Reiseverlag, D-73751 Ostfildern

Autorinnen: Jeannette Goddar, Sylvia Pollex, Cäcilia Wegscheider **Redaktion/Lektorat:** Britta Rath **Bildredaktion:** Sylvia Pollex, Titelbild: Carmen Brunner **Grafisches Konzept und Umschlaggestaltung:** zmyk, Oliver Griep und Jan Spading, Hamburg

Hinweis: Autorinnen und Verlag haben alle Informationen mit größtmöglicher Sorgfalt geprüft. Gleichwohl erfolgen alle Angaben ohne Gewähr. Bitte schreiben Sie uns! Über Ihre Rückmeldung und Ihre Verbesserungsvorschläge freuen wir uns: DuMont Reiseverlag, Postfach 3151, 73751 Ostfildern, info@dumontreise.de, www.dumontreise.de

1. Auflage 2024

Printed in Poland

Offene Fragen*

Ist Ötzi wirklich Südtiroler?
Seite 226

Was ist ein Waal?
Seite 202

Was darf beim Törggelen nicht fehlen?
Seite 43

Wurde in Ridnaun, Prettau und Villanders nach Gold geschürft?
Seite 19, 69

Sind Wölfe und Bären gefährlich??
Seite 292

Sind das Knödel in der Burgkapelle auf Hocheppan?
Seite 162

Ist Reinhold Messner dem Yeti begegnet?

Wer spricht noch Ladinisch?
Seite 127

Schläft im Weißhorn der Riese Grimm?

Ist Glurns tatsächlich eine Stadt?
Seite 239

Warum geht es am Pragser Wildsee wild zu?
Seite 81

Wer hat den Barfußschuh erfunden?
Seite 235

Wo geht es zum Markusplatz?
Seite 56, 60

Gibt es am Obstmarkt nur Früchte?
Seite 136

** Fragen über Fragen – aber Ihre ist nicht dabei? Dann schreiben Sie an info@dumontreise.de. Über Anregungen für die nächste Ausgabe freuen wir uns.*